国家社会科学基金重点项目研究成果
"城市化进程中村落变迁的特征概括和规律分析"(12ASH003)

城市化进程中村落变迁的特征概括和规律分析

任映红 著

中国社会科学出版社

图书在版编目（CIP）数据

城市化进程中村落变迁的特征概括和规律分析 / 任映红著. —北京：中国社会科学出版社，2017.12

ISBN 978-7-5203-1714-6

Ⅰ.①城… Ⅱ.①任… Ⅲ.①村落—社会变迁—研究—中国 Ⅳ.①C912.82

中国版本图书馆 CIP 数据核字（2017）第 310771 号

出 版 人	赵剑英
责任编辑	张　林
特约编辑	张冬梅
责任校对	韩海超
责任印制	戴　宽
出　　版	中国社会科学出版社
社　　址	北京鼓楼西大街甲 158 号
邮　　编	100720
网　　址	http://www.csspw.cn
发 行 部	010-84083685
门 市 部	010-84029450
经　　销	新华书店及其他书店
印　　刷	北京明恒达印务有限公司
装　　订	廊坊市广阳区广增装订厂
版　　次	2017 年 12 月第 1 版
印　　次	2017 年 12 月第 1 次印刷
开　　本	710×1000　1/16
印　　张	25.75
插　　页	2
字　　数	407 千字
定　　价	118.00 元

凡购买中国社会科学出版社图书，如有质量问题请与本社营销中心联系调换
电话：010-84083683
版权所有　侵权必究

目 录

前 言 …………………………………………………………… (1)

第一章 绪论 ………………………………………………… (1)
  一 问题的提出 …………………………………………… (1)
  二 研究背景和意义 ……………………………………… (5)
  三 文献回顾和评述 ……………………………………… (10)
  四 研究思路和观点 ……………………………………… (26)
  五 研究视角和方法 ……………………………………… (28)

第二章 城市(镇)化与村落变迁 …………………………… (46)
  一 城市化和城镇化 ……………………………………… (46)
  二 西方城市化的历程和经验 …………………………… (53)
  三 中国城市化的演进和水平 …………………………… (54)
  四 社会变迁与村落变迁 ………………………………… (58)

第三章 田野调查概况 ……………………………………… (70)
  一 调研区域与个案村选择 ……………………………… (70)
  二 个案村的研究价值 …………………………………… (72)
  三 调研思路方法 ………………………………………… (75)
  四 城市化大潮中的村落 ………………………………… (81)
    ※外桐坞村 …………………………………………… (82)
    ※老鼠嘴村 …………………………………………… (110)
    ※新坊村 ……………………………………………… (130)

※星光村 (146)
　　※东安村 (164)
　　※芙蓉村 (180)

第四章　顺势而为:村落变迁的共性和个性特征 (199)
　　一　转型变革:村落社会变迁的基本特征 (199)
　　二　剥离裂变:村落市场力量的扩张 (217)
　　三　自生自发:村落社会力量的生长 (221)
　　四　多元异质:不同类型村落变迁的个性特征 (229)

第五章　淡薄疏离:村落变迁中人际关系变化趋势 (240)
　　一　日益理性:农村人际关系的变化 (241)
　　二　亲情淡化:农村家庭结构和关系变迁 (245)
　　三　渐行渐远:农村邻里关系的疏离 (248)
　　四　非线性:社会关系网络的复杂化 (253)

第六章　理性生存:村落变迁中的人口迁徙规律 (256)
　　一　村落变迁与人口迁徙流动 (256)
　　二　逆城市化现象和"舒张型城市化" (276)
　　三　"舒张型城市化"下的村落变迁 (286)

第七章　因势利导:村落变迁中的角色转换规律 (294)
　　一　村落精英:村落变迁的内驱力 (294)
　　二　村落精英再生产与发展新机遇 (310)
　　三　精英转型:村落变迁中的特色凝练 (315)
　　四　从保护人到企业家:角色演变的内在逻辑 (321)

第八章　平衡协调:村落变迁中的秩序建构规律 (331)
　　一　国家—市场—社会:在村落场域中的博弈 (332)
　　二　村庄的治理方式与村干部定位 (339)
　　三　村庄治理失效:以农村违章建筑治理为例 (347)

  四 社会养护:村落秩序建构的一种愿景 …………………（366）

第九章 结论与讨论 ………………………………………（373）
  一 研究的结论 …………………………………………（373）
  二 研究的创新 …………………………………………（376）
  三 研究的不足 …………………………………………（380）
  四 研究的拓展 …………………………………………（381）

参考文献 ………………………………………………………（384）

后 记 …………………………………………………………（400）

前　　言

我所出生的浙江东阳近郊的单姓宗族村是一个历史悠久、文风鼎盛的村落。村里读书人多、手艺人多。儿时的记忆中，村里人住的大多是传了几代人的祖屋：木质结构的三合院，院内门窗雕有人物花鸟，院外是粉墙黛瓦马头墙。虽年代久远，但气魄神韵仍在——深蕴东阳建筑和木雕工艺的文化内涵；屋前有池塘可以戏水，屋后有连片的稻田，整个村落古朴而静美。

随着城市化大潮涌来，我的家乡发生了巨变。因为是城郊，村里的一半土地被征用于新区建设，原来的稻田里，高楼拔地而起，地价屡创新高；村里的宅基地不够用，凡有点钱的人家，纷纷拆除老屋重建新楼，没过几年，全村仅存的几座老屋，在风雨中飘摇。村里已无田可种，人们从事着各种行业；逢年过节，回乡的青壮年常聚在一起打牌喝酒，吆吆喝喝中，已看不到父辈们推崇的读书人的风雅、手艺人的工匠精神。总之，我童年中那些传统本真的文化印记，已渐渐在城市化浪潮中消失，游子乡愁难寄！

由此，引发了我对城市化进程中村落共同体的生存与终结、适应与重生、转型与发展等一系列问题的深深思考。这些问题，也正是我国经济社会发展中必须面对、迫切需要解决的重大理论和现实问题！诸如，城市化不可避免地毁坏了传统村落的原生态，不管我们对传统村落还有多少留恋和念想，变迁已是不争的事实，那么，村落变迁路在何方？如何考量村落变迁的条件因素，而不是坐等"被城市化"而积极寻找独特的变迁之路？如何把握村落空间结构的演化特征？村落变迁的共性和个性特征有哪些？村落的人际关系呈现哪些变化趋势？村落变迁中蕴含哪些一般规律？如何延续文脉，守护精神家园，让人记得住乡愁？

本研究立足于田野调查，选择浙江的6个村落为个案，来考察村落变迁的环境条件、空间结构演化、共性个性特征、人际关系变化，探索蕴含在纷繁复杂现象背后的人口迁徙规律、角色转换规律、秩序建构规律和分化整合规律。虽然每一个村落变迁发展的方式，表面上微不足道，但本质上兹事体大，它不仅关乎农民，还关乎整个中国社会未来的发展。本研究共分九章。

第一章　绪论

简要介绍问题的缘起，研究背景和研究意义，文献回顾和评述，研究思路和主要观点，研究视角和方法。

第二章　城市（镇）化与村落变迁

界定城市化和城镇化概念，概述西方和中国城市化历程，划分村落的类型，分析村落变迁及其内容和意义。

第三章　田野调查概况

通过对浙江6个不同类型村落变迁的案例分析，从而能帮助其他村落找到"普遍规则"的钥匙、内涵和边界。

第四章　顺势而为：村落变迁的共性和个性特征

概括村落社会变迁、市场力量扩张、社会力量生长的共性特征，分析现代工业型、现代农业型、专业市场型、历史文化型等不同类型村落变迁的个性特征。

第五章　淡薄疏离：村落变迁中人际关系变化趋势

描述在城市化进程中，随着盖房、分家、征地拆迁、小区建设等村落变迁中农村人际关系的变化趋势。

第六章　理性生存：村落变迁中的人口迁徙规律

探讨村落变迁与人口迁徙流动的基本趋势，提出"舒张型城市化"概念，探讨"舒张型城市化"的成因、条件、特点、阻滞因素和应有的政策取向。

第七章　因势利导：村落变迁中的角色转换规律

分析村落精英构成、成长、更替、复出等给村落秩序建构和经济社会发展带来的影响，探寻从保护人到企业家的村落精英角色演变的内在逻辑。

第八章　平衡协调：村落变迁中的秩序建构规律

发现村落场域中存在着国家—社会—市场三种力量的博弈，以农村违章建筑治理为例剖析村庄治理失效现象及原因；强调村庄"善治"的价值追求，构建"社会养护"愿景。

第九章　结论与讨论

通过各章的分析，总结出 10 个结论，凝练了 4 个创新之处，找出了 2 点不足，提出了 6 个方面的研究拓展。

本研究的主要创新点是：（一）选题有重大理论和现实意义，具有学术前沿性。客观审视村落变迁的条件环境，寻找城市化进程中村落与更大社会系统的融合路径，为我国新型城镇化建设提供理论支撑、实践指引、政策建议。（二）研究视角独特，有理论创新。提出"舒张型城市化"的新概念，用"熟悉的陌生人"来形容当下农村邻里关系的新形态，在村庄治理的秩序维护中有"利益—关系网络"的新发现，提出村落场域中"国家—市场—社会"力量博弈需要"社会养护"的新论断。（三）经典与现代交融的方法创新。立足"社会事实"开展田野调查，发现了"国家—社会"分析框架的局限性，形成了"行动—关系—制度"的分析法，将时间和空间两种维度纳入到村落社会关系分析，采用质的研究和信息网络手段等。（四）写作体例的创新性。通过案例分析，层层递进式地进行系统研究，避免生吞活剥西方概念和理论所带来的片面和尴尬，克服单纯依靠常识观察重大社会问题的缺陷，在前人研究的基础上有所推进，旨在使社会学知识获得更新。

本研究虽然暂告一个段落，但我们深知，变动发展中的现实会让我们永远无法达到理想中的研究目标，今天的理论创新可能会落伍，研究结论可能会被现实推翻，但我们仍将坚持这种本土性的实证研究——只要所开展的研究能对各地城市化建设和村落发展变迁有一些启发和借鉴。本次研究吸收了许多前人的研究成果，在此，请接受我们最诚挚的敬意和感谢！真诚地奉上历时 5 年打磨出来的研究成果，敬请专家赐教斧正！

任映红

2017 年 6 月

第 一 章

绪 论

一 问题的提出

城市化是世界各国在经济社会发展进程中出现的共同现象。人类社会的城市化历史可上溯至工业文明兴起之初，大规模专业化生产促成了劳动者的职业分工与合作，引起整个社会结构的逐步变迁。在这个过程中，农村人口向城镇聚集，小城镇逐渐拓展形成大都市，直到超大型都市圈出现。

中国城市化进程即农村转化成城市、农村人口向城市迁移、农民转化为市民的过程。19世纪下半叶到1949年新中国成立前，因列强侵略、军阀混战的困扰，中国城市化发展不均衡。1949—1978年十一届三中全会以前，城乡相互隔离和封闭的二元分割社会结构使农村城市化发展缓慢、长期处于停滞状态，包括土地制度、户籍制度等的具体制度设计，像一根无形的绳索，把农民拴在土地上、村落里，阻碍了农民向城市的自由流动，城乡差距不断扩大以至于出现难以逾越的壁垒和鸿沟。

1978年改革开放以来，农村经济体制改革释放了中国压抑已久的发展活力和创造力，伴随着经济高速增长，城乡壁垒逐渐被打破，遍地开花的乡镇企业，让小城镇迅速扩张，大量农业人口就地城市化。各地大力推进城市建设、小城镇发展，建立经济开发区，中国城市化从沿海向内地全面展开，建制市、建制镇大量增加，农村人口大量流向城市和小城镇。

伴随着工业化进程不断向前推进，我国的城市化呈现出一个起点低、速度快的发展历程，城市人口大幅攀升，城市数量急剧增加。但是，在城市化进程中，问题也不少：新型城镇化理念尚未确立，传统理念根深蒂固；大量农业人口难以融入城市，市民化进程滞后；土地城镇化速度快于人口城镇化，建设用地低效粗放；一些小城镇的空间分布杂乱无章，规模结构与资源环境的承载能力难以匹配；出现"城市病"，管理服务质量水平不高；城乡自然历史文化遗产的保护缺乏机制和力度，城乡建设千人一面；配套的保障体制机制不健全等。这些问题的出现，与我们走旧的、传统的城镇化道路有关，因此，当前我国政府力推新型城镇化战略，其实就是中国特色的城市化。

城市化（城镇化）进程带来的是政治经济、社会文化、人口生态、空间结构的多重变革。西方国家最早进行工业革命、完成城市化，其所进行的城市化模式常成为后发国家的镜子；西方国家的现代化模式和生活方式常被视作正宗的发展模式和理想的生活方式；西方历时300年的现代化、工业化、城市化进程，被中国压缩在改革开放后的几十年内进行并初步完成；过去时、完成时、现在进行时相互交织，传统、现代、后现代在较短小的时空中跳跃裂变、交错，投射到众多中国城镇、乡村，呈现出不同的发展阶段性特征。

村落是众多住房构成的聚落或农村人口集中分布的区域，包括自然村落、村庄区域。村落是中国乡村社会结构中的基本单位，是最基本的生产单位和组织形式，是一个区域共同体。聚族而居的村落是一个靠血缘亲情维系的自治社会，历经数千年的朝代变换、发展变迁，如今仍是我国广大农民的主要居住模式。

对于村落而言，城市化是村落变迁的重要动因。城市化毁坏了农村传统村落的原生态，不可避免地引起一系列社会变迁，导致农村社会出现重大失衡。在城市化进程中，村落共同体的生存、适应、转型、演变、消亡、重生等问题是我国经济社会发展中的重大现实问题。不管对传统村落还有多少留恋和念想，变迁已经是不争的事实。社会现实向我们提出了一系列理论和实践问题，需要社会学研究者通过深入的调查分析做出回答。

问题1：城市化进程中，村落变迁路在何方？我们是选择想象、留恋还是积极应对？

村落始终处于从传统到现代、从农民到市民、从乡村到城市的巨大社会变迁中，在形态上表现为产生、发展、解组和再产生、再发展、再解组的动态过程。城市化进程中，传统乡村面临着生存还是毁灭、衰败或是复兴、遗弃抑或重建等的严峻挑战，农村和农民面临着一个社会改造和自身发展的问题。我国幅员辽阔，具体到各地农村，其自然条件、历史传承、发展基础差异极大，城市化进程路径各异，如何不坐等"被城市化"，积极寻找独特的变迁发展之路，是村落城市化最现实的课题之一。

问题2：城市化进程中，如何因势而谋，清醒把握村落变迁的条件因素？

城市化的加速推进，让村落内外环境发生翻天覆地的变化。"2000年，我国自然村总数为363万个，到了2010年，总数锐减为271万个，十年时间内锐减90万个自然村"[1]，村落的减少和消亡也只是村落变迁的最直接表现形态，同时还存在着如改造、升级等其他变迁形态，这其中既有突变的，也有渐变的。不同村落变迁形态呈现多种形式，其变迁发生的诱导因素也多种多样，既有内在动因，也有外在动因。那么，如何从自然环境、政治经济、人文社会等方面考量影响村落变迁发生的条件因素和影响机理？

问题3：城市化进程中，如何把握村落空间结构的演化特征？

城市化进程中，村落空间发生演化，呈现出哪些新特征？中国的城市化发展，土地城市化快于人口城市化，而土地城市化直接助推农村的盖房热潮，它使农村的居住模式、行为方式发生哪些变化？

问题4：城市化进程中，村落变迁的共性和个性特征有哪些？

城市化进程中，村落变迁的基本特征和具体表现是什么？村落市场力量的扩张给人与生产、人与空间、人与价值带来何种影响？村落社会力量的生长造成乡村基层治理、村落权威的哪些变化？现代工业型村落、现代农业型村落、专业市场型村落、历史文化型村落以及其他类型村落呈现出哪些个性化的变迁特征？

问题5：城市化进程中，村落的人际关系呈现哪些变化趋势？

盖房和房屋格局的变化本是物理学和地理学意义上的空间变化，人

---

[1] 张国：《推进城镇化建设应注重古村落保护》，《中国青年报》2013年3月19日。

际关系变化本是社会学意义上的社会关系变化，这两种变化表面上看似毫无联系，实则有内在的逻辑关联。如何解决城市化面临的村落集体经济资源合理化配置问题？如何探索农村股份制改革，把村民变成股民，做好收益的公平分配？在国家和村落治理资源有限的条件下，面对越来越多的"理性自私化"的村民，村两委或民间权威，如何动员村民为公共事业出人、出钱、出力呢？关注其中的运作机理，有利于对当今村落人际关系变化趋势、精英主导下的村落治理有清醒的判断。

问题6：城市化进程中，村落变迁中呈现哪些规律？

规律是指自然界和人类社会诸现象间内在的、本质的、必然的联系，决定着事物发展的趋向。规律通常会反复出现，是不可抗拒的，它深藏于千差万别的现象背后又起着支配作用，需要透过种种现象来寻找和把握。由于世界各国城市化道路各不相同，中国各地农村情况千差万别，村落变迁轨迹迥异。由于导致社会变迁的变量太多，一时无法完全认清和掌握社会变迁的规律。但是，我们必须抹去纷繁杂乱的表象，沿着前人的研究轨迹，在村落变迁现象中寻找人口迁徙、角色转换、秩序建构、分化整合等的内在逻辑和一般规律，以期有理论创新，并对当前我国新型城镇化建设有所裨益。

问题7：城市化进程中，变迁中的村落如何延续文脉，让人记得住乡愁？

19世纪60年代的"破四旧"运动大量毁坏了城市、乡村中的文物古迹。改革开放后，一些城市盲目推崇西方的现代化模式，城市建设格局也随之西方化。由于一些地方政府和官员思想上缺乏对城市建设是历史文化生命体的延续和新陈代谢的认识，加上错误的政绩观指导，热衷于旧城在改造中推倒重来，追求城中村在改造中脱胎换骨的效果，对历史古迹、文化遗产不加甄别、不加保护，轻文化遗迹，重土地价值，未能在新城扩张中为文化遗迹让道，未能注重文化遗迹和城市建筑的有机融合，传统的和特色的文化气息逐步消失。随着城区范围的不断扩张，城郊村不断地被并入城市，被千人一面地进行城市建设；远郊村的城市化"因子"不断辐射积累，一些基层政府未能根据本地的传统和特点来发展，而是照搬照抄地进行着旧村改造和拆迁，未能把保持地方特色作为保护地方传统文化的落脚点，陷入"拆迁拆出一个新世界""不破不立"

"改造就得破坏"的怪圈，不但没有守护住我们的精神家园，而且大面积地破坏、消解了地域文化特色。

人们不禁要问，城市化是否一定要破旧立新、消除历史的遗存、破坏传统生活场景？一定要以切断历史、城乡连接为代价？当前，城市化进程中，许多古村落被开发改造得面目全非，许多近郊村的传统文脉被征地拆迁搞得支离破碎，城市街区中的古迹、遗址、牌坊、庙宇也被成片拆除，那些一味追求旧貌换新颜的城中村改造，无情地打断了历史传承，威胁到城市形态的延续性和相容性。

城市化进程中传统文化保护传承始终是一个难以突破的瓶颈，它不仅直接影响着我国城市化的质量，也关系到我国经济社会发展的速度和品质。2013年底召开的中央城镇化工作会议提出了六大任务，讨论了《国家新型城镇化规划》，其中的一个表述是：让城市融入大自然，让居民望得见山，望得见水，记得住乡愁。"乡愁"这一诗化的文学语言出现在严肃的政府文件中，充分体现了政府在推进新型城镇化中对人们思恋家乡的缠绵情怀和对乡村传统历史文化遗存的尊重。"乡愁"是魂牵梦萦的故土家园的刻骨铭心的记忆，是深刻而本真的文化印记，是远方游子的不可替代的精神支撑；"乡愁"让人忍不住驻足、回眸和品味。突击打造、拔地而起的城市无法维系"乡愁"，被粗暴拆迁改造、文脉切断的无业无根的村落无法承载"乡愁"，"乡愁"难寄，游子灵魂漂泊。

城市化进程中的村落变迁，还面临着诸多值得研究的问题。例如，村落中的城市化因素是如何积累、扩展的？国家如何引导农村人口流向、合理配置资源、加快城乡社区之间衔接，从而避免在加快城市化与建设社会主义新农村这两大国家战略之间出现游离或断裂？各级政府如何缩小城乡鸿沟、促进城乡互动？等等。这些问题，都有待于深入探索与思考。

二 研究背景和意义

马克思主义认为，任何事物都是普遍联系和发展的。村落变迁问题，要放在人类社会历史发展进程中去考察，放在人类发展进步的大格局、经济社会发展的大趋势中去思考。村落变迁是在人类社会现代化进程和全球化时代,由工业化、信息化、城市化等多种因素合力塑造的过程,也是一个现代性对传统村落的侵袭和渗入过程,其所产生的巨大转型力会带来现代社会变迁和制度性转变,使人们脱离传统的、习惯的社会秩序,影响着人们的日常生活,改变着人们的个人特征。村落变迁与其说是时空变化,不如说是人的演进。

现代化(Modernization)是自近代以来由传统社会向现代社会转变的过程,是人类历史上最重要、最急剧的社会变迁之一。现代化影响领域之广让人惊异,涉及经济发展、社会变迁、价值理性、文化教育、民主政治、法制建设等诸领域,引发了社会结构、人口结构、人文环境、价值取向与生活方式的巨大变化,更震撼着人们的心灵。实现现代化是中国人坚定不移的目标,是百年梦想。

工业化(Industrialization)是现代化的核心内容,是农业社会向工业社会的转型。现代化是由工业革命引发的,从一定意义上说,现代化过程也是工业化和城市化的过程。在许多发达国家,工业化促使农民快速脱离农村、农业,推动农民迅速向城市集中。在这方面,"较为典型的有:以英国为代表的以圈地运动为标志的强制性非农化模式、以美国为代表的自由迁移的非农化转移模式,以及以日本为代表的跳跃式转移和农村非农化转移相结合的非农化模式"。[①] 在工业化进程中,经济快速增长,劳动生产率大幅提高,高新技术广泛应用,城市化水平和国民消费层次全面提升。但随之而来的就是大量土地被占用,环境污染日益严重,甚至危及人类自身生存,这是需要人类共同面对与克服的问题。

全球化(Globalization)是一种人类社会发展的现象过程,给世界各国带来了广泛影响。它既蕴含着显性的政治文明、经济发展、社会进步等现实运动,也蕴含着隐性的价值信仰、思维方式、文化观念、生活方式等的冲突与碰撞、互动与对话;它带着一种前所未有的不可抗拒的力量,带着普遍性和趋同性,把世界经济社会发展格式纳入自己的语境和框架中。全球化带来经济社会从内容到形态、从个体到结构、从部分到

---

① 参见朱信凯《农民市民化的国际经验及对我国农民工问题的启示》,《中国软科学》2005年第1期。

整体的改变，全球化的进一步深化，带来了激烈的社会变迁，包括社会的结构分层、社会生活的组织原则、社会成员的关系的调整和交往方式的改变等。传统村落和村落居民被镶嵌在全球化的框架内，传统村落依托自己特有的文化脉络和机制应对与适应着外界的冲击，在全球化与本土化的同构中开始各种主动与被动的变革实践。

信息化（Informatization）指信息技术的充分利用、信息资源的开发利用，信息交流的促进，培养、发展以智能化工具为代表的新生产力，并使之造福于社会、推动经济社会发展转型的历史过程。信息通信技术的快速发展，对国民经济大系统、对农业、工业、服务业等传统产业、对包括日常生活在内的整个社会体系都产生着影响，改变了社会结构的形态，改变了人们原有的交往关系，改变了生存和实践方式，拓展了人们的活动时空，从而使人不再是单纯的主体或客体而是互为主体的自主交往者。在信息化、网络化技术高度发达的今天，信息化因子渗透到乡村的各个角落，裹挟着村落不停息地演化着。

网络化（Networking）是指各种通信工具和传播媒介通过计算机联结成网络，使网络贸易和资源共享成为可能。网络在各行各业、各领域应用广泛，极大地影响着政治、经济和社会生活。人类社会已经进入了网络时代，网民人数的扩大、网络交往的活跃，均能引起深刻的社会变迁。如近年来，由于网络信息传播的便捷，接二连三地发酵出的一系列网络事件、群体性事件，这些都说明了网络"缺场交往"[①]的迅速扩展，彰显了社会认同的力量。交往其实是一个社会的展开形式，经验是一个社会的展开过程，而能够产生某种特定事件的能力或潜力的权力，则成为社会的支配力量，"而当超越空间限制的缺场交往成为沟通交流最活跃、影响层面最广阔的交往方式，传递经验成为可以横向联结且能引导在场经

---

① 刘少杰教授的解读是：人们利用网络技术开展的交往行为，是一种同传统的面对面的在场交往不同的、隐匿了身体存在的缺场交往。虽然身体不在场的交往在传统社会也存在，但它只有依靠功能强大的网络技术，才能成为一种充满活力的具有广泛普遍性的缺场交往方式；并且，过去曾一度被称为虚拟交往的缺场交往或网络交往，现在人们越来越清楚地认识到，缺场的网络交往不仅不是虚拟交往，相反却是反应敏感、传播快捷、功能强大的真实交往。缺场交往的快速扩展，表现在网民队伍的快速扩大、网络交往活动空前活跃。缺场交往不仅超越了活动场域或村庄城镇等物理空间的边界，而且也超越了社会空间的限制。

验的主导经验,来自广大社会成员的认同权力改变了社会权力结构之后,社会结构将会因这些基本因素的变化而发生更加深刻的变化,人类社会将形成一种崭新的社会形态"。[1] 近些年来,从国际和国内发生的一系列重大事件来看,网络化条件下,社会变迁正在不断加速,这已经成为不争的事实。在网络化时代下,我们需要重新认识村落中各群体的缺场交往和在场交往、实体权力和认同权力、实地经验与传递经验这三者之间的相互关系,将有助于理解村落变迁的时代特征。

城市化(Urbanization)是以农业向工业转型、农村向城市进化为主要特征,表现为城市和农村之间多维互动的过程,不仅是人口、资源、要素、产业的集聚过程,还是职业和阶层分化、都市文明渗透扩散的过程,更是人们思想意识、价值观念、生活方式、行为选择不断嬗变的过程。

城市化是世界各国在经济社会发展进程中出现的共同现象。人类社会的城市化历史可上溯至工业文明兴起之初,大规模专业化生产促成了劳动者的职业分工与合作,引起整个社会结构的逐步变迁。在这个过程中,农村人口向城镇聚集,小城镇逐渐拓展形成大都市,直到超大型都市圈出现。

本研究的目的就是力图通过对城市化进程中村落变迁进行较全面深入的特征概括和规律分析,通过对村落中城市化因素的积累、各种变迁力量的生长和演变以及影响村落发展走势的变量分析,描述出中国城市化进程中村落社会变迁的目标和一些基本趋向,以及在新型城镇化大趋势下村落要面对一些问题和矛盾,并以此为基础建立一个分析村落变迁的逻辑框架,为中国村落变迁路径提供实证与学理性解释,也为当前我国推进新型城镇化提供一些经验启示与前瞻性思考。

城市化进程中的村落变迁研究是一个有着重大理论与现实意义的重大课题。

一是有重大的理论意义。城市化进程中的村落变迁问题,已经引起文化人类学、社会学、历史学、地理学、经济学、政治学、城市规划学等多个学科的高度关注。目前中国还有近 60 万个行政村,关注中国村落

---

[1] 刘少杰:《网络化时代的社会结构变迁》,《学术月刊》2012 年第 10 期。

在城市化进程中的生存、发展、转型和变迁趋势,是社会科学研究的当然责任。深入探讨村落变迁的特殊机理和内生逻辑,避免生吞活剥西方概念和理论所带来的片面和尴尬,克服单纯依靠常识观察重大社会问题的缺陷,使其理念上有创新、体制上有突破、政策上有推进,形成理论归纳和一般概括,为中国城市化进程中的村落发展提供一个学理性解释,能为中国村落研究提供一些新视角,使社会学获得知识更新。

本研究通过观察描述城市化进程中的村落变迁历史与现状,阐释城市化对村落的多重影响,探讨变迁的特殊机理,研究变迁的一般规律;有针对性地提出了城市化进程中村落变迁的路径,既有利于规避重走西方城市化过程中失败的老路,也可以为我国各级政府做好城市化进程中村落变迁提供理论支撑和实践模型,这样就能弥补我国学术界在这一领域的研究缺憾,拓展我国村落变迁理论研究的新视角,使中国村落研究理论有所推进。

二是有重大的现实意义。当前我国发展正处于重要战略机遇期,既有难得的历史机遇,也有诸多风险挑战。根据党的十八大精神,新型城镇化将成为全面建设小康社会的重要载体,是撬动内需、推进发展的最大潜力所在,已经上升为重大的国家战略。

2014年,中共中央、国务院印发的《国家新型城镇化规划(2014—2020年)》是指导全国城镇化健康发展的宏观战略规划。"城镇化是现代化的必由之路、是保持经济持续健康发展的强大引擎、是加快产业结构调整和转型升级的重要抓手、是解决三农问题的重要途径、是推动区域协调和谐发展的有力支撑、是促进经济社会全面进步的必然要求"。[①] 按照党的十八大"五位一体"总体布局、因势利导,因地制宜、趋利避害,积极稳妥、扎实有序地推进新型城镇化,具有重大的现实意义和深远的历史意义,助推中华民族伟大复兴的中国梦的实现。

城镇化就是中国特色的城市化。它是一个自然历史过程,是人类社会发展的大趋势,也是一个国家走向现代化的重要标志。城市化进程中如何让村落变迁之路走得健康平顺,逐步向城镇转移剩余劳动力,集约化利用有限的土地,推行土地规模经营,改变传统的粗放型生产方式,

---

① 《国家新型城镇化规划(2014—2020年)》,《农村工作通讯》2014年第6期。

以工促农、以城带乡，着力提高农业现代化水平，想方设法提高农民的财产性收入、生活水平，逐步破除根深蒂固的城乡二元体制，加快农村经济社会发展，化解三农问题，调整利益关系，降低社会风险，维护和实现社会公平正义，促进社会和谐稳定和健康发展。

我国城市化进程中村落变迁急需富有创见的思路探索和"中国方案"，需要进行不同类型村落变迁的特征概括，更需要探寻村落变迁的内生逻辑和规律。每个村落的变迁发展方式，表面上看似乎微不足道，本质上兹事体大。但变迁方式不仅关乎农民生存质量，而且还关乎整个中国社会的稳定和谐与可持续发展。本研究旨在为当前我国推进新型城镇化即中国特色的城市化提供经验总结与前瞻性思考。

三 文献回顾和评述

纵观人类社会的发展长河，城市的产生发展、农村演进转化的历史，是人类文明史的重要组成部分。世界上的发达国家，都经历过由传统到现代、农业向工业、由农村向城市的发展，呈现出人口集聚、经济活动频繁、社会经济结构转型、生活方式由乡村型向城市型转变、农村和城市交汇互动等主要特征。城市化的丰富实践是城市化理论研究最丰富的素材。那么，中外城市化尤其是人口城市化的理论研究的脉络如何？究竟取得哪些成果？由于城市化理论研究的涉及学科多，研究极具综合性、复杂性，决定了我们的研究综述只能从某一学科就某个方面加以概括。

中外社会变迁研究由来已久，学者们的村落研究已有较丰厚的成果积累，伴随着改革开放以来城市化进程的加速，中国广袤大地上星罗棋布、数量众多的村落，或急速、或缓慢地进行着政治组织的整合、经济结构的调整、文化理念的更新等一系列变迁，大量村落的存在方式变化发生变化，有些从远郊村变成城郊村再变成城中村，有些在撤乡并村、"村改居"中或消亡或终结。那么，在城市化大潮中，村落变迁究竟需要哪些条件？呈现哪些特征？其内在机理和规律如何？学者们是否给予学术关怀？城市化进程中村落变迁的研究存在哪些缺憾及如何弥补？我们需要在梳理已有成果中形成新的研究思路。

(一) 国外城市化研究

早在工业革命之前，古罗马人就在欧洲建设了城市，贸易增长、海外扩张带来了欧洲城市的起源与繁荣。18世纪的英国工业革命后，才有现代意义上的城市化。城市伴随着工业革命而来，具有人口大量集聚与增长、经济文化发达、规模辐射效应，是现代文明的标志。但严格说来，该阶段还没有自觉的城市化理论研究。

城市化研究可追溯到"城市化"（Urbanization）概念的产生及其解释。西班牙工程师塞达（A. Serda）的《城镇化基本理论》（1867）一书中首先使用了"Urbanization"的概念。[①] 埃比尼泽·霍华德（Ebenezer Howard）的《明日的田园城市》（1898），提出了近代城市规划思想，对其后的城市规划学、城市建筑学、城市经济学、城市地理学等城市化发展理论影响很大。

阿德纳·斐伦·韦伯（Adna Ferrin Weber）指出19世纪最显著的特点之一就是世界城市化，论述了欧美国家伴随着工业化进程而来的城市兴起和发展，在工业发展的带动下，移民人口向城市流动、聚集的发展历程。这一论断，显示了作者超前的、深邃的洞察力。[②] 在韦伯前后，滕尼斯、涂尔干、西美尔、马克斯·韦伯等众多社会学家也开始关注城市化问题，他们用不同的理论视角来分析工业化与城市社会的内在逻辑，设计了各种理论框架。20世纪30年代，不少学者研究城市化带来的经济结构调整和生活方式改变，路易斯·沃斯（Louis Wirth）在《作为一种生活方式的城市主义》（1938）中提出了"城市主义"（Urbanism）的概念。[③]

20世纪50年代，刘易斯（W. A. Lewis）提出二元经济结构理论，较早地揭示了发展中国家存在的城乡人口变动、城乡生产方式的差异、城乡劳动供求的差异，要促使二元经济结构的消减，农业剩余劳动力需要

[①] 转引自周一星《城市地理学》，商务印书馆2007年版，第59页。
[②] Adna Ferrin Weber, *The Growth of Cities in the Nineteenth Century*, New York: Macmilan Publisher, 1899.
[③] 转引自倪鹏飞等《中国新型城市化道路——城乡双赢：以成都为案例》，社会科学文献出版社2007年版，第3页。

进行非农化转移。兰斯（G. Rains）、费（J. Fei）等学者修正了刘易斯模型中的假设，完善了农业剩余劳动力转移发展思想。戴维斯（K. Davis）和戈登（H. Golden）的《城市化及其在前工业化地区的发展》（1954），关注了乡村——城市的迁移动因及其城市化影响。

20世纪60—70年代，发展中国家的城市化成为西方学者的研究重点。如高尔（A. J. Goale）和胡弗（E. M. Hoover）的《低收入国家的人口增长和经济发展》（1958），利用资本/产出比例来计算印度不同人口规模的资本存量的变化，从人口规模、增长速度和年龄结构来分析人口增长对人均收入的影响，认为在发展中国家，高人口增长率会导致资本供给和资本积累减少、经济发展缓慢。布里斯（Breese）的《新发展中国家的城市化》（1966）、劳瑞（S. Lowry）的《迁移大都市的增长：两个分析框架》（1966），分析了城市化中出现的人口过度密集的过度城市化问题、城乡关系失衡、贫困问题等。

美国发展经济学家托达罗（M. P. Todaro）于1970年发表《欠发达国家劳动力迁移与失业模型》，提出了自己的农村劳动力向城市迁移决策和就业概率的人口流动模型——"托达罗模型"（Todaro Model）。在发展中国家，农村劳动力在没有剩余的条件下流向城市，会导致农村劳动力严重不足而影响农业发展，而城市会出现普遍失业，因此要控制农村劳动向城市迁移，关注了城市劳动力供给的均衡问题。普雷斯顿（S. Preston）的《发展中国家的城市增长：一项人口学的重新评价》（1979），探讨了发展中国家人口城市化迅速发展的原因和结果。彼得·霍尔（P. Hall）于1971年提出城市发展阶段理论，将生命周期引入城市化理论，认为城市有一个从"年青的"到"年老的"的增长、稳定、衰落的演变过程，然后再到一个新的发展周期。布赖恩·贝利（Brian J. L. Berry）成书于1972年的《比较城市化》，通过世界不同国家和地区城市化过程的比较，说明尽管各国城市化存在共性，但城市化的道路各不相同，其差异主要源于文化背景及发展阶段的不同。

20世纪80年代，西方城市化理论走向成熟和多元，人口城市化和城乡人口变动的关系、城市发展的代价仍是关系的重点。联合国人口司的《城乡人口增长的模式》（1980）研究了世界范围内的人口增长。沃纳·赫希（Wemer Z. Hirsch）在《城市经济学》中从经济学视角研究了城市化和城市增长、城市化与工业化的关系、生产规模、土地利用以及住房、交通、贫困、犯罪、就业、环境、文化等诸多问题。城市经济学是研究城市在产生、成长、城乡融合过程中的经济关系及其规律的学科。有些学者则从社会学和生态学的视角来研究城市化问题。弗雷（W. H. Frey）（1988）对发达国家大城市人口下降和迁移作了分析比较，研究了"逆城市化"问题。

20世纪90年代，塔弗（J. D. Tarver）（1995）阐述了非洲人口城市化的历史与现状。克拉克（D. Clark）（1996）提出了"城市世界"的概念，未来几十年城市化仍将迅速发展，世界正在变成城市地区。布劳克夫（M. Brokerhoff）（1997）考察了发展中国家的城市贫困问题。金斯（G. Jones）（1997）系统分析了中国、印度、巴西等人口大国的城市化以及与经济发展的关系。"这些国家的人口城市化，不仅来自乡村——城市人口迁移，而且由于城市人口自身的自然增长，城市化问题主要表现在以下六个方面：城市人口增长率的迅速提高；城市基础设施供给不足；乡村——城市劳动力转移的就业问题；城市化和地区发展的联系问题。金斯受可持续发展思想的影响，不仅重视城市贫困问题，而且特别注意城市规模问题。"[1] 这些学者还都强调了发展中国家政府在城市化进程中所起到的作用。

纵观国外城市化的研究进展，国外学者从不同角度对城市化进行了较为系统的研究，理论体系与研究方法比较成熟。国外的城市化研究尤其是人口城市化研究，主要沿着城市发展的历史脉络，从初期的城市化动力机制入手，进行了城市化定义、世界城市化过程、城市化与经济发展的关系、城市化带来的结构调整和生活方式改变、农村剩余劳动力转移、地域空间组织结构变化等的研究，同时，对发展中国家的城市化进程和方向、全球化和城市化发展新趋势等也作了前瞻性思考。

西方经典的城市化理论主要受三个方面的影响："第一，人口基础决定了城市的发展的分布；第二，社会剩余产品的等级分配及市场要素区

---

[1] 转引自倪鹏飞等《中国新型城市化道路——城乡双赢：以成都为案例》，社会科学文献出版社2007年版，第3页。

位的差异决定城市的等级体系；第三，重商主义、资本积累、贸易决定了城市化进程的发展。而以发展中国家为代表的第三世界国家城市化进程与发达国家的城市化进程则恰恰相反，表现出高人口增长、过度城市化与滞后工业化，城市病与人口爆炸相伴生。值得强调的是西方关于第三世界国家城市化的研究是建立在依附理论及'核心—边缘'概念基础上的，认为发达国家是世界城市体系的核心，而发展中国家则多数是世界的边缘与外围，发展中国家分工、贸易、产业发展主要是依附于核心（发达国家）。20世纪80年代以来，经济全球化和国际化进程，加速了全球范围内生产要素的自由流动和优化配置。"[1] 与此同时，国外城市化研究还对城市化的发展阶段、小城镇发展进行研究，对过度城市化也有较深刻的反思性研究。

当前，关注研究一个国家的城市化进程，必须要具备全球化视野、现代化思路、工业化实践、信息化触角，才能够把握机制，解决城市化中出现的系列课题，引导并推动城市化的健康发展。

（二）国内城市化研究

20世纪70年代以前，我国没有正面提"城市化"，相关研究也很少。改革开放后，城市化进程迅速推进，到"十二五"末期，我国城市化水平已达56.1%，但距发达国家城市化水平仍有较大差距。国际上，城市化率是衡量一个国家现代化发展水平的重要标志。我国新公布的"十三五"规划纲要中，提出了城镇化的两项预期性指标：到2020年，我国常住人口和户籍人口的城镇化率将分别提高3.9和5.1个百分点（即分别达到60%和45%）。改革开放以来，国内城市化研究主要集中在中国城市化道路与模式的探索、农民市民化研究及城市化带来的政治、经济、社会、文化、生态、环境等方面变化的研究。

关于我国城市化道路的研究，可以划分为三个阶段：第一个阶段，1979年到1983年，明确中国一定要走城市化道路；第二个阶段，1984年到1993年，提出并深入研究中国城市化道路问题，在城市化理论研究上有许多拓展；第三个阶段，20世纪90年代中期以来，对城市化重要性的

---

[1] 陈春林等：《国外城市化研究脉络评析》，《世界地理研究》2011年第1期。

认识发生变化,在城市化理论研究上开始了全方位的探索。从研究内容看,20世纪80年代初期,学者们对城市化理论开始做一般性阐述,所论涉及城市化的动力、机制、一般过程、空间展开形式,等等。由于最初的城市化道路之争是从发展小城镇是中国"城镇化"的正确道路的立论开始的,城市规模就成了最初讨论的中心,并由此形成了"小城镇论"及与之相对的"大城市论",随后又派生出"中等城市论"与"大中小论"等。周一星突破了城市规模单一取向的框框,认为不存在统一的能被普遍接受的最佳城市规模,结合城市发展的客观规律提出了"多元论"的城市化方针。夏振坤与李享章提出了城市化道路的"三阶段论",孟晓晨提出了中国城市化道路的"双轨归一说"。1989年12月《城市规划法》的颁布,积极发展小城镇成了官方的选择。[①] 1988年,杜受祜、丁一主编的《中国城市化道路》(四川大学出版社1988年版)和叶维均等主编的《中国城市化道路初探:兼论我国城市基础设施的建设》(中国展望出版社1988年版)2本论著,阐述了中国本土城市化道路。

以小城镇热为动力,城市化理论研究进入制度层面。以中共中央、国务院2000年"11号文件"的发布以及城市化问题被列入国家"十五规划"为标志,城市化问题从民间"热"到了中央。胡鞍钢应用钱纳里的世界发展模型对照中国的现状,指出中国的城市化严重滞后于工业化。樊纲用我国非农化水平与城市化水平做比较,也得出了同样的结论。为避免我国城市化面临市场窒息的威胁,同"马尔萨斯——洪吉亮"死亡阴影赛跑,中国的城市政策第一次从其他核心政策配套层次上升到了核心政策层次。在1999年的"保八"战役中,城市化被发现是应该可以长期拉动内需的重要的经济增长点。"三农"问题成为中国经济社会生活中的大问题,解决农民问题的出路是减少农业人口,于是城市化与农业产业化成为改造中国传统农业的根本出路。对于怎样推进城市化以及发展什么样的城市,大多数人的回答还是走小城镇化的道路,中央政府也再次选择了重点发展小城镇的道路。"城市化"一词也因此被"城镇化"所替代而不再出现在政府的文件中了。有许多研究

---

① 赵新平、周一星:《改革以来中国城市化道路及城市化理论研究述评》,《中国社会科学》2002年第2期。

对于我国城市化过程中存在的制度障碍做了深刻反省。20世纪90年代中期以前，主要集中于对计划经济体制下的城乡二元结构进行剖析与批判，总体上着眼于二元结构向一元体制的转化。20世纪90年代中期以后，制度研究的视野更加广阔，特别是在西方制度经济学各阶段各流派思想的启发下，研究的重点开始向系统的城市化制度创新方面努力，但全面系统的理论阐述成果还不多。[1]

与此同时，发达国家、发展中国家城市化经验以及西方城市化研究成果被介绍到我国，中外城市化比较研究拓展了学术研究的视野。高珮义的《中外城市化比较研究》（增订版）[2]，这是一本对中外城市化进行比较研究的著作，客观描述了世界整体和不同类型国家的城市化进程、特点和趋势，论述了城市化的普遍原则和理论基础，提出了实施未来中国城市化发展战略的政策建议。国外城市发展过程中存在的种种城市病与发展病，促成我国长期以来控制大城市发展并对小城镇化道路产生认同。人们关注城市体系、城市规模分布、城市规模效益问题，还把发展经济学理论如二元论用于分析城市化机制。但大多没有得出十分确定的结论，过分地关注我国城市化发展个性的一面，对城市化理论进行深入而全面的研究则显得很不够。可以说，城市化理论研究在一开始就出现了偏差。[3]

近十年来，中国城市化研究热潮持续，出版了一系列有学术影响的书籍，研究领域进一步拓展。

2007年，倪鹏飞、骆克龙等的《中国新型城市化道路——城乡双赢：以成都为案例》，通过回顾相关研究，形成城市化道路分析框架，据此对成都城市化发展进行案例分析，结合城市化理论、一些国家的教训、中国的实际以及成都的经验，提出城乡双赢的新型中国城市化道路，并对其战略目标、制度设计、管理创新、政策安排进行初步的勾画。[4] 周铁训

---

[1] 赵新平、周一星：《改革以来中国城市化道路及城市化理论研究述评》，《中国社会科学》2002年第2期。

[2] 南开大学出版社2004年版。

[3] 赵新平、周一星：《改革以来中国城市化道路及城市化理论研究述评》，《中国社会科学》2002年第2期。

[4] 倪鹏飞等：《中国新型城市化道路——城乡双赢：以成都为案例》，社会科学文献出版社2007年版，第2页。

的《均衡城市化理论与中外城市化比较研究》[①]，以均衡城市化为核心，运用相关理论，对世界城市化进程进行均衡分析和比较。

2009年，范恒山、陶良虎主编的《中国城市化进程》[②]，概括了城市化进程的三个历史时期，即曲折发展时期、快速发展时期和科学发展时期。60年的城市化进程，波澜壮阔、成就斐然，但还面临着不少新问题与新挑战，如户籍、土地、社保和就业等制度供给相对不足、城市生态与人居环境持续恶化、城市公共服务与公共设施相对不完善以及城市化发展中多元文化的交流与冲突等。[③] 陈甬军等在《中国城市化道路新论》[④] 一书中，以产业演进发展、劳动力转移和城乡互动为研究主线，围绕中国如何走新型城市化道路，初步构建出中国特色城市化道路的理论框架。仇保兴的《应对机遇与挑战：中国城镇化战略研究主要问题与对策》[⑤]，作者避免了传统城镇化研究与城乡规划两张皮的割裂现象，阐明了城镇化战略决策和城乡规划变革的应对之道。同时，将发达国家城市化的经验与教训作为中国的决策参考，并归纳提炼出具有中国特色的城镇化模式——"C模式"。

简新华的《中国城镇化与特色城镇化道路》[⑥]，比较系统地阐述了中外城镇化理论、国外城镇化的经验教训、中国特色城镇化的内涵和道路选择。徐和平在《经济发展中的大国城市化模式比较研究》[⑦] 一书中采用城市经济学、城市社会学、城市规划学及地理学等多学科交叉的研究方法，从社会及经济变迁的角度，深入研究美国、欧盟、日本、俄罗斯、印度等大国城市化演进的规律，并对各国城市化模式及其政策进行全面的比较，希望为当今我国城市化理论与政策提供宝贵的经验。王勇辉的《农村城镇化与城乡统筹的国际比较》[⑧]，以横向的国际比较为分析主轴，为中国农村城镇化和城乡统筹提供前瞻性的思路借鉴。厉以宁主编的

[①] 南开大学出版社2007年版。
[②] 人民出版社2009年版。
[③] 范恒山、陶良虎主编：《中国城市化进程》，前言，人民出版社2009年版。
[④] 商务印书馆2009年版。
[⑤] 第二版，中国建筑工业出版社2009年版。
[⑥] 山东人民出版社2010年版。
[⑦] 人民出版社2011年版。
[⑧] 中国社会科学出版社2011年版。

《中国道路与新城镇化》①，全书收录十六篇论文，涉及农业产业化、大学生就业、城市经营、农村社区建设、人口转移、土地流转、新型农业现代化等问题。厉以宁先生在"序"提出：中国必须走适合中国国情的城镇化道路，在中国城镇化过程中，城乡二元户籍制度一定会走向全国户籍一元化。中国面临着双重转型，既是"发展转型"，又是"体制转型"。王振中的《中国的城镇化道路》②，探讨了工业化与城镇化、农业现代化与城镇化、中国特色城镇化与城乡一体化等问题。华生的《城市化转型与土地陷阱》③，作者指出：目前城市化转型面临的问题是"农地流转、农民离乡务工、农地非农用"的新三农问题。中国的城市化道路要从"土地城市化"真正走上"人的城市化"，其核心是重新调整"土地开发权"的分配，实现公民权利的均等化和人力资本的普遍升级。《城市化的中国：机遇与挑战》④，探讨了城市化的世界：释放新兴市场潜力、创新公租房制度设计完善住房保障体系、中国的发展挑战与政府的角色、民众：亟待开发的资产、科技引领智能城市等问题。

《国家新型城镇化规划（2014—2020年）》⑤的出台是今后一个时期指导全国城镇化健康发展的宏观性、战略性、基础性规划。国务院发展研究中心课题组的《中国新型城镇化：道路、模式和政策（2014）》⑥，研究了中国城镇化的道路、模式和政策。贺雪峰的《城市化的中国道路》⑦，在尊重历史与国情的基础上，观察中国城市化的真实现场，解读背后的制度安排，保护农民返乡权利，防止中国跌入中等收入陷阱的城市化道路。文贯中的《吾民无地：城市化、土地制度与户籍制度的内在逻辑》⑧，作者关注了农民土地所有权问题，认为这是推进城市化进程中的关键所在。赵俊超的《城镇化：改革的突破口》⑨，着眼于实现国家治

---

① 商务印书馆2012年版。
② 社会科学文献出版社2012年版。
③ 东方出版社2013年版。
④ 上海交通大学出版社2013年版。
⑤ 人民出版社2014年版。
⑥ 中国发展出版社2014年版。
⑦ 东方出版社2014年版。
⑧ 东方出版社2014年版。
⑨ 中国人民大学出版社2015年版。

理体系和治理能力现代化的改革目标,直面城镇化过程中热点难点问题,带来城镇化改革十问,深入探讨并试图破解改革与城镇化问题。李铁的《新型城镇化路径选择》[①],认为低成本城镇化不可持续,需靠改革推进。徐绍史、胡祖才的《国家新型城镇化报告(2015)》[②],聚焦新型城镇化领域的重大议题,汇总关键领域的主要进展,反映观点和共识,介绍国际合作成果,发挥政策解读、引导发展的作用。

(三)农民市民化研究

农民市民化也是城市化进程中不可回避的重大问题,学者们给予了殷切关注。王春光在《农村流动人口的"半城市化"问题研究》一文中,"尝试用'半城市化'概念来分析农村流动人口在城市的社会融合问题。[③] 钱文荣、黄祖辉的《转型时期的中国农民工——长江三角洲16城市农民工市民化问题调查》,"借鉴人口迁移理论,描述农村剩余劳动力转移、农民市民化的进程"[④]。路小昆等的《徘徊在城市边缘:城郊农民市民化问题研究》、殷晓清的《农民工就业模式对就业迁移的影响》、赵晔琴的《居住权与市民待遇:城市改造中的第四方群体》、张文宏和雷开春的《城市新移民社会融合的结构、现状与影响因素分析》、姚俊的《农民工定居城市意愿调查——基于苏南三市的实证分析》等,做了较为细致的研究。

总之,改革开放使中国融入世界城市化大潮,也为城市化研究提供了最大最好的样本。国内学者们关注城市化的作用、问题、后果、路径选择、保持小城镇建设的研究热情等,所取得的成果丰富了世界城市化研究的理论,对当前中国城镇化实践有指导和借鉴作用。当前我国实施新型城镇化战略的核心是人的城镇化,学者们要更多地关照城镇化建设主体——农民,从农民工就业、农民市民化、户籍制度改革、移民政策设计、社会保障制度完善等方面阐述了城市化进程中大量农民进入城市、

---

① 中国发展出版社2016年版。
② 中国计划出版社2016年版。
③ 周全德:《出生性别比失衡与小城镇生活方式的关联性思考》,《中州学刊》2008年第3期。
④ 《书讯》,《中国人口科学》2008年第2期。

向城市居民转变的流动趋向以及遇到的各种瓶颈问题,积极寻找其解决途径,从而促进政府社会政策的健全和完善。

(四) 村落变迁研究

国外社会学界特别是欧美等国关于社会变迁的研究起步较早,进化论、循环论、均衡论、冲突论等社会变迁理论已较成熟;关于乡村社会变迁的微观实证性成果很丰富,如《乡村社会变迁》描述美国乡村的文化变迁及现代化过程(罗吉斯、伯德格,1988),《农民的终结》认为工业化和城市化的铁律打破原有的平衡,震撼和改变了整个社会结构,带来"小农的终结"(孟德拉斯,2005);费正清研究了中国的传统与变迁,杜赞奇分析了文化、权力与国家的关系;黄宗智、陈佩华、Jonahan Unger 和 Richard Madsen 基于广东陈村调研等多部著作。

20世纪上半叶,中国掀起乡村建设与村落研究热潮,如梁漱溟、晏阳初的乡村建设理论与实验和费孝通的乡土重建思想。关于村落城市化,代表作有:《阐释流动与城市体验对中国农民现代性的影响》(周晓虹,1998);《村落的终结——羊城村的故事》实地调查广州40多个城中村400多个个案,《研究城市化中村落演变的过程》(李培林,2004);曹锦清、张乐天、陈中亚的《当代浙北乡村的社会文化变迁研究》,周大鸣的《南景村研究》,王春光的《北京"浙江村"研究》,折晓叶的《"万丰村"研究》,王铭铭的《"美法村""塘东村"研究》,毛丹的《尖山下村研究》,于建嵘的《岳村研究》,陆学艺等的《"行仁庄"研究》以及林毅夫的《"建设新农村"倡议》和郑杭生《对"农民市民化"的重视》,还有张厚安、徐勇、贺雪峰、肖唐镖、赵秀玲等学者的著述,视野开阔、角度多元,研究已从乡村田野实证走向中国经验的理论归纳,为当代中国村落变迁研究奠定了宝贵的研究基础。

城市化必然导致社会结构变迁。在社会结构变迁理论中,艾森斯塔得提出一个"整体性变迁"和"调适性变迁"的概念分析框架。[1] 中国的变革不仅打破了原有的封建主义体制下的社会分层结构,而且在根本

---

[1] [美] S.N. 艾森斯塔得:《帝国的政治体系》,阎步克译,贵州人民出版社1992年版,第317页。

上也改变了整个中国农村社会的社会分层机制。德国社会学家 E. 滕尼斯在他 1887 年出版的《礼俗社会和法理社会》①一书中,开创了城市化进程中社会变迁的类型学分析方法。他把人类社会分成两种类型:礼俗社会和法理社会。前者指传统的农村社会,后者指城市社会。滕尼斯把"礼俗社会"看作"富有生机的整体",认为"法理社会"不过是机械的集合体。滕尼斯是最早研究城市社会特点的学者,他对城市社会进行分析中所运用的相互对立的"理想化类型",成为后来许多社会学家沿用的分析模式。法国社会学家 E. 迪尔凯姆(1858—1917)创造了另一种相互对立类型的模式。但是他认为农村社会的基础才是一种"机械联合",城市则建筑在"有机联合"的基础之上。城市内尽管有非人格化、疏远化、异质化和竞争等种种问题,但它与"机械联合"相比,毕竟是一种进步。②鉴于工业化和城市化对农业、农民和农村的影响,1967 年法国著名的农村社会学家孟德拉斯出版了《农民的终结》一书,提出了"农民的终结"的命题。他指出:"农村人口外流也带来外流地区的衰落,素质最好的人员出走了,社会僵化了,农业固守成规,农民带着怀旧的忧伤情绪回顾失去的往昔。"③因此,他提出了"小农经营模式的将逐渐消失"的判断。他也关注到"逆城市化"对乡村社会的影响,"闲暇时间和退休时间的延长引起城里人向乡村和小城市迁移,这种迁移可能是每周一次的,也可能是季节性和终身的,由此造成了第二住宅的大量增加"④,也由此带来乡村人生活方式的城市化。

在本土学者中,费孝通教授的《江村经济》一书,对江苏吴江县庙港乡开弓弦村的研究开启了国内学者以现代社会学范式研究村落变迁的先河。费老一生关注该论题,晚年还一直关注中国工业化和城市化对村落社会的影响,对改革开放以后中国的城市化战略有着十分重要的影响。基于中国特殊性的制度背景观察,毛丹独树一帜地尝试采

---

① 国内也有人将之译为《通体社会和联组社会》,参见康少邦、张宁等编译《城市社会学》,浙江人民出版社 1986 年版,第 4 页。
② 陈一筠主编:《城市化与城市社会学》,光明日报出版社 1986 年版,第 39 页。
③ [法]孟德拉斯:《农民的终结》,李培林译,社会科学文献出版社 2005 年版,第 13 页。
④ 同上书,第 275 页。

用了通常人们用来分析中国公有制组织体制的单位制的分析范式来分析城市化进程中村落的变迁。在对浙江萧山的尖山下村的研究观察中，他指出，乡村大办工业可以引起所谓的"乡土社会"走向"法理社会"的变迁。① 受孟德拉斯的启发，李培林在"城中村"研究中提出了"村落的终结"的命题。他指出："城市现代化的铁律和村落集体对这一铁律的'抗拒'形成了人们担忧的冲突。广州'城中村'的情况，或许有其许多超阶段发展的特殊性，但它预示的村落终结过程中的各种冲突是有普遍意义的。一个由亲缘、地缘、宗族、民间信仰、乡规民约等深层社会网络联结的村落乡土社会，其终结问题不是非农化和工业化就能解决的。村落终结过程中的裂变和新生，也并不是轻松欢快的旅行，它不仅充满利益的摩擦和文化的碰撞，而且伴随着巨变的失落和超越的艰难。"②

由于中国这种急速的城市化特点决定了其村落终结是一种政府推动的制度变迁，也就是一种"转制型"的城市化。这与完全市场主导的市场型城市化是有着重大区别的。中国历史形成的城乡二元分割的制度结构已经不适应市场经济和城市化发展的需要，也难以调解目前城市化过程中产生的诸多现实问题和法律关系。因此，需要制度转型，以规范市场条件下城市化过程中产生的诸多问题，实现村落向城市的转型，即村落的终结。③ 城中村是城市化进程中村落终结的最后一环，④ "城中村这种'村社共同体'是农民城市化的'新型社会空间'，是弱势的非农化群体'小传统'得以依托、行动逻辑得以体现的社会场域"⑤，城中村也有自身存在的价值，不应当完全终结。

我国学者把城市化与村落变迁结合起来的研究不多。通过 CNKI（中

---

① 毛丹：《村落变迁中的单位化——尝试村落研究的一种范式》，《浙江社会科学》2000年第4期。
② 李培林：《巨变：村落的终结——都市里的村庄研究》，《中国社会科学》2002年第1期。
③ 谢志岿：《村落如何终结——中国农村城市化的制度研究》，《城镇化》2005年第5期。
④ 蓝宇蕴：《城中村：村落终结的最后一环》，《中国社会科学院研究生院学报》2001年第6期。
⑤ 蓝宇蕴：《都市村社共同体——有关农民城市化组织方式与生活方式的个案研究》，《中国社会科学》2005年第2期。

国知网）检索，结果显示：1956年到2016年10月，中国学者研究"村庄"的论文有5073篇；1936年到2016年，"村落"研究的论文有5204篇；"社会变迁"的相关研究论文有2085篇；当输入关键词"城市化""村落"时，论文寥寥，研究还是比较薄弱的。[1] 关于村落的研究论文主要集中在以下两个方面。

1. 关于中国村落变迁的研究范式、理论及路径研究。目前，学界正尝试从多个角度、多种范式、多条路径、多样化的理论来研究中国村落的变迁。毛丹的《村落变迁中的单位化——尝试村落研究的一种范式》，研究了村落变迁中的单位化问题。他在《村庄的大转型》中，"把中国农村30年的变迁放在村庄与市场、与国家、与城市社会三大关系转变中加以考察，认为村庄正在经历从农业共同体到城乡社区衔接带之弱质自治社区的大转型，而中国村庄是否有前途，既取决于国家、市场、城市对农村的态度，也取决于农村和农民对国家、市场、城市的态度"。[2] 杨建华的《日常生活：中国村落研究的一个新视角》，细致观察村民的日常生活世界，如上学、参军、做工、经商、办厂、通婚、分家、节庆仪式、纠纷解决等的追踪、描画、解剖、透视，观察村民与社区、村民与市场、城市、国家之间的互动关系，来分析阐释村落现代化的变迁发展过程。桂华的《城市化与乡土社会变迁研究路径探析——村落变迁区域类型建构的方法》，以村落为研究对象，立足于城市化实践与村落性质的双重标准，通过区域比较，将乡土社会变迁过程具体化为区域类型下的村落变迁过程。樊红敏、贺东航的《农村政治学研究范式的检视与拓展》，则从农村政治学的角度出发，呈现农村社会的真实图景，描述农村社会变迁的变动性、片断性。谷家荣的《人类学视野下的中国村庄表述》，"从人类学研究角度，全面梳理村庄历史记忆、现实表征以及村民异化的现实生活逻辑，进而有效地表述中国整体社会"。[3] 此外，还有学界从矛盾的分化整合理论、城乡统筹发展的角度、

---

[1] 我们所选择的查询范围包括"哲学与人文科学""社会科学Ⅰ辑""社会科学Ⅱ辑""经济与管理"四大类，检索项为"篇名"。
[2] 毛丹：《村庄的大转型》，《浙江社会科学》2008年第10期。
[3] 谷家荣：《人类学视野下的中国村庄表述》，《学术探索》2012年第2期。

内卷化的概念理论、非农村庄的内源性发展等多角度阐述了中国村落变迁的理路、模式和途径。

2. 村落的经济、政治、文化、社会及村落空间的变迁研究。城市化进程中的村落变迁，离不开政治、经济、文化、社会的转型以及村落空间的变换，因此，近年来学界在这些方面的研究也取得了长足的进展。王晓毅的《资源独享的村庄集体经济》中提出：村庄集体经济的发展并非农村工业化的产物，也不完全是农民自主选择的结果。孙秀林的《村庄民主及其影响因素：一项基于400个村庄的实证分析》，用全国性的大样本来考察经济、政治和组织因素等多重因素对乡村民主的影响。[1] 郭星华在《构建和谐的中国农村社会》提出："当代中国农村的变迁过程就是'类单位制'的建立与解体过程，当代中国农村的社会秩序正面临着重建的问题。"[2] 此外，学界还从土地流转、农村生产方式、国家权力与村落自治的关系、农民的闲暇生活、农民的身份与心理嬗变、农村文化建设等方面阐述村落变迁的各个方面。

（五）研究缺憾和努力方向

城市化进程中的村落变迁研究，取得较为丰厚的成果，为村落研究提供了许多丰富资料和经验启示。但是，现有的研究也存在着一些不足，需要有更多的实证研究和理论分析来加以弥补，这也正是本项研究努力的方向。

1. 缺少对城市化进程中村落变迁主体的心灵关照。

城市化是涉及国家发展全局的重大的社会变迁，涉及亿万农民的切身利益，农民作为城市化进程中村落变迁的行为主体，学者们给予的关注是不够的。中国农民究竟需要的是什么样的城市，需要什么样的村落变迁？农民在城市化进程村落变迁时的真实意愿是什么？他们的生活发生了哪些变化？城市化进程中他们是如何应对的？村落精英们在村落变迁中的角色和作用如何？让人忧虑的是，无人去关注和深究这些问题。

---

[1] 孙秀林：《村庄民主及其影响因素：一项基于400个村庄的实证分析》，《社会学研究》2008年第6期。

[2] 郭星华：《构建和谐的中国农村社会》，《探索与争鸣》2005年第2期。

我们看到，一些政府决策仍有计划经济旧思维色彩，还习惯于自上而下的"为民做主"，存在想当然、拍脑袋决策现象。一些政府决策部门在提出村落变迁指导性意见时，却没有去问问农民自己的意愿，基层治理中也很少让农民参与城市化政策的论证和评价；学者们也较少关注农民对于城市化进程中村落变迁的甘苦、诉求与期望。

有人也许会说，当前走城镇化道路就是为农民着想，是符合农民利益诉求的，但我们不能忽略这样一个基本事实，即当前各地推出户籍新政，农民进入中小城市、小城镇已没有太多政策障碍，但不少地区的农民却不愿意进入城市、也不愿意被"市民化"，这在理论上如何解释？所以，现有的不少研究缺少事实分析的基础，或虽然从经验事实的采集、分析为起点，但未深入农民日常生活，使整个村落变迁研究处在零散和简单归纳的前理论状态，有待立足"社会事实"，着眼农民这个变迁主体，做更系统的理论综合和深度研究。

2. 缺少城市化进程中村落变迁条件因素的分析和变迁特征概括。

现有的不少城市化进程中的村落变迁研究，多将重心定位于全景式描述村落变迁的历程，对千差万别的村落的个性、特质、类型关注不足。我国的村落可分哪些类型？不同形态的村落变迁路径有何不同？其特征有哪些？研究者只知共性不知个性，因此也未能对村落变迁的各种条件因素进行分析，对村落变迁的内涵特征进行概括，难以形成整体性兼具个性化的理解与阐释。如果说中央政府部门与研究机构是从国家战略的高度来顶层设计新型城镇化发展战略，那么，广大学者就要从村落这个微观视角出发，用系统综合的思维方式去研究这一问题，以避免出现重大决策失误与建设浪费。

3. 缺乏对城市化进程中村落变迁目标方向、内在规律的研究。

城市化进程中的村落变迁变什么？怎么变？村落变迁是否一定要政府主导？村落有无自变迁能力？在当前的新型城镇化道路中，仍然残存传统城镇化的路径依赖，土地城镇化突出，人口城镇化不足；一些基层政府喜欢用行政命令"抓"城市化，"主导"或者说是"主宰"村落变迁，而一些村落就坐等"被城市化"，市场主体"育"的功能得不到发挥，农民的主观能动性没有被激发，村落变迁发展停滞或倒退。如何更新村落变迁的思路，根据不同类型的村落形态探索不同的变迁路径，探寻蕴含在村落变迁实践中的内在规律，提升村落自变迁能力，是城市化进程中村落变迁实践与研究中的紧迫课题。

4. 缺乏城市化进程中村落变迁制度体系尤其是制度合力的综合研究。

目前，我国的城市化理论、社会变迁理论研究已经深入到制度层面，但对城市化进程中村落变迁的制度体系缺乏全面综合的研究，尤其是各项制度如何才能形成合力更缺乏研究。我们不仅要逐一检视阻碍城市化进程中村落变迁、农民市民化的各种障碍，对土地制度、户籍制度、教育就业医疗与社会保障等进行制度设计和制度创新，而且要对各项制度的作用机制进行分析，以期形成制度合力，促进城乡融合，走城乡一体化道路。

我国的城市化起步较晚，且走了不少弯路。城市化进程中的村落变迁，正处于一种多时态共存的复杂多元的状态：我们正背着封建遗存走在现代化的路上，扑面而来的是全球化、后现代化的影响，过去时、现在时和将来时几乎出现在同一时空；我们既要受传统思维、前现代化的影响，又要接受西方发达国家的后现代化冲击；作为后发国家，我们着急追赶现代工业文明，又要去补上工业化未充分发育、生产力不够发达的课。

上述这些因素就决定了当今城市化进程中村落变迁是在复杂的情境、特殊的背景下进行的，千差万别、形态各异的村落，不可能同步变迁，不可能按部就班，只能因时而变、因势利导，走不同的变迁之路。这也要求城市化进程中村落变迁理论需要有独特视角、需要重新阐释、需要范式转换，本课题想就此作理论研究、社会学知识更新的努力。

就本课题拟讨论的诸多问题而言，目前尚无专门性的理论成果。

四 研究思路和观点

以城市化理论、城乡一体化理论、社会分化与整合理论为研究视角，以我国改革开放后的城市化发展实践为背景来探讨村落变迁与发展的路径。

坚固的社会事实基础，是研究的根基。本研究将像迪尔凯姆一样，摆脱一切预断，立足田野调查，把社会事实作为物来考察。遵循研究基础→初步探索→实证研究→理论阐释→政策应用的研究路径,选对城市化中村落变迁与发展进程进行分析,并将其经验与作为社会发展路径的社会变迁理论相验证、相推演,以此逻辑性地阐述村落变迁的内在机理。

主要观点如下。

1. 城市化进程中,村落仍有存在价值和发展理由;"城市化是村落变迁的外源性动力,既会让大量村落从最传统的行动情境撤离,在形态上趋于终结和消亡;也会给村落带来前所未有的变迁发展的契机"。[①]

2. 城市化进程中村落变迁是一个长期的自然演变过程,会有一些特殊背景和条件,并呈现不同特征,各种不同形态村落不能坐等"被城市化",而应因势而谋、因地制宜、顺势而为,主动寻找最适宜的村落变迁路径。每一个村落变迁发展的方式,表面上微不足道,本质上兹事体大,不仅关乎农民,还关乎整个中国社会的将来。

3. 城市化进程中的村落变迁,土地城市化助推盖房热潮。盖房热潮加速空间结构的演化、居住模式的变化,带来行为方式和人际关系的变化,村民关系日益理性、家庭中亲情淡化、邻里渐行渐远等。形成社会共识,促进社会团结,维护村落和谐是当前的紧迫课题。

4. 城市化进程中村落的人口迁徙是有一定规律可循的,自发的人口迁徙有梯度转移、跳跃性迁徙的特点。目前,农民进城的壁垒逐渐降低和消除,但城镇居民下乡的阻碍仍然存在,城市化的回波效应使得中心城镇快速发展的同时,也带来了城郊农村的相对衰落,城乡差距有扩大的趋势。当前出现了一种与"聚拢向心"为特征的城市化状态,可概括为"舒张型城市化",这是一种自然迁移过程,不是城市化的反动、反向运动,应当视作城乡自主均衡发展的新阶段。

5. 村落精英是村落变迁的内驱力,其成长、更替、复出等都会给村落秩序建构和经济社会发展带来影响,从保护人到企业家是当前许多村落精英角色演变的内在逻辑。在村落场域中有"国家—市场—社会"三种力量的博弈,正式制度的软化、非正式制度的弱化、利益—关系网络、观念产权等因素容易导致治理的失效;村庄治理要有"善治"追求,村

[①] 任映红:《探寻城市化与村落(社区)变迁的内在逻辑》,《温州大学学报》2014年第1期。

落秩序建构需要"社会养护"。

6. 社会分化与整合是城市化中村落变迁的一大规律。分化不足抑或分化过度都会损害城市化的质量，如果不能进行有效的社会整合，就会带来社会无序化。在村落变迁中要以人为核心的价值统摄、要推进制度的自然演进和理性建构、要处理好多样性和统一性的关系、要以五大发展理念引领村落变迁新常态。只有这样，城市化进程中的村落变迁才能达到顶层设计中的理想状态。

7. 城市化进程中的村落变迁，不能追求整齐划一、一步到位，而要以五大发展理念来引领村落变迁的新常态，要推进制度的理性建构，坚守政策法律底线，科学制定"涉农政策"；城市化进程中村落变迁发展的目标是城乡一体化，缩小或弥合城乡鸿沟，要把"有形城市化"与"无形城市化"有机结合起来。

8. 城市化进程中的村落变迁，有如宏大的叙事诗，内容包罗万象，但其原则只有一个，那就是村落变迁要尊重农民的选择，尊重客观的自然历史规律，尊重最广大农民的内心诉求和行动选择，以农民为本，农民利益至上为出发点和落脚点，维护和实现社会公正。这样的村落城市化道路才是最科学的、最有人情味的、最受农民欢迎的正确之路。

五 研究视角和方法

城市化进程中的村落变迁，是现代化进程中的重大问题，需要从理论和实践结合的层面不断探索其具体路径，需要从多学科的、多重的理论视角来加以分析研究，为人们从更深的理论层面上理解和把握城市化进程中村落变迁的特征和规律提供启发。

（一）研究视角

1. 马克思主义城乡关系理论。

城市和农村作为社会结构体系中两个相对独立而又相互联结的子系统，具有各自的社会结构、社会功能和社区特征。从历史的视角看，二者的关系从来都不是静止和容易把握的。城市化也可看作是城市和农村这两个子系统的升级、分化和重新组合是城乡关系的整体演变。

马克思主义城乡关系理论告诉我们，城乡对立贯穿于人类社会历史进程，消灭城乡对立是一种现实要求，其途径就是走向城乡融合；城乡融合的基础条件是推进生产力的发展，主要着力点是工业和农业的有机整合。该理论通过全面考察城市和乡村的矛盾运动，揭示了城乡关系经历的"城乡分离""城乡对立""城乡差别""城乡融合"的四种状态和阶段，指出城乡间的互动作用以及消灭城乡差别的途径。从中我们得出：农村与城市之间的相互依存性，农村的发展不能离开城市的辐射和带动。城市化进程的发展新阶段应当是城乡互动，走向一体化，这是城乡人口、资源、技术、资本等要素的融合过程，是城乡政治、经济、社会、文化以及生态上的协调发展过程。

2. 城市（镇）化视角。

城市化是农民从乡土生活方式向城市生活方式的转变、传统价值观向现代价值观的转变、农村人口从分散聚居向集中聚居、农村人口居住区位格局变迁、产业结构的转换和升级、农村劳动力不断向城市转移、农民市民化的变迁过程。

2002年，党的十六大提出要提高城镇化水平，大中小城市和小城镇要协调发展，走中国特色城镇化之路。2012年，党的十八大确立了城镇化新政，明确各项战略任务，要立足科学发展观，推进大中小城市、小城镇和新型农村社区互促共进、协调发展的新型城镇化。它以科学发展观为指导，以全面提升质量水平为目标，坚持以人为本的价值导向，遵循发展规律，强调城乡统筹、节约集约、生态宜居、和谐发展。要增强中小城市和小城镇吸纳就业、人口集聚、产业发展、公共服务功能，让大中小城市布局、格局更趋合理，传递城乡平等理念，坚持走中国特色城镇化道路，将成为改革的新起点、促进经济增长的新引擎、拉动内需的新动力，为经济社会发展迎来新的机遇，为中小城镇发展开辟广阔空间。这是我国在新的历史时期，顺应经济社会发展转型而提出的重要战略。党的十八届三中全会强调"完善城镇化健康发展体制机制"，以人为核心，优化城市空间结构和管理格局，增强城市综合承载能力，促进城镇化和社会主义新农村建设的协调推进。2013年底召开的中央城镇化工作会议强调：推进城镇化必须从初级阶段基本国情出发，遵循规律，因势利导、顺势而为，成为一个水到渠成的自然历史发展过程。城镇化是我国现代化建设的长期目标，是一个长期的经济社会发展的历史过程，是城镇自身演变需要与经济发展阶段相适应的自然结果，是一个复杂的系统工程，需要遵循社会发展规律。

3. 社会分化与社会整合理论。

社会分化与整合是社会发展变迁的重要内容和有机动力，社会变迁实际上就是从分化到整合、再分化、再整合的波浪式推进、螺旋式上升的过程。社会分化（Social Differentiation）是指社会结构系统不断分解成新的社会要素，各种社会关系分割重组最终形成新的结构及功能专门化（Professionalization）的过程。"社会整合是指各种功能不同、性质不同的社会构成要素和单位在不同纽带联结下形成一个有机整体，各部分在整体中根据社会共同需要发挥自己的功能，从而造就社会整体功能，提高整个人类社会一体化程度，维持社会存在和发展。"[1]

经典作家对于社会分化与整合有自己的独到见解。马克思的社会阶级理论对社会分化、社会冲突及其与社会变迁关系的研究有着重大影响；亚当·斯密最先提出"分工"这一概念，而迪尔凯姆认为分工不是经济生活中特有的，它在社会领域里有广泛的影响；韦伯认为社会分层的本质是社会资源的占有和分配；帕森斯提出了功能性系统结构分化理论；卢曼构建起了新结构功能主义社会理论，认为社会功能分化是社会分化的核心问题；另外，齐美尔有社会分工促进社会整合理论、斯梅尔塞有社会分化与整合推进现代化发展理论、艾森斯塔德有二维一体的社会分化理论，等等。[2]

新中国成立后，我们建立了一个结构稳固、分化程度很低的社会。改革开放后，城市化快速发展，带来急剧的社会变革，自由流动资源和自由活动空间的发展，使中国社会发生大规模的、全方位的社会分化，并成为中国社会变迁的主要趋势。中国从机械整合社会变为多元分化社会，社会结构发生变化、不同的社会力量此起彼伏，新与旧的社会要素形成冲突，激发了发展潜能，蓄积着巨大张力，带来不可预知的社会

---

[1] 杨建华：《分化与整合：一项以浙江为个案的实证研究》，社会科学文献出版社2009年版，第24—25页。

[2] 同上书，第29—52页。

风险。

在中国城市化进程带来的深刻的社会变迁中，分化不足和分化过度都是有害的。如果不能进行有效的社会整合，就会带来社会的无序化。社会分化后的社会要有序发展变迁，其前提是要进行社会的有机整合。只有社会分化与社会整合协调配合、交替进行，才能推动社会健康发展。城市化进程中的村落，要在分化中变迁，在有机整合中完成平稳健康的发展。

（二）考察维度

从村落和市场、村落和国家、村落和城市的三个维度来观察探讨村落变迁的内在逻辑关系。

1. 村落与市场的关系。

关于村落与市场的关系，施坚雅（G. William Skinner）在对中国近代社会经济史的研究基础上，对中国乡村和市场的关系进行了深入的分析。他运用德国城市地理学家克里斯塔勒（W. Christaller）和德国经济学家廖士（A. Lösch）提出的"中心地理论"（Central place）和"巨区理论"（Macro-region），把不同的基层市场作为"层级性的连续体"，将农村集市网络当作"市场共同体"，并且把它们的结构抽象为地理学的正六边形结构，这种分析方法，被学界称为"施坚雅模式"，并得到广泛的运用。他认为："中国在从传统农耕社会向现代工业社会转化的过程中，市场结构必然会形成地方性的社会组织，并为使大量农民社区结合成单一的社会体系，即完整的社会，提供一种重要模式。"[1] 爱德华·费里德曼（Edward Friedman）等人深入探讨了20世纪20—30年代到1960年间华北农村社会的变迁，同时也阐明了农村集市贸易的变迁。黄宗智从国家权力与市场关系入手，分析农村集市贸易后认为，作为"地方市场"或"小买卖市场"的农村集市，在计划经济和集体生产制度下，并没有受到国家政权建设的重视。[2] 曹锦清、张乐天、陈中亚等人侧重于考察"制

---

[1] ［美］施坚雅：《中国农村的市场和社会结构》，史建云、徐秀丽译，中国社会科学出版社1998年版，第1—2页。

[2] 黄宗智：《长江三角洲小农家庭与乡村发展》，中华书局2000年版。

度"对乡村市场的影响,认为商品流通体制的变化对乡村集市的影响是具有决定性的,其中乡村供销合作社、农副产品的收购制度与价格政策、乡村工业品供应制度与价格政策,总的说是国家计划经济体制,对集市和集市贸易的影响起到主导作用。[①]

新中国成立后,经过互助组、初级社、高级社到人民公社,建立了"三级所有,队为基础"的集体经济制度,从而重构了几千年来的乡村社会治理结构。同时,通过建立粮食征购制度,切断了农村的市场链条;户籍制度阻塞农民进城的通道,使得传统村庄的经济关系和社会组织发生极大的变化。农村社会形态和社会关系的形成主要依靠于国家权力对农村基层社会的渗透,国家力量主导乡村社会,市场在这一历史时期并没有发挥对村落应有的型塑作用。

当然,国家力量和计划经济有其独特的作用和不足。正如黄宗智所言,"过去大家可能过分相信计划经济的作用。但今日也许有人犯了相反的错误:赋予市场经济以同样的魔力。我们需要了解的是,商品经济在什么样的历史条件下和在什么样的形式下才能起到推动发展的作用?在改革十年中,通过市场调节,把生产资料供应到乡和村的工厂企业,肯定对农村发展起了积极作用。但这并不证明市场全是,计划经济全非;私有制全是,集体制全非。试问:若没有计划工业援助农村工业,改革十年中的乡村工业能这样地发展?若无社队行政体制,乡村企业能否同样地积累工业化所需的资本?"[②]

改革开放后市场力量回归,市场化改革提升了资源配置效率,塑造着乡村社会形态和秩序。政治环境、经济环境、社会文化环境的变迁为市场的培育和发展提供了基本的制度保障,市场力量的发展壮大又进一步推动了政治、经济、文化和社会的变迁。党的十四大确立了社会主义市场经济体制的改革目标,并指出我国经济体制改革的核心是正确认识和处理计划与市场的关系,第一次把社会主义基本制度和

---

① 李正华:《乡村集市与近代社会——20世纪前半期华北乡村集市研究》,当代中国出版社1998年版。

② 黄宗智:《略论农村社会经济史研究方法:以长江三角洲和华北平原为例》,《中国经济史研究》1991年第3期。

市场经济结合起来。党的十五大确立了社会主义基本经济制度和分配制度。这都为市场力量的发挥提供了基本的政治保障，推动着中国市场化进程。20世纪80年代乡镇企业的迅速崛起，推动了农村经济结构、社会阶层关系、文化结构的变迁，吸纳了乡村剩余劳动力，有助于逐步缩小城乡差别和工农差别，建立新型的城乡关系。20世纪90年代后，城市化进程带动了大量农村人口流向城市，非农就业增多，农民收入提高，同时，城市生活改变了农民原有的生活方式和思想观念，推动了人口城市化进程。

市场的力量更多地体现在对农业生产方式和经营方式的影响。韦伯和马克思都认为，资本主义的自由雇工劳动及其工业化生产方式最终将取代传统小农家庭经营，传统乡村社会将走向瓦解和消亡。韦伯觉察到，传统农村和现代资本主义是两种完全不同的社会发展趋势，二者秉持不同的经济逻辑：传统农村社会的经济秩序关心的是如何在这块土地上养活最大数目的人口，而资本主义经济秩序关心的是如何能在这块土地上以最少的劳力向市场提供最大数目的农产品。[①]

1978年安徽小岗村的"包产到户"改革撬动了中国的农村改革。"包产到户"后，农民的生产积极性被激发，但农村剩余劳动力问题凸显。正当中央在考虑如何通过乡村工业化让农民富裕起来的时候，1983年12月28日，王小强、白南生发表在《人民日报》上的《农村商品生产发展的新动向——浙江省温州农村几个专业商品产销基地的情况调查》引起了中央的重视。20世纪80年代温州农村家庭工业和小商品市场的发展，让中央看到了农村工业化和市场化的力量。在温州农村家庭工业发展的同时，各类小商品市场也蓬勃发展。温州农村经济形成了费孝通教授所讲的那种以商带工的"小商品、大市场"格局。"他们依靠自己传统的才能和遍及全国的手艺人，通过自己组织起来的这种流通网络，形成了面向全国的大市场，为流通体制的改革创造了新鲜经验，为从根本上解决买难卖难问题树立了一个标本。所以我认为'温州模式'的重要意义倒不在它发展了家庭工业，而在于它提出了一个民间自发的遍及全国

[①] 转引自高原《市场经济中的小农农业和村庄：微观实践与理论意义》，《开放时代》2011年第12期。

的小商品大市场,直接在生产者和消费者之间建立起一个无孔不入的流通网络。"① 来自底层和自发的乡村工业化的发展需要,使得务工经商的农民自发组织并建立起农村商品市场网络,从根本上改变了传统村落的面貌,改变了乡村社区的性质,直接推进了乡村城镇化。所以,费孝通在苏南调查后指出:"乡村工业,如雨后春笋般蓬勃兴起,农村里大批的剩余劳动力走进工业。但是,办工业不同于农业,它必须要有一个集中的地方,要交通便利、有水有电;对于务工的农民来说又要距离适中。能满足这些条件的正是那些衰落中的小城镇。"②

对于改革开放以后中国村落与市场的关系变化,毛丹认为:"1978—1984年改革初期,就村庄与市场的关系而言,农业生产家庭承包制实现了农村土地的集体所有权和家庭经营权的分离。其基本效应是在村庄体制方面为'三农'进入市场,疏通了核算与分配的环节。1985—1999年,以市场化为导向的农村改革全面展开,并渐渐出现市场部分失灵现象。1990年末,中央开始对农村实施较积极的财政政策,特别是以2001年实施农村'六小工程'为起点,国家从资金扶持、技术支持、加强服务、改善农村基础设施与公共供给、提高农民人力资本、理顺农产品市场链诸方面,开始趋向'武装农民进市场'。"③

市场的力量也影响着农村原有的权利关系结构和治理结构。改革前的乡村治理结构主要依托于国家权力对乡村的渗透和对村民个体的控制,随着农村经济的发展,村庄治理结构发生明显的变化。大批经济能人在中国农村特别是非农经济相对发达的地区崛起,他们积极介入农村基层治理,形成了独特的"经济能人治村"现象。经济能人治村是一种经济能人主导的多元精英治理结构,突破了人民公社那种一元集权治理模式。④为了共同应对外在市场环境的风云变幻,"市场的力量催生了农民合作组织,农民合作组织是处于市场竞争不利地位的弱小生产者按照平等的原则在自愿互助的基础上组织起来,通过共同经营实现改善自身经济

---

① 费孝通:《温州行》(中),《瞭望》1986年第21期。
② 费孝通:《我所看到的中国农村工业化和城市化道路》,《浙江社会科学》1998年第4期。
③ 毛丹:《浙江村庄的转型与前景:三个关系维度》,《中华读书报》2008年11月12日。
④ 卢福营:《经济能人治村:中国乡村政治的新模式》,《学术月刊》2011年第10期。

利益或经济地位的组织"。① 农民合作组织的出现为多元化的村庄治理结构的出现提供了主体性条件。

但是,市场的缺陷也显现出来,主要表现为:一是原有社会组织解体,出现村落空心化与村落的终结,不仅有空间上的村庄消失,还有原有的村庄社会关系和社会组织的瓦解;二是市场化易导致农村公共物品供给不足,农村公共物品供给,必须以国家强制力为保障,形成国家与村庄之间合作与互补的供给机制;② 三是导致农村社会分层明显、贫富差距拉大、阶层矛盾凸显;四是市场主体以盈利为目的,往往忽视社会总体利益,片面追求经济利益导致农村生态环境受到严重破坏。如农药、化肥过度使用,规模化的生产养殖导致农村生物多样性锐减。

总之,市场力量的引入,打破了改革开放前农村单一落后状况,带来村落的一系列变迁,但由于市场自身存在缺陷和失灵,更需要良好的制度约束和引导。

2. 村落与国家的关系。

要考察村落与国家的关系,就要厘清国家和社会的关系。

从国家与社会关系的角度出发,约翰·洛克(John Locke)和黑格尔(Georg Wilhelm Friedrich Hegel)分别发展出两种截然相反的国家与社会的关系框架,即以洛克自由主义思想为基础的"社会高于国家"框架和以黑格尔为代表的"国家高于社会"框架。③ "国家只是处于社会中的个人为达至某种目的而形成的契约结果;毋宁说,国家是一个工具,其目的是将自然状态所隐含的自由和平等予以实现。"④ 社会是先于国家而存在的,社会有自己的自主性或是生命,国家是一种工具性或者保护性的存在,强调国家的"守夜人"角色,从个人权利与生俱来的角度来限制国家权力的范围。与洛克相反,黑格尔通过"市民社会"这一概念强调国家的重要性,提出"国家高于社会"的框架,他认为市民社会乃是个

---

① 苑鹏:《中国农村市场化进程中的农民合作组织研究》,《中国社会科学》2001年第6期。
② 贺雪峰、罗兴佐:《论农村公共物品供给中的均衡》,《经济学家》2006年第1期。
③ 邓正来:《国家与社会:中国市民社会研究》,北京大学出版社2008年版,第40页。
④ [英]约翰·洛克:《政府论》(下篇),商务印书馆1986年版,第98页。

人私利欲望驱动的非理性力量所致的状态，是一个由机械的必然性所支配的王国。因此，撇开国家来看市民社会，它就只能在伦理层面上表现为一种无政府状态，而绝非由理性人构成的完备状态。①

如果从国家与社会力量对比来看，可以有四种理想类型：强社会—弱国家模式、弱社会—强国家模式、弱社会—弱国家模式和强社会—强国家模式。第一种模式反映了传统自由主义的理念，即社会对抗国家；第二种模式反映了现代威权主义的要求，即国家主宰社会；第三种模式见诸于中世纪西欧封建制国家和现代不发达政体。② 第一种模式和第二种模式是对立的两种模式，也是现代社会最常见的模式，要么是社会占优，这常见于西方自由民主社会；要么是国家占优，这常见于一些威权政体社会。而国家和社会都处于弱势，或者都处于强势则相对来说非常态。前者表明社会处于一种不发达的状态，两种重要的驱动力量都被压制。当民主社会碰到强硬的政府，即可能出现强国家强社会的状态。这种状态可能会引发民间意愿与强权政府之间的矛盾，轻则会导致无休止的政治争论，重则产生严重的社会冲突。比如，美国就经常在强社会弱国家和强社会强国家之间转换。

国家与社会之间力量往往此消彼长，丹尼尔·贝尔（Daniel Bell）从"资本主义后工业社会"的视角入手，沿着洛克的传统建构出"政治—社会结构—文化"这样一种整合性分析框架。③ 在贝尔那里，"国家"隐缩为一种政治机制或政权，而"社会"则体现为由技术与经济所决定的社会结构，"文化"则被描述为布满矛盾的"现代主义"的后果。同样，尤尔根·哈贝马斯（Jürgen Habermas）依据黑格尔"国家高于社会"的框架，构建出"国家—公共领域—市民社会"三层结构的变体框架。他的"公共领域"也被视作是介于"国家与社会"的"第三领域"④。随着国

---

① 邓正来：《国家与社会：中国市民社会研究》，北京大学出版社2008年版，第40页。
② 陈明明：《比较现代化、市民社会、新制度主义——关于20世纪80—90年代中国政治研究的三个理论视角》，《战略与管理》2001年第4期。
③ [美]丹尼尔·贝尔：《资本主义文化矛盾》，生活·读书·新知三联书店1989年版，第11页。
④ 邓正来、亚历山大：《国家与市民社会》，载黄宗智主编《中国的"公共领域"与"市民社会"》，中央编译出版社1999年版。

家与社会的相互渗透，公共领域发展成为"国家的社会化"和"社会的国家化"的中介场所。①

事实上，"国家"从来不是一个同质性的实体，他有不同层级、不同类型、不同利益诉求的代理人。"社会"也不是铁板一块、边界清晰、高度统一的同质性实体。"国家"与"社会"都需要在具体的情境中针对具体问题来建构和讨论。②此外，"国家与社会"视角也有局限，主要表现为：一是宏观与微观、理想与现实的差距问题；二是"国家与社会"的视角缺乏对生活主体的关照，看到了社会变迁中的结构性因素，却忽视了日常生活中的行动者；三是"国家与社会"框架在中国研究上的适用性争议颇大。概念工具不像日常生活中使用的工具，要考虑到具体的历史、政治、文化、经济等社会环境因素，需要谨慎选择和适当重构。

"国家与社会"的框架常被国内学者用来研究中国乡村社会的变迁。无论是国外汉学家关注的经济发展、政治革命、社会运动、制度变迁、文化变迁等宏观理论问题，还是国内学者着力考察的贫富分化、城乡二元对立、社会分层与流动、市场化与城镇化、村民自治、社会保障与公民权利等事关社会现实的具体议题，其背后都涉及国家与社会的关系问题，因为社会转型或者村落变迁本身就是国家与社会关系不断调整的过程。"国家与社会"的视角在中国乡村社会研究中主要集中于农村的现代化和基层治理。张静将这些研究成果归纳为三个方向"市民社会、国家中心和国家中的社会"③。

但"国家与社会"作为一种最常被运用的分析框架之一，依然存在着实践的障碍：一是容易将社会理解成一个或几个村庄、村庄代表人或是村庄组织，容易忽视乡村社会文化网络的作用。二是"国家与社会"的分析框架"起源于欧洲的国家与社会的对抗政治，而中国乡村社会与

---

① 参阅裴宜理2000年6月在南京大学授予其兼职教授仪式上的演讲，http://lw.chinab.com/zxsh/20090318/1015028_1.html。

② 邓正来：《国家与社会：中国市民社会研究》，（序言）北京大学出版社2008年版，第1页。

③ 张静：《政治社会学及其主要研究方向》，《社会学研究》1998年第3期。

国家的关系从晚清到现代并非是一种西方式的对抗与冲突关系"[①]。改革开放之后,随着国家对人口流动、市场经济和政治控制的适度放松后,社会自主性空间逐步扩大,但国家与社会之间对抗和冲突并不是主流,更多的是一种指导与互助的关系。三是"国家与社会"的分析视角在分析中国乡村社会时,需要克服"国家"本身的复杂性和"社会"内部的异质性。中国现在的农村,早已不是费孝通在《江村经济》中描述的那样,特别是改革开放以来农村社会的异质性越来越强。随着城市化的推进,伴随乡镇企业的发展、人口的迁徙流动、土地用途的变更、村庄规划、村改居等变革,模糊了农村本来的边界,市场力量介入了农村社会变革和秩序的维系。

改革开放以来,"村庄与国家关系的变化可分为行政化、半行政化、以村民自治为基础的共同治理这样三个阶段"[②]。然而,1998年开始村民委员会直接选举以后,由于夹杂着二级土地市场制度,集体土地国家征用价格和国有土地市场出让价格的巨大反差,围绕着土地利益,全国各地的村庄和国家之间出现一定程度的关系紧张。基于消除这种关系紧张等方面的综合考虑,全国许多地方都在尝试推进城乡统筹发展口号下的综合改革。

例如,浙江省温州市,2011年开始在推进城乡统筹改革的同时,对全市5405个村(2010年)的治理结构也进行了改革。其目的是通过对农村基层社会管理体制全方位改革,构建城乡一体化的治理结构和社区管理体制。为此,2011年1月,温州出台《关于加快城乡统筹综合配套改革的若干意见》"1+12"系列文件,7月又颁布了《关于加强和创新社会管理的意见》"1+9"系列文件。按照其改革设想,就是要通过"三分三改",最终目的是实现农村社会管理的改革。

这场农村管理体制的彻底改革,确实涉及当前我国农村体制的核心,也是中国农村未来发展的需要。要激发农村社会组织活力,必须优先发展农民合作组织,重点培育各类专业协会类、社区服务类、公益慈善类等社会组织。但由于许多国家层面上的法律问题没有解决,农村内部的

[①] 张静:《国家政权建设与乡村自治单位——问题与回顾》,《开放时代》2001年第9期。
[②] 毛丹:《浙江村庄的转型与前景:三个关系维度》,《中华读书报》2008年11月12日。

利益关系极其复杂，其难度之大可想而知。尽管从表面统计看，截至2013年6月底，温州市组建村股份经济合作社5377个，组建率99.44%，仅剩余30个村未组建；清产核资完成村社数4719个，占总数的87.28%，股权确权发证3698个村社，占总数的68.39%。组建村土地合作社5025个，组建率99.84%，仅剩余8个村未组建；完成家庭承包经营耕地的确权登记、入册上图工作的土地合作社102个，占年度任务数的5.1%，似乎改革已经迅疾完成。但是，实际上，这些改革似乎虚拟成本大于实际意义，以致绝大多数村民没有从村集体资产的股份化改革中获得多少真正的权益。但是无论这场改革过程的成本如何，改革的结局如何变化，但这种大胆改革、勇于担当的勇气和决心，全局谋划、超前设计的眼光和胸怀，仍值得充分肯定。地方政府对农村治理结构的改革试错，表明正在认真反思农村治理结构。

3. 村落与城市的关系。

城市化进程中村落的变迁其实是城市发展对乡村影响的过程。从村落与城市的关系维度分析，城市作为一个区域的政治、经济、文化中心，它不但直接吸引了村落人口的迁徙，其扩张更直接把大量农村卷入其中，还在我国形成了特有的城中村现象。而且交通和通信条件的改善使得城市文化的传播速度更加快速，乡村里延续数千年的建筑、器具、习俗、生活方式等都悄然发生了变化。

关于城市与村落的关系，学术界已有大量的研究。从经济关系看，1826年，德国经济学家杜能的《孤立国同农业和国民经济的关系》（简称《孤立国》），被视为经济地理学和农业地理学的开篇之作。他在书中论述了城市中心对周围村落农业的影响。他设想了一个完全独立孤立国，"孤立国的中心只有一座中心城市，城市周围是均质的土地。城市周围的农业土地利用方式呈同心圆圈层结构。以城市为中心，由里向外依次为自由式农业、林业、轮作式农业、谷草式农业、三圃式农业、畜牧业，在第五圈畜牧业圈以外，是零地租的荒地"[①]。这种同心圆结构被后人称为"杜能圈"。"杜能圈"是杜能便于理论分析对现实世界所作的虚拟抽

---

① [德]约翰·冯·杜能：《孤立国同农业和国民经济的关系》，吴衡康译，商务印书馆1986年版。

象，现实中不可能有这样完全均质的土地，也不存在这样的孤立国。所以，他在后来的研究中对其模型进行了修正，添加了河流和小城市等变量。但是，杜能对中心城市对周围农业生产的影响的开创性研究，不但是农业区位论奠基之作，还开创了该领域的理论抽象模拟研究。

至于工业化和城市化过程中城乡之间的经济互动，英国经济学家刘易斯（W. A. Lewis）最早系统地提出发展中国家劳动力由农村转向城市的模式。刘易斯在1954年、1955年发表的《劳动力无限供给下的经济发展》和《经济增长理论》中，提出了著名的二元经济结构论。由于二元经济结构在发展中国家普遍存在，我国存在二元经济结构，还存在城乡二元体制。因此，二元结构分析方法成为学者们分析我国城乡经济问题乃至体制问题的重要框架。

由于东西方国家工业化起步时间不同，制度背景各异，因此，在村落经济结构变迁的路径和速率也有所差异。立足于当前中国城乡关系的观察，毛丹提出了理想化的连接城乡关系的城乡社区衔接模型。"合理的村庄与城市的关系，当指把城市与农村变为一个系统的两个有机部分，即，在村庄与城市间应该建立新的关联：既非消灭村庄，也不是城乡隔离，而是趋向一种有机联系城乡经济和社乡社区的衔接带。"[①] 然而，要建立这种理想化的模型必须克服以下矛盾。

第一，城乡统筹发展的需要与城乡二元体制结构破解难的矛盾。由于制度变迁的路径依赖，尤其是长期集体所有制下所形成的村民对村落共同体依赖和利益诉求，使得建立城乡统筹的社区管理体制的改革十分艰难。长期以来的乡村自治模式下，村集体企业承担了社区公共服务的职能和成本，国家也几乎没有按照规定征收相关税收，因此，在建立城乡统一的社区管理体制中，统一税收和社区公共服务职能公共财政负担之间的体制转轨，需要耐心的谈判、科学的设计和合理的过渡。

第二，快速城市化与传统村落文化继承保护的矛盾。作为发展中国家，中国的工业化起步很迟，尽管实际上中国工业发展的历史也十分悠久，但是大规模的工业化其实是在改革开放以后，尤其在短短数十年的乡村快速工业化和快速城市化的背景下，大量的村落被快速扩张的城市

---

① 毛丹：《浙江村庄的转型与前景：三个关系维度》，《中华读书报》2008年11月12日。

所裹挟，以致来不及变迁就已经湮没。快速城市化过程中，千篇一律的格式化的建筑迅速地替代了传统村落，村民们几乎毫无心理准备，转眼间已经变成市民。尤其许多老人扛着锄头在祖辈居住的村落里四处寻找能够种菜的空地时，却突然发现已经无地可种。祖宗的祠堂、村落的庙宇早已被林立的高楼所遮蔽，路上行走的也大多是南腔北调的外来民工。固守着村落传统的老人们只能落寞地在庙宇祠堂等公共场所听听鼓词、看看社戏。在政府快速城市化发展的冲动下，村落传统文化的尊重、继承和保护日益成为亟待解决的难题。

第三，快速城市化下，村民从温馨的村落熟人社会走进冷漠的城市陌生人社会，人际关系亟待调适。作为异质化人口集中居住的地点，城市注重隐私、彼此隔阂的居住方式，来源各异、彼此陌生的人群，不可避免地导致人际关系的冷漠和紧张。尤其在快速城市化背景下，大量被城市化的农民进入城市，如何建立从建筑形制、社区治理、人际关系等能够兼有城乡优点的新型社区是新时期有待创新的课题。

沿着村落与市场、村落与国家、村落与城市三个维度关系探索前行，能窥见城市化进程中村落变迁的内生逻辑。一是沿着村落变迁内外部变化进行研究。如浙江大学毛丹教授的观点："实际影响村庄转型的三种最重要的关系，即村庄与市场、国家、城市的关系。"[1] 二是沿着研究客体即不同类型的村落的线索进行类型学研究，比如分别对城中村、城边村、平原村落和边远山村的变迁的研究。三是沿着经济转型、社会变迁、文化演进、制度改革的变迁内容进行研究。在具体分析中也借鉴尼尔·斯梅尔瑟的经济社会学分析框架，从分化、整合、分化整合不连续的演变逻辑进行分析。

（三）研究方法

迪尔凯姆在《社会学方法的准则》一书中强调摆脱一切预断，要把社会事实当作物来考察。本项研究立足"社会事实"，开展田野调查，从最朴素的生活事实出发，运用历史唯物主义、城市化、分化整合等理论和"行动—关系—制度"的分析法，通过对城市化进程中村落变迁这一

---

[1] 毛丹：《浙江村庄的转型与前景：三个关系维度》，《中华读书报》2008年11月12日。

特殊场域中"国家—市场—社会"三种力量的生长和演变、出现的影响和谐的变量因素分析,力图能从中寻找特征和演变规律,为其他地区的村落变迁提供新的视角、方法或范式。本研究力求做到理论与实践相结合、历史与逻辑相统一、主观与客观相一致,现象描述与理论阐释相结合,背景分析与理性综合有机统一,以求我们的客观描述和理论分析具有科学性和说服力,以达到"立足浙江、辐射全国"之目的,最终能够助推新型城镇化战略。具体如下。

1. 历史唯物主义的方法论。历史唯物主义强调社会现实、总体性、具体化,在描述人类的历史运动时重在确立客观事实,批判地瓦解"立足于自身的思想",要最大限度地摆脱人的主观情感、欲望和意志等干扰,不提法则也不作判断,以还原历史真相或本来面目。坚持事物是有机联系的总体,只有当孤立的社会事实被归结为总体时,才能有认识的客观性。有具体化的路径,由社会现实的总体来具体地理解人类历史的道路。

2. 基于田野调查的实证研究法。本研究是对浙江城市化进程中村落变迁的个案而展开的,我们立足于对社会事实调查分析,主要采用文献研究→实地体验→入户访谈→问卷调查→区域研究→分类研究等方法;运用实地观察体验、问卷调查、个案调查、入户访谈、座谈分析等多种社会调查形式,以获得丰富翔实的田野资料,并将调查的实证和社会变迁理论分析融会贯通起来,做到理论和实践相结合、定性分析和定量分析相结合、面上分析和案例剖析相结合。

3. "行动—关系—制度"的分析法。城市化进程中的村落变迁,必须关注人的行动、人和社会的关系。结构功能主义的代表人物帕森斯提出"行动的一般理论"体系,认为行动系统包含了行为有机体、人格、社会和文化四个子系统;在吉登斯看来,结构是一种意外性的结果,社会系统在行动者的例行化的行动过程中被形塑了。哈耶克提出"自发社会秩序"的理论,[①] 康芒斯、诺斯等强调社会制度对个人行动的重要性。"结构—制度分析"是张静提出和倡导的,强调结构和制度在人们行动中

---

① [英]弗里德里希·奥古斯特·哈耶克:《自由宪章》,杨玉生等译,中国社会科学出版社2012年版。

的作用。孙立平提倡"过程—事件分析"的研究策略和叙事方式。无论是静态的"结构—制度分析"还是动态的"过程—事件分析",它们在分析和研究社会现象时都有一定的解释力。基于此,我们形成了一个"行动—关系—制度"的分析法,来解释城市化进程中村落变迁中社会现象内部、社会现象之间以及与社会整体的相互关系。

4. 采用质的研究和综合研究法。"质的研究"(Qualitative Research)法、综合研究法(包括静态、动态、外部关系研究)等,注意"从局部的观察看到或接近看到事物的全貌"。在方法论的角度看,社会科学内一直存在着"定性"(Qualitative)和"定量"(Quantitative)这两种主要的研究方法。定量研究主要是以统计学为理论和数学基础,主要是分析各种变量之间的相关关系,把握与理解事物与事物之间、事物内部各要素之间的关系。定性研究需要深入调查地区并进行长期的观察和访谈,通过研究者与调查对象之间长期的、深入的互动,研究者能够对对象和事物获得一个比较全面、深刻的认识。本研究采取的是以个案观察和深度访谈为主的定性研究,能更好地展现出行动、关系和制度(结构)之间的动态性特征。

(四)研究框架

本研究立足于田野调查,以实证性的中微观研究来丰富我国村落变迁研究的理论。本研究主要选择浙江的6个村落为个案,来考察村落变迁的环境条件、空间结构演化、共性个性特征、人际关系变化趋势,探索蕴含在纷繁复杂现象背后的人口迁徙规律、角色转换规律、秩序建构规律和分化整合规律。

本研究共分九章,主要内容如下。

第一章 绪论。

简要介绍问题的缘起,研究背景和研究意义,文献回顾和评述,研究思路和主要观点,研究视角和方法。

第二章 城市(镇)化与村落变迁。

界定城市化和城镇化、传统城镇化与新型城镇化的概念,概述对西方城市化的历程和经验、中国城市化的演进和水平;探讨社会变迁与村落变迁的关系,区分社会变迁的类型、划分村落的类型,分析村落变迁以及其内容和意义。

第三章　田野调查概况。

介绍了本研究的调研区域与个案村选择，分析了个案村的研究价值、调研思路方法。我们在浙江的杭州、温州、台州、绍兴等地分别选择了外桐坞村、新坊村、老鼠嘴村、芙蓉村、星光村、东安村等不同类型的六个村，对其城市化进程中的变迁进行了原汁原味的描述。虽然每一个村落变迁发展的方式，表面上微不足道，但本质上兹事体大，它不仅关乎农民，还关乎整个中国社会的将来。

第四章　顺势而为：村落变迁的共性和个性特征。

转型变革是村落社会变迁的基本特征，既有村落生产方式的转型、也有农民身份观念的变化、更有农民生活方式的变迁；剥离裂变是村落市场力量扩张的特征，体现为人与生产的剥离、人与空间的剥离、人与价值的剥离；自生自发是村落社会力量生长的特征，体现为乡村基层治理的变化、村落权威的解构与重构；多元异质是不同类型村落变迁的个性特征，概括了几种有代表性的村落如现代工业型村落、现代农业型村落、专业市场型村落、历史文化型村落以及其他类型村落的变迁特征。

第五章　淡薄疏离：村落变迁中人际关系的变化趋势。

人际关系是社会关系中最重要的部分。在城市化进程中，随着盖房、分家、征地拆迁、安置小区建设等，农村人际关系也发生急剧变迁，村落人际关系从紧密走向疏离，从亲情走向理性。主要体现为：日益理性：农村人际关系的变化；亲情淡化：农村家庭结构和关系变迁；渐行渐远：农村邻里关系的疏离；非线性：社会关系网络的复杂化。

第六章　理性生存：村落变迁中的人口迁徙规律。

探讨了村落变迁与人口迁徙流动的内在关联、一般法则和基本趋势；分析了田园城市与世界逆城市化现象，提出了"舒张型城市化"概念，认为"舒张型城市化"是在新型城市化大背景大趋势下，人口从饱和城市向农村流动扩散的自然迁移过程，它不是城市化的反动、反向运动，而是城乡自主均衡发展的新阶段；探讨了"舒张型城市化"的成因、条件、特点、阻滞因素和应有的政策取向。

第七章　因势利导：村落变迁中的角色转换规律。

村落精英是村落变迁的内驱力，分析了村落精英构成、成长、更替、复出等给村落秩序建构和经济社会发展带来的影响;精英转型是村落变迁中的特色凝练的重要基础,细致观察精英角色转换与村落特色经济发展之间的内在关系;认为从保护人到企业家是村落精英角色演变的内在逻辑,分析了村落精英的角色演变历程、内在逻辑,评述了当前的精英治理现象。

第八章 平衡协调:村落变迁中的秩序建构规律。

在村落场域中有国家—市场—社会三种力量的博弈:国家与社会之间有着张力与平衡、国家与市场之间有着对抗与合作、市场与社会之间则是互利与协调;以农村违章建筑治理为例,剖析了当前存在的村庄治理失效现象及原因,发现正式制度的软化、非正式制度的弱化、利益——关系网络、观念产权会导致治理失效;强调了村庄"善治"的价值追求,描绘了村落秩序建构的"社会养护"愿景。

第九章 结论与讨论。

通过对各章的分析,得出十点研究结论;梳理了四个创新之处、两点不足;提出了六个方面的研究拓展思考。总之,研究取得一些成果,提出了一些新概念、新观点,有了一些可贵的理论创新和方法创新,整个研究在前人村落研究的基础上有所推进,社会学知识获得了更新,但也存在着不足和差距。

第二章

城市(镇)化与村落变迁

在本章,我们要对城市化和城镇化这两个概念进行界定,了解它们的区别和联系;分析新旧城镇化道路的差异,阐述中西方城市化进程和发展阶段,厘清城市化与村落变迁之间的内在联系。

一 城市化和城镇化

(一)概念界定

"城市"是"城"与"市"的组合词。"城"主要是为了防卫,用城墙等围起来的地域。《管子·度地》说"内为之城,内为之阔";"市"则指交易场所,"日中为市";二者都不是真正意义上的城市。现代意义上的城市是指非农人口、非农产业的人口聚集区。"城市"在英语中对应的词汇是"City",一般是指人口稠密、工商业发达的地方,往往是周边地区的政治、经济和文化中心。

"城镇化"中的"镇",我国古代是指重要、险要处,因要留守兵士,商业开始繁荣。到宋代,"镇"是指从事工商活动的比城市小的居民聚集区。在英语中对应的词是"Town",可解释为:城镇、市镇、小村庄、商业中心。"城镇"可以理解为规模上大于村落小于城市的人口聚集区,是介于城市和农村之间的区域。严格意义上来说,城镇仍然有大量的乡村性质,各方面都还不具备"城市"的某些功能。

城市化(Urbanization),一般指农业人口向城市聚集、村落向城市转型、农业向非农业转变、农民变成市民、传统走向现代的转型过程。"所谓城市化,是落后的农业国在工业化、现代化过程中全面制度创新的结果,是一个国家内部人口、资源与产业在市场机制作用下以城市为主导重新进行空间配置的过程,其间伴随着全社会生产、生活方式的根本性变化。"[1] 城市化最主要标志是农民市民化后城市人口在总人口中的比重上升;城市建设发展用地的规模不断扩大。推动城市化发展的动力有二:一种是推力,如人地矛盾加大、基础设施差、公共服务短缺、弱质农业和自然灾害使务农收入低等促使人群离开乡村;另一种是拉力,如城市基础设施齐全、就业机会多、资源丰富等吸引人群来到城市。

广义的城市化进程都会经历从城市化、郊区城市化、逆城市化[2]、再城市化的过程。我们认为,逆城市化不代表着城市衰败、空心化,而是城市化的另一种新形式。它需要建立在城乡差别缩小、村镇基础设施完善、优美的田园自然风光的吸引力的基础上。

"城镇化"作为一种提法,它的出现比"城市化"要晚,这是一个新词汇,是中国学者独创的。这个词汇的出现频率与中国城市化道路之争密切相关。由于最初的中国城市化道路之争是从发展小城镇是中国"城镇化"的正确道路的立论开始的,城市规模就成了最初讨论的中心,并由此形成了"小城镇论"及与之相对的"大城市论",随后又派生出"中等城市论"与"大中小论"等。"小城镇论"的立论依据主要是"国情与乡情",乡镇企业成为吸纳农村剩余劳动力的主要渠道,由农民进入小城镇比进入大中城市的成本要低一些。小城镇可以把城乡两个市场较好、较快地连接起来,迅速促进农村二、三产业的发展,从而大量吸纳农村剩余劳动力,缓解农村人多地少的矛盾,促进农业规模效益的提高和农民收入的增长。这一主张成为这一时期我国城市化道路的主流观点。对于怎样推进城市化以及发展什么样的城市,大多数人的回答还是走小城镇化的道路,中央政府也再次选择了重点发展小城镇的道路。"城市化"一词也因此被"城镇化"所替代而不再出现在政府的文

---

[1] 赵新平、周一星:《改革以来中国城市化道路及城市化理论研究述评》,《中国社会科学》2002年第2期。

[2] 逆城市化也称城市中心空洞化,是指20世纪70年代以来,发达国家以及一些大城市中心市区郊区人口向外迁移,迁向离城市更远的农村和小城镇,出现了与城市化相反的人口流动的现象。具体表现在大城市中心区萎缩,中小城镇迅速发展,乡村人口数量增多,城市人口向乡村居民点和小城镇回流。

件中了。①

我们在中国知网上的检索可知，中国学者对城镇化的研究在时间上要晚于城市化，数量上也少于城市化。检索结果是：1959年到2013年年底，城市化的相关研究论文有17507篇，其中最早的是张毅、信浩合写的《城市化》一文，发表在《教学与研究》1959年第1期上；自1981年到2014年2月止，城镇化的相关研究论文有12146篇，其中最早的是罗清澄的《安徽省城镇特点和城镇化问题初探》一文，发表在《城市规划》1981年第3期上。

1982年12月，由中国建筑学会学术委员会区域规划和城市经济学组主办，在南京召开了"中国城镇化道路"学术讨论会。参加会议的有来自各地城市规划和城建部门、高等院校地理系和建筑系、中国科学院地理研究所、城乡建设环境保护部等单位代表，以及社会科学研究人员等共61人，会议收到论文共69篇。② 自此，中国城镇化的研究慢慢多了起来。

1983年，著名社会学家费孝通先生在其故乡江苏吴江调研中国小城镇建设。此后，他又对苏南、苏北以及苏中的小城镇建设进行了调研。其成果有四篇发表在新华社《瞭望》周刊上，即《小城镇大问题》《小城镇再探索》《小城镇苏北初探》和《小城镇新开拓》，后集结成《小城镇四记》。这可能是关于中国小城镇建设乃至中国城市化进程做的比较早的思考和调研。在费老看来，小城镇之所以是一个大问题，是因为它找到了一条解决中国城市化问题的道路。因为从西方经验来看，城市化伴随而来的，总是农村的衰落。从世界范围看，大城市人口密集、土地贵、工资高、污染严重，所以都发生了工业向郊区和农村扩散的趋势。而苏南乡镇企业的发展，推动了小城镇的活跃，小城镇开始成为周边农村的经济、政治和文化中心。费老敏锐地意识到这是一条符合中国国情的城镇化道路：这条道路"从乡镇、到县属镇到县城，各个层次的小城镇都在起着层层截流聚居人口的作

---

① 赵新平、周一星：《改革以来中国城市化道路及城市化理论研究述评》，《中国社会科学》2002年第2期。

② 丁一：《中国城镇化道路学术讨论会简况》，《城市问题》1983年第1期。

用,从而减轻大中城市的压力";这条道路以"离土不离乡"的方式,实现中国数量庞大的农村劳动力向工业领域的转移,实现中国的工业化和城市化;这条道路可以避开西方的"工业发展、农村破产"老路。① 2000 年,群言出版社又出版了《费孝通论小城镇建设》。费孝通对中国城镇发展道路进行了长达 10 年的跟踪研究,写了几十万字的著作,闪光思想,随处可见。

1991 年,辜胜阻先生出版专著《非农化与城镇化》,进一步拓展了"城镇化"的概念,同年在《经济地理》《人口研究》等学术期刊上连续发表 5 篇关于城镇化的研究论文,之后又力推中国的城镇化概念,出了一批颇有见解、影响较大的研究成果。

从已有的研究看,较早也较集中发表"城镇化"研究文章的杂志是《城市规划》《城市问题》,很多文献、文件以及相关会议,也并未对"城镇化"与"城市化"加以严格区分,有的则将二者并列提出。比如,住房城乡建设部在 2013 年召开的国家智慧城市试点创建工作会议上,公布了首批 90 个国家智慧城市(镇)试点名单,下发的文件使用"城市(镇)"这一括号补充备注形式。事实上,中央文件也是多次两者混用。

与对"城市化"有多种定义一样,城镇化概念也是百家争鸣,至今未达成统一。据粗略估计,在 2012 年之前,关于城镇化的定义,至少有几十种。学者之所以提出城镇化,跟中国长期是个农业大国的国情有关,包含着政府的价值取向,希望农业人口不要一窝蜂地涌向大城市而带来各种城市病;希望人口均衡地聚集在中小城市、小城镇或在农村新型社区中就地城镇化;希望地域辽阔的中国,特大城市、大城市、中小城市、小城镇、乡村能协调发展。

有学者对城镇化提法有不同看法,如燕京华侨大学校长、知名经济学家华生说:"国际上都称城市化,我国城市规划法中说明城市已包括镇,故城镇化是生造出来的病词。当初用城镇化似乎为重视中小城镇,其实这个提法恰好限制了镇的发展。因我国镇是行政级别概念,市多是地级,再次也是县级,而再大的镇也只能是乡科级,故城镇化一词误国

---

① 费孝通:《费孝通学术精华录》,北京师范大学出版社 1988 年版,第 201—205 页。

不浅，迟早会改。"① 全球化时代引发国际核心城市间的竞争，城市经济实力、政治影响力和文化话语权往往成正比。近年来，一些沿海发达地区的省份，又用"城市化"替代了"城镇化"提法，把重点转到城市质量提高上。从国际经验来看，在城市化（Urbanization）后期，人口流动已经由农业向非农业的流动转化为非农人口在城市间的重新聚集或重新分配。

"城市化"与"城镇化"的区别有如"男人"和"男孩"，似有似无，无本质区别，但无论是"城市化"还是"城镇化"，都是在对社会发展中农业人口向非农业人口转移这一现象的描述。这个现象由西方人首先发现和研究，用"Urbanization"来描述这一过程，两词同宗，两个中文名词，都是对这一英文名词的翻译，对西方人来说是一样的，没什么实质性的区别。② 也就是说，在国际语境中，城镇化其实就是中国式的、中国特色的城市化。

由以上分析，我们可以得知：所谓的"城市化"或者说"城镇化"，其实质内涵所反映的是现代社会的发展变迁过程，其中包含了城市、小城镇和广大农村地区的共同发展。一个得到广泛认可的观点是，对一个国家或地区而言，城市化是对全社会形成广泛影响的经济文化历史过程，其表现形式首先是农村人口和劳动力向城镇转移的过程，也是第二、三产业向城市和小城镇的聚集发展以及城市和农村地域性质和景观转化的过程，包括城市文明、城市意识在内的城市生活方式也随着城市化进程而扩散和传播。③

（二）新旧城镇化的差异

关于城镇化，当前官方文件、大众传媒中常出现的词汇是：新型城镇化、旧城镇化或传统城镇化，那么，二者有何差异区别呢？

2014 年 3 月，中共中央、国务院印发了《国家新型城镇化规划

---

① 华生：《城市化和城镇化的区别》，http://www.cityup.org/topic/czh/20121226/92087.shtml。

② 马向明：《城市化和城镇化有何区别？》，http://blog.sina.com.cn/s/blog_750193d301017de7.html。

③ 姜爱林：《21 世纪初用城镇化推动工业化的战略选择》，《经济学动态》2001 年第 9 期。

(2014—2020)》。虽然千呼万唤,但我国终于有了第一个具有重大战略意义的新型城市化规划,其历史意义不可低估。规划共3万多字,8篇38章。在第四章"指导思想"中明确要求"走以人为本、四化同步、优化布局、生态文明、文化传承的中国特色新型城镇化道路"[1],这可以看作是中央对新型城镇化及其特征有权威的界定和描述。

诸大建先生在仔细研读规划中的指导思想与基本原则以及相关的解释之后,认为可以用十八大以来强调的"五位一体"概念,对照识别出新旧城镇化的10个差异。见表2—1。

表2—1　　从"五位一体"看新旧城镇化的10个差异

		传统城市化	新型城镇化
社会建设	对比1:人口的户籍与常住问题	人口进城没有户籍	人口在城市落户
	对比2:公共服务的均等化问题	公共服务非包容性	公共服务有包容性
经济建设	对比3:工业驱动与服务经济驱动	工业化主导城市化	服务经济驱动
	对比4:农业经济的规模化问题	土地无法规模经营	土地开展规模经营
生态文明	对比5:人口进城与土地消耗	土地消耗大于人口进城	土地集约的城市发展
	对比6:城市发展的空间结构	人口涌入大城市	城市集群吸纳人口
	对比7:城市化的功能特征	空间蔓延、功能分离	空间紧凑、功能混合
文化建设	对比8:城市发展的文化传承	千城一面、忽视中国文化	把中国文化融入城市发展
政治建设	对比9:资金来源和体制安排	土地财政主导	多元化的金融创新
	对比10:城市发展的合作治理	规划不一、部门冲突	规划整合、部门协调

资料来源:诸大建《解读新型城镇化:蓝图构建与实施挑战》,《东方早报》2014年4月2日。

笔者认为,传统城镇化即旧城镇化的主要标志有:一是在理念上以物为本,注重地区生产总值增长、追求城镇化速度、财富增长的表面繁荣,不关注民生改善和生活质量的提升;二是在方式上是摊大饼式无序蔓延,过于注重城市规模扩张,简单的城市人口集聚,不关注思想观念、产业结构、生产生活方式、人居环境、社会保障等一系列重要转变;三

---

[1] 《国家新型城镇化规划(2014—2020年)》,《农村工作通讯》2014年第6期。

是在城乡关系上,城乡呈二元分割的对立状态,城市繁荣,乡村凋敝,要土地不要农民,要劳动力不要劳动者,不注重城乡互补、协调发展;四是外来人口的半城镇化,对农民工等外来流动人口重在治安管理而不是重在提供公共服务,将原有的城乡二元结构带入城市内部;五是千人一面,没有特色风格,不讲品质。

新型城镇化即中国特色城市化,是较之于传统城镇化而言的,是城市化的高级阶段或现代化阶段。之所以强调"新型",意味着我们不能走过去传统城市化的老路,避免以前有过的种种误区和弊端;从土地的城镇化转变为更加强调人的城镇化,从强调城镇化的数量、速度到更加强调质量和效益。新型城镇化有四层含义:一是重在构建科学合理的城市格局,与区域经济发展水平和产业结构布局紧密衔接,与人口、资源、环境的承载能力相适应;二是重在人的城镇化和人的现代化,不追求发展的速度和规模,而注重有序推进农业转移人口市民化,保证其享受城市居民的公共服务、社会保障,并让他们的思维方式、知识结构、劳动技能与城镇居民同步;三是重在坚持生态文明理念,走集约、智能、绿色、低碳的城镇化道路。有智慧的城镇规划建设和管理,能实现人口、资源、环境的协调发展;四是重在借鉴城市化水平较高国家的经验与教训,避免发展误区,推进机制与体制创新。[①] 由此可得知,新型城镇化就是指农村人口逐步向城镇转移,城镇呈现数量增加、规模扩大趋势,城镇基础设施和公共服务覆盖更多的农村地区和人口,第二、三产业向城镇聚集并呈现代化、集约化态势,改善地区的产业结构,提高区域的整体发展水平,城乡一体化、农民市民化的一种自然历史过程。

从 2013 年后释放出的各种政策信号来看,新型城镇化已成为当前中国经济发展的总抓手,正成为继人口数量红利之后的发展新红利。李克强总理多年关注城镇化问题,他说:城镇化是中国现代化进程的大战略,未来几十年最大的发展潜力在城镇化。推进城镇化,核心是人的城镇化,关键是提高城镇化质量,目的是造福百姓和富裕农民。城镇化发展要从要素驱动转向创新驱动。

---

① 《专家纵论新型城镇化:关键保证人们安居乐业》,http://jingji.cntv.cn/2013/03/26/ARTI1364281363929592.shtml。

我们认为：是否以人为核心，是否以农民利益为重，农民能否成为最大的受益者，是新型城镇化和旧的、传统的城镇化之间的最本质区别。值得强调的是，新型城镇化是自然历史发展过程，无法单独前行，一定要求与新型工业化、市场化、信息化、农业现代化同步推进，坚持在区域基础上实现创新发展、绿色发展、城乡建设的可持续发展，走个性鲜明、集约高效、环境友好、文化传承、社会和谐的科学发展新路。

二 西方城市化的历程和经验

西方国家城市化已走过近300年的演变历程，可分为三个阶段。

第一阶段：18世纪中叶至1950年间的工业城市化阶段，特征是中心城市人口和经济迅速增长，城市中心形成高度集聚。农业文明从乡村开始，而工业文明则发轫于城市；城市脱胎于乡村，城市化源于近代的工业革命。18世纪从英国发端的工业革命，使西方城市的初始形态——城邦与城堡——开始从政治管理中心和军事防卫堡垒，转向以工厂生产和贸易交换为主体形态的经济中心。在工商业继续向城市中心集聚的同时，郊区人口也开始急速增长。发达国家的城市化水平从1850年的11.4%上升到1950年的52.1%，但同时也衍生出大量"城市病"。第二阶段：1950—1990年间的逆城市化阶段。到20世纪60年代，发达国家的城市化水平已经超过60%。非均衡发展带来的"城市病"问题突出，在交通条件改善的条件下，人口向郊区迁移，城市经济迅速向郊区和周边中小城市延伸，城市产业不断向城市外围扩散，出现了"逆城市化"现象，中心城区不断衰落。第三阶段：20世纪90年代以来的再城市化阶段。工业化已经完成，城市工作和生活条件显著改善，农村人口流入大城市的压力不复存在。城市规划的重视、城市功能的拓展、现代服务业的发展、就业机会的增加、城市公共交通便利、油价攀升后出行成本的增加、环境治理水平的提高，逐渐让大量居民愿意从郊区重新回到中心城区或较大城市，出现了"再城市化"。从西方国家300年的城市化历程看，从城市的起源到工业城市化、从逆城市化到再城市化，带来的种种问题和矛盾，但也都表明城市化遵循着一定的规律。美国城市地理学家诺瑟姆（Ray. M. Northam）将西方国家的城市化率演进轨迹总结为"S型城市化过程曲线"。从中，我们可以较为清晰地认识到城市化的发展演变阶段和内在逻辑。①

根据在城市化中市场和政府发挥作用的大小，可分为市场主导型和政府主导型的城市化。"市场主导型城市化是指在城市化进程中主要依靠市场机制配置各种资源、协调各种利益关系、处理各种问题，政府或者给予必要的宏观调控，或者放任自流、完全由市场调节。"②英美等西方国家大多属于政府调控下的市场主导型城市化，拉美国家大多属于完全市场调节下的自由放任型城市化。

从西方城市化发展经验来看，欧美日等国大多能从实际需求出发，依靠市场的力量和产业集聚来推进，注重发展质量。但其局限也是显而易见的。在近代工业化过程中，西方国家的社会基础、发展进程、人口总量、社会结构等因素较大程度上决定着城市化的多种类型和社会问题的复杂多样。"如欧美等国工业化早期曾出现的过度工业化、城市产业工人贫困、环境过度污染以及工业化的'城市过度造美运动'等问题，城市化走过很多弯路。历史经验证明，中国既不能照搬、套用西方工业化过程中产生的城市化理论，也不能照搬和套用后工业社会以来的城市化理论来指导中国多类型的、区域差异过大的城市化。"③而且，世界金融危机也已经证明，靠强征土地、剥削劳工、消耗资源、污染环境来发展低水平、低附加值工业的城市化道路走不通。

三 中国城市化的演进和水平

2001年，诺贝尔经济学奖获得者、世界银行前副行长斯蒂格利茨（Joseph E. Stiglitz）曾预言，中国的城市化将和美国新技术革命一样，成为世界经济发展的"两大引擎"之一，会对21世纪人类社会发展进程产生深远影响。

---

① 周跃辉：《西方城市化的三个阶段》，《理论导报》2013年第2期。
② 盛广耀：《城市化模式及其转变研究》，中国社会科学出版社2008年版，第16页。
③ 张鸿雁：《西方城市化理论反思与中国本土化城市化理论模式建构论》，《南京社会科学》2011年第9期。

统计数据表明:"在200年前的1800年,当时全世界的城市化率仅有3%,到1850年达到7%,1900年为15%,到2000年,全世界的城市化率达到48%。2000年,中国的城市化水平为36.2%,比1978年提高18.3个百分点。"① 如图2—1。

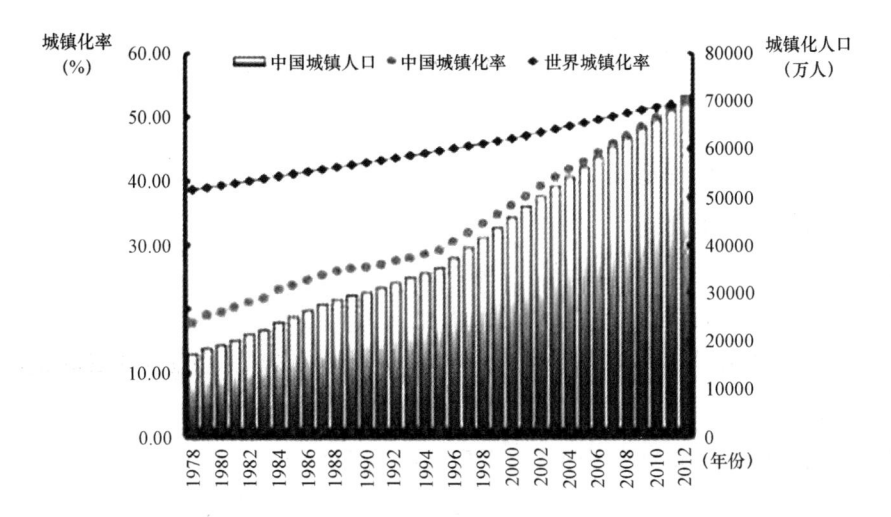

图2—1 城镇化水平的变化(《国家新型城镇化规划(2014—2020年)》)

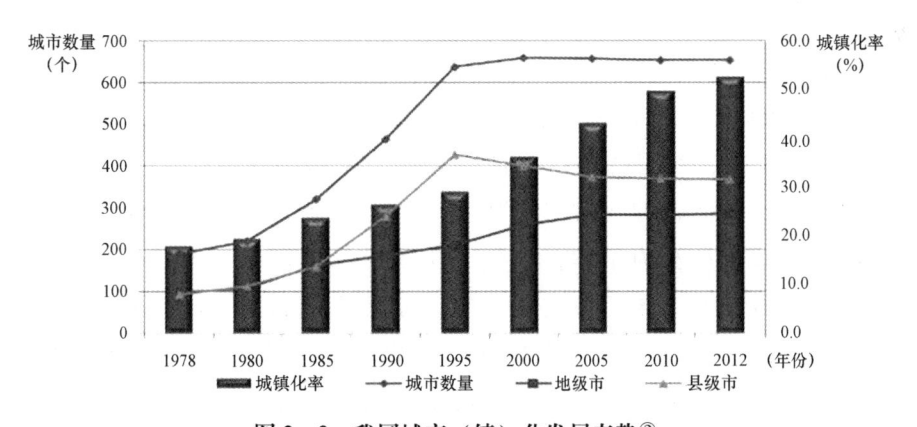

图2—2 我国城市(镇)化发展态势②

---

① 王梦奎:《全面建设小康社会的中国:起点、目标和前景》,《中国经济时报》2003年3月24日。

② 仇保兴:《智慧地推进我国新型城镇化》,《城市发展研究》2013年5期。

"促进工业化、信息化、城镇化、农业现代化同步发展",是党的十八大提出的要求。要积极探索新四化融合的具体模式,让新型工业化成为发展动力,农业现代化成为民族复兴的基础,用信息化推动各方有机融合和健康快速发展,用新型城镇化搭建机会平台、发展平台,以让"新四化"相互促进、同步发展。城市化的快速推进,带来了社会结构的深刻变革,促成了村落变迁和人口大量迁徙,吸纳了大量农村剩余劳动力转移就业,提高了城乡生产要素配置的效率,提高了农民生活质量。改革开放后,我国城市化率快速上升,如图2—2,照此速度到2050年预期达到76%左右。

与此同时,我国城市人口大幅攀升,城市数量急剧增加。"1978—2013年,城镇常住人口从1.7亿人增加到7.3亿人,城市化率从17.9%提升到53.7%;城市数量从193个增加到658个,建制镇数量从2173个增加到20113个"。[1]

城市化早已成为我国经济社会发展的重要推动力。"京津冀、长江三角洲、珠江三角洲三大城市群,以2.8%的国土面积集聚了18%的人口,创造了36%的国内生产总值,成为带动我国经济快速增长和参与国际经济合作与竞争的主要平台"。[2] 城镇化吸纳了大量农民工转移就业,社会结构正在发生深刻变革,城市基础设施改善,公共服务水平和城乡生产要素的配置效率大幅提高。

自古以来,我国就是一个农业大国,但在21世纪的最初10年,我国发生了重大转型,实现了从农业社会为主体、农业文明占主导的国家向城市社会为主体,现代文明占主导的国家的变迁,城乡人口比例的转变是社会经济文化各方面累计变迁的结果,同时又会对社会经济文化的各个方面产生深远的影响,包括人们的生产方式、生活方式等,都将与以前几千年的格局大相径庭。与之同时,社会职业结构、公众价值观念包括文化风俗等,也已经和即将发生深远的变革。

---

[1] 《国家新型城镇化规划(2014—2020年)》,《农村工作通讯》2014年第6期。

[2] 同上。

2011年，城镇人口比重达到51.27%。① 这标志着我国城乡结构发生历史性变化，中国已从乡村型社会为主体进入到以城市型社会为主体的时代。我国城市化率虽然快速提升，但与美国、日本相比还有较大差距。如图2—3。

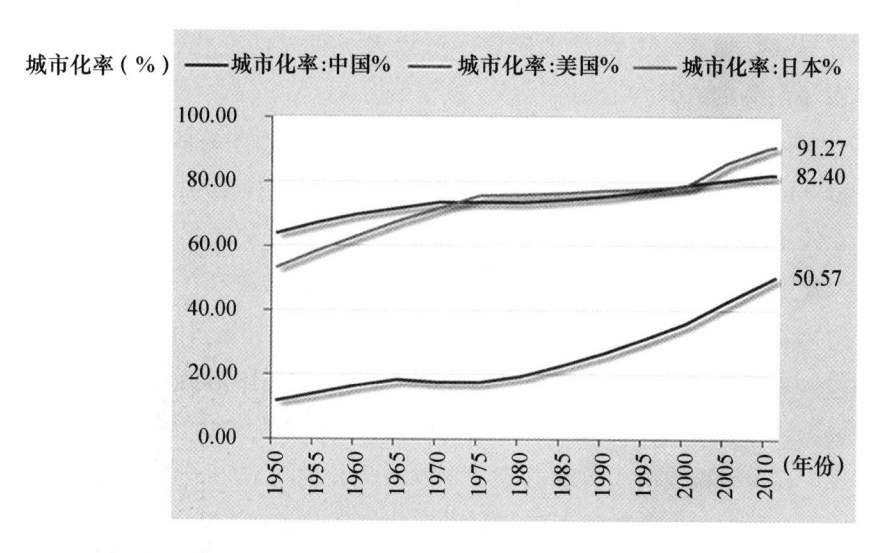

图2—3 中国、美国、日本城市化率比较（WIND、易贸研究中心）

由于传统体制和户籍制度改革的滞后，中国城市化发展的整体水平仍滞后于工业化和经济发展水平。如果以真正户籍人口的城镇化率计算，与西方发达国家相比差距更是巨大。

从发展方式看，与欧美国家相比，我国城市化进程带有明显"自上而下式"的政府主导色彩，政府进行着资源配置和各种问题的处理，市场处于从属地位或被排除在外。"政府既是城市化战略的制定者，也是城市化制度的供给者，还是城市化进程的执行者，在劳动力等要素的转移和集聚、城市内空间布局与区域城乡间的协调发展等方面发挥着基础和主导作用。"② "一系列严重违反市场规律的刚性制

---

① 国家统计局：《十年来中国人口总量低速平稳增长》，http://www.chinanews.com/gn/2012/08-17/4116071.shtml。

② 谷荣：《中国城市化的政府主导因素分析》，《现代城市研究》2006年第3期。

度，限制城乡间经济要素的自由流动。严格限制人口流动的户籍制度以及在交换、就业、福利分配等方面的双重城乡体制给向往城市生活的农村人构筑了一条难以逾越的鸿沟，人为地阻碍了城市化进程。"① 由于政府过度介入干预，忽视市场需求，过多依赖于投资，投资效益和产出不高，城市化进程出现曲折、波动和停顿，发展质量和水平都有待提高。城市化发展到现阶段，已出现了可喜的变化，即政府主导和市场调节的有机结合。

在我国城市化的快速发展中，也出现了一些突出矛盾和问题。《国家新型城镇化规划（2014—2020年）》将其概括为以下六个方面："1.大量农业转移人口难以融入城市，市民化滞后。2.土地城镇化快于人口城镇化，建设用地粗放低效。3.城镇空间分布和规模结构不合理，超越资源环境承载能力。4.城市管理服务水平不高，城市病问题日益突出。5.自然历史文化遗产保护不力，城乡建设缺乏特色。6.体制机制不健全，阻碍了城镇化健康发展。现行城乡分割的户籍管理、土地管理、社会保障制度，以及财税金融、行政管理等制度，固化着已经形成的城乡利益失衡格局，制约着农业转移人口市民化，阻碍着城乡发展一体化。"② 这些问题必须重视并切实加以解决。

四　社会变迁与村落变迁

城市化其实就是一个从乡村向城市转型、农民向市民转变的社会变迁过程。

（一）社会变迁的类型

所谓变迁，就是随着时间推移而产生的社会变化。一般意义上讲，可以说一切社会变化如社会系统结构和功能的变化都是社会变迁。

社会变迁的类型主要有：一是从变迁方式上看，可分为自然演进的

---

① 沈建国：《新世纪中国城市化道路的探索》，中国建筑工业出版社2001年版，第140—142页。

② 《国家新型城镇化规划（2014—2020年）》，《农村工作通讯》2014年第6期。

渐进式和急剧发生的突变式。前者是社会沿着自身内在逻辑波澜不惊地自然演进，后者则是突然发生的质变式社会变迁，如发生社会革命。二是从变迁的范围规模上看，可分为局部化社会变迁与整体性社会变迁。前者是社会生活某个方面的变化，后者是社会结构的整体变化以及功能转变。三是从变迁的层次上看，可分为微观社会变迁和宏观社会变迁。四是从变迁方向上看，可分为正向社会变迁和负向社会变迁。前者是社会进步和发展，后者是社会倒退和停滞。如战争、自然灾害、社会结构功能失调、社会分化加剧导致社会动荡等摧毁原本稳固安定的社会结构导致负向社会变迁。五是从人的参与控制程度上看，可分为自发的无计划的社会变迁和有目的有计划的社会变迁。前者是一种顺其自然的自发的无序的社会变迁，后者是尽快实现某个目标或想达到某种理想效果采取的有计划变迁，如国家行政力量的强势介入社会并主导变迁。这两种变迁方式，短期内往往看不清效果，需要经过一个漫长的时间段才能得出价值判断。在人类发展的历史上，社会变迁往往不是呈现单纯的某个特征、某种形式，而常常会表现出多个特征。

艾森斯塔德在《帝国的政治体系》一书中，对社会变迁作了以下分类：调适性变迁、整体性变迁和边缘性变迁。调适性变迁（Accommodable Change），在很大程度上能够在历史官僚社会的政治体系的基本前提和制度之内达成调适。这种类型的变迁并没有扩展到基本规范、象征和中央政治建制的活动层次上去。这是一种在不改变基本的制度框架下的一种变迁，而基本的制度框架则可以通过自己内部的调整以适应这些变迁。整体性变迁（Total Change），一些重大的王朝变迁（尤其是在其与新生群体对最高权力的僭夺相关的变迁），特别是那些导致了政体转型的变迁，就无法由既存的政治制度合法性和象征的框架加以调适了，不仅在于不同角色和群体的变迁，而且也在于政治体系的基本规范象征和价值取向的变迁。脱节的群体无法在既存政治体系的基本规范框架之内再度得到调适。代之而起的，是新的政治规范框架和象征的演生，并且，政治象征和意识形态的连续性被打破了。边缘性变迁（Marginal Change），介于以上两种变迁类型之间，还经常会出现一种边缘性的变迁类型，其实例主要有起义和教派活动。在实际事例中，上述这些不同类型的变迁经常是彼此重叠的。例如，个人性与王朝性变迁的彼此重叠，以及王朝变迁和政体转型的彼此重叠。在有些时候，调适性变迁或边缘性变迁的积累，也可能导致政治体系的整体性转型。① 当不断增多的调适性变迁突破某种界限的时候，当边缘性变迁结束后原有的制度框架重建时，整体性变迁就会到来。

更多的社会学家把社会变迁看作是社会结构的变化。德国社会学家沃尔夫冈·查普夫说："社会结构可以理解为社会生活和社会秩序的一种不易改变的相对稳定状态。这样，社会变迁即可称为社会结构的变化，社会制度的变化。"② 富永健一认为："社会变迁是社会结构的变迁这一定义中所蕴含的意义。"③ 尼尔·斯梅尔瑟进一步把变迁细分为社会过程、增殖、结构变迁和群体结构变迁四种类型。1. 社会过程。它是最简单的一种社会变迁，现存结构中各种人流、物流、货币流和信息流都可以看作是社会过程。这种变迁的关键特点是变化发生在现存结构之中，而现存结构未发生变化。尽管在社会过程中，也许个人在社会地位等级上会发生纵向的流动，也就是可能升迁或下降，但是整个社会的等级序列结构并未发生变化。同样，这种情况下正常的人口流动和物资流动等也不会对整个社会的结构产生影响。2. 增殖。这是介于社会过程和结构变迁之间的一种变迁类型。它是指那些同现存结构中所有构成单元在性质上并无区别的单元的增殖。如村落中一对新人结婚，一个新的家庭的诞生。这种增殖由于只是同原有构成单元结构相同的单元的增加，因此整个社会的结构并无发生很大的变化。如几千年来我国农村自然经济环境下，尽管其中农村的人口和家庭不断增加，但整个自给自足的小农经济的结构特点几乎没有很大变化。3. 结构变迁。它是指同以往性质不同的社会角色和组织的出现。如当前中国工业化进程中新的企业组织的出现和农民专业合作社的形成等等都属于此类。4. 社会群体结构变迁。群体结构变迁就是指群体构成、群体意识水平和群体之间社会关系的变迁。尽管

---

① [美] S. N. 艾森斯塔德：《帝国的政治体系》，阎步克译，贵州人民出版社1992年版，第317—318页。

② [德] 沃尔夫冈·查普夫：《现代化与社会转型》，陆宏成、陈黎译，社会科学文献出版社1998年版，第1页。

③ [日] 富永健一：《社会结构与社会变迁》，董兴华译，云南人民出版社1988年版，第87页。

在理论上我们可以把社会变迁分为社会过程、增殖、结构变迁和社会群体结构变迁4种类型,但是实际上这些变迁又是密切结合在一起的。比如大量的人口流动往往也会同时改变社会上的社会群体构成;家庭单位的增殖会带来人口压力,同时也会对社会结构的变迁产生压力;城市化带来的社会群体结构的变化,同时也通过政治过程,对所有其他类型的社会变迁方向发生影响。[1]

林毅夫关于制度变迁的经济学理论中,分析了诱制性变迁和强制性变迁。前者指一群人在响应制度不均衡引致的获利机会时所进行的自发性变迁,后者指国家法令引起的变迁。

由于社会结构变迁既是社会变迁的结果,也是社会变迁过程的表现。本研究从社会结构的变迁来观察村落社会的变迁。把握社会变迁,可以有两种方式。一是静态分析法,即通过截取社会横断面来分析社会的结构。社会的物质和经济层面的变迁是社会变迁的实体,是根本的,其他方面的一切变迁是伴生的。二是动态分析法,即通过揭示社会的进化、演变和发展来把握社会变迁过程。

(二) 村落的类型划分

我国地域辽阔,人口众多,区域经济发展不平衡,发展基础和发展环境不同,决定了中国乡村社会的差异;由于历史、地理、战争发生、农业结构、开发时期等的不同,村落社会结构呈现千差万别的特殊的区域特征,村落呈现出千姿百态的样态。中国农村一般可以划分为南方、北方和中部三大区域,根据不同的划分依据,村落大致可分为以下类型。

以区位来划分,可分东部、西部、南方、北方和中部村落;按规模和职能大小划分,可分大村、中村和小村;以民族来划分,有少数民族村落和汉族聚居村落;以城市为中心来定位,可分城中村、城郊村和远郊村;以基层社会组织形式分类,有自然村和行政村;以地形地貌来划分,有平原村、山区村、沿海村、滨湖村、草原村等;以形态肌理模式来划分,有顺应自然的散点式、布局规整的街巷式、形制复杂的组团式、

---

[1] [美]尼尔·斯梅尔瑟:《经济社会学》,方明等译,华夏出版社1989年版,158页。

条状伸展的条纹式、封闭内向的图案式村落；依据村落经济社会分化度和区域经济发展水平来划分，有高度分化、中度分化、低度分化的村落，其中中西部地区大多为低度分化村落，东部沿海地区多为中高度分化村落。

按村落社会结构来划分，有宗族型、户族型、小亲族型和个体家庭为主体的原子型村落；也可分为团结型、分裂型、分散型村落，团结型村落如南方农村的历史悠久的古村落、聚族而居的宗族村；分裂型村落如华北和西北农村的门派众多的分裂型村落；分散型村落如长江流域和东北地区原子化程度高的分散型村落。城市化进程中，随着人口大规模向城市迁移，浙江还存在着许多人去村空的"荒废型""搬迁型"村落，其社会结构松散、断裂、崩塌乃至不复存在。

按照村落经济结构、发展模式和从事的主要产业来划分，可分农业村和非农业村，其中农业村可分为传统耕作村、林果业村、牧业村、渔业村等；非农业村可分为工业型村、资源型村、商贸村、旅游村、电商村等。工业型村还可细分为以下几类：从主导产品的类型上分，有传统产业型和新兴产业型；从起源地和要素来源上分，有原生型和嵌入型，或就地发展型和异地发展型；从城乡关系上分，有城郊辐射型和村落独立型；从区域范围上分，有放射分布的县域集中型、带状分布的镇域集中型和块状经济的专业村；从发展主体看，有能人发动型、政府推动型和经济政治精英合作推动型；从地缘与产业关系看，分资源开发型、市场开发型；旅游型村落可细分为历史文化型、自然观光型、民俗体验型、艺术风情型。

2014年2月24日，"在第二届中国美丽乡村万峰林峰会上，中国农业部正式对外发布美丽乡村建设十大模式，为全国的美丽乡村建设提供范本和借鉴。十大模式为：产业发展型、生态保护型、城郊集约型、社会综治型、文化传承型、渔业开发型、草原牧场型、环境整治型、休闲旅游型、高效农业型"。[①] 在浙江大地上，中国美丽乡村的十大模式都可以找到最生动鲜活的样本。

---

① 《中国农业部发布美丽乡村建设十大模式》，http://www.chinanews.com/cj/2014/02-24/5874338.shtml。

(三) 村落变迁的内容

随着人类社会的发展，村落也在不断地变迁发展。村落变迁是一个自然历史过程，其间也充满着诱制性变迁和强制性变迁。

村落变迁可以从纵向和横向两个方面进行考察。

从纵向看，人类社会的发展，经历了从传统到现代的转变过程。传统社会是以家庭为基础的伦理社会，建立在自给自足自然经济基础上的、民间权威治理的、聚族而居的、互助团结的、农业为主的、一元化的一种社会形态。传统社会又被称为农业社会。农业社会后，进入工业社会，社会化的大生产取代了自给自足的个体生产，发达的科学技术取代了刀耕火种的原始生产技术，业缘关系取代了血缘与地缘关系，法治取代了人治，开放取代了封闭；伴随着现代文明的思想观念，人类进入了互联网时代、大数据时代、生态文明社会……村落承载着历史变迁，联结历史与未来、传统文明与现代文明。因此，从人类社会发展的纵向层面可见，村落在与社会的交互影响中，完成了从传统到现代的转变，这是一种循序渐进的转变。

从横向看，村落变迁的内涵和外延丰富而广阔，是一种整体性变迁，经济、政治、文化及整个村落社会各个方面都在变化之中。

第一，村落的经济变迁。生产方式的变迁，主要有生产制度的演变，如家庭联产承包责任制的推行实施；农村产业结构的调整，它包括了农业生产形式与方式的双重变革；农村市场的形成和规模化。村落在经济层面的变迁，无论是生产力还是生产关系，都经历了巨大的飞跃，其生产制度、组织形式、生产技术、产业结构、市场体系都有了长足的发展。

第二，村落的政治变迁。主要体现在村级行政机构的演变、村民自治制度的推行、农民积极的政治参与、村落治理方式现代化变革等。值得重视的是，村落变迁中村落民间权威的解构与对新的村落精英的认同。传统农业社会中，以血缘、地缘为纽带的氏族长老、缙绅等村落民间权威随着村落的日渐现代化而被解构，与此同时，村落诞生了众多新的权威即村落精英，有经济精英、政治精英、文化精英等。民主意识、权利意识的觉醒与提升让广大村民有了政治参与热情，促进了乡村政治的民主化。

第三，村落的社会变迁。主要体现在农民生活方式及村落空间的变革上。一是家庭结构的变化。越来越多的独立核心家庭产生，家庭成员数量日渐减少，家庭权威日趋多元化，家庭成员文化程度逐步提升；随着农民民主意识的增强，婚姻的缔结、婚姻维系过程中男女双方的地位以及婚姻的终结方式等都更为平等、自由；大批青壮年劳动力离开农村进入城市，留守儿童与留守老人数量增多。二是农民物质消费方式的转变。目前，农民自给型消费模式已基本解体，商品性消费模式基本建立，农民的物质消费与市场的联系渐趋紧密。同时，农民的消费不再以满足自己的实际需要为目标，高标准、奢侈型消费观念产生。三是农民精神生活方式的转变。农业生产技术的提高使得农民有了更多的可供自由支配的闲暇时间，农民的文化素养、精神生活质量得到提升。

第四，农民的文化心理变迁。传统观念的嬗变。在中国农民的传统观念中，既有体现其以自身利益为中心的观念，也有在"求富"观念作用下兢兢业业、辛苦劳作并重视家庭的传统美德。当前，城市化的进程冲击着广大乡村，乡村与城市接触日益紧密，农民的思想更具开放性，而同样因为乡村与城市日益亲密的接触，广大农民千百年来形成的传统美德也正在发生着颠覆性的改变，出现了见利忘义及暴富等负面倾向。外出与留守之间的抉择变得不再艰难。"安土重迁"这一中国农民最为传统的观念在现代化、城市化的进程中发生了断裂，成千上万的青壮年农民毫不犹豫地涌入城市，寻找更为广阔的生存空间。当越来越多的农民进入城市，农村与城市的融合不仅需要相关制度、政策与技术上的支持，更重要的则是农民心理上的身份认同，这种身份认同既包括了农民传统思想观念的转变，也包含了农民文化素养的提高以及民主意识的增强，这就是"农民市民化"的历程。

第五，村落的空间变化。在社会的发展进步中，村落空间逐渐从封闭走向开放，村落的公共空间实现了"回归乡土"，且随着农民民主、自由、平等等现代观念的逐步形成，村落公共空间与私有空间的界限日渐分明。日渐开放的村落空间，促使村落能主动适应城市化、工业化、信息化、网络化的需要，催生出村民主体意识和权力意识。综观村落的政治、经济、文化及社会的各个层面，其变迁是在城市化、工业化、市场化、信息化等因素的交互作用、交互影响下进行的。

(四) 村落变迁的意义

在城市化的进程中，村落变迁的意义何在？

1. 实现农业现代化，提高农业生产效益。

实现农业现代化是指实现人的现代化，农业的基础设施、产业布局、生产技术、生产手段、生产服务、经营方式的现代化以及生态环境的绿色化。实现农业现代化，有利于缩小三大差别，即工业与农业之间、农村与城市之间、脑力劳动者与体力劳动者之间的差别。农业现代化的实现，要依靠工业技术与管理经验的先进；农业现代化的实现，能够有效缩小工农业之间的差距，加速城乡一体化的进程；农业现代化可以提高农民素质，使更多的农民在脱离繁重的体力劳动，以科技含量较高的方式从事农业生产，使农业生产的成果日益增加，劳动消耗量和劳动占用量日益减少，进而有效提高农业效益。我国是世界农业大国，农业为国之根本，而农业现代化是夯实农业基础地位的关键，城市化进程中村落变迁则是实现、加快农业现代化的正确路径。

2. 土地合理规划，节约耕地资源，确保国家粮食安全。

土地是人类生活和生产活动的主要空间场所，是人类生存发展最为宝贵的资源。土地是农业生产的最不可缺少的基础性生产资料。我国的土地资源，从总量上看，数量很庞大，但人均占有量少，人均耕地面积仍呈现减少趋势，可见我们所面临的土地压力巨大。"在原本小农经济的耕作模式中，由于土地被分割成小块，并不利于土地的整体规划，土地浪费严重。随着村落的不断变迁，越来越多的农民离开家乡，离开土地，进城务工，许多宝贵的耕地资源就此被荒废。因此必须突破原有的土地碎片化的利用模式，对土地进行整体规划，即将土地资源在各产业部门进行合理配置，对土地利用、开发、整治、保护等方面所作的统筹安排。村落变迁的城市化特征，将更有利于土地的流转。在模糊产权界定下，土地进一步市场化有利于明晰产权，有利于主体的规范化，也有利于制度变迁的综合性和配套性。"[①] 农村土地流转制度的完善一方面有利于解

[①] 王家庭、张换兆：《中国农村土地流转制度的变迁及制度创新》，《农村经济》2011年第3期。

除土地对农民的束缚,加速城市化;另一方面也有利于解决土地使用权的分散与土地规模经营的矛盾,提高农村土地的使用效率,以确保国家粮食安全。

3. 消除城乡二元结构,加快农民市民化进程,提高国民素质。

长期的城乡分治、二元结构,导致城市和乡村的生产生活方式、社会文化出现巨大隔阂、发展阶段的不同步。农民与市民虽同为国家公民,但现实中被置于两个不同的权益群体中。长久以来,农村与城市之间存在着较大的差距,城市居民在生活习惯、思想观念以及文化素养等方面都优于农村居民。改革开放让越来越多的生活在农村的农民进入城市,长期从事城市非农产业的生产和工作,我们将此类社会现象称之为"农民市民化"。它使农民获得城市人的国民待遇,比如居住权、就业权、受教育权、选举权、社会保障权等;另一方面使农民的心理更加开放、理性、独立、自信以及具有更高的道德意识,从而提高农民的素质。

4. 还权于农,归利于农,扩大基层民主,推进农村政治发展。

基层民主指的是广大人民群众直接行使民主权利、依法进行自我管理、自我服务和自我发展的主要形式。实行基层民主的组织包括村民自治和城市居民自治。村民自治的实现,初步形成层次多样、内容丰富、多样性和规范性结合的村民自治制度体系,初步构建以农民为主体,把党的领导、依法办事、人民当家作主三者有机结合的农村基层治理模式。当然,基层民主的实现,需要将民主进一步内化为人民群众的思维方式和行为习惯。

政治发展是指"一个政治体系在一定的社会、历史、文化条件下,政治设施及其功能、公民政治参与能力及其政治信仰、价值观念等等方面发展进步的状态"。[①] 中国封建社会的纲常伦理塑造出人们的依附人格,君主的权威凌驾于一切人之上,专制主义文化导致农民政治主体意识的缺失,个体一旦丧失了主体地位和独立人格,就会形成"无我"和"非主体性意识",在政治生活领域就表现为人们习惯于寻求和依附权威。村落变迁中,村民自治的推进,培育着公民文化、契约文化、法治精神,使民主意识、平等观念、公益精神、奉献社会等思想内化成为农民的集

---

① 王沪宁:《当代西方政治学分析》,四川人民出版社1987年版,第155页。

体理念、价值取向、心理结构和行为模式，塑造有独立人格、主体意识、创新精神、尊重他人、诚实守信、识大体、顾大局的新型农民，这是当前农村政治发展的主体力量。[①]

5. 保护传承传统文化，让人记得住乡愁。

一是传统文化能稳定乡村秩序。中国古代"皇权止于县"，乡村交由乡绅、宗族头人等民间权威治理。宗族是一种具有深厚历史根源的文化现象，在漫长的历史长河中，村落宗族文化是调节稳定乡村秩序的主要力量。二是传统文化能维护乡村和谐。传统文化是乡村稳定和谐的宝贵的精神资源。和合文化是传统文化的精髓，是中国文化生命的最完美的体现形式。"和"指的是和谐、和平、中和等，"合"指的是汇合、融合、联合等。这种"贵和尚中、善解能容，厚德载物、和而不同"的宽容品格，是我们民族所追求的一种文化理念。三是传统文化能助力社会主义新农村建设。传统文化承载着人们的道德观念和审美旨趣，是中华民族传统美德的传承载体，具有极为广泛的群众基础。传统文化已经融入农民血脉，如"家族主义""乡土观念"等，这些都是农民深层的价值取向和行为模式，无法轻易改变；又如传统节日中的拔河、舞狮、秧歌、踏青、三月三、元宵花灯、端午赛龙舟等习俗，已经流传几千年，早已是节庆文化中的重要构成。因此，传统文化在培育新农民、塑造农村新风尚中发挥着特殊价值。四是传统文化能让人们"记得住乡愁"。对于城市化进程中千姿百态的变迁中的村落而言，最大的财富就是沉甸甸的厚重的历史记忆和文化传承。要保护村落中物质形态的文化遗产，文物尽量不要拆，那些承载着历史记忆的一门、一亭、一牌坊都要想方设法留下，还要保护精神文化、传统美德、文化遗产，以减少城市化冲击下文化遭受的损失。历史不能只留存在史书上，更应当体现在各种物质的、非物质的文化形态上，留存在人们的口头上和心头上，让人们不忘记它的前世今生，得以捍卫其精神文化传统。乡愁往往可以从长期的农耕社会给我们留下大量富有历史文化价值的古村落中去寻找。在世界传承下来的历史文化遗产中，中国的古村落无疑具有十分重要的地位。我国古村落分布之广、数量之多、种类之全、历史文化价值之高，是其他任何国家

[①] 任映红：《论村落文化与当前农村的政治发展》，《江汉论坛》2005年第5期。

都难以媲美的。但遗憾的是，城市化进程中，村落的终结尤其是古村落的消亡，其速度之快让人叹息。最原始的最具中国传统特色的文化形态存在于千姿百态的村落中，可加以撷取、改造、移植，从传统化、地方化、民间化的内容和形式（即文脉）中寻找现代发展的立足点，保护好承载着人文记忆和故土乡愁的古村落，是当前最紧迫的课题。人的生命需要血脉滋养得以延续，城市化进程中的城市和乡村，也需要血脉使其发展永生。文脉不能断裂、不能听任自然衰败，它需要在现代社会得到精心呵护、延续、传承和创新，在新的历史环境中注入新的生命，赋予新的内涵，使传统与现代共生共融，历史的记忆得以延续。[1]

6. 促进人与自然和谐，推进农村科学发展，建设生态文明。

城市化大潮冲击下的村落，农业形态发生了根本改变，现代农业不断浸入，其巨大的生产能力、高效率所带来的短期高速增长会一时令农民狂喜，但其生产方式是竭泽而渔式的，化肥、农药、农膜等的过度使用，直接导致白色污染的弥漫、青山绿水的消失，随着时间的推移，它对自然资源的无休止掠夺、对大地的深度伤害，使其发展的局限性和不可持续性日益凸显，尤其是对农村社会共同体的割裂而导致的农村空心化现象让人忧心忡忡。

如何在城市化进程中以五大发展理念引领村落变迁发展新常态，积极探寻更科学的后现代农业，重建经济社会发展与自然、人与自然、人与人之间的和谐关系，把广大农村建设成为一种资源节约型、环境友好型、农民尊重型、社区繁荣型、审美欣赏型的"五型"后现代的美好的社会主义新农村，同时，要有序推进村庄整治，防止出现违背农民意愿的大规模撤并村庄、大拆大建现象。这样，广大农民不需要一窝蜂地涌入城市，在农村也能安居乐业，有自由发展的空间，有归属感，活得有尊严、有价值。

城市化进程中的村落，面临着由农业文明向工业文明、生态文明转变。生态文明是一种新的文明形态，是人类在认识、适应和改造自然过程中形成的人与自然和谐共存共生共荣的生存方式，是生产力和生产关

---

[1] 任映红、梅长青：《城市化进程中村落传统文脉的承继和延续》，《浙江社会科学》2014年第12期。

系的有机统一，是对工业文明的超越。长达 300 年之久的西方工业文明，借助现代资本主义制度，以建立在工商业和金融业上的城市为载体，以资本不断增殖获取利润为内在动力，创造了空前的物质文明和社会财富，同时消耗着地球上的自然储备，带来了周期性经济危机和全球性生态破坏，是不可持续的，也是不厚道的。而生态文明"尊重自然和他者"为己任，追求和谐，是对自然的厚道、他人的厚道。厚道是一种良知、品格和德行，是对生命的一种实实在在的诠释，如冬日阳光夏日清风，让人宁静而温馨，让人神清气爽，让人信赖与踏实，让人熨帖与感动。

第三章

田野调查概况

我国地域辽阔，各地经济发展水平不平衡，城市化进程快慢不一，数以万计的村落，历史现状差异极大。如何选择城市化进程中较典型的、有代表性的地区进行调查，对城市化进程中的村落变迁研究具有关键性意义。

一 调研区域与个案村选择

中国地域辽阔，2014年行政村的数量近60万个，自然村数量数倍于行政村，浙江省有近3万个行政村，如何选择有代表性的调研点一度成为难题。

为什么选择浙江？浙江是我国城市化水平较高、发展最快的地区之一。2012年，浙江城市化率为63.2%，高出全国平均水平约12个百分点，居全国各省份中的第三位，大部分市县完成了城市扩张、人口集聚、产业结构、就业方式、人居空间、社会保障等由城到乡的转变过程，农民市民化进程加速。城市化进程中的村落，虽然面临着许多困扰和挑战，但许多不同类型的村落没有坐等"被城市化"，而在积极寻找独特的变迁发展之路，颇具典型意义。2012年，课题组经过反复权衡研讨，决定选择浙江村落就地开展深入调研。

在我们进行课题研究的同时，浙江城市化建设高歌猛进。2015年，浙江城市化率已达66%，正在由追求城市化发展速度向转变发展方式、提升质量效率的阶段过渡。2015年4月，浙江省政府就出台了《浙江省人民政府关于加快特色小镇规划建设的指导意见》（以下简称《意见》）；

6月，确定第一批37个省级特色小镇；2016年1月，确定了第二批42个省级特色小镇，这些特色小镇是按照"创新、协调、绿色、开放、共享"五大发展理念、聚焦七大新兴产业的多功能发展平台。浙江的"十三五"规划还确定了未来5年新型城市化发展的6个目标。

根据地理区划、结合课题组成员的地域分布，我们选择杭州的西湖区、温州的乐清市、瑞安市和永嘉县、台州的椒江区、绍兴的越城区为主要的调研区域，并努力筛选出有特色、有代表性的调研点。这四大区域均为浙江经济发达或较发达地区，工业化、市场化、信息化因素在村落中不断累积，城市化进程或快或慢，让村落始终处于变迁发展中。

为什么选择这6个村？值得深入调研的村落，一定要具备以下基本条件：有故事、有特色、有价值、能进入。这6个村，虽然在经济实力、发展水平或者是社会知名度上，都比不上全国的名村，如天下第一村华西村、中国农村改革发源地安徽小岗村等；也比不上浙江的明星村，如打造高科技药业的东阳花园村、以生态观光农业为特色的宁波滕头村。但是，这6个村，在城市化进程中，这些不同类型、不同背景、不同发展阶段的村落没有被动地等待"被城市化"，不等不靠，因势而谋、因地制宜、因势利导，不断寻找适合自身实际的变迁发展道路。如果按照村落主要产业划分，新坊村是现代工业型村落，老鼠嘴村是现代农业型村落，东安村属专业市场型村落。芙蓉村和外桐坞村均是旅游型村落，前者属山区传统的宗族村落，历史文化悠久，后者为新兴的艺术风情型村落；如按距中心城市远近划分，外桐坞村和星光村是近郊村，东安村是即将走向终结的城中村。如按地型划分，芙蓉村属山区村。这个划分只是粗线条的，因为有时一个村往往兼具多种类型、浓缩多种特征。

这6个村，村落发展故事有一定的代表性，能让散落在中华大地上的千千万万个大大小小的形态各异的普通村落找到自己的影子或未来，从中得到一些村落发展的借鉴启示；这6个村，不是镶嵌在中华大地上的明珠，不像全国名村那样高不可攀、无法复制，它们如同一块块璞玉，自然真实、朴素无华，在村落变迁路上一路走来，从村落历史演进、城市化进程、经济社会发展状况、村落精英引领、村庄秩序建构等或以折射村落城市化变迁的路径、挖掘深藏其间的变迁逻辑。每一个村落变迁发展的方式，表面上微不足道，本质上兹事体大，不仅关乎农民，还关乎整个中国社会的将来。

这6个村,课题组能得到村镇干部的支持和配合,能顺利地进村入户,调研资料获得相对容易。要观察城市化因素在村落中的累积、村落顺应外部环境变化的情况,就需要进村查看村落发展史料,需要入户访谈,取得第一手的调研资料。这些材料的收集需要跨越历史时空,回溯村落的发展历程,观察村民生活点点滴滴的变化。如外桐坞村正在打造"风情小镇"、浙江省文明特色村,村干部非常欢迎我们入村调研。他们希望有专家学者来把脉村落发展,希望通过我们的调研,了解村民的真实想法意愿和村民对村干部村庄治理和建设的评价,及时发现存在的问题,理清发展思路,更希望通过我们的调研提升外桐坞村的知名度、美誉度,从而能够吸引更多的游客来村观光旅游。外桐坞村已请专家着手在写村史《风情小镇外桐坞》,我们能从中获得大量的村史材料。又如新坊村、芙蓉村,一个是小康强村、一个是历史文化名村,都是我们跟踪调研长达15年之久的研究基地、大学生社会实践基地。多年来,我们与所在县市、乡镇、村落保持着良好的沟通和互动。每当政府出台乡村建设政策、村落有大的发展契机或遇到发展难题时,相关县市经常邀请我们去参加座谈会,村干部会邀请我们实地调研,共同寻找发展对策。再如乐清的老鼠嘴村、绍兴的东安村,是课题组骨干成员生于斯长于斯的家乡。本课题立项后,课题组1名骨干成员刚好被下派到星光村挂职锻炼1年,是开展调研的好时机。这些村都配有大学生村官,他们年轻、头脑活、素质好、易沟通,他们帮助调研组牵线搭桥、联系采访对象、解决语言障碍和调研中的困难,使调研能够顺利进行。纵然有这些优势,由于这些村在漫长的城市化、现代化发展历程中,发生的故事很多,我们无法全部收集获取,但我们会从已收集到的调研素材、社会事实出发,深入探寻城市化进程中村落变迁的内在机理和规律。

二 个案村的研究价值

在城市化进程中,这些形态各异的村落,都能因地制宜、顺势而为,自主自然或在村落精英引领下寻找变迁发展之路,其变迁历程中凸显某方面的特质或遇到的一些特殊难题,极富研究价值。我们试图以小见大,从一个个村落发展个案、不同的变迁轨迹中寻找到城市化进程中村落变迁的条件、特征和规律。

杭州的外桐坞村是一个再造重生的村落。改革开放后的较长时期，这个村经历过多任村支书和村委会主任，村落发展起起落落，没有像华西村的吴仁宝那样有头脑、有胸怀的能人带领村落在各个历史时期勇立潮头、一路凯歌。只是在近十年来，这个村的村落精英积极主动适应外界发展，抓住机遇，艰苦创业，村落发展水平才有了质的飞跃，成就了"风情小镇"的村落再造。村落的再造，自然离不开人的因素，那么，村落精英在村落城市化变迁中起了多大作用？我们想通过对历史动态中村落场域内社区精英的创新行动及其策略的详细考察和深入分析，探寻精英对村落发展的功能与影响，旨在为城市化中村落共同体再造提供微观层面的学理性解释。毕竟，精英治理模式是我国许多名村强村的发展逻辑。

乐清的老鼠嘴村是一个以石斛种植加工为主业的现代农业型村落。在城市化进程中，村民将石斛种植积累的财富很快转移到住房改善上来，村落掀起一浪高过一浪的"盖房热潮"，而且大多是违章建筑。"盖房热潮"带来村落空间的演化、居住方式的改变、村庄治理的难题以及微妙的人际关系变化，家庭关系、邻里关系开始变质，传统美德的流失让人唏嘘。我们基于"行动—关系—制度"这一理论分析框架，从村民们的盖楼行为、居住模式变化这一微观视角出发，在家庭、邻里、村庄整体三个层面上探讨了农村人际关系的变迁。城市化中的农村，家庭成员关系的"非亲密化"、邻里关系的"陌生化"以及村民关系的"过于理性化"，使得村庄人际关系越发"个体化"，导致村庄治理违章建筑和环保方面的无效，以至于出现村庄治理困境。这是城市化中迫切需要解决的难题。

瑞安的新坊村是一个得市场经济风气之先的现代工业型的村落。1983年，新坊村的生产队解散，约80%的青壮年从一亩三分地中解放出来，先为乡镇企业跑供销，后自己名正言顺地开店办厂，工业经济、商贸得以迅速发展，成为远近闻名的"奔小康强村"，成就了后来的"汽摩配王国"。它在城市化进程中土地被征用殆尽，但在城市化因素不断累积中，依靠着社会资本的聚集，抱团发展出汽车摩托车配件产业，成就了

"小康强村"的发展道路。这个村作为现代工业型村落，是主动积极地接受外部世界的影响，根据外部环境变化下迅速作出反应，寻求适合自己的工业化发展道路，这个有经济活力、发展潜力、创新精神的村落无疑具有较高的学术研究价值。

台州的星光村是一个以加工贸易为主业的近郊村。从地域特性上看，近郊村是"农村之首，城市之尾"，同时受到城市与农村发展的双向辐射，是一个城乡交融的过渡带，呈现边缘化的特征。在这个城与乡的特殊过渡地域，城市与农村的不同社会管理体制、经济管理体制、不同的社会观念、不同的人口素质形成鲜明的反差，社会成员面临多重社会身份的转变，均质性被打破而日趋异质化，"过渡性"与"公共性"特征使环境管理呈现"盲区"。村里集体资产积累后，又出现了分配难题，村集体资产的股份量化就是规范农村产权制度的一项有效举措，也是转变村庄经营方式，使其从物业型经济向资本运营型经济转型的重要载体。在遇到发展困境时，村落组织采用各种"非常规行动"，争取政府的政策支持，进行再集体化的改革实践，自主探索村落发展路径。

绍兴的东安村是一个即将走向终结的城中村。城中村是城市化因素渗透最集中的前沿地带，是农村走进城市的窗口，是城市辐射农村的桥头堡，处于随时会被吞噬兼并的状态，在时刻改造变异之中，有人恐慌，有人期待。从"国家—市场—社会"的研究视角去分析村落三种力量的博弈及表现、社会秩序变迁过程和运作机制，富有理论意义。这个村的历史演变，很大程度是国家治理力量的结果。国家治理的方式有很多，政治形式、经济形式、代理人形式等，最终落脚在稳定发展上，而"剥离"和"嵌入"是市场运作的主要机制。在国家和市场的合力作用下，社会力量往往只有防卫，因此"社会养护"更显得重要。只有在多种力量的博弈中找到一种保存社会力量、传承传统、维护秩序的机制，才不至于让村落在城市化进程中迷失方向、丧失特性。

永嘉的芙蓉村是有着沉甸甸的传统积淀、古风古韵的历史文化型古村落。这个村曾经是被改革开放的春风、城市化遗忘的角落，是一个长期经济欠发达的"苦村落"。它没有随波逐流盲目跟风，也没有被城市化大潮吞噬，而是在城市化中觉醒，顺应外界形势变化，利用本土资源的优势，挖掘古村落历史文化，成为一个文化旅游名村。

本研究选取了不同类型的村落作为个案分析对象，从最朴素的生活事实出发，力图通过田野调查和中微观的实证研究，观察村落场域中城市化因素的积累、现代化力量的生长所引起的各种变迁及变量因素，从一个侧面来透视当代中国城市化进程中村落变迁的条件、特征、路径，力图能从中寻找演变规律。浙江先行先试的勇气、村落不等不靠和因地制宜的发展路径、村落变迁中的本土化经验和教训，都能使城市化进程中的村落变迁在理念上有创新、体制上有突破、政策上有推进，达到"立足浙江、辐射全国"之目的。本研究为中国特色城市化建设和发展路径提供一个实证与学理性解释，为其他地区的村落城市化提供新的观察视角、研究方法或范式，形成的理论归纳和一般概括，既要对当前及今后我国新型城镇化建设有所帮助，又要丰富发展村落变迁理论。

三　调研思路方法

（一）调研目的

我国城市化进程不可避免地毁坏了农村传统村落的原生态，引起一系列社会变迁，导致农村社会的重大失衡。村落共同体在城市化进程中的生存、适应、演变、转型等问题是中国经济社会发展中不可回避的重大问题。本研究基于对浙江村落变迁历史和现状的田野调查，探析其特殊机理和一般规律，旨在为当前我国推进城市化提供经验启示。

中国是一个农业大国，农村在区位结构上占据绝对多数，城市化进程中村落社会变迁成为中国现代化发展的主体内容。本研究立足对城市化进程中不同类型、不同发展阶段的村落的个案研究，试图从村落变迁历程、农民日常生活等客观的社会事实入手，观察城市化究竟给浙江村落带来了哪些冲击和机遇？村落中的城市化因素是如何积累、扩展的？传统村落变迁需要哪些特殊条件？村落变迁呈现哪些特征？村落精英在村落变迁中的作用机理如何？村落变迁条件、特征和一般规律是什么？国家应当如何引导农村人口流向、合理配置资源、积极发展村落社区、加快城乡社区衔接，避免在加快城市化与建设新农村这两大国家战略之间出现断裂？各级政府如何缩小城乡鸿沟、促进城乡互动？我们想通过对村民的具体日常生活的直接观察，把村落最质朴、最实在、最日常的，又最能体现变迁实质挖掘出来；通过描写村落变迁的内涵特征、历史演变、内在结构、秩序演变、活动图式、人际关系、运行逻辑以及传统与现代意识在农民心里的冲突与裂变、消解与融合；捕捉、描摹村落在城市化进程中现代文化与村落原生态文化的踫撞与交融，不加粉饰地白描出农民期待的村落变迁蓝图。

（二）调研内容和方法

根据课题研究需要，我们确定的调研内容主要如下。

1. 个案选择与实地调查。选择不同类型的村落，进行典型调查、数据收集、分析处理。对城市化进程中村落变迁自然过程、农民日常生活变化进行原汁原味的描述，观察村落中城市化因素积累、扩展，追踪村落变迁和发展的历史脉络，分析城市化、工业化、市场化交互作用下村落变迁的历史、现状、问题和趋势。

2. 城市化进程中村落变迁的条件。分析村落变迁发展的特殊背景和条件，如自然环境、政策导向、发展机遇等外部条件；考察村落变迁的政治条件、经济条件、社会文化、村落精英、制度规制等内在条件。

3. 村落变迁的共性和个性特征。研究村落生产方式的转型、农民身份观念的变化、农民生活方式的变迁；探讨村落市场力量扩张的特征，人与生产的剥离、人与空间的剥离、人与价值的剥离；分析村落社会力量生长的特征，乡村基层治理的变化、村落权威的解构与重构；概括几种有代表性的村落，如现代工业型村落、现代农业型村落、专业市场型村落、历史文化型村落以及其他类型村落变迁的个性特征。考察当例行化程序和发展路径无法支持行动主体的自主性诉求时，如何借助"非常规行动"来因地制宜和应时调节，筹划出新的行动路径。

4. 村落变迁的一般规律探析。在借鉴其他学者研究成果的基础上，从个别到一般，发现隐藏其后的一些变量，形成村落变迁规律的一般概括。在归纳前述研究结论的基础上，提出政府在城市化进程中对村落变迁的政策引导、行动策略和法律制度建设，从而更加合理地引导人口流向、产业转移、配置资源，帮助村落寻找与更大社会系统的融合路径，进而弥合城乡鸿沟、促进城乡良性互动。

本项研究的调研方法主要有以下4种。

1. 实地考察法,即田野调查。课题组从县到镇,建立和发展提供帮助的关系网络,取得当地政府的支持,能查阅到调研区域的有关档案、统计资料、年度总结等,并请当地政府部门与调研点联系沟通(纵然调研点是自己熟悉的村落,这一步工作也得做,这是对调研地所在基层政府的尊重,政府提供便利和支持,是今后调研工作开展的重要基础);当我们进入实地后,取得乡镇、村干部的配合,能被邀请参与乡镇、村里的一些会议,能与村民面对面座谈。田野调查中,主要运用了参与观察法和入户访谈法。我们分别制定半结构访谈提纲,每个样本村选定不少于30位村民进行入户访谈。

2. 统计分析法。通过面上的和点上的、专题的和综合的、定时的和不定时等问卷形式,从村民中获取真实可信的数据和信息,再采用均值比较、SEM技术、多元回归分析等方法进行实证检验。

3. 质的研究法。采用"质的研究"(Qualitative Research)法,强调在自然情境中作自然式探究,通过与被研究对象的交谈、接触,观察其日常生活,接触其内心世界,以期在自然情境中获得第一手研究资料,注重从研究者本人出发去了解世界。

4. 综合研究法。由于本课题是涉及多种学科、多种研究方法的综合研究,有文献研究、实地体验、入户访谈、问卷调查、区域研究、分类研究,所以我们把整个社会生活放在心里,在研究中努力体现文献资料与实证研究相结合、当事人的主观感受(口述资料)与研究者的客观观察相结合、事件描述与理论阐释相结合。我们采用综合研究法(包括静态、动态、外部关系研究),这是3种既独立又有关联的研究方法:"静态研究"即横的或同时的研究(Aychronic or Monochronic Study),用于研究内部结构和生活;"动态研究"即纵的或连绵的研究(Diachronic Study),用于研究内部结构与外部关系中已经及正在进行中的变迁;外部关系研究,注意从局部的观察看到事物的全貌,如对城市化和村落变迁的关系、变迁的内涵、条件、特征等都给予关注。

以下举例说明具体调研的情况。

东安村的调研:从2012年6月课题立项到2014年12月的近3年时间里,课题组多次进村入户,发放结构化问卷500份,回收有效问卷416

份，有效回收率为83.2%，问卷的数据处理采用SPSS软件。半结构式访谈，完成个人访谈约20人次，家庭户访谈约10户，召开3次座谈会，共有30余名村干部和村民代表参加。问卷调查对象的情况如下。从性别、婚姻和年龄来看，男性略多占69.3%，女性占30.7%；已婚者占92.7%，未婚者占3.6%。年龄方面，最小的17岁，最大的84岁，平均53岁；17—30岁占6.8%，30—45岁占27.4%，45—60岁占31.6%，60岁以上占34.2%。文化程度来看，小学（31.1%）和初中（32.6%）占了2/3，高中、中专或职高的占19.2%，小学以下（8.3%）和大专及以上的（8.8%）都不到一成；从政治面貌来看，群众占多数（76.5%），共产党员（13.4）和共青团员（8.6%）也有少部分；从家庭收入支出方面来看，平均家庭人数为3.5人，每个家庭有收入的平均人数为2.2人；年收入支出方面，个人平均总收入为3.97万元；全家的平均总收入为7.26万元，全家的平均总支出为4.4万元。

老鼠嘴村的调研：该村是课题组一位骨干成员的家乡，调查员祖祖辈辈居住在村里，调查员在这里出生成长，后出去上大学、读研，放假必定回家帮助父母，对村庄相当熟悉。然而，这一二十年的"熟悉"却不能成为本次研究的原始资料，因为学术研究应当是科学的、严肃的，不能只凭直觉、感官和记忆去进行研究。因此，为了能够获得更科学、更充实的原始资料，调查员对老鼠嘴村展开了全面、仔细的调查，除了平时随机的调查外，时间集中在两个阶段：第一阶段是2013年10月初到12月中旬为期两个半月的调查，第二阶段则集中于2014年1月1日到25日，是对第一次调查的有力佐证和补充。

村落调研资料主要分为村落的历史资料、受访者访谈等。村落历史资料包括改革开放以来村落的人口、经济、土地、文化习俗等方面的记录，甚至还把一些记录延伸到了新中国成立后至改革开放以前这一段时间。受访者访谈主要针对年龄介于30—65岁之间的村民，总共访谈对象25人，访谈的主要内容包括访谈者的基本信息、家庭情况、盖房过程、家庭状况、家庭内部关系、与邻里和其他村民的社会关系、对土地以及其他财产的认知情况等。25位访谈者的经济收入、从事职业、家庭人口构成、在村庄的社会地位等方面都有着较大的差异，因此所搜集到的信息能够较为真实地反映村庄的实际情况，而不会具有同质性。

新坊村的调研：该村是浙江省社会调研中心、温州大学社会调查中心的调研基地，跟课题组负责人有着长期合作和良好互动。从2002年起，我们连续跟踪调研，该村每年都会主动邀请或配合我们做不同规模、不同主题的社会调查。课题组对这个村的情况已经十分熟悉。

2012年6月课题立项，7月中旬，课题组组成社会调查队，进村入户，发放《城乡居民生活状况调查问卷》500份，共收回有效问卷398份，回收率为79.6%。2012年12月，课题组成员到村工业区的企业，发放《新温州人生存状况调查问卷》500份，共回收有效问卷456份，有效回收率为91.2%。2014年7月，我们又进村，开展了村民自治状态的调研，分别设计了干部卷和村民卷两种，各发放250份和500份，有效问卷的回收率为89%。我们还采用半结构式访谈，开展了入户访谈；召开2次小型座谈会，邀请了8位村干部和15位村民代表参加。

我们将努力体现文献资料与实证研究相结合，当事人的主观感受（口述资料）与研究者的客观观察相结合，事件描述与理论阐释相结合。从客观社会事实入手，试图把村落最日常的、最质朴、最能体现社会生活本来面目的东西原汁原味地描绘出来，把村落最真实的变迁形态挖掘出来。样本村调查完毕，要实事求是地整理、分析调查资料，完整、客观地运用调查材料，不断章取义、不追求妙笔生花。村落调研报告要求观点鲜明、论证充分、材料翔实。

值得一提的是，我们的整个调研得到了这六个村的村干部和村民的支持和配合，仅访谈资料就积累了近50万字，丰富翔实的第一手资料为我们的研究打下了坚实的基础。在利益冲突激烈的村落，我们还收到了不少居民、村民的上访材料，认真阅读这些材料后，感受到的是沉甸甸的责任感，对城市化进程中村落变迁的难题和教训也有了更深的认识，这样我们的研究也能更加客观真实，更富现实针对性。

(三) 课题分解和时间安排

总课题：城市化进程中村落变迁的特征概括与规律分析。研究重点：研究城市化对浙江村落变迁的影响、村落变迁的条件因素、变迁的特征概括。研究难点：从个别到一般，提炼村落变迁一般规律，寻找城市化进程中村落与更大社会系统的融合路径，提出政策引导和制度建设之建议。

具体的方法步骤和时间安排如下。

时间	主要内容
2012年6—9月	讨论写作框架、设计访谈提纲、进行开题论证、选择调研村落
2012年10—12月	熟悉当地情况、联系入村事宜、资料准备（方志、村史等）、村落概况调查
2013年1—12月	村干部访谈座谈、入户访谈、问卷调研、资料整理
2014年1—12月	分头撰写村落调研报告、举办专家讨论会、再次入村补充调研、发表阶段性成果
2015年1—12月	撰写总课题研究报告、专家咨询、阶段性成果发表
2016年11月—	专家咨询、修改完善书稿、申报结题

（四）调研规则要求

1. 调研规则。

①实事求是，明确重点。调查在给定的范围内进行。调查员应根据样本户和受访者名单，制定调查计划。一个调查小组最好在同一时间、集中于一个村落进行调查。在性别和年龄分布上，注意把握总体平衡。尊重调查对象、访谈对象，收集的信息、资料要客观真实、全面可靠。

②加强协作，集体攻关。按照资源共享、信息共用的要求，各调研小组之间及时加强沟通联系，避免重复劳动和调研资源的浪费。根据调研工作的需要，每个专题调研小组要召开若干个研讨会，对重要问题分别进行集中研讨，集思广益，提高调研质量。对在不同专题调研中发现与其他调研专题相关的情况，如理论观点、典型实例、存在问题等，要及时通报，互相协作。

③认真撰写调研报告。要实事求是地整理、分析调查资料，完整、客观地运用调查材料，不断章取义。调研报告要体现观点鲜明、论证充分、材料翔实的要求，做到针对性、时代性、可操作性、前瞻性较强。

2. 入户访谈要则。

①掌握调查的抽样、访谈、追问的基本知识和技能。

②尊重、礼貌、谦和、态度中立、认真严谨、耐心细致。调查员在入户开始进行正式访问前,首先应当进行自我介绍,解释本次调查的目的,请求和说服被调查者给予合作。如被拒绝也要说声:"不好意思,打扰您了!"

③严格执行每项调查的技术规范,准确完整地保持调查数据的原始形态,不修改被访者答案。

④诚实,原汁原味地做访谈实录,绝不弄虚作假。

⑤遵守保密原则,不得同与本研究无关的任何人提及被访者的任何资料。

3. 问卷调查要求。

①调查必须在给定的村落范围内进行。

②调查对象为在现地址居住的年满18—65周岁的人口。

③调查采用入户面对面访问、念读问卷的访问形式。即由调查员根据问卷逐题念读题目和答案,被访者选择相应的答案项,而后调查员将其记录在问卷上。

④在村落社区抽样时对被调查者的职业状况要进行总体控制。完成抽样后,收集样本村所有户籍资料(花名册),列出抽样框。根据抽样清单中的各村的样本量,用等距(系统)抽样法抽出被调查户。同时,抽取一定量的备选户。

四 城市化大潮中的村落

费孝通先生曾在《江村经济》一书中写道:"为了对人们的生活进行深入细致的研究,研究人员有必要把自己的调查限定在一个小的社会单位内来进行。"[①] 基于村落本身的特点,社会学或者人类学者通常将调查区域限定在某一个村落。为了既能保持研究村落这个社会切片的完整性和满足本研究的需要,又能符合当下我国村落的建制特点,便于读者把握和了解村落,我们采用定位放大的策略,对村落所在的区(县)情况也做介绍。

---

① 费孝通:《江村经济》,商务印书馆2001年版,第17页。

下面是课题组重点调研的 6 个个案村城市化进程中村落变迁的情况介绍。

※外桐坞村

外桐坞村隶属于杭州市西湖区转塘街道，它是一个再造的村落，也是一个文化旅游村。

西湖区概况

杭州市西湖区是浙江省委、省政府所在地，辖区总面积为 312 平方公里，总人口约 100 万（其中户籍人口 60.81 万人），现辖 2 个镇、9 个街道、48 个行政村、132 个社区。西湖区在杭州老城区的西部，是杭州 5 个老城区中面积最大、人口最多的，也是著名的旅游区，有西湖、西溪湿地 2 个国家 5A 级景区。2007 年 10 月，西湖区共管辖 2 个镇、10 个街道，分别是双浦镇、三墩镇、转塘街道、留下街道等。西湖区不仅是著名风景旅游名胜区，也是著名的文教区，拥有浙江大学、中国美院等名校和小和山高教园区等众多科研院所和高等院校；是著名的龙井茶产区（龙井茶产在西湖区才能称之为西湖龙井）；是国家级园区聚集区，其中有之江国家旅游度假区、国家高新技术开发区（江北区块）、浙大国家大学科技园、中国美院国家大学科技园、西溪国家湿地公园、西山国家森林公园；全省 80% 以上的省级机关设在西湖区，是省会机关聚集区。[1]

转塘街道概况

转塘街道地处西湖南部，坐落在 320 国道、之江大道、环城高速公路交汇处，是"三江两湖"（即钱塘江、富春江、新安江、西湖和千岛湖）必经之地，是浙江省经济百强乡镇之一。街道办事处驻地转塘距杭城中心 18 公里。2007 年经过行政区划调整，撤镇建街后的西湖区转塘街道成了全区面积最大、所辖村（社区）最多、拥有山林资源最丰富的一个街

---

[1] 《西湖区》，http://www.unjs.com/xuexi/quanke/20140610000000_1089097.html。

道。街道内古海塘、古桥等众多历史古迹与中国美术学院、浙江工业大学之江学院等高等学府一起积聚起浓厚的文化底蕴,龙坞茶村、大清谷景区、白龙潭景区、之江国际高尔夫球场、宋城等大型休闲游乐场所点缀在青山绿水间,形成了杭城顶级别墅聚集的区域。而街道内之江、龙门、桐坞、龙坞社区、转塘、狮子、定山、回龙8个片区也将依托之江度假区的区位和政策优势,牢牢把握机遇,优势互补,协调发展,努力实现整体档次的提升和区域经济效益的最大化,加快推进街道城市化建设的步伐。转塘来历,源远流长;春秋战国,一片汪洋;吴越水师,定山战场;唐诗流传,留名转塘。明清时属钱塘县,民国时属杭县,新中国成立后归杭州;大跃进时期建公社,1984年改社为乡,1986年设建制镇。2007年,西湖区撤销转塘镇、龙坞镇建制,合并设立转塘街道办事处。调整后的转塘总面积达75.15平方公里,常住人口55000多人,流动人口45800多人,辖24个社区、18个行政村。[1] 随着转塘集镇的大面积开发,交通便利快捷,绕城公路320国道,杭富复线纵横贯穿,转塘镇人将保持开放的姿态,主动接轨经济一体化的大潮,努力打造富裕、活力、休闲、生态文化相和谐的新环境。[2]

转塘街道的城市化发展。1987年,转塘建成万吨级自来水厂,解决人民的吃水难问题。1990年,浮山村因生态农业长足发展被联合国誉为亚太生态第一村,农工贸一体化企业迅速发展。1992年,市管会在转塘开始建设开发国家之江旅游度假区。1994年,制定"九五"规划,提出开发转塘旅游资源,把转塘建设成旅游集散地。1996年,宋城和未来世界在转塘镇先后开业,环城公路和之江大道先后通车。1997—1998年,转塘新建转塘农贸市场和转塘绿色中心广场,有线电视覆盖率达100%。1998年,先后获得区科技先进镇、市新农村乡镇和市小康镇、省绿色小城镇和省经济百强乡镇。[3]

---

[1] 《转塘街道》,http//baike.baidu.com/link?url=bnxEu0jOrRrsxVf-dIRaRM5yzafF2otC5H6JjgA1uhcbirdkVSe4xpz3ONEHgi35rYxPlh1TL49JZ-Sa1yV2DK。

[2] 《转塘街道》,http//baike.baidu.com/link?url=-8GgdYxVqWVKrvyDWYw3m4TRLkcLtvuuhL5wivfKB2QpENErFPmJ3o1WX5eIqOdgAVm9WgeuJkDpM88a0-1S6a。

[3] 同上。

外桐坞村概况及城市化进程

(一) 地理位置与历史沿革

外桐坞村位于杭州市西南部,地处横山大岭缓坡地,箬帽山下的半山坡上,山下是广阔的上泗平原,数百年前曾是一片汪洋。"整个村东面面山,南与唐家桥相邻,西与里桐坞相对,北与大清相挨,是西湖区转塘街道下属的一个行政村。外桐坞村距离转塘街道东北3公里,距离杭州市区15公里,置于素有万担茶乡之称的龙坞茶叶基地之中,是西湖龙井茶的主要产地。绕城高速和留泗大道穿村而过,向东直通转塘街上。该村所在地海拔537米,是典型的山地丘陵类型。外桐坞村面积共1.3平方公里,土地类型以茶地和山林为主,水田和旱地较少。"[①]

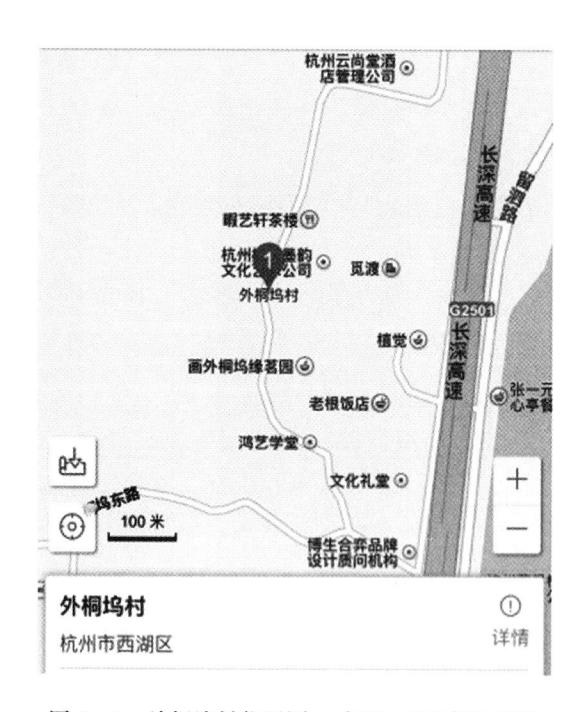

图3—1 外桐坞村位置图(来源:"百度地图")

---

① 《外桐坞村》,http//baike.baidu.com/link?url=J9mmkwWdQgvk5r66ha1eBUA-5duKrskAC6PO0duH0oBHvT0xsVbHo3L0zNYzTofbhbYUy-_hrbadO0O3kl5U5q。

图 3—2　外桐坞村落平面图（来源：外桐坞村委会）

外桐坞村有 2 个自然村和 4 个村民小组，2 个自然村分别是外桐坞村和顺家湾新村，① 外桐坞村占整个村落的大部分。该村虽然地处山区，村民依坡而居，但是森林覆盖率高，茶地为主，因此村民的居住环境并没有面临太大的山体滑坡或者泥石流的危险。

外桐坞村是一个典型的宗族村落，是以仇姓占 70% 的主姓村，另外李姓占 20%，张、金、杨、楼等姓共占 10%。外桐坞村民虽然以仇姓为主，但仇姓并不是外桐坞村最早的住民，李氏家族在仇氏家族迁徙来之前，就已存在。

关于外桐坞村仇姓的溯源还得从村头的百年老樟树说起。走进外桐坞村，映入眼帘的是老樟树下长眠着仇姓祖宗——"怀三太公"。这棵大樟树已有几百年的树龄，至今仍枝繁叶茂、郁郁葱葱，被村民称之为"镇村之宝"。仇氏族人都以商贸为业，视野广阔，经商有道，且仇氏世辈繁衍迅速，人丁兴旺。李氏家族在外桐坞村居民中所占比例为 20%，

---

① 外桐坞村本来就是一个行政村和自然村为统一体的村落。由于 1996 年建绕城高速，村子部分村民拆迁后搬到由溜四公路的外桐坞本村对面的茶地上和荒地上，形成了一个自然村落——顺家湾新村。

早于仇氏家族迁徙到外桐坞。李氏家族和仇氏家族相互交好，主要也有两家一直通婚的缘故。

关于外桐坞村的建制沿革，历史文献记载甚少，直至明清时代，外桐坞村才在历代文人墨客吟咏的诗作中脱颖而出。据《风情小镇外桐坞》一书记载，外桐坞村的行政建制沿革如下：南宋时，杭州成为一朝帝都，城内设厢坊，郭外设乡里，外桐坞村包括在其中。民国35年（1946）6月设立杭县上泗区，下辖9乡，外桐坞村为龙坞乡所属之行政村。1949年5月杭州（杭县）解放，杭县置5区5镇44乡，外桐坞村为杭县上泗区龙坞乡之行政村。1959年成立拱墅联社，上泗公社划入拱墅联社。外桐坞村成为拱墅联社属下的上泗公社龙坞管理区金星生产队。1969年撤销原西湖区，建立杭州市郊区，外桐坞为杭州市郊区龙坞公社外桐坞生产大队。1977年郊区与西湖区（西湖公社与园文局会署）合并，定名西湖区，该村复为西湖区龙坞公社外桐坞生产大队。1984年5月，实行行政体制改革，恢复乡村建制，龙坞公社改称龙坞乡，外桐坞大队改为外桐坞村。2007年10月，龙坞镇与转塘镇合并，改称转塘街道，该村为西湖区转塘街道外桐坞村。2010年，外桐坞村成为杭州市首批"风情小镇"。至2014年底，外桐坞村总户数176户，常住人口共567人，暂住人口300人。

图3—3　外桐坞社区服务中心

(二) 精英谱系及特征

1. 村落政治精英。

政治精英主要是指村落的干部——权力集团，还包括各类非干部政治精英与潜在的政治精英等。村落城市化变迁中，精英也是不断更迭的。本节主要介绍自家庭联产承包责任制实施以来在村落内有影响的各类政治精英。

一是干部——权力集团。外桐坞村不大，党支部和村委班子成员人数也不多。

村两委班子的核心，主要是现任村党支部书记张秀龙、原村支书金建良和现村委会主任仇维胜。他们曾在不同时期担任村党支部书记、村委会主任，在村中有着很高的威望，不仅是由于他们处在村落的最高领导地位，更重要的是他们对村落发展的贡献最大，尤其是张秀龙，外桐坞村10年来翻天覆地的变化主要是在其带领下完成的。

张秀龙，男，45岁，中央党校研究生学历（为当上村支书后的进修学习，原本是高中学历），2004年入党。他是土生土长的外桐坞村人，也是典型的知识型社区精英，有"村庄雕刻师"之誉，是城市化进程中村落最有影响力的人物。张秀龙高中毕业后，到全国各地跑茶叶销售，感觉生活艰辛且不稳定，后来又做了10年的出租车司机，2003年考取村里的村主任助理。当时刚好是金建良被派回来的时间，张秀龙文化程度高，见过世面，脑子灵活，有思想，当时金建良和其他老党员都认为张秀龙是一个不错的接班人，于是积极培养他入党，2005年，35岁的张秀龙被推选为村支书。"那时茶叶还是村民们赖以生存的主导产业，几处20世纪三四十年代留下来的茶叶加工厂已经破败不堪，村集体按照每1000平方米厂房每年3万元的租金租给几家加工服装、五金、建材的小厂做生产车间。那时村集体一年可用资金只有70万元，村民人均年收入也不到1万元。开过出租车、办过小企业的张秀龙算是见过世面的人，敏锐的他发现许多在杭州城区从事艺术工作的自由职业者迫于高昂租金压力而逐步向城郊转移。他看准了这个机会，立刻决定将老厂房改建成农居SOHO对外出租。新房子条件更好，算下来每

1000平方米每年租金能增加到 20 万元。"① 在张秀龙的策划下,村里发生了翻天覆地的变化。提到张秀龙,村民和村干部几乎都是一个说辞,"我们张书记人年轻,脑子活,有思想,有想法,为我们村里的发展做出了巨大贡献。我们村里正是因为有了张书记,才有这翻天覆地的变化。"村民的评价不仅可以反映出大家对张秀龙的肯定,也显示出精英对村落发展的巨大推动作用。

图 3—4　外桐坞村党支部书记张秀龙

金建良,男,57 岁,杭州市委党校大专函授学历,退伍军人,他是经验型社区精英,也是善于发现人才、培养人才的伯乐型村干部。1977 年参军,1981 年退伍,在部队曾是首长驾驶员。由于文化程度不够,无法晋升而退伍。1984 年进入村委班子,主管村里经济。退伍后,在家搞过汽车运输,开过饭店,有一定的经营管理经验。到村里后,工作出色,1987 年开始担任村支书。在担任村支书期间,主要做了两件大事:一是水田征收后,开垦了 20 多亩的龙井 43 号的茶园;二是 1993 年启动了外桐坞村工业园区的建设,将水田征地款的一部分用来打造工业园区,为村里的工业和招商引资发展奠定了基础。1995 年时,由于工作出色调往

---

① 彭瑶:《艺术村庄的雕刻师》,《农民日报》2012 年 12 月 6 日。

龙坞镇的之江建设公司工作,担任转塘街道的城建科科长。后来在仇加昌担任村支书和杨俊彦担任村主任期间,由于村里在水田征地款和高速公路征地款用途出现问题,村里经济遭受巨大损失,再加上村里的工业园区也没有打造好,而是将大笔的钱投入到盲目办厂上,又导致村里经济遭受巨大损失,龙坞镇政府又将金建良派回来兼任村支书,并交代他两个任务,一是重新将村里整顿好,另一个就是培养一个接班人,张秀龙就是金建良培养的接班人。

仇维胜,男,53岁,初中学历,党员,现为村委会主任兼村支部副书记,他是外桐坞村担任村主任时间最长的人。20世纪80年代末到20世纪90年代后期,他在家里以务农为主,偶尔也到山东等地进行茶叶收购和买卖。1998年后,到村集体企业华龙雕刻厂工作。2002年,他凭借为人正直、公正清廉、待人热情热心和人缘好等个人魅力当选为村委会主任。

红花还需绿叶扶。外桐坞村两委中,在村落城市化变迁发展中也发挥着重要作用,这其中还有仇加昌、杨俊彦、葛珍娣、金志亮等人。

2. 村落经济精英。

村落经济精英主要由两部分人组成:一部分是被公认为有能力、对集体经济发展立下汗马功劳的集体企业创办者和管理者,另一部分是卓有成就的私营企业家。学术界通常把这两种经济精英合称为企业家群体。对处于转型期的村落经济发展和互动结构变化来说,企业家群体的作用在某些方面甚至比政治精英群体的作用还要明显。

一是集体企业家。在外桐坞村,集体企业家与政治精英的重合度非常高。综合外桐坞村集体经济发展的实际状况和所作贡献,外桐坞村的集体企业家也就三位,分别是前任村支书金建良、现任村支书张秀龙和现外桐坞村股份经济合作社监委会主任仇华昌。杨俊彦虽然在担任村支书期间也办了一些厂,但是导致了村里集体经济流失严重,所以不能算是经济精英。

外桐坞村子不大,实行家庭联产承包责任制以后,村里并没有办过一个大规模的企业或者工厂之类,而集体经济的发展基本上就是房屋和土地出租一项。在金建良担任村支书时期,他主要就是将一些工厂引进到村里来,并开启了工业园区的打造,为村里的厂房和土地租赁收入做了一些贡献,但实际并不突出。

张秀龙是以企业家身份成功的政治精英,他对外桐坞村的贡献就是带领村民走上现代化致富之路,也就是熊彼特意义上的具有创新能力的"企业家",目前他不仅担任村支书,还担任村里股份经济合作社社长。

仇华昌是一个拥有真正的集体企业家身份的人。1978年,龙坞乡办精致集体茶厂的时候,仇华昌就开始进入该厂担任销售员。他总共在茶厂做了5年销售员,担任了10年的厂长。1984年,龙坞茶厂的年产值是200万元,1993年他离开的时候,茶厂的产值达到500万元。同时,净利润从当初的20%提升到了40%,足以说明他的经营能力。2004年,在外桐坞村民的推选下,开始担任外桐坞村经济股份合作社的监委会主任,并担任外桐坞物业管理办公室主任一职。

二是私营企业主。外桐坞村的私营经济起步于20世纪80年代后期,主要有村里本土资源起家的茶叶公司、石矿厂和以技术为本的围巾加工厂。当然,有些村民认为石矿厂是这些人承包了村里的集体资产,所以不能算是自主创业。但实际上,他们也算是村私营企业主,他们毕竟是交了承包成本来进行自负盈亏经营的,所以也算是村里的私营企业主。

仇校根,1983年经邻居仇华昌介绍进入精致茶厂做销售员,学习茶叶销售技术。后来为了发展本村茶叶,解决本村茶农的茶叶销售问题,1986年他在村里开了一个外桐坞村茶叶收购站,并得到村委的大力支持。这个收购服务站一直经营到1995年。外桐坞茶叶收购服务站的建立,不仅大大方便了茶农销售,也为村级经济做出一定的贡献。收购站在创造利润的同时,不忘对公益事业的援助。每年安排适量的资金给幼儿园、小学捐款,慰问敬老院老人等。

仇肯堂,2006年3月将北京"张一元茶叶有限责任公司"引入外桐坞,成立"张一元茶叶杭州分公司"。"张一元"是中国茶叶行业里"中华老字号"的金字招牌,始建于清光绪二十六年(公元1900年),已有百余年的历史。店名取自"一元复始,万象更新"。张一元茶庄不仅是一家经销茶叶的百年名店,更是一个集餐饮、品茗、休闲、娱乐、会议等多功能为一体的休闲场所,带给游客别致的茶文化体验。张一元茶叶杭州分公司是风情小镇外桐坞建造的一个有品位、有特色的茶叶公司。

综上可以看出，村里的私营企业家为解决村内剩余劳动力、推动本村经济发展起到重要作用，同时还改变了村民的生产、生活方式和现代消费理念，推动了村落分层、分化和现代化发展。

3. 村落社会精英。

外桐坞村的社会精英主要由村委退休老干部、村委老党员和退休教师三类人员组成。社会精英是指除政治精英、经济精英外在村里有威望的人，他们也对村落变迁发展做出了贡献。社会精英权威主要是内生性权威，不像政治精英和经济精英那样拥有有形的资源而被外界赋予外在的权威，他们主要靠自己平时的为人、能力和声望来实现的。

一是村委会退休老干部。娄绍法，属于早期当兵退伍后安置在外桐坞的外乡人，由于其退伍军人和三代贫农的身份，1971年到1983年期间，一直担任村支部。杨成玉，村里的老主任和老支书，从20世纪60年代起，就与仇炳友搭班子担任村支书，一直到1983年。两人在位期间，为人正直，为村民办了不少实事，深受村民爱戴。两人曾在村里集体资产流失时，出来主持大局，为村里重新整顿工作做了不少贡献。

二是老年协会会长仇校成，在村里集体资产流失时，出来主持大局，在首次股份分红问题上据理力争，为百姓赢得不少福利，现在带领村里老年人锻炼身体，参加各种娱乐活动，在村里声望颇高。村委会老党员仇荣昌，现为风情小镇物业管理办公室管理人员。外桐坞村股份经济合作社成立时，他担任合作社董事会和监事会选举的总监票人。

三是老教师、现任村里老会计仇学广。他除了担任村里的会计工作外，还担任村里红白喜事的文字书写事务，很受人敬重。其父威望原本在村里就非常高，曾念过私塾，多次参与仇氏家谱和李氏家谱的撰写工作，十分受人敬重。因此，老会计实际上替代了其老父亲在村里的角色，成为村里的社会精英。

（三）城市化中村落机遇和挑战

城市化建设给外桐坞村带来的发展机遇主要有以下几方面。

一是公共基础设施的建设和完善，使村落与外界的联系更加便捷。进入20世纪90年代，杭州的城市化发展进入跨县并乡的发展阶段，以交通为导向的城市化发展自然会带动郊区交通设施的建设和完善。杭州绕城高速的建设就是郊区城市化基础设施建设的典型。杭州市在城镇化进程中，上马了许多公共服务项目，公共交通服务使得村民们与市区等地的联系更加方便和紧密；农村电网实施改造，改变了村民原有的生产与生活状态，促进了外桐坞村经济的发展。

二是产业结构转变和富余劳动力的转移。城市化发展，交通拥挤、地价上涨、住房紧张等因素会促使富人阶层、工厂和各种机构纷纷向郊区迁移。外桐坞村作为郊区村落，随着交通设施的完善，许多工厂搬迁到外桐坞村，如汇同链条厂、塑料加工厂等大型加工厂。这些加工厂带动了外桐坞村产业结构由单一的以茶叶为主要的经济作物的生产向加工业等二、三产业结构的转变。同时，还拓宽了村民的就业渠道，带动了本村富余劳动力的转移。而第三产业的发展与城镇化水平是成正比的，它得到快速发展，对劳动力的需求不断增加，给农业富余劳动力提供了充分的就业机会，成为富余劳动力的吸纳器。

三是农产品销售市场壮大。城镇化发展为缓解农产品积压、增加农民收入带来契机。大批农村人口向城镇转移，从生产农产品转变为消费农产品，加大了对农产品的需求量。同时，城市化过程伴随着第二、三产业的大力发展，而这些产业大都是以农产品为原料的消耗性产业，加大了农产品的原料需求，农产品的销售渠道得到拓展。以茶叶种植为主要产业的外桐坞村也同样受益于城市化发展，因为随着人口进入城市，居民收入的增加，对茶叶的需求量自然会增加，无形拓展了外桐坞村的茶叶销售的市场空间。

当然，任何事物在发展过程中都具有两面性。城市化发展也给外桐坞村带来一系列挑战。一是土地被征用。土地征用后，整个外桐坞村"一分为二"。本身村子就小，发展区域有限，被切分之后，给村落以后的发展带来了诸多限制和障碍。二是受传统"农本"思想束缚无法适应城市化潮流。村民大都缺乏商品观念和市场意识，一些村民对政府征用土地有着许多不满，同时工厂的引进对当地的生态环境造成一定的影响。三是乡村基层治理的"内卷化"无法给村级社区发展提供有力支持。人民公社解体后，国家权力的收缩给乡镇基层组织滥用权力提供了契机，农村的基层政权组织出现了"内卷化"趋势，公共服务和社会管理职能逐步衰退，而自利性、赢利性、掠夺性的动机却逐步增强。换句话说，这个时期的农村基层政权组织在某种程度上正蜕变为一种掠夺型、赢利型的准自利组织。乡村基层政权的"内卷化"现象致使大量农村社区的秩序处于失序甚至无序的状态，公共产品的缺失问题却没有从根本上得到缓解。①

（四）村庄规划与打造示范村

城市化进程中，村庄规划是基础性工作，重在加强农村生产设施和生活服务设施、社会公益事业等各项建设。外桐坞村在村"两委"的带领下，村里的道路、桥梁、古迹得到全面的整修，农民住宅建设讲求特色，追求环保、低碳、节能和自然等，对形成的自然村落景观、历史建筑风貌等进行了很好的保护，让村落文化底蕴得以原汁原味地保留下来。

图3—5 外桐坞村的艺术长廊

"2007年底，西湖区提出，要用三年时间，把这片连绵群山的山脉全

---

① 马良灿：《"内卷化"基层政权组织与乡村治理》，《贵州大学学报》2010年第2期。

线打通，打造出一条杭州最长，也是目前所知全国范围内最长的一条山体游步道——西山游步道。西山游步道把双浦镇、转塘街道和留下街道范围的群山全都串联起来，总面积98.16平方公里，游步道总长有107.9公里。"① 外桐坞村就是这个游步道中精彩靓丽的节点，与宋城、灵隐和其他多个特色小镇相连接。2010年初，外桐坞村被确定为杭州市首批风情小镇后，形成了以"历史文化村＋农家石榴村＋艺术创意村"为主要表现形式的居民生活休闲区、农家休闲娱乐区、石榴采摘体验区、茶艺体验区、茶园观光区和艺术文化区等6大功能片区。

与此同时，村落的交通建设加速。西溪地区的交通大动脉——留泗公路和杭州绕城高速两条大道平行并肩穿过外桐坞村，顺家湾新村和外桐坞村位于两条大道的两侧。留泗公路是很早就有的交通要道，属于古道，南通富阳，北到余杭。绕城高速是1996年建成的。该村有两条道路，分别是环村西路和风情苑路。环村西路西接留泗公路，环绕村落与村南路相接，全长1500米，宽5—6米。整条环村西路是外桐坞的绿色纽带，实为其锦上添花。风情苑路较短，但却是通入外桐坞村的第一重要中心通道，连接艺术广场。整个村子都有了村道，村道直通到每户人家，汽车可以开到农家院落。

外桐坞村的交通较为便利，村民出行可有多种选择：既可自驾车外出，也可乘坐留泗公路上的331路公交车，短距离的还可骑村口公交站旁的公共自行车；另外，西湖区为大力发展乡村旅游，还开通了从市中心到转塘街道的周末风景旅游免费班车。目前，村民外出大多还是乘坐公交车，搭乘公交可直达留下镇或者转塘街道，到杭州市区则要在到达留下后再转乘市内公交车。公交车班次多，村民到留下中心镇也就15分钟左右的时间。近年来随着经济的发展，村民50%以上的人家有小汽车（价格大概在10万元到30万元左右）运输车辆主要是装货的面包车，全村大概有7辆到8辆。

外桐坞村发展先后经历了社区股份经济合作的创建、"千村整治、百村示范"和艺术村落改造、"风情小镇"的大项目工程建设。2005年，外桐坞村的"百村示范、千村整治"工程申请成功，并成为杭州

---

① 《西山游步道》，http://baike.baidu.com/link? Url。

市的示范村打造点。"百村示范、千村整治"工程是杭州市委市政府为贯彻落实党的十六大关于城乡统筹和新农村建设的精神，推进城乡统筹发展，加快农业农村现代化进程，在杭州全市范围内组织实施的新农村建设工程。项目申请下来后，要组织人力、物力和财力先自行建设，等工程项目建设完成后，农办才会下拨补助资金。因此，组建整个项目，需要规划、建设、组织、筹资和承担风险，张秀龙带领整个村委班子发动和组织村民，将整个村落整治工程打造完成。在整个村落整治过程中，外桐坞村突出重点抓整治，通过一系列举措实施，在美化、优化村落和居住环境方面取得了极大的成绩，并被评为"省级卫生示范村"。

"2007年下半年，一批崭新的农居建好了，张秀龙正琢磨如何招租，恰好遇到几位中国美术学院的教授来村里采风，他们一眼便相中了改造后的农居，便向张秀龙提出租用其作艺术工作室的想法。这个送上门的好机会一下打开了张秀龙的思路：外桐坞村毗邻中国美术学院，风景秀丽，茶文化源远流长，何不借此打造一个艺术村庄呢？这个改变村庄发展道路的想法很快得到其他村干部和160位村民代表的赞同。"[①] 2007年，在中国美术学院徐恒老师的带动下，有20多位老师相继入住张秀龙改造好的茶叶公房，成立了外桐坞村的第一座"艺术公社"，成为外桐坞村首批入住的艺术家。在这个将近2000平方米的艺术公社里，艺术家们将这些房子分隔成大小各异的20多个房间，每个人都有独立创作的空间。他们的入住给外桐坞村增添了别样的艺术氛围，同时也启发了张秀龙对村落发展的新思路：外桐坞村位于杭州市郊，临近中国美术学院，除了现在已经入住的艺术家外，肯定还会有更多的艺术家需要外桐坞村这样的创作环境，何不以此为契机，带动村里的文创产业发展？于是，在首批艺术家入住后，张秀龙便将村里部分陆陆续续到期的出租他用的公房收回，将这些公房进行类似"SOHO"酒吧式的修缮与改造，统一标准，只引进文创类的公司或者产业，从而慢慢形成一个艺术产业链。随着越来越多艺术家的入住，外桐坞村名气也越来越大。2009年，时任杭州市长的蔡奇到中国美术学院调研，提出来能否在美

[①] 彭瑶：《艺术村庄的雕刻师》，《农民日报》2012年12月6日。

术学院周边打造一个"艺术村落"。之后他又到外桐坞村调研后，建议上级政府对外桐坞多给予支持，把外桐坞村的艺术产业发展壮大，成为一个特色化的"艺术村落"。张秀龙有文创产业房屋租赁经验的初步积累，又有蔡奇部长"艺术村落"发展思路和政府的支持，他立刻顺着这个思路继续推进，将村落到期出租的房屋进行改装来发展文创产业，从而慢慢扩展成为一个文创产业基地。

图3—6 外桐坞村风情小镇创建动员大会

外桐坞村自2007年首批艺术家入驻到现在，经过3年文创产业的发展，外桐坞村的"艺术村落"名声逐渐为外界所知。"如今，在这小小的村落里，名家艺术工作室已达50家，国画、油画、雕塑、陶艺、摄影……各种艺术形式异彩纷呈，还建成1000平方米的艺术品展览中心。日益完善的基础设施和服务配套正不断吸引着越来越多的艺术家和艺术品商户前来考察并洽谈合作。杭州市品质生活体验点、杭州市风情小镇、新农村示范村……外桐坞村正不断赢得赞誉。"[①]

---

① 彭瑶：《艺术村庄的雕刻师》，《农民日报》2012年12月6日。

图 3—7　村史介绍墙

外桐坞村发展艺术村落有两大优势。一是自然资源独特。外桐坞村落被青山包围，整个村落很幽静，房屋白墙黛瓦，渗透着浓重的江南特色和历史韵味。二是可用房资源丰富。除绕城外侧村落可用作出租的房屋面积为 20000 平方米外，该村集体可用于艺术文化发展的房屋尚有 10000 平方米。当前，外桐坞村要想发展成为真正的"艺术村落"，让艺术产业成为其支柱产业，还需要有艺术特色配套的设施建设，以吸引更多的艺术家入驻，因此，外桐坞急需一笔打造资金。在"风情小镇"建设以后，它更容易出成果，艺术特色也会更明显。而大清谷，经过 10 年的乡村旅游发展，其商业化气息已经很浓，即使资金投入下去，也可能打造不出"风情小镇"所要求的特色效果。这是外桐坞村的艺术特色的优势所在。

外桐坞村根据《杭州市人民政府办公厅关于开展杭州市"风情小镇"创建工作的实施意见》精神，着手推进外桐坞"风情小镇"各项创建工作。经过一年多的努力，该村完成了 70 个左右项目的建设，进行了 80 多户农居屋的立面改造，外桐坞"风情小镇"环境综合整治基本完成。这其中没有发生一起民工吵架斗殴事件、信访事件和纪检事件，充分显示了村委班子的战斗力、凝聚力和监委会的重大作用。

外桐坞村在2010年被纳入中国美术学院国家创意园区,享受该创意园区的一切优惠政策,以增加入驻投资的吸引力。张秀龙抓住"风情小镇"创建的契机,将整个村落往"创意园区"方向进行打造,根据外桐坞村的资源优势和基础特点,聘请中国美术学院设计院有关专家对具体施工项目进行了方案提升,深入考察研究、整合艺术创意风情,以项目为抓手,以规划为导向,科学合理地推进创意园区的建设工作。在注重风情特色的创建的同时,融入自然、乡村、艺术等"元素",着重打造"画外·桐坞"品牌,让整个创建工作都在"画外·桐坞"品牌的引领下开展。

图3—8 画外·桐坞之道德长廊

张秀龙并不满足外桐坞村从"文创产业园区"升级到"国家3A级旅游景区"。进入2015年不久,他就着手打造"文化创意小镇",争创国家4A级旅游景区的目标。他说:"2013年底,我们成功申报国家3A级旅游景区。2014年,村民们亲历了游客爆棚的场面。过去的一年,我们外桐坞村始终以4A级景区的要求进行管理。2015年,我们村希望能申报国家4A级旅游景区。在硬件上,村里打算增加废弃空地的利用,建立村庄花园,增设村内景观。在村庄外围建设漫游步道,让游客能够悠闲地走在山间小路上，沐浴阳光，欣赏茶园。申报4A级景区是我们村眼前工作的一个重要努力目标，也是我们发展村庄，提升村庄品质的动力所在。"①

（五）土地资源的变化

外桐坞村虽然土地资源较少，但土地质量较好。由于外桐坞村处于西湖区龙井茶产区的二级保护区，故茶地资源丰富。外桐坞村的耕地以茶地和林地为主，旱地无水田②和荒地，还有31.77亩。外桐坞村林地占主要耕地面积，其次是茶地。由于土地类型往往决定着经济发展类型，所以，目前外桐坞主要产业之一就是茶叶经济。1984年，人均茶地8分，人均水田2分，人均菜地只有0.6分。

表3—1　外桐坞村耕地变动情况（1983—2012）（来源：外桐坞村委）单位：亩

年份 类型	1983	1989	1995	1999	2002	2005	2012
耕地面积	1566	1574	1461	1319	1312	1312	1455
茶园面积	332	332	352	282	282	282	282
水田面积	127	133	10	10	3	3	4
林地	1077	1077	1067	1027	1027	1027	1169
旱地	32	32	32	0	0	0	0

外桐坞村作为杭州的一个近郊村落，在城市化的大规模推进中，通过国家1994年的水田征用和1996年的绕城高速征地，该村经济发展积累了原始资金。

1994年，西湖区政府征用龙坞地区西湖边的水田打造国际高尔夫球场，征用水田123亩，同时政府为了补偿村民开荒和开拓山林，重新开出了20亩茶地作为对村民的补偿。当时水田征用时，村民态度不一，但是村民的大局意识和国家的意志都使得水田征用过程比较顺畅。那个

---

① 张秀龙：《外桐坞村：打造文化创意小镇》，《农民日报》2015年1月23日。
② 之前村里有133亩水田，后来高尔夫球场征走120多亩水田，虽然账面上还有4亩耕地，实际上都已作工业用地了。

时候，由于城市化刚刚推进，村民的市场观念尚未建立起来，都只想抓住眼前的利益。现在回想起来，他们都觉得当时的做法确实欠妥。特别是在城市化进一步推进的今天，土地价格不断上涨，更使他们认识到水田被征收是一件相当不划算的事情。

这次水田征用赔偿资金200多万，除了分给村民的100多万元以外，村里还剩下100万元左右的资金。原本村委会主任金建良想将全部赔偿款用来打造工业园区和开辟龙井43茶叶种植的原始资金，以发展村落集体经济，从而带动整个村落发展。但这个提议当时并没有得到村民的同意，资金积累计划受挫。当时估计可能主要有两个原因：一是当时村民的思想观念还比较落后，市场意识还未发育起来，觉得办厂有风险，茶叶种植收效慢，分钱到手才最可靠，发展集体经济与他们关系不大；二是当时村委并没有建立完善的财务监督和村务公开制度，老百姓对村委会和基层政府的信任程度不是太高。因此，在这场水田征用上还曾发生过一场分款风波。

1995年，杭州市开始启动绕城高速公路建设，这是杭州市历史上建设规模最大的交通基础设施项目之一。外桐坞村是该公路建设的必经之地。征掉了村里70亩茶地、60亩林地和所有的旱地，这样村民的耕地面积少了162亩。

绕城公路的建设将外桐坞村一分为二。外桐坞村本身是一个行政村和自然村为一体的村落，全村人口都住在留泗公路的东边。绕城公路建设的征地将靠近留泗公路旁边居民的宅基地征用了，这样靠近公路的居民便搬迁到了留泗公路的另一旁，随后便新成立了顺家湾新村。这样，外桐坞村就变成了外桐坞村和顺家湾新村两个自然村组成的行政村。

绕城高速征地给村落发展带来正、反两个方面的影响。正的方面的影响，征地为村里经济发展积累了原始资本，改善了村里的基础设施建设。外桐坞村要打造工业园区，加快村里的经济发展，资本积累是关键。在1994年的水田征用的赔偿款问题上，村民和干部的意见并未达成一致，村集体资金的积累不足以用来发展村落的工业经济。因此，接下来的绕城高速的征用恰好又为其积累了一笔资金。本次绕城高速征地共征用外桐坞村土地110亩，其中茶园60多亩，其余50亩为山林和荒地。当时征地的总赔款额为700多万元，每亩地的平均价格为65000

元。按照上级要求，发放给征地农民土地价格为每亩15500元，合计发放赔偿款奖金200万元，其余的500多万元留在村里做集体公共资金。后来的工业园区开发主要用的就是这笔资金。此外，村里的赔偿款到位后，又对顺家湾的土地进行平整和修复，以帮助征地农户更好地盖房和生活。同时，对整个村落进行了自来水的安装和茶园水利设施的修复。反的方面的影响，破坏了整个村落的布局，不利于村落的整体发展。外桐坞村占地本来面积不大，整个村子的面积也就130公顷，属于小型村落。绕城高速征地后，以绕城高速和留泗公路为分界对整个村子进行了切分，使得村落的土地面积更加稀少。同时，由于外桐坞村属于国家龙井茶二级保护区，村子里可以用来建设工业园区和发展第三产业的土地面积就更加捉襟见肘了。

2012年，政府强调环保，关掉了村里的2个石矿，复耕还林了142亩林地。

（六）工业园区的建设

1993年，龙坞乡镇政府要求各村加快村集体经济建设，各村要加快工业发展，有条件的要打造工业园区。工业园区实际上也是工业发展和城市化的产物，同时也是推动工业化和城市化发展的有利载体。它是政府根据自身经济发展的内在要求，以行政手段的方式划出一块特定区域，聚集各类生产要素，使之在一定空间范围内进行科学有效地整合，从而提高工业化的集约强度、凸显产业特色、优化产业功能布局，以使其成为适应市场竞争和产业升级换代的现代化产业分工协作区。工业园区如经过妥善的开发和科学的建设，通常会发展成为一个产业聚落。

当然，龙坞区块实行集体发展工业，动员打造工业园区，这实际上也是城市化发展的要求和结果。龙坞区块地处杭州市近郊，承接工业化和城市化发展转移的产业，既是城市化发展的必然要求，也是实现本乡经济发展的大好机遇。毕竟，城市经济的发展必然会有经济辐射效应。随着城市化的发展，城市人口增多，产业发展过于集中，交通日益拥挤，房租和地价不断上涨，城市的产业和人口就会选择向生产成本相对较低的郊区转移。龙坞乡位于杭州市郊区，自然受到城市的经济辐射效应明显。

　　1993年，在龙坞乡镇府的要求和指导下，外桐坞村在金建良的带领下开始打造外桐坞村工业园区。从1984年分田到户到1993年之前的这段时间，外桐坞村的集体经济几乎没有发展，集体收入除了村所属石矿承包收入和村公房出租收入外，村里没有其他的收入来源。但在前几任村干部对集体资产的保护下，截至1993年底，村里的可用资金已达到18万元。但是，建设工业园区需要大笔资金，同时建造工业园区需要征用村民的土地，于是金建良就采用了茶地换水田的方法和征用邻村的土地作为工业园区建设储备用地。

　　由于村子小，为了解决工业园区的土地储备问题，金建良采用带头开荒和邻村换地的方式来解决。首先，他将工业园区选址在离百姓住户较远的角落区块，该区块在留泗公路旁边，交通方便，且主要为村里的农田和旱地。总共征地30多亩，开荒茶地20多亩，然后用开荒的茶地来换取村民的水田和土地。那时，村里的资金少，金建良带领村委班子成员亲自参加劳动，带头开荒，以减少村集体支出。其次，他还将邻村里桐坞的10多亩土地换过来，以打造更大一点的工业园区。当时他利用里桐坞的村支书刚好是他的战友的关系，用开荒的茶地来换取里桐坞的旱地，使整个工业园区融为一体。

　　实际上，金建良在解决土地储备的时候，就考虑到了资金不足，于是他采用开荒茶地来换取旱地，而不是用钱来征地。毕竟村里的可用资金只有区区十几万元，对打造工业园区简直就是杯水车薪。仇学广老人对此也是非常赞成："他在村里的时候还好，工业小区是他弄起来的。工业小区这个地方是田，当时村里集体资金又少，所以他就想了个办法。你在那里有多少田，我就在对面的山上开多少亩的茶地还给你。不是用钱来征地，是用茶地来换田。龙井43是新品种，反正茶地是集体开好，茶苗是集体种好，管理三年的管理费给你，500块钱一亩每年。这个方式倒还蛮好的，龙井43茶叶不是很贵嘛。"当然，土地问题的建设可以采用开荒茶地的方式来解决，但是打造工业园区需要园区建造资金。对此，金建良想到了借鸡生蛋的办法。当时，村里有一个效益比较好的国有企业——之江阀门厂。当时，这个厂租驻在外桐坞村的老茶叶公房内，厂房生产噪声较大，对老百姓的生活有一定影响。同时，该厂也正需要扩大规模。于是,金建良找到这个厂的老板洽谈,决定给予其优惠的土地租用价格进驻工业园区,让其用预付租金的方式来筹集园区房屋建造资金。通过这种利益交换的方式,由之江阀门厂牵头,将这个工业园区打造了一部分。到了1994年,村里水田的征地款到位了,村里剩下的100多万资金刚好可以用来打造园区。

在金建良的带领下,工业园区启动建造一幢2000平方米左右的厂房,并想将厂房全部出租,原因是自己经营没有经验,容易亏损,担心导致集体资产流失。与此同时,受到城市化辐射效应的影响,大量的工业企业发展起来,他们急需价格较为便宜的土地和厂房,以降低成本。位于近郊且交通便利的外桐坞村是他们比较好的选择。因此,金建良当时的想法还是比较合理的。当然,在工业园区启动打造后不久,金建良被上级调走,由后来的村干部在金建良原来规划好的思路上继续推进工业园区的建设工作。虽然金建良是在乡政府的要求下来启动工业园区的打造。但在工业园区打造过程中,充分显示了他作为村落带头人的出色才能,体现了他在村落发展中的带头和引领作用。

(七)非农产业与股份合作经济

城市化进程为非农经济的发展创造了条件、环境和所需要的劳动力资源。村落新兴经济精英是以产业发展为基础,他们的发展和成长对村落整个产业结构发展与经济环境的变化起着重要作用。

首先,新兴经济精英成立的各种个体和私营企业,扩大了农村社区的非农经济总量,进一步深化和调整了村落的经济结构,丰富了农村的经济成分,促进农村多种经济成分并存发展,提高了全村的整体经济实力。从私营企业推动村落的发展行业来看,主要还是依据本土资源进行的产业加工和延伸或者劳动力密集型方面的产业发展。依据本土资源进行产业加工和延伸的主要是茶叶加工和销售企业、石矿开采行业。茶叶加工企业发展最为典型的代表就是仇校根的外桐坞茶叶收购站和仇肯堂的北京张一元茶叶外桐坞分公司两家。外桐坞村是国家龙井茶的二级保护区,茶叶一直是外桐坞村的主导农产业,茶叶收购站和茶叶公司将茶农的茶叶收购后,进行加工并销售,不仅解决了村民的茶叶销售问题,还推动了非农加工和销售产业的发展,在农业基础上进行了非农经济的拓展。仇永昌和王毓林创办的围巾加工厂，更是扩展了村落非农产业的发展。他们利用农村剩余劳动力和地域优势，将大量农村剩余劳动力吸收到自己的工厂，不仅增加了村民的非农经济收入，还对整个村落产业结构的调整起到了举足轻重的作用。

其次，吸纳村落的剩余劳动力。新兴精英们创办的个体和私营企业在实现自身营利的同时，还解决了部分村民的就业之需，使他们能够过着"半工半农"的生活。这种就地就近消化和吸纳农村剩余劳动力的方式，不仅实现了村民收入来源的多样化，也是实现农业产业化的必由之路。比如外桐坞村的围巾加工厂和私人承包的石矿，解决了本村的男女剩余劳动力的就业问题，围巾加工厂还扩展到了周边的村落，对本村和周围村落剩余劳动力的解决都做出了较大贡献。

再次，示范与激发作用。新兴经济精英在农村经济发展的调整中扮演着两种重要的角色：一是生产和经营示范的引导者，二是发家致富的激发者。新兴精英不仅是个人与集体致富的先行者，而且是农村非农产业的带头人，他们不仅信息灵、技术精、懂经营、会管理，而且具有开拓创新的"闯劲"和吃苦耐劳的"创劲"。他们能够超越传统经济结构的局限，积极向农业之外的工业、运输业、商业、服务业等广阔的经济领域拓展，对农民群众有着强烈的示范效应和一定的社会扶助作用。像外桐坞村的茶叶收购和销售公司，就是在仇华昌在龙坞精致茶厂的带动和创办下进行模仿和发展的。随着茶叶公司的发展，许多村民纷纷成为茶叶收购和销售的个体户，将本村茶叶收购起来然后到山东、江苏等地进行销售，大大增加了村民收入，带动了村里非农茶叶的发展。除了示范引导作用外，他们还是发家致富的激发者。村里的王毓林之所以创办围巾加工厂，是因为她看到了其他人创办企业的成功能够大大改善自身的生活，尽快由贫困走向富裕，于是激发了她创业的决心。

外桐坞村位于杭州市西湖区近郊，伴随着城市外扩，部分农地被征用与部分农民非农化是顺乎发展的必然。在这一过程中，按照征地补偿安置标准，征地农民获得青苗补偿款与安置费，由征地面积的标准，进行户口的农转居，并缴纳双低养老保险，大头的补偿款留作村落经济发展之用。因此，随着土地被征，留村的人越来越少，集体经济的资金越积越多。当然，遗憾的是，由于各种主客观原因，外桐坞村的集体资产流失严重，到发展股份合作社时，可用资金只有78万元。随着城市化的发展，农民身份不断增值，而农转非并没有给人们带来看得见的价值，这一空前的历史性变化刺激了农民保护既有利益和身份的强烈冲动。同时，由于之前的集体经济发展，让村民不仅没有看到实实在在的利益，反而让本来的集体资产流失不少。因此，为了让农民联合起来应对城市化的发展，必须将农民组织起来，而组织起来的最好方式就是与人人利益相关的股份合作制经济。

根据龙坞镇党政办的文件要求，2003年11月，外桐坞村"两委"宣布外桐坞村股份经济合作社股份化改革正式开始。2004年，西湖区发文要求有条件的村落发展股份合作社经济，外桐坞村成为龙坞乡镇的发展村股份合作社经济的第一村。

城市化的推进也推动了农村社区发展，特别是实行撤村建居和"城中村"改制的社区，如何妥善处置村级集体资产是一道绕不过的"坎"。由于城市化的发展，土地征收、人员流动、户籍性质变化等原因，重新全面界定农村集体经济组织成员，并将集体的所有固定和非固定资产与集体成员个人的关系进行量化和固化，显得十分紧迫和必要。经过股份合作制改革后的村集体经济组织，具有了明确的法人主体地位，就能够向市场主体转变而真正走向市场，从而参与市场活动和竞争，打破城乡壁垒和地区分割，推动城乡经济相互渗透和相互融合、优势互补，还有助于农村城市化的加速发展。[①]

外桐坞村集体经济股份制改革的原因主要有：一是外桐坞的水田全部征用完以后，村民所拥有的土地稀少，要实现收入的可持续增长，必须要发展集体经济；二是解决集体资产产业归属问题，调动村民的积极性，增强集体经济发展活力，加速集体经济发展；三是在城市化面前，分散的农民是弱势群体，农业是弱质产业，所以必须组织起来，在能人的带领下来迎接城市化的挑战，抓住城市化发展的机遇。

[①] 芮黎明：《股份经济合作社——农村集体资产处置的途径探索》，《红旗文稿》2004年第14期。

(八) 农民市场意识的培育

市场意识是指按照市场需求变化来组织生产活动,按照市场经济规律来谋求发展的意识。与市场意识相对的概念就是"小农意识"。"小农意识"常被用来形容农民的观念意识及行动特征,含有一定的贬义,甚至有偏见的嫌疑。它常被赋予这样几个典型特征:"保守、小富即安、自私自利、缺乏合作、交换意识淡薄等。"①

随着城市化和市场化的大规模推进,农民的市场意识也开始发育并增强。"市场意识是推动农村经济发展、农民发家致富的重要力量,当然农民在市场浪潮中的打拼和奋斗也会慢慢培养起市场意识,这两者实际上具有相互催生的关系。实行家庭联产承包责任制的最初取向并不是发展市场,而是通过将农民的劳动付出与报酬所得直接挂钩来调动亿万农民的积极性,从而摆脱当时中国农村所面临的经济困境。"② 但对外桐坞村民来说,却意味着市场化的启动。外桐坞村是隶属于西湖区龙井茶地区,茶叶一直是外桐坞村主要产业,也是村民和村集体的主要收入来源。茶叶是价值较高的经济作物,市场价值较高,因此一旦村民从土地上解放出来以后,农民自然就从茶叶入手进入市场,进行流通和交易。以茶叶为起点,外桐坞村开始进入市场大潮。1984年,当家庭联产承包责任制在外桐坞村推行时,部分村民自然就在茶叶上动脑筋,开始进行茶叶加工和销售了。进行茶叶加工和销售,就是参与市场活动的行为,在这种市场行为中慢慢培育起市场意识。

外桐坞村的个体私营企业老板作为市场参与主体的先锋,当然最先建立起市场意识,再慢慢影响到其他村民。非农经济的发展带动了村民的增收,促使村民市场意识的形成。村民最关注、最关心的问题就是求富、求安。当农民通过参与村落非农经济的发展,增加了非农收入后,自然会知晓市场带来的利益和好处,市场意识慢慢发育和形成。个体私

---

① 陆益龙:《农民市场意识的形成及其影响因素——基于2006年中国综合社会调查的实证分析》,《中国人民大学学报》2012年第3期。

② 陈光金:《中国农村现代化的回顾与前瞻》,湖南出版社1996年版,第57页。

营企业发展的成功对村民起了重要的示范和引导作用。"眼见为实，耳听为虚"一直是许多人的信条。当他们看到身边的人逐渐通过市场发展起来以后，就会慢慢关注市场发展和动向，市场参与和市场竞争意识自然就形成了。此外，村民在市场化企业上班，实际上也是参与市场的过程。例如，在仇永昌和王毓林的围巾加工厂上班的村民，他们的收入除了跟自己的劳动付出挂钩外，更是与市场的需求有关。市场需求量大，经济发展繁荣，他们就有更多的活可以干，从而可以获得更多的收入，反之，收入则会减少。随着城市化的进行和市场经济的发展，农民在各种不自觉的市场活动中逐渐有了市场理性意识，这种意识包括市场参与意识、市场竞争与合作意识、市场经济法律意识、市场风险意识以及经营意识、诚信意识、质量意识和信息意识，等等。

（九）农民阶层结构的变化

城市化进程中，外桐坞村村民经过30年的分化整合后，已陆陆续续从同质性的家庭承包劳动者群体中分离出来，形成由特定产权关系联结的新阶层。

根据卢福营的按照生产资料所有权和经营权的不同组合的分类，外桐坞的村民可以分为家庭承包劳动者、乡村集体劳动者、个体劳动者、私营企业主、受雇民工等5个阶层。

表 3—2　　　　外桐坞村30年来的产权阶层分化情况

年份 \ 从业人员类型	家庭承包劳动者（%）	乡村集体劳动者（%）	个体劳动者（%）	私营企业主（%）	受雇民工（%）
1984	95	2	1	0	2
1992	23	2	15	2	58
2000	12	2	20	2	64
2005	10	2	23	2	63
2013	10	2	25	2	61

从表3—2可以看出外桐坞村30年来的产权阶层经历了巨大转变。外桐坞村的家庭承包劳动者不断减少，从1984年的95%下降到2013年的

10%，下降了85%。当然，现在从事家庭承包的劳动者主要是没有打工或者没有经商的中老年人，这一人群数量少；乡村集体劳动者没有什么变化，1984—2013年都是2%，主要是由于外桐坞村没有大力发展集体企业。当然，这当中也曾发展过集体企业，只不过招工人数不多，且都时间短暂；个体劳动者在不断增多，从1984年的1%上升到了2013年的25%，这些个体劳动者主要从事茶叶生意；私营企业主与乡村集体劳动者的比例差不多，没有太大变化；受雇民工在1984年到1992年之间有了一个很大的变化，主要是这个时期村民从土地上解放出来，在本村的企业、外来驻村企业或者到外地工厂打工，所以人数发生了巨大变化。

根据是否从事农业生产（专门只从事农业生产），将农村社会成员分为农业劳动者、非农业劳动者、兼业型劳动者等三个阶层。

表3—3　　　　　外桐坞村30年来的职业阶层分化情况

年份\从业人员类型	农业劳动者（%）	非农业劳动者（%）	兼业型劳动者（%）
1984	80	2	18
1992	23	4	73
2000	12	40	48
2005	10	45	45
2013	10	50	40

从表3—3可以看出，农村社会成员的职业阶层分化迅速，尤其是在1984—1992年之间，农业劳动者从80%减少为23%，此后一直下降到10%，现在从事农业的人群主要为在家从事茶叶种植的中老年人；非农业劳动者在1992—2000年之间有一个大的增长，主要是因为1994年的水田征收和绕城高速征地，分别有95人和108人转为非农业户口，导致非农业劳动人口增多，同时由于参军、升学或者外出打工经商的人群不断增多，这一比例也不断上升；兼业型劳动者刚好与农业劳动者的增长趋势相反，在1984—1992年之间，兼业型劳动者突然猛增55%，这与家庭联产承包责任制试行和国家非农经济发展紧密相关。

部分调研图片：

图 3—9　调研组召开小型座谈会

图 3—10　调研组在农家小院入户访谈

※老鼠嘴村

浙江温州乐清的地名很有意思，历史人文色彩浓厚，包罗万象，趣味横生。地名里有数字从"一"到"万"的、有"金木水火土"五行、有十二生肖齐全，有文艺范儿的"晚斜阳"，也有诸如"老鼠嘴村""野猪田村""脚趾头丫村""杀客岭""哮喘岭"……这些村庄在乐清的各个角落卖着萌，让人忍俊不禁之余，也忍不住探究村名的起源。

乐清市概况

乐清市位于浙江东南沿海，南距温州市63公里，北距省会杭州248公里，陆域面积1223.3平方公里，海域面积约270平方公里。乐清市经济发达，市场经济发育早、发展活力强，是温台经济模式的发源地之一。南部的柳市是中国低压电器之都；北部雁荡山是世界地质公园，为国家首批5A级旅游景区。乐清历史文化悠久，晋孝武宁康二年（公元374年），分永嘉郡之永宁县置乐成县，乐清雁荡山属永嘉郡，建县从此开始，后历经各个朝代。1949年5月，乐清县解放，隶属浙江省第五专区。1981年9月，乐清县归温州市管辖。乐清市辖"九镇八街道"，2012年末户籍总户数36.98万户，户籍总人口127.16万人，其中非农业人口11.76万人，登记的新居民人数达70.65万人。柳市低压电器、虹桥电子元器件专业市场分别被称为"中国电器之都""电子元器件基地"。该市现有40多万人在全国各地经商务工、办企业、建市场，建立了覆盖全国的市场信息网和乐清产品营销网络。乐清市被命名为国家火炬计划智能电器产业基地、"中国泥蚶之乡""中国牡蛎之乡""中国民间文化艺术之乡"，等等。①

从1993年开始，乐清跨入综合实力百强县（市）行列。2015年，全市实现生产总值766.82亿元，同比增长8.6%，年均增长8.3%；主要经济指标总额居温州市第一的有8项，增幅大多数高出温州市平均值。产业结构实现新优化。现代服务业发展加速，三产占比达46.4%；一批电

---

① 《中国乐清》，http：//www.yueqing.gov.cn/。

商园、文创园相继开园开业,电商、物流、文化创意等新业态、新模式发展势头良好。拥有规模以上企业1070家、超亿元企业204家,电气产业成为温台地区首个千亿级产业集群。现代农业集约集聚发展,获批国家级现代农业示范区和国家铁皮石斛生物产业基地,铁皮石斛成为温台地区首个产值超10亿元的农业全产业链集群。城市建设开创新格局。完成市域总体规划修编,"一心两翼"融合发展有力推进,城市化水平达66%。旧城改造和城中村改造扎实推进,完成安置房建设60万平方米。美丽乡村建设不断推进,建成污水收集管网1401.76公里,生活垃圾无害化处理率达100%。成功创建国家义务教育发展基本均衡市、中国民间文化艺术之乡。建立社会基层治理"一张网"机制,社会事业全面发展。①

大荆镇概况

大荆镇在乐清市东北面,是乐清五大中心集镇之一。在2011年之前,全镇下辖建制村54个,居委会4个,总面积为59.08平方公里。② 2009年末统计,全镇户计总数为22677户,人口达到65887人。③ 2011年4月,乐清市乡镇行政区划调查方案出台,将乐清市原有31个乡镇调整为"9镇8街"。其中,经过新一轮的区划调整,撤销湖雾镇、镇安乡、智仁乡和双峰乡建制,将其行政区域并入大荆镇。④ 由此使得调整后的大荆镇版图比原来扩了2倍多,区域面积达到197.8平方公里,户籍总人口为144917人。大荆镇将整合各种资源要素,建设成为"集旅游工贸于一体的小城市"。⑤ 大荆历史久远,可追溯到南宋年间。1949年3月16日,大荆解放。1956年2月,大荆镇人民政府改为大荆乡人民委员会,同年9月,又改为大荆镇人民委员会。1958年实行人民公社制度,成立了大荆人民公社。1980年11月批准为建镇制。⑥

---

① 林亦俊:《2016年乐清市人民政府工作报告》(全文),http://cdn.aixiaobuxiao.com/js/father.html。
② 《大荆镇》,http://www.yueqing.gov.cn/yqgl/ssyq/201312/t20131204_484177.html。
③ 乐清市大荆镇志编纂委员会编:《大荆镇志》,中华书局2010年版,第206页。
④ 《乐清区划人口》,http://www.yueqing.gov.cn/yqgl/ssyq/。
⑤ 《大荆在拓展》,http://www.yqcn.com/system/2011/05/14/010783028.shtml。
⑥ 乐清市大荆镇志编纂委员会编:《大荆镇志》,中华书局2010年版,第7页。

图 3—11　乐清市大荆镇 2011—2030 年小城市总体规划
（乐清市大荆镇人民政府乐清规划建设局，2011 年 6 月）

大荆镇属亚热带季风湿润气候，雨量充沛，四季分明，适宜于亚热带喜温作物生长。全镇四周群山环绕，中间散布低矮丘陵，大小平原分布其间。1988 年末，全镇总人口为 21672 人，比新中国成立前的 1948 年增长了 119%。2009 年人均耕地面积由新中国成立前的 0.9 亩降到 0.27 亩。[1] 这一数值比起全省 2006 年总人口人均占有耕地面积 0.51 亩（合 0.34 公顷）要低很多。[2] 由于地处山区，早些年大荆镇的交通运输不便。改革开放后，全镇的商品经济蓬勃发展，客流量、运货量随之剧增。乡村公路、高速公路和高速铁路相继建成，为全镇的经济发展提供了基础设施保障。[3]

老鼠嘴村原属双峰乡。双峰乡境内南北两面各有一座山峰矗立其上，

---

[1]　乐清市大荆镇志编纂委员会编：《大荆镇志》，中华书局 2010 年版，第 11—12 页。
[2]　据 2007 年浙江省统计年鉴计算，如果根据农业人口人均占有耕地面积计算，数字为 0.72 亩（合 0.048 公顷），http://www.zj.stats.gov.cn/tjsj/tjnj/2007nzjtjnj/ny/200801/t20080119_148051.html。
[3]　乐清市大荆镇志编纂委员会编：《大荆镇志》，中华书局 2010 年版，第 57—59 页。

名蜡烛峰（又名金山、银山或大金山、小金山）。顾名思义，它正是以这两座山峰而起名的。双峰乡位于乐清市的北部、大荆镇区的西北部，东临大荆镇，西北与仙溪镇、龙西乡、智仁乡、镇安乡等接壤，下辖19个行政村。它在2011年被撤销建制，其行政区域归入大荆镇。它于1992年由原来的叶家洋、双峰乡扩并而成，全乡总面积约为48平方公里，人口约为2.3万人，耕地面积约为6600亩。总体来说，双峰乡是一个比较典型的经济发达的山区乡镇。①

双峰乡有特色现代农业——石斛种植和枫斗加工。石斛属多年气生兰科草本植物，是名贵的中草药品种，具有独特的药用价值。因其有良好的滋阴保健功能，一直被传统的中医所推崇。云南因其茂密的原始森林和亚热带气候等因素，一直是野生铁皮石斛的主要生产地之一。近几十年来，浙江省也成为了铁皮石斛消费的主要地区，大约是全国总消费量的80%。不仅如此，浙江省也是石斛加工成枫斗的主要加工地之一。

石斛枫斗的加工与销售是双峰乡的传统特色产业。就过去的情况来看，该乡有将近一半的家庭从事枫斗的加工和销售，这也是农民收入的主要来源之一。甚至可以说，在这个乡里，农闲的时候，几乎家家户户都在加工枫斗，并将其销售到广东、上海、云南、江苏等地，也吸引了不少海外客商的到来。过去，该乡一直依靠收购云南等地区的石斛作为原料而加工枫斗。而今，该乡的人工种植石斛也取得了很大进展，在种植方法上也越来越科学。因此，双峰乡也成为了全国闻名的石斛枫斗种植、加工、销售的主要基地之一。而且，在2010年第四届中国石斛产业（学术）发展论坛上，双峰乡还被授予了"中国铁皮石斛之乡"的称号。2011年，乐清市撤销了双峰乡、湖雾镇、镇安乡、智仁乡，其行政区域并入了大荆镇。

老鼠嘴村概况及城市化进程

在大荆镇双峰一村西北方有座形似老鼠的山，其"嘴"向着村，故

---

① 参见百度百科，网站为：http://baike.baidu.com/subview/305423/7966762.htm#viewPageContent。

取名老鼠嘴村。老鼠嘴村位于浙江省乐清市大荆镇的西北方向，村庄距中心镇约有 20 分钟的车程，两地之间有往来的乡镇公交，交通十分便利。现对老鼠嘴村的总体概况作一介绍。

（一）地理位置和空间格局

图 3—12　老鼠嘴村位置图

虽然老鼠嘴村离镇中心并不远，但在改革开放之前，由于两地公路没有建成，而汽车、大巴、摩托车等交通工具也十分稀缺，所以村民们去镇上进行买卖和交易十分不便。一般而言，农历每月的三、六、九日为全镇的传统集市日，而且也有一年一度的五月十三大会市。在这些日子里，全镇成为了附近地区各种山货、海产南北货、日常生活用品等商品的一个贸易中心，附近地区的商人们带着各自的货物涌入到镇中，而四面八方的乡村村民也在这个时候去镇里购买生活所需，每逢集日镇区各街道人头攒动，熙熙攘攘，一派热闹的景象。虽然这一风俗保留至今，但却没有从前那番景象了。这有诸多原因，其中一个很重要的原因，就是随着全镇商品经济的不断发展，再加之互联网购物的逐渐兴起和普及，农民们不再单纯依靠传统的集市进行买卖，他们有了更丰富的交易渠道。

老鼠嘴村的土地总面积为 0.47 平方公里，其中约一半以上为山地，可耕地面积大约为 224 亩，人均耕地面积不到 0.27 亩。

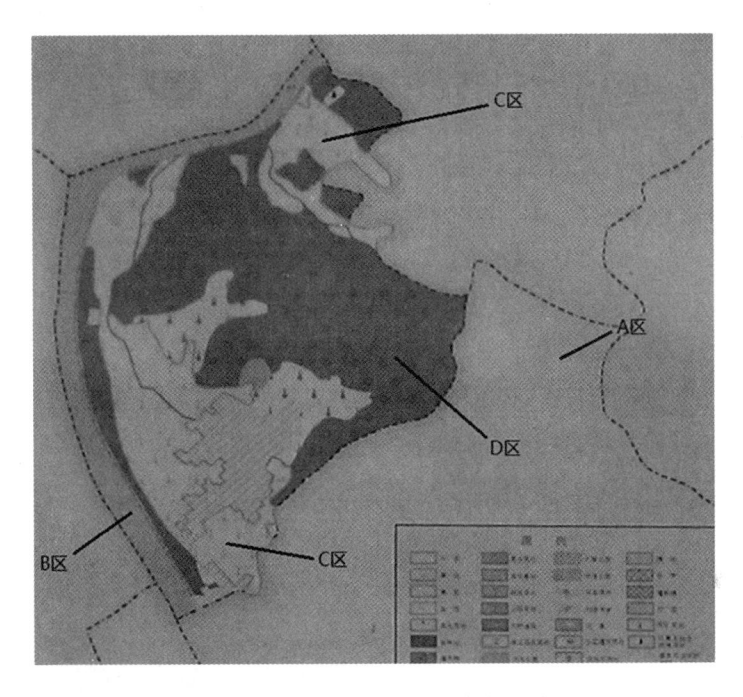

图 3—13　老鼠嘴村的地貌分布图

在图 3—13 中，A 区为村民生活的主要区域，B 区表示的是一条乡间公路，D 区代表的是山地和树木带，而 C 区则为村民的可耕农田。从图中可以清楚地看出，山地和农田是老鼠嘴村的基本构成，而山地也将整个可耕地分割成大小不均的几块农田。山地的存在减少了村庄的可耕地面积，在某种程度上也阻碍了农田的区域整合和资源的有效利用。在城市化进程中，这些少得可怜的耕地正在被违章建筑侵蚀着，一波又一波的盖房热潮未见消退，村庄违章建筑治理频频失败。

从地理方位上看，整个村庄面向西南方向，其正面被公路所围绕，而背部与左右两端都为山地所包围，其中东南偏南方向有一个比较大的缺口，它与隔壁的一个村子相连接的。在公路与村庄之间有一片小小的树林带，它是整个村庄资产的一部分。在过去，这片树木带并未被村民有效地利用起来，如今一些村民把它承包下来用于养鸡，一般只养500只到700只左右，当然这是规模比较小的家庭副业。越过乡间公路之后是一条外围堤坝和宽为25—37米左右的河流。河两边的堤坝是20世纪80年代就已修建好的。这条河流过去水源丰富，许多村民在夏季炎热的时候都到那里游泳，而随着河流过度地被开发利用，它逐渐地变得枯竭，目前河流的很多地方堆满了泥沙，为此，村民十分抱怨，可是他们对那些开发河流的人却没有办法。

从整体空间格局上来看，老鼠嘴村与对面的村庄形成了"隔河之势"。在两岸之间有两座离村庄比较远的桥梁，早些年由于缺乏便利的交通工具，村民们常常赤脚涉水到对面的村子去看病和做礼拜等①，村民的日常生活极为不便。随着交通设施的改善和交通工具的不断丰富，如今村民的社会生活活动也不必像以前那样苦恼了。

图3—14　依山而建的民房

---

①　在20世纪90年代，由于医疗制度的不完善，村民们一般并不到公立医院而去私人诊所看病就医，尽管那时候的私人诊所数量不多。

村民生活的主要区域位于整个村庄的南部，虽然区域比较小，但对村民而言它的意义是十分重大的。正是在这个小规模的空间区域内，数十年来，各个村民相互之间一直在进行着互动和交往，编织了一张错综复杂的社会关系网络。更为重要的是，他们既受传统文化和风俗习惯的制约，同时又在不断地解构传统的文化习俗而重塑新的道德观念体系。布迪厄曾经说过："从分析的角度来看，一个场域可以被定义为在各种位置之间存在的客观关系的一个网络（Network），或一个构型（Configuration）。"① 场域是一个争夺的空间，是不断变动和动态的空间，"是力量关系——不仅仅是意义关系——和旨在改变场域的斗争关系的地方，因此也是无休止的变革的地方"。② 也就是说，场域是一个客观的社会关系网络（系统），而这个社会关系网络呈现出来的并不是静态的而是动态的开放系统。在场域内，每个行动者占据的位置和掌握的资源也并不是固定的，相反，每个行动者都必须要投身于对资源的争夺当中去。③ 那么，在这种意义上，我们可以把村民历来就生活一起的社会空间（老鼠嘴村以及各种传统文化习俗和道德体系）当作一个场域来理解。但与布迪厄所不同的是，笔者把农村这一个场域理解成两个方面：在老鼠嘴村内，各个村民之间既受到人情和关系的制约而表现出趋同和一致性，从而有利于村民之间的相互合作，同时他们也为获取村庄内的各种资源（如土地、权力等）而相互争夺，从而引发了各种社会矛盾。我们认为，只有同时从这两个角度出发，我们才能更好地理解村庄本身所具有的特征以及村民之间社会关系的变迁过程。

---

① ［法］皮埃尔·布迪厄、［美］华康德：《实践与反思：反思社会学导引》，中央编译出版社 2004 年版，第 133—134 页。

② 同上书，第 142 页。

③ 从这里可以看出，布迪厄的场域理论并非是一种功能主义，他所持的立场更倾向于马克思主义。事实上，布迪厄对社会关系的看法也是如此，他在书中这样指出："我可以对黑格尔的那个著名的公式稍加改动，指出'现实的就是关系的'：在社会世界中存在的都是各种各样的关系——不是行动者之间的互动或个人之间交互主体性的纽带，而是各种马克思所谓的'独立于个人意识和个人意志'而存在的客观关系"。参看皮埃尔·布迪厄，华康德（2004：133）。当然，笔者所理解的村民之间的社会关系与布迪厄的看法有点出入，即社会关系既可以作为"独立于个人意识和个人意志"而存在，同时也是各个行动者（村民）之间的互动以及联结个人之间交互主体性的纽带。

(二) 人口与姓氏

官方的统计数据显示：老鼠嘴村共有家庭数量221户，总人口834人，家庭平均人口数为3.77人。这一数据让人存疑，因为一般情况下，在每个家庭中一对父母拥有的子女数量为2—4人，也就是说一个家庭的人口平均值应当要比统计数字大一些。在通常情况下，人们习惯用官方户籍登记的统计数据来衡量某个地方或社区的家庭户数和人口数量，但事实上，这种统计方法在一定程度上是不准确的。这一方面是某些客观因素引起的，如人口统计标准的不确定性等；另一方面则是由于一些敏感性话题如超生等造成的。在中国农村，超生可以说是一个较为普遍的现象，这一方面是由于在中国农村中存在的"多子多福""重男轻女"等思想观念造成的，另一方面则是因为计划生育政策在基层政府无法有效地实施。因为超生违背了国家的计划生育政策，所以一些基层官员不仅对超生这一现象置之不理和忽视，而且也因害怕被上级政府行政处罚，在进行人口统计时通常瞒报、漏报。据我们了解，不少村庄报送的年人均收入也是不准确的，存在故意压低、瞒报现象，因为村民的年人均收入往往与超生罚款联系在一起，收入越高，罚得越多。

正是因为这些因素的存在，所以在对老鼠嘴村进行人口和生育考察时，如果按照官方统计的数据来进行分析和研究时，我们需要谨慎处理。① 只有走村入户、亲历亲为的田野调查、实地体验，才能让研究更接

---

① 肖倩在对冈村农民分家实践的研究中，也指出了这一点。她认为，这种以官方的户籍登记数来统计家庭的数量至少在四个方面是非常不准确的：第一，分家之后独自生活的老人并不单独立户，而是登记在一个儿子的户籍里，成为儿子为户主的家庭中的一员，然而按照"分烟"的原则，老人其实并不与儿子生活在一起，所以应该算作独立的一户，即所谓的空巢家庭或单人家庭，而这种家庭在官方的户籍统计中是显示不出来的；第二，儿子结婚后至未生孩子前从父母家庭中分离出去的情况在官方的户籍统计中也并没有显示；第三，少数购买了"自理口粮"式城镇户口的村民家庭在官方的户籍统计中也显示不出来；第四，因为超生的孩子通常上不了户口，或者父母担心上了户口后被查出来而罚款以至于不给孩子上户，所以官方的人口户籍统计数据通常要低于实际的人口数量。在对冈村分家的研究中，肖倩提出了有五种不同的户数统计方法：镇派出所的官方户籍统计、（行政）村会计的农业纳税户统计、上族谱时的户数登记、老人做寿时散寿饼时的统计以及"分烟"户数统计，而她认为，"家庭"是一个由姻缘和血缘纽带联结起来的共同维持家计的经济生活共同体，所以对家庭数量的统计应该按照最后一种方法即"分烟"户数统计来进行。请参看肖倩（2006：43—45）。

近真实世界。

　　在老鼠嘴村，严姓是大姓，还有少量李、陈等姓氏。在过去，严姓子孙在起名字的时候，姓名当中的第二个字是按照其在村中的辈分而定的。如今，许多村民在给孩子起名字时已经不按这一规矩了。与此悖论的是，虽然严姓是村中唯一的大姓，但是这一姓氏却并未能带来强烈的宗族观念和活动，也没有形成紧密的宗族网络。事实上，在老鼠嘴村，有关宗族的活动是十分缺乏的，甚至说，它连一座祠堂也都没有。在村民的思想里，有关宗族的观念几乎是不存在的，他们对于"什么是宗族"并没有一种具体的概念。这种现象似乎并不是近几年才有的，而是在20世纪70—80年代就已经开始了。一位30来岁的年轻人这样告诉笔者："宗族活动，好像没有参加过吧。从小的时候到现在，除了过年、元宵节送灯还有清明的时候拜坟以外，好像没有什么了吧，这些算不算你说的宗族活动？"

　　从这里我们可以看出端倪，老鼠嘴村的宗族关系网络是非常松散的，整个村庄的社区记忆也是非常弱的。"当一个社区的集体记忆较强时，传统的、历史的、文化的因素便会在社会行动中呈现出自身的重要性，反之，当社区记忆的水平较弱时，基于工具理性的社会行动与社会关系将成为主导。"[①] 所以依照他的看法，社区记忆水平很弱的村庄其人际关系将会呈现出工具性的特征。在一定程度上来说，他的观点是较为准确的。老鼠嘴村的情况表明这样一个事实，即由于老鼠嘴村庄宗族关系网络松散和社区记忆弱化，直接导致了整个村庄公共空间的萎缩和公共生活的缺失，从而在一定程度上造成了村民之间人际关系的工具化。当然，这并不表示传统性因素在村庄中已完全消失，相反的，人情、关系和面子依然是村民之间进行相互交往和社会互动的重要原则。

　　老鼠嘴村是一个比较典型的"自己人"村庄、熟人社会，除了娶妻结婚有外来女定居在村庄里外，并没有工业可以吸引外来人口涌入并定居。租住在村里的外来人口也有，他们大多是来自于福建、江西等地，在镇上和村子里打工，主要从事建筑业，为村民盖房，这与全镇的建筑行业和各个村子盖房现象的兴起是分不开的。当然，在本镇及其附近的

[①] 袁松：《富人治村——浙中吴镇的权力实践（1996—2011）》，博士论文，华中科技大学，2012年，第51页。

村子,也有许多农民是作为建筑工而谋生的,用当地人的话来说,就是所谓的"做小工"或"做生活"的。

近些年来,随着城市化进程的加快,工业化对劳动力的急剧需求以及城乡二元结构的不断松动,农村掀起一股股打工热潮。越来越多的农民摆脱了传统的农业经济束缚而流动到城市,如此大规模的流动现象是过去从来没有过的。一方面,去城里打工拓展了农民获得收入的渠道,极大地提高了农民的收入水平;另一方面,它也造成了许多社会问题,如农村的空心化、空巢老人以及农村和城市的社会管理问题,等等。另外需要值得一提的是,城乡之间的这种大规模流动也在一定程度上直接影响了农村的人际关系,出现了"陌生化""原子化"等现象。无疑,这些现象在老鼠嘴村也同样存在。虽然相比于其他附近的村子而言,老鼠嘴村外出流动人口数量并不多,2012年,全村外出人口数量大约为93人,却对村庄的社会管理和农民之间的社会关系有着很大的影响。

(三) 村落的经济变迁

由于地理位置、交通等因素,村落城市化进程相对比较缓慢,直至20世纪90年代,老鼠嘴村仍以农业生产为主,80%的农田都用来种植一年两熟的水稻,有时还会种植一些南方常见的农作物,如玉米、芋头和番薯等。20世纪90年代之后,村里的青壮年外出打工的人较多,为弥补劳动力不足,双季稻改成种植单季杂交晚稻。由于老鼠嘴村可耕地面积和规模很小,再加之农田也被山地分割而趋于分散,村民无法使用大型机械,主要依靠牛和人力、木犁和铁耙等工具进行耕作和种植。全镇其他村落的情况也大致如此。进入21世纪之后,村里外出打工者人数增多,收入也源源不断地"流入"老家,农民收入水平大幅度提高,一部分村民开始购买手扶拖拉机、电动机、农业水泵等,一些家庭的农业生产开始有电气化、机械化成分,但数量不多。就大部分村民而言,人力始终是最主要的耕作劳动力,无论是播种秧苗还是收割成熟的水稻,都是由家庭的劳动力来完成的,有时候甚至是"全家总动员",就连十一二岁的小孩也要参加到劳动中来。除了少量农作物拿到镇上卖掉而获取少量的收入外,大部分农作物用于满足家庭生活消费,而不是为了追求丰厚收入和报酬。从某种意义上来说,老鼠嘴村大部分农民在耕作方式上践行的仍然是"安全第一"和"道义理性",经济状况呈现出"内卷化"或"过密化"的现象:在单位面积的土地上投入的劳动力所获得的边际报酬远远要低于劳动力的边际成本,从而也就无法很好地维持家庭的生计需要。① 剩余的劳动力如此不计成本地投入到土地中去而又无法使自己及其家庭经济状况摆脱贫困边缘,这就是老鼠嘴村农民在20世纪90年代及以前的生存状态。

20世纪90年代之后,城市化开始影响村庄的方方面面。老鼠嘴村的经济结构发生了重大变化,这主要表现在以下两个方面。

第一,农业收入在家庭总收入中的比例呈现下降趋势,大量劳动力开始流向二、三产业。土地已经不再是村民获得收入的主要来源,相反,许多村民都有了更丰富的获取收入的渠道,如外出打工、做生意、在本地工厂上班等,这些渠道的增加大幅度地提高了村民们的收入水平。在人民公社时期,全村的劳动力都集中在农田生产上,而劳动效率却非常之低,经济效益也很差。改革开放尤其是20世纪90年代后,农业生产有较大增长,随着全镇建筑业、工商业、服务业的崛起和发展,大批劳动力开始逐渐向二、三产业转移,如今在整个村庄中,大部分青壮年劳动力业已离开农业生产而去"另谋他路"了。

第二,城镇化和工业化对土地的需求急剧增加,人口增加形成的巨大生存压力,传统农业生产已不能满足村民生活需求。在此情形下,许多村民不再耕种用来满足自身家庭消费需要的水稻、蔬菜等农作物,而是选择种植具有更高经济价值和效益的石斛。

在老鼠嘴村,有4户家庭开始规模化地种植石斛。在种植石斛的方法技术、日常管理上也要比其他家庭更加细致和科学。他们不仅建造大棚种植,而且也花费大价钱选取了科学的调配栽培基质,主要的原料是各种树皮的细粉末,这些树皮事先已专门经高温或药剂浸泡消毒过。正因为如此,他们在种植石斛过程中所遭遇的风险也大大地降低,而且种植出来的石斛的质量也要高很多,获取的利润自然更高。例如,2014年初,有一户家庭采收了种植出来的全部石斛,卖给本地的一家制药企业,

---

① 黄宗智:《华北的小农经济与社会变迁》,中华书局2000年版;《长江三角洲小农家庭与乡村发展》,中华书局2000年版。

最终的成交价约为 600 元/公斤。2015 年 4 月至 5 月，这户家庭又重新购买更多石斛种苗，雇佣 13 个人种植，其中 6 个妇女的主要工作是清洗石斛种苗（这些种苗在刚买来的时候是装在一个小瓶子里的），而另外 7 个则是男性壮年，他们的任务是搭建大棚，并疏松土壤和选取种植基质，卸下运卡车上的树皮粉末并把其均匀地撒在土壤上，然后是小心翼翼地种植种苗。我们可以想象到收获时节的喜人景象，尤其在生命健康产业发展、保健品市场较红火的情况下，经济效益一定是相当可观的。

图 3—15　村里长势喜人的石斛

改革开放以来，老鼠嘴村的家庭手工业经历了三种形态的变迁。第一种叫作"打竹席"，也就是手工编制竹席；第二种是"穿灯泡"，就是将各种零件制作成一条比较长的小灯泡链条。这些制作材料是村里某户从外地运来，其他村民根据自己家的劳动力情况去领取相应数量的材料与零件，在规定期限内将其制作成彩灯条，赚取一些加工费；第三种是加工石斛枫斗。虽然石斛种植在老鼠嘴村比较晚，但是村民将石斛加工成枫斗这种手工业却由来已久。准确地说，枫斗加工并不属于农业范畴而是一种手工业，即村民都是通过家庭手工将石斛制成枫斗的。这种加工程序比较简单，只要准备一些干稻草和炭盆等用具，枫斗加工花费的成本还是比较少的。相比以上两种家庭手工业，石斛枫斗加工是最具有经济效益的。

由此我们看出，农民观念和村庄内外部环境的变化促成了老鼠嘴村经济结构的转型。城市化进程中农民的流动、城乡互动发展拓展了农民的视野，城里人对生命健康产业的需求催生了村落保健药材的种植和加工，过去村民遵循的是斯科特所说的小农的"道义理性"，现在的村民更像是一个"企业家"，或是波普金（S. Popkin）所描绘的"理性的小农"：它是一个在权衡长短期利益之后、为追求最大利益而做出最优生产选择的农民。[1]

（四）村落的盖房热潮

传统城市化往往以土地城市化为标志，城市大扩张，人口大聚集，到处都在开发房地产，处处是一派火热的建设场景，高楼大厦成为城市的主要标志。经济比较发达的农村，村民盖房热一波接一波，到处是如雨后春笋一样"冒出来"的新楼房，在路边建的大都是顶天立地的五层楼房，张扬地矗立着；村里地少人多，房前屋后挨着挤着，土地也不够用，于是"义无反顾"地向村边扩张，建的大多是"别墅式楼房"，村里一些空地，被大量违章建筑占领着。

据调查统计，1978—1988年，大荆镇全镇共新建房屋4800多间，计17.3万平方米，总投资达到了2500多万元。1988年对全镇6695户家庭的调查显示，有72%的家庭都建造了新的楼房，而且，这些楼房的结构日趋高档化和高层化。进入20世纪90年代以后，这种建造楼房的趋势仍在持续，其规模也越来越大。从另一个方面讲，正是由于这些楼房的建造才形成了一群规模比较大的建筑工群体，从而为附近的农民提供了一条获取收入的新渠道。总体来说，老鼠嘴村这种盖房现象出现得并不是很早，只是进入20世纪90年代以后才大规模地进行，近十年来更盛。财富上的增长除了影响村民对楼房的需求以外，也促使村民们形成了一股强烈的消费欲望。

据不完全统计，在老鼠嘴村这样一个小村，近十年间，村民修建、扩建了至少50幢以上的楼房，但凡家境较好的，首先想到的就是盖房子，即便不新盖楼房也要对旧房子作整修。除了盖造和修建新的楼房以

---

[1] Popkin, Samuel, *The Rational Peasant: The Political Economy of Rural Society In Vietnam*, Berkley: University of California Press, 1979.

外，老鼠嘴村村民对房屋内部装修也越来越注重，这既反映出了他们自己及其家庭的喜爱和偏好，也体现了他们在村庄中的经济和社会地位。

图3—16 村民沿街修建的楼房

(五) 村落公共空间和日常生活

农村公共空间建设是农村城镇化的重要内容之一，也是农村社会学的重要研究领域。村落的公共空间与村民的人际关系相联系，为村民社会资本的构建提供了平台。虽然公共空间在农村社会结构和农民日常生活中有着重要的功能，但在城市化进程中，公共空间不是扩大了而是急剧缩小了。在老鼠嘴村，公共空间主要有以下4个。

一是村委会。它是一个正式的政治空间和权力机构，是村干部们发挥领导能力和村民们实现政治权利的主要场域。改革开放以后，国家权力从农村基层社会当中退出，村民的自主性日益增强，而农村权力组织和村干部的作用也在一定程度上下降了。国家权力的退出和村干部作用的下降与村民的自主性增强是一个此消彼长的过程。阎云翔也曾这样论述到："从更高的层面上看，村庄基层领导的变迁是国家与农民关系变化的最好标志。"[①] 不过，受长期的集体经济观念的影响，直到今天，老鼠

---

① [美] 阎云翔：《私人生活的变革：一个中国村庄里的爱情、家庭与亲密关系 (1949—1999)》，龚小夏泽，上海书店出版社2006年版，第33页。

嘴村的村民还是喜欢用"大队"来指代村委会。

二是老年协会。它是一个社会空间,是村民交往的重要场所,在村庄具有很高的威望。在老鼠嘴村,老年协会与村委会是紧挨着的,前者在西边,后者在东边,两者前面是一块没有围墙的空地,村里的投票选举就在这块空地上举行。2008年,村委会和老年协会的房屋同时翻修,由原来两层改为现在的三层,外面刷了黄色油漆。随着我国老龄化社会的到来,老鼠嘴村也不例外。这个村60岁以上的老人有151人,占全村总人口的18.1%,其中80岁以上的有23人,占2.75%。老年协会本来是一个极佳的休闲娱乐场所。但奇怪的是,老鼠嘴村的老年人喜欢独自待在自己家门口晒太阳,而老年协会的房间则成为青壮年们打牌娱乐的场所。很多人形象地将老年人协会称作是乡村政协,像是除了村"两委"外的另一个重要的权力机构。老年协会原本是农村老年人的互助组织,维护其合法权益,增进其福利水平。老年协会在村里权力和威望的不断提高,主要源于它具有某种连带性吸纳功能,[1] 来自德高望重的民间权威及对决策的参与影响。

三是戏台子。它是一个文化空间,是村落保存共同文化记忆的载体,是满足村民文化需要的主要场所。作为一种传统的文化娱乐方式,地方戏剧对农村公共文化空间的建构具有重大的意义,[2] 它也有利于乡村的社会整合。在20世纪90年代,老鼠嘴村的戏剧文化是非常兴盛的,隔三岔五地就会有一些戏班子来村里唱戏。其中,一些戏班子是村子自己出资邀请来的,另一些则是巡回演出路过村里的。演戏是村子里的一件大事,是村民们喜闻乐见的文化娱乐活动。一旦有某个戏团来村里演出,戏台底下就会人山人海,十分热闹。小孩子们在底下跑来跑去,一些村民也利用这个机会贩卖花生、爆米花等零食。

城市化进程中,民间传统文化习俗遭遇现代多元文化的冲击,农村文化队伍散落,村民的文化精神生活贫乏,村落公共文化空间开始急剧

---

[1] 邓燕华、阮横俯:《农村银色力量何以可能?——以浙江老年协会为例》,《社会学研究》2008年第6期。

[2] 王易萍:《地方戏剧在乡村公共文化生活变革中的价值——广西平南牛歌戏为个案》,《湖南农业大学学报》(社会科学版)2010年第3期。

衰落、萎缩，戏台子功能也转变了。伴随农民收入水平的提高、社会交往的增多，农民不再仅满足于看戏，村里的戏台子已"风光不再"。2012—2013年，村子里只有过4次唱戏，戏班子来了也不再热闹，年轻人难觅踪影。村里的戏台子已经逐渐失去它原有的文化功能，现在更多地承担了一种经济功能：如果有家庭因结婚或丧礼要办酒席，家里空间不够的话，就用得上戏台子，村里原来准备的酒桌、锅灶、盆碗等器物供租用，村里收取一定的费用，大概为200元一桌。戏台子从文化娱乐功能已向经济收益功能转变。

　　四是乡村小店。这是村落的一种非正式公共空间。它对于整个村庄的意义却十分重大，因为村民们在这个小小的空间内可以进行深层的社会互动和交流。其实，它就犹如老舍先生笔下的茶馆，是一个"小社会"，聚集了各色各样的人物：老年人、青壮年、小孩，富裕的或贫穷的人，性格灵活的或木讷的人，等等。这个小店人来人往的，店主还提供一些文化娱乐活动，如台球、打牌和下棋等。随着交通的改善，村民到镇上逛街购物十分方便，年轻人热衷网购、上网，小店已不再像以前那样热闹，公共空间的功能较之先前大大地减弱了，已不再为村民提供文化娱乐活动。

　　集体化时期，村民的公共生活是由国家安排主导的，或者是由村集体（生产大队）来组织的，村民们参加各种村里的会议成为了他们的"家常菜"。随着国家权力从乡村社会当中退出，公共生活的提供机制也因此趋于瓦解。在非集体化之后，由于农业生产效率的极大提高，老鼠嘴村的村民花费在田地的时间大大地缩短了，由此产生了大量的闲暇时间。农村现代化为农民带来了丰富的物质文明，但精神文明建设还没有跟上，物质文明的丰富与精神文明的贫乏共存，造成了公共空间的急剧衰落及其在功能上的嬗变。在现代化、城市化冲击下，我国农村的公共生活模式正在发生急剧的转型：从过去运动式、集权式的公共生活形态向现代化、理性化的公共生活转变。在这个过程当中，货币化和个体化成了转型时期我国乡村公共生活的重要表征。[①]

---

　　① 冯莉：《转型期中国中部农村生活模式的变迁研究——以河南省C村选举为中心的考察》，《社会科学》2012年第11期。

现在的老鼠嘴村，村民们的公共生活显得比较贫乏。除了白天去镇上上班或打工外，村民空闲时间增多，按理说村民之间比过去有更多闲暇去频繁交流和社会互动。但事实上，村民之间的社会交流和互动远比以前少多了。许多村民都这样表示说："走出家门，除了去老年协会打牌、打麻将和赌博之外，好像没有其他什么事情可以做了。"村里要组织集体活动也非常困难，除非村里出钱发补贴、发礼品。现在农村文化礼堂相继建立，村民参与活动的积极性有所提升。

影响村民社会互动和公共生活有许多种因素，而电视、电脑等技术对乡村社会的渗透和冲击就是其中一个很重要的因素。20世纪80年代，电视在老鼠嘴村是非常稀缺的。如果有一户家庭购买了一台黑白电视机，大家都会津津乐道地谈论，也会聚到这户人家去看，由此大家交往增多，人际关系紧密。村民收入提高后，电视在农村中迅速普及，获得的信息成倍增加，拓展了他们的视野和知识，但人际关系也会发生改变。约翰逊通过用民族志的方法对印度2个村庄进行调查之后，描绘出了这样一幅情景："传统的乡村生活由每天四个主要时段组成。早晨，为接下来的一天做准备，整理东西、计划工作。白天是工作时间，没有闲暇。黄昏，结束一天的工作，为夜晚做准备。晚上，是放松休息的时间，在整整一天的劳动之后恢复体力，为第二天积蓄精力。夜晚也是人与人接触、发展人际关系的时间。电视戏剧化地改变了这些划分，尤其是最后一个时间段。夜晚比过去开始得早了许多，人们收看电视直到凌晨。过去用作重要的人际交流的时间在被花在辗转于各家各户看电视上了。"① "因为人们再无动机去他人家中拜访，随着人们之间日益疏离，人际关系的数量和个人在村庄中的影响将会减少。"②

在老鼠嘴村，公共空间在急剧萎缩和公共生活迅速减少的情形下，村民的个人生活占据了最中心的位置。随着越来越多的村民购买和拥有电视机，许多村民都把自己的个人生活转移到电视这一新媒体上，他们把晚上大量的空闲时间花费在看电视节目上。在25位受访者中，9人家

---

① ［美］柯克·约翰逊：《电视与乡村社会变迁——对印度两村庄的民族志调查》，展明辉、张金玺译，中国人民大学出版社2005年版，第167页。

② 同上书，第188页。

中有1台电视机,14人家中有2台电视机,2个受访者家中的电视机有3台。当问起他们:"您平常在晚上都干些什么呢?"他们的回答却都比较单一。其中,除了有2位受访者要在晚上上班以外,7人选择了一直留在家中看电视,8人选择外出去打牌和赌博直到深夜,5人选择出去打牌赌博后没过多久就回家看电视,而仅有3人晚上到别人家中串门或与别人聊天。如表3—4所示。

表3—4　　　　　　　　农民晚上都干些什么

晚上的活动类型	看电视	打牌和赌博	打牌和赌博后在家看电视	串门或与别人聊天
人数（人）	7	8	5	3

我们可以清楚地看到,村民们在打发自己的空闲时间以及选择自己私人的活动或参加公共活动是非常有限的。而之所以会出现这些情况,还有重要原因。那就是,由于村庄缺乏类似于舞厅、保龄球场、餐厅、咖啡馆等商业化空间,所以,"在公共生活日益萎缩的情况下,村民们只好待在家里打发越来越多的空闲时间"。①

近些年来,在老鼠嘴村,村民们主要的公共生活也是屈指可数的,有以下三个方面。

第一是村委会选举。这是村民们的民主政治活动,是他们参与政治、行使权利的机会。

第二是村庄的修路活动。2008年到2013年。老鼠嘴村总共修了三条道路,第一条道路是于2008年5月中旬开始动工并于11月初完工,自东向西横向贯穿整个村庄中间,我们可暂且将它称为"横1路"。② 这条道路把老鼠嘴村与东边的隔壁村SCG村连接起来,右边则与围绕老鼠嘴村的乡间公路接壤。很明显,这条道路的建成大大地有利于村民们的经济活动和社会生活。第二条和第三条道路则是从北到南纵向贯穿整个村庄

---

① ［美］阎云翔:《私人生活的变革:一个中国村庄里的爱情、家庭与亲密关系（1949—1999）》,龚小夏译,上海书店出版社2006年版,第42页。

② 与城市不同的是,在村庄里道路却是一种没有合法的名称,在本文这里只是一种暂时的称谓。

的道路，暂且分别称之为"纵2路"和"纵3路"。"纵2路"是2014年4月初开始动土，现在只是用沙土建成基本的道路形状而并没有浇上水泥，长约18米。由于这条道路比较短，又远离村民主要的生活区，再加之并没有涉及村民的土地问题，所以它的修建未引起村民们的强烈反对。而在2014年4月中旬开工修建的"纵3路"却引起了许多村民的激烈反对，目前此路还在修建当中。[①] 我们将在后面谈及。

第三是修建寺庙教堂。宗教活动在新中国成立前较盛，新中国成立后，各地寺庙被强拆或移作他用，宗教活动停止。但自改革开放以来，伴随着国家权力从农村基层社会当中撤退以及国家对自由宗教信仰政策的恢复，个人宗教信仰自由得到了切实保障，而宗教活动逐渐在农村中复兴和活跃起来，其中尤其以基督教的发展最令人瞩目。据不完全统计，在老鼠嘴村至少有47户家庭是信奉基督教的。以前教徒们要到邻村基督教堂去做礼拜。2009年，村民们在小树林选取了一块空地建了基督教教堂。除了做礼拜，他们还会在某些特殊日子（如节日）聚集在一起，烧几桌好菜，一起热闹热闹。教堂为这些村民的聚会提供了固定的活动场所，增强了他们的情感认同和凝聚力。

调研图片：

图3—17 调研组倾听村落发展史

[①] 村干部们原来只是想修建一条纵向道路，后来又决定把这一"纵3路"改建成一条环村路，村干部们决定的这种变化也是引起村民激烈反对的原因之一。

图 3—18　调研组采访中

图 3—19　调研组与村民座谈

※新坊村

新坊村隶属于浙江温州瑞安塘下镇,是一个工业发达的小康村。

瑞安市概况

瑞安是一个县级市，风景秀丽、交通便利、通讯快捷、商贸活跃；瑞安是温州大都市南翼中心，是浙江南部重要的工贸港口城市，是中国百强县（市），是东南沿海黄金走廊中经济最发达的地区之一。瑞安市场经济起步早、发展快，是中国最具影响力的私营企业发源地，曾以"小商品、大市场"闻名全国，是"温州模式"的主要发祥地。2013年，瑞安市列中国最具投资潜力中小城市的第31位。"瑞安是浙江省重要的现代工贸城市、历史文化名城和温州大都市区核心区重要组成部分，陆域面积1349平方公里，海域面积3037平方公里，下辖9镇12街2乡，户籍人口123万人（外来人口近78万，常住人口142.5万）。2015年，全市实现生产总值720.51亿元；城镇居民人均可支配收入46949元，农村居民人均可支配收入23671元，年增长分别为8.7%和9.2%，获得了全国工业百强县（市）。"[①]

瑞安有着悠久灿烂的历史。古为瓯越之地，春秋战国时，先后属越和楚。唐天复二年（902）为瑞安县。1987年撤县设市，归温州市管辖，是国务院1988年批准的沿海经济开放区。瑞安的近代工业发展较早，改革开放为瑞安腾飞创造了历史发展机遇，有机械、化工、制药、纺织、皮革、塑料、陶瓷、食品、电器仪表、五金工具等行业。多种经济成分并存，有乡镇企业1500多家、联合体企业3100多家，家庭工业近3万户。

瑞安城市化进程快速，美丽乡村建设卓有成效。城市人口突破百万（103万人），城市建成区面积朝100平方公里迈进（83.9平方公里，城市化率达67%），综合实力稳居全国百强县上游（2015年中国竞争力百强县居第12位）；入选浙江省首批美丽县城试点城市，先后获得省级园林城市等25张城市名片。近年来实施"五水共治""三改一拆""美丽乡村建设"等组合拳，创成省级以上生态镇街15个，飞云江水质在全省八大水系中名列前茅，打造了"温州一家人"等一批美丽乡村精品线和精品村。产城联动平台大，提速建设四大城市新区，依托山水脉络规划打

[①] 瑞安网，http://www.66ruian.com/ragk/jj.shtml。

造三大城市亮点区块，以城市平台培育产业生态圈。全面推进八大产业集聚区建设，瑞安经济开发区向国家级开发区迈进。[①]

瑞安市的汽摩配行业，起步于20世纪70年代初期，已经形成了国内外知名的汽摩配产销基地，培育了一批具有战略眼光和开拓精神的优秀企业家，涌现了一批上规模、上档次的龙头骨干企业和企业集团，如瑞明集团、胜华波集团、超阳集团、南洋集团等，产业集聚效应大，塘下汽摩配城闻名全国。2003年10月，中国机械工业联合会授予瑞安市"中国汽摩配之都"称号。2015年，瑞安市"汽摩配产业列入首批省新型工业化产业示范基地、创成国家火炬特色产业基地，被评为全国工业百强县。2016年，瑞安以汽摩配等四大主导产业为引领，深化资源要素市场化配置改革，定向扶持一批领军企业、小巨人企业，同时通过淘汰一批落后产能，倒逼企业转型升级"。[②]

塘下镇概况

塘下镇位于瑞安东部沿海，镇域面积83平方公里，是瑞安第一大镇，常住人口33.5万人，辖89个行政村，是瑞安经济实力最强的镇，也是全国汽摩配产业的重要基地。2011年列入浙江省27个中心镇小城市培育试点之一，享受县级权利，实行强镇扩权。集市贸易发展迅猛，是温州市30个经济强镇之一。

塘下镇人文历史悠久，自古人才辈出，文风鼎盛。先公陈傅良自成一家，开永嘉学派之先声，建有陈傅良纪念馆。改革开放给塘下镇带来了勃勃生机，塘下人民率先发展市场经济，尝试股份合作经营，独特的区域经济模式蜚声海内外，基本确立了以汽摩配制造业、塑料制品业、金属制品业、普通机械制造业和针纺品业等五大支柱行业为主导的制造业体系。2014年，塘下镇在中国中小城市综合实力百强县市中排名第42位。

近年来，塘下镇主导行业汽摩配，从无到有，从小到大，出现了一

---

① 瑞安网，http://www.66ruian.com/ragk/jj.shtml。
② 郭乐燕：《瑞安以汽摩配等主导产业为引领，扶优汰劣转型升级》，《温州日报》2016年3月26日。

批龙头企业，产品研发能力、产品质量档次、售后服务水平和企业文化建设，都有了长足的发展。针对在以往工业园区布局"小、乱、散"问题，塘下镇建设了一个占地面积达3.8万亩的"国际汽摩配产业园区"，取消了一批小而散的园区，把分散的企业集聚到新建的产业园区来，在工业园区积极推动强强联合，优化资源配置，培育一批主业突出、核心竞争力强、拥有自主知识产权的大型企业。目前，"塘下汽摩配产业基地的产品几乎涵盖了汽车、摩托车上所有机械零部件，目前拥有中国名牌产品4个，国家免检产品5个，获得浙江省汽摩配专业商标品牌基地、浙江省汽摩配产业基地等称号，并建成浙江省汽摩配产品质量检测中心"。[1]

塘下镇不断加快城市建设步伐。"塘下新区要以小城市培育为载体，以塘下新区和汽摩配主平台联动建设为重点，完善生产生活配套，强化南北联通，对接高端要素，加快打造温瑞对接的桥头堡。塘下汽摩配产业基地是瑞安汽摩配产业集聚发展的主平台，分北工业园区和东工业园区两大集聚区，总规划面积20.72平方公里。据了解，北工业园区自2001年建设以来，已有285家企业入园，其中已投产企业251家，东工业园区规划范围内现有已投产企业35家。建区以来，产业基地累计完成基础设施投入约25亿元，先后建成道路、供水、供电、通信、排污、防洪等基础设施配套项目。"[2] 2006年正式启动了塘下中心区开发建设，中心区布局结构为"一核二轴五片"，提升了城市化建设水平。塘下全民健身中心是温州市最大的健身场馆，占地面积约8.5万平方米，提高了塘下的小城市基础设施建设水平。

新坊村概况及城市化进程

（一）地理区位

新坊村是浙江省塘下镇所辖的一个行政村。

新坊村坐落在塘下镇规划中心区内，距塘下镇区2.5公里、瑞安市区11.5公里、温州市区28.5公里，东临东海、西靠104国道、北接温州机

---

[1] 《2016年，塘下有哪些"大动作"？》，《瑞安日报》2016年1月13日。
[2] 同上。

场和金丽温铁路,交通十分便利。新坊村南面的新坊大河与温瑞塘河相通,为平原水网地区,村内小河纵横。乾道二年(1166年),水漫温州,少有幸存者。大水退去,从福建迁入大量移民,其中以陈氏居多,他们以此地为家,定居下来,田连阡陌,子孙昌盛,形成村落。"新坊"就是"新的地方"或"新的房子"之意。

截至2012年,新坊村全村470户,户籍居民2078人,外来人口7000多人,44名村民代表,63名党员;地处塘下镇中心区,区域优势明显、极具发展潜力。村里大小企业300余家,年产值10多亿元,是远近闻名的汽摩配生产专业村。1997年获"温州市小康百强村";2001年度获"温州市农业和农村现代化示范村",2007年被评为省级"全面小康示范村"。据瑞安市统计局的资料显示,新坊村经济实力排名在全市前十名,从1997年起,多次被评为"瑞安市十大经济强村"之一。1999年度排名曾一度上升为第4名,后又有所下降。2002年以后,由于受多种原因的影响,瑞安市的村级经济实力排名不再进行。

图3—20 新坊村位置图

图3—21 新坊村荣誉墙

(二) 历史沿革

1949年5月10日,瑞安解放。解放时,新坊村的耕地有564亩,人口900多人。从1950年底,新坊村进行了土地改革。村里把所有的农田收归国家所有,将它们分成平均的份额再分配给各户和个人,分田的对象是农业人口,而乡村教师、小商贩和自由职业的非农业户口无田可分,后有了政策成为"居民户"。这一时期,村民被禁止从事工商业,人多地少,生活贫困。1954年,瑞安县委组织农民办互助组,新坊村里的大多数农民也自愿参加。1956年,温州工商业冲破各种阻力,在政策夹缝中求生存,新坊村的个体手工业者则是"亲戚带亲戚",不断增多,一度较红火,但人民公社一开始,家庭手工业和商业像秋风扫落叶一样,很快凋零。1958年成立人民公社。1959年下半年到1960年,这是新坊村最困难的时期。全村搞了两个食堂,后来断粮了。1966年到1976年,新坊村也进行着"文化大革命"。当时,所有的民间仪式、宗祠都被列入"四旧"加以批判,村里的祭祀活动被禁,连结婚摆酒都认定是违法的,不少家族内部的族谱被烧。"文化大革命"中后期,因一些国营企业停产,市场商品短缺,由于人多地少,许多村民没有出路,有些人就上山采石,有的则出去放养蜜蜂。20世纪70年代末80年代初,政策宽松,村里办起了集体企业,有弹簧厂、五金厂、雕刻厂等,年轻人与困难户都可安排进去做工,他们不辞辛劳地跑起了供销,向全国推销本村的产品。同时,家庭作坊式工业和个体商业也开始复苏,村里一批有闯劲有胆量的年轻人开始走南闯北。

改革开放后,村生产队解散,新坊村以塑料编织带、机械等业为主要产品的家庭工业崛起,后逐步形成以股份合作经济为主体的乡镇工业群体,成为著名的"温州模式"的发祥地。村民纷纷办起家庭工厂,村办集体企业开始难以生存。政策宽松起来后,劳动力从土地上解放出来,村里出现供销大军,家庭手工业和专业市场很快就唱起了主角,村里工业得到极大的发展,汽摩配行业成为主导产业。

(三) 村落的非农经济和工业化

从新中国成立一直到20世纪70年代,新坊村村民的主业是种水稻,没有别的经济作物。村里的主要资源是石头,产于凤凰山,是搞建筑、打地基的好材料。由于人多地少,不少人就常年在山上采石头为生,或出去放养蜜蜂。村里有水田320亩,凤凰山边有几亩小块的旱地,没有果园、林地、草场和荒地,土地利用率极高。随着经济的发展、人口的增长,村民房子越盖越多,加上修路、工业区建设,20世纪80年代中期人均耕地急剧下降,已不到2分了。现在土地全部被征用。

联产承包责任制推行后,新坊村剩余劳动力迅速向非农经济转移,大量地选择自己办厂或出去跑供销做生意。村落的产业结构发生了根本的改变,农业已经不是一种产业而降至副业的地位。农业成了一个包袱,大多村民不愿意种田,农户种粮卖粮完成定购任务的,村里还得给补贴,后来这些补贴也没多大用处了,农户承包的土地或转让出租,或粗放经营,或任其荒芜。20世纪80年代,该村有个叫王金连的农民,承包了村里的土地,成为种粮大户,被评为全国劳动模范。到2003年,由于土地被征用,他已无田可种。对于村里的其他农民来说,通过升学、外出务工、办厂、做生意等,居住在城市,户口本上登记的依然是农民,但已无土地,也不再务农,农民身份发生了转变。村里的农业人口不断转变为非农业人口,向城市集聚,农民的小农意识、生活方式悄然消失,原本熟悉的农业生活图景被消解,生产生活方式发生了转变。

在传统的乡村生活中,农民的工作主要是农业的生产活动。在没有农业机械化的条件下，农民的工作方式主要是自主性的个人劳动，劳动时间、劳动强度、劳动的精细程度都由个人决定。虽然在人民公社时期，劳动时间和劳动内容由生产队统一安排，但是在劳动技能、劳动强度和劳动的质量上基本仍然是由劳动者自己掌握。乡村劳动虽然简单，但也比较舒服、自由和快乐。随着家庭工业的兴起，为了顾客而生产，统一的标准，严格的质量要求，严格的时间要求，都给进城的乡村农民工人造成了很大的压力。特别是随着家庭工业向现代化的企业转变，这样的规范、制度和管理更加严格，技术要求也越来越高。使得农民开始经历从轻松舒适的农业耕作向紧张繁忙的工业操作的痛苦的嬗变。

早期温州家庭工业产品质量低，这固然与企业主的偷工减料有关，但相当重要的原因之一还是洗掉泥巴走进工厂的农民不能适应工业生产要求引起的。紧张的工作、严格的管理、规范化的技术标准，这些都使得他们非常痛苦且无奈。于是把农业耕作中的不讲质量、不顾标准等习惯带到工厂生产中来了。我们在访谈中发现，当时的确有一些年纪较大农民觉得要经历一个从生理到心理的痛苦的转变。在学习技术和生产中，没少挨骂受训，经历了艰难的学习过程。为了掌握过硬的技术，不得不刻苦钻研，不得不苦练本领。同时还不得不习惯工厂严格的纪律和遵守严格的制度。农民散漫的工作习惯在这里经过韦伯式的规范化约束，开始形成现代工业所要求的工作方式。这样的工作方式随着温州市鹿城区工业技术的进步和现代化的发展，已经越来越改变着人们的劳动方式。个人孤立的生产让位于适应社会需求的相互配合的社会化生产。

改革开放以来，汽车摩托车配件业由小到大，成为塘下镇的支柱产业，培育了一批优秀企业集团和民营企业家，目前在全国、甚至在国际上已有较大的影响力。

新坊村是塘下镇最早从事汽摩配生产的村落之一。村里的村办工业起步较早，20世纪60年代末，小五金、小农机厂就在体制的夹缝中顽强地生长起来，主要生产汽摩配件。为什么当初会选择汽摩配件这个行业呢？调查中，我们听到这样一个说法：有个上海知青下放到新坊村来，他父亲原本就是新坊人，村民对他很好，后来根据政策精神，他回城了，供职于上海的一个汽车配件厂，汽车配件需求量大，供不应求，他就带了一些汽车配件的样品，到村里来寻找合作，当然也是为了报答乡亲们。

他也知道村里办有五金厂,技术质量都不错。后来慢慢大家跟着做,逐渐地就发展成为有名的"汽配王国"了。

村里建有南北两个工业区,是浙南地区最大汽车配件生产基地,村里名企大量入驻。创建于1986年的浙江胜华波汽车电器有限公司,占地面积16万平方米,员工2400人。主要生产汽车电动刮水器总成(目前为中国最大的生产厂家)、汽车座椅电机及各类汽车电器等。2008年,虽受金融危机影响,出口增幅仍为温州市20强,获国家科技部火炬技术产业开发中心颁发的"国家火炬计划重点高新技术企业"奖,获ISO/TS 16949:2002认证,并荣获国家质量监督检验检疫总局的"产品质量国家免检"。目前,公司资产总额10亿元。这是一家国家高新技术企业,也是中国汽摩配之都功勋企业、浙江省最具成长型中型企业、温州百强企业。

图3—22 进驻村工业区的企业

由于厂子多,地方小,厂房用地有限,工业区面积不可能再扩张,工业发展受到限制。规模企业都寻求向外扩张,胜华波集团在外地购地建新厂,王上胜董事长会同其他老乡在沈阳办了汽摩配市场,赚了数亿元,不过总部还留在新坊工业区,南洋集团等本地较大企业都外迁到塘下镇其他新开发的工业区如罗凤村工业区。村里以制造、加工汽摩配为主的家庭作坊形式的小企业数量也有所增长。2006年,村集体为满足本地人们的类似家庭小企业的厂房需求,投入500多万元建临时标准厂房100间出租给村里要办厂的人家。共有2000多平方米的厂房（基本上都属于未审批建筑，与承租人签订相关免责合同），厂房的结构一般为三层楼式，每层约60平方米，一般一户2间，基本上都是三合一（吃、住、干），租金收入主要用于村集体开销。

从20世纪90年代中期开始，乡村工业已经开始摆脱家庭工业的生产方式并逐步走向现代化生产方式。当然，目前村里还有一些铜材、印刷等规模不大的家族制企业，家庭作坊式小厂分布在全村各家各户。据统计，村中有300家从事汽摩配等加工制造企业，其他村民主要从事餐饮等第三产业，条件差的就给村里办厂的人家打工。据调查统计：2000年村民年人均收入是13700元，2001年为14800元，2002年为15800元，这个数字是税后的纯收入，是从400多户居民中调查取样后算出来的，在当时就是富裕村了。2014年，浙江农村居民人均纯收入19400元，增长10.8%。2015年，农村居民人均纯收入预期增长为8%。其实，现在村里的年人均收入早就超过25000元。当然，要准确统计人均收入本身也是比较困难的。村会计说，最近几年的有些数据统计主要参照村中几个主要企业的员工年均收入，每年上报时都会有所保留，这些数字仅供参考。

（四）村落的市场化

温州是我国改革开放的先行军，市场经济的先发地区。塘下镇的集市贸易发达，有占地百亩的汽摩配城，大大小小市场十多个。村里外来人口已超过10000人，但村里登记在册的是5000多人，主要是全国各地的打工者。村里有不少拉黄包车的，大都是外地来打工的，江西、安徽、福建人比较多。外来人口多，流动性大，治安成了村里的一个问题。于是，村里成立了联防队，夜间加强巡逻，对流动人口管理加强后，村里偷盗事件就少了，村民与外来人口基本相安无事。外来人口聚集为村里发展第三产业提供了契机。不办厂的村民就在家开起了餐馆、商店、书店、诊所、台球娱乐室等。街头摆摊的很多，菜场从早到晚都有人，买卖十分兴隆，几个大厂附近往往形成一个自发的小型集市。新坊村内有一菜市场，品种较齐全，这个市场由村老人协会负责管理，收取一定的管理费作为老人协会的活动经费。

(五) 小城镇建设

为了工业发展，村里土地从农业用地转变为工业用地。2003年，因塘下中心区建设，一次性就征地216.8亩，当时给村集体返回了34亩，由村里规划使用。

改革开放后，新坊村城市化进程加速。村里的交通便利，道路四通八达。村里有八条主干道。路的名字很有意思：就是在"繁荣昌盛""川颖富强"后面加上一个"新"字，如繁新路、荣新路等。其中繁新路横贯东西，是村里最长最宽的路，有800米长，它直通塘下集镇，衔接104国道。沿街两侧大楼的墙上悬挂各式宣传标语，最多的是广告，商业气息十分浓郁。沿村街道全部是"顶天立地"的五层砖混结构的楼房，一楼通常为店面，楼上住人。村里建有水厂：以前村民长期饮用河水，但近几年来，大量工业废水排入河道，河水污染较严重，村里筹资兴建了自来水厂，主要开采地下水，供水管网遍布全村，自来水的普及率达100%，全村日用水量超过400吨以上。但如遇到连续干旱，水厂就会停水。有一年连续50多天不下雨，水厂抽不上水。村两委决定，雇车到水库拉水，无偿供应给村民作饮用水，每天需花费上千元。工业区的大厂用水就只能自己想办法解决了。

图3—23 原新坊村农田，现为塘下中心区

村里的通信发达，电话普及率高。因业务联系需要，有不少人家装有多部固定电话，中青年人中间手机普及了。全村推广使用液化气，大大减少了燃煤的污染。村里注重绿化，在市园林局的帮助下，近几年村里统一规划、投资，在主干道两边种上行道树，在河边种上柳树，在农户的屋前屋后种上白玉兰、桂花，清风徐徐，树影婆娑，别有一番风味，只是家家户户不时传出机器的轰鸣，村庄的噪声较大，有些煞风景。

2011年以来，为大力推进城市化、新农村建设，打造温南瑞北宜居宜业小城市，瑞安塘下镇加快推进农房改造安置留地建设。这一举指旨在提升塘下小城市品位，是促进老百姓"安居乐业"的惠民工程。新坊村安置留地建设实施方案，取得村民100%的满意度，成为塘下镇的典型榜样。仅限本村村民购买安置留地的房子，收回的资金每个村民都有份分到，届时落成的商品房10%的商铺，其经济收入归村集体经济所有，既保证了本村村民利益，也让安置留地建设更规范。新坊村这一做法，得到全体村民一致赞同。

新坊村现有470户村民，安置留地有20多亩用于农房建设，可利用的建筑面积在2800万平方米左右。为推进安置留地建设更加规范、公平，全村集中精力想对策，专门成立安置留地建设项目指挥部，成员来自群众、党员以及老协代表总共13人。2012年6月，村里推出安置留地建设的184套房子全部由本村村民认购。一套房子面积为140平方米，评估后以均价每平方米5000元的楼面价卖给村民，每套房楼面价在70万元左右。184套房子，让新坊村村集体的经济收入总计达1.288亿元，村民认购后还有钱分到手。商铺则归属村集体经济所有。这里村民自建的房屋几乎都是"顶天立地"式的，这种民居模式占地又占天，产权明晰，又独门独院，不易发生上下楼层邻里间的摩擦，一定程度上表明传统的血缘关系淡出了，而与市场经济紧密结合的个人本位主义正在上升。

（六）农民的社会流动

在计划经济时代，广大农民被束缚在土地上，面朝黄土背朝天，听从生产队的安排做农活，按照生产队的分配得到报酬。人们除了干活还是干活，甚至整天都被驱使着干活。人们打交道的就是邻居、生产队的社员，还有亲戚。这时候人们心理封闭，对外界的了解渠道少。在这个时代，由于对外交往少，外部信息闭塞，人们的心理是保守的。安于现状、循规蹈矩是人们普遍的想法。

改革开放初期，一些人大胆地搞工业品加工，搞家庭工业，大多数人开始时观望、等待，等到看见别人富裕起来了，政府也没有采取过去割资本主义尾巴那样的行动，人们开始向那些第一个吃螃蟹的人学习，也开始搞家庭工业。搞工业要面向市场，要根据市场供需情况来生产，要到各地去寻找客户。这样，人们的心理开始逐步从封闭保守的心理转向了开放进取的心理。刚刚开始出去的时候，由于普通话说不好，文化知识也比较缺乏，仍然有一种畏惧心理。不过市场的力量确实巨大，竞争的需要把他们的心理改变了。到20世纪80年代中后期，许多温州人就开始走出温州，走向全国。这说明在改革开放之前，温州农民还是处于传统的村社农民的心理状态。随着改革开放的发展，温州经济社会的进步，这样的心理状态就发生了根本的变化。在我们调查的家庭中，有家人在外地经商的占58%，有87%的人曾经到外地工作或者旅游过，有56%的中老年人学会了说普通话。92%的人认为现在的城市生活比过去的农村生活好，能够了解信息，有更大的社会交往圈，知道的事情也更多了，心理上的需求也更容易满足。

市场经济的开放性，使温州农民离土离乡，足迹遍及全国乃至世界各地，聚族而居这一宗族存在的地缘格局基础受到不同程度的破坏。市场经济的竞争性和效益性，激发了温州农民的强烈的利益冲动，他们精明强干、精打细算、随机应变，自我意识极强，致力于通过自身的努力来改善自身生存和社会生活条件，较少地依赖于政府和行政长官，而较多强调个人的奋斗与社会个体间的协作，自寻致富门路、自主经营、自担风险，从而使他们的社会流动增加，不再仅仅停留在农村这片熟悉的土地上。

20世纪80年代后，村民通过各种途径举家迁到城里。目前，村里大概有1/3的村民都在城里（塘下镇、瑞安、温州）或外地（杭州、上海）购房，除部分投资外，很多村民买房是考虑下一代人的发展，去上海、北京购房的人也不少，也都知道入了这些城市的户籍，高考很有优势。

新坊村在新中国成立以来的变迁和发展，是温州乡村社会生长、村落运作机制、工业化、市场化、城市化因素积累、扩展以及乡村与城市互动的真实描述，我们希望通过这些村落的实证调查研究，能够凸显浙江乡村社会在60年的发展历程，使人们更加直观形象地看出浙江乡村工业化、市场化和城市化发展的真实历史。

（七）农民的文化生活和社会保障

随着生产力水平的提高和社会的进步，"天增岁月人增寿"是人们的普遍心愿，农民越来越追求生命的延续和健康的体魄。2013年，村里建起了文化礼堂，面积500多平方米，共两层，包括春泥计划图书室、书法室、健身房等。经常有孩子们来看书，有老人来聊天、练书法。村里还建有篮球场、市图书馆分馆等。图书馆分馆面积200多平方米，有图书1万多册，可以与温州市图书馆联网互借互还。村民文化活动丰富多彩，几乎每个月都有活动，村民参与的积极性很高。2014年3月，村党支部开展红色细胞工程试点工作。全村共划分为21个邻里互助会，每个邻里互助会设1名党员邻长。邻长姓名、联系电话、户数以及分管各事项的成员姓名等信息均写在红色邻里互助会联系卡上，分发到每家每户；医生、律师、教师们等组成党员志愿服务队，帮助解决邻里问题。村民有难题可直接拨打卡片上的电话找邻长或成员帮忙。这一举措密切了干群关系，架起了群众与党员之间的连心桥。

村里建有老人公寓，占地面积20多亩，规模格局很像城里的住宅小区，有假山、荷花池、图书室（藏书8000册）、文化活动中心、室外健身设施一应俱全。11幢五层楼房，有300多套，每套80平方米。以前规定村民55岁就可以入住，后来因房子有空余，53岁的人也可以入住。总之谁年纪大就安排谁，不用争抢，一路轮下来，总能轮得到。公寓后边还有两块空地，还可以做房子。每套住房给一对老人，收房款3.5万元，当然，这连建房成本也不够，地价不算，主要是村集体补贴。住顶楼的收费更少，为的是照顾困难户。住户的水电等费用自理。60岁以上的失地老人，如果办了失地保险，每人每月可领取230—330元不等的现金，日子过得还是比较舒畅的。村里有2个五保户，都已安排在镇敬老院。每年村委会要给一些补助，过年过节也会有一些慰问金。

值得一提的是，农民的社会保险意识逐渐增强。2003年时，村里土地被大面积征用，用于塘下中心区建设。当时，瑞安市社保局推出针对失地农民的失地保险，根据参保对象的不同年龄分成几个等级。未到60岁的分别交18000元、28000元、38000元，到60岁后每月可分别领取230元、280元、330元。参保过程很戏剧化，最初推行失地保险业务时，由保险机构多次下乡发动村民参保，社保局局长亲自到村里来动员，有村民说是骗人的，因为以前商业保险在村里推行得很不好，给人留下的印象也不好，所以失地保险也受到了影响。每一批参保的只有17人。有个60岁的参保对象第二个月就按规定顺利拿到了保险金，有钱领了，最低也有230元，这点钱在村里一般够老人消费，这时参与的人才开始多了起来，总计参保的人数有132人。这个保险停办后，不少村民又意识到它的重要性，很多人提出要参保，2007—2008年，村长和村会计为此事经常去塘下找分管社会保险的领导，因为村里想保而未保的村民还有100多人。

在村里，农民的新农村合作医疗参保率是100%，所有要交的钱都是村里出的。如在2008年，村集体为村民买保险花了97400元，每个人50元，由村里统一缴纳。村民得了重病，以前是补3000元，现在可以补贴1万元，一般到塘下镇医院就诊。有卡的，在指定医疗机构刷卡时直接打折；无卡的，则拿发票凭据等去财务部门报销，报销可就近到鲍田医院去，比较方便。新坊村里有4家私人开的小诊所，主要服务对象是外来民工。村民得了小病也会到诊所里自费买点药吃，主要是图个方便。

部分调研图片：

图3—24　调研人员与村干部合影

图 3—25　大学生调研队整装待发

图 3—26　调研员入村做问卷

图 3—27　调研员汇总调研材料

※星光村

椒江区概况

椒江，位于浙江沿海中部台州湾入口处，总面积 343.58 平方公里，境内以沿海海积平原为主，占土地总面积 65%，平原上间布小山陆屿，山在城中，树木葱茏，融自然人文景观于一体，孕育出独特的城市风貌。椒江贯城而过，形成天然良港，沿海滩涂漫漫，海域辽阔，海洋自然资源富饶。[①] 旧时，"椒江"称作"海门"，1949 年 6 月海门解放，1981 年建市，为浙江省第一个县级市。1994 年 8 月，国务院批准台州撤地设市，行政中心移设椒江，椒江撤市设区，成为台州市中心城区，市委、市政府驻地。椒江区下辖 8 个街道，1 个海岛镇，1 个农场和 1 个渔业总公司。[②]

椒江人文历史悠久，新石器时期就有古人类居住。明嘉靖（1522—1566）年间，连年倭寇入侵，参将戚继光率戚家军数次驰援，驻守海门，

---

① 《椒江简介》，http://www.jj.gov.cn/jjgl/jjjj/.
② 《椒江自然地理》，http://www.jj.gov.cn/jjgl/lsyg/.

终于荡平倭寇。坐落东山西麓的"戚继光庙"是全国著名的抗倭纪念古建筑遗存之一，也是椒江最具历史人文教育意义的古迹。① 椒江自古以来就有开埠通商的历史，商业气息浓厚。实行家庭联产承包责任制后，农村劳动力开始大规模地转移和分流，乡镇企业异军突起，走出了一条以股份合作为主要特色的区域经济发展的路子。20世纪80年代初，乡镇企业就占据了椒江经济的半壁江山。到1991年，椒江区乡镇企业达到1万多家。② 到1992年，乡镇企业工业总产值达到18.3亿元，1993年达到34.63亿元，1994年实现乡镇工业产值75.9亿元，比上年又增加119%，占全区工业总产值的50%，成为国民经济的重要支柱。1988年3月，国务院批准椒江为沿海经济开放区，椒江经济也开始迅速向外向型经济转型。③

"十二五"时期，台州城市化水平从55.5%提高到60.3%。早在2010年，椒江建成区城市化水平已达62%。副中心城市、县域中心城市、小城市和中心镇加快培育，4个中心镇成为省级小城市试点。"百千"工程成效明显，整治4143个建制村，建成94个美丽乡村精品村，3个村入选"中国最美村镇"，解决96.4万农村人口饮水安全，培训25.7万农民。④ 自台州撤地建市以来，作为主城区重要组成部分的椒江区位优势更加突出。"十二五"时期，椒江以新型城市化为主题，以转型升级为主线，切实转变城市发展模式，完善功能，强化管理，打造特色，提高品位，深入实施"东扩南进、西延改中、跨江发展"战略，优化城市发展空间，形成"一心三轴，四廊六片"的网络化组团结构。椒江围绕"台州市中心城市主城区"的城市定位，按照建设生态宜居家园的要求，推进区域生态保护和生态建设；加快推进重点区块开发，加快推进旧城改造，城中村的改造以改善居民生活环境、提升城市形象品位为着力点；日益成为布局合理、功能完备、特色鲜明、内涵丰富、生态宜居的现代化城市，打造"一都三城"的排头兵，提升城市能级，提高城市管理水

---

① 台州市椒江区志编纂委员会编：《椒江市志》，中华书局2001年版，第1—4页。
② 同上书，第11—13页。
③ 《台州市椒江区2013年国民经济和社会发展统计公报》，《台州日报》2014年3月13日。
④ 张兵：《政府工作报告》，《台州日报》2016年3月7日。

平，全面推进都市区建设，打造"现代化港湾都市区"，向区域性中心城市阔步迈进。

葭沚街道

葭沚，这个名词一看就感觉有《诗经》的"味道"，既雅又宜，给人一种亲切而又向往的感觉。"葭"是水边的芦苇。因葭沚处于江边，由椒江冲积而成，又因江边地势较低并长满芦苇，故取名"葭沚"。葭沚街道是1992年由葭沚镇和栅浦乡合并而成，"区域面积46.7平方公里，下辖39个行政村，3个实业总公司，7个社区居委会，总人口6.74万人。葭沚历史悠久，交通便捷，早在明清年间已是商贾云集、人文荟萃、农渔商并兴的浙中沿海名镇。光绪二十年（1894）开埠通商，发展成为商埠"[①]。

葭沚属沿海、沿江平原地区，海积平原占总面积的80%，农业以水稻种植为主，渔业以出海捕捞为主。海上、内河、公路交通均便捷。2012年，乡镇企业达到2008家，从业人员33840人。20世纪90年代，村办工业产值超亿元的有星明、永宁、富强3个村。特别是星明村工业产值高达2.59亿元，成为台州工业第一村。工业产值在5000万元—1亿元的有五洲、三山、星光3个村，产值在1000万—5000万元的有8个村。[②]

葭沚街道有一个独特的建制，就是椒江之畔的椒江渔业总公司，系渔业生产的基层政权建制，渔民全部为水上户口，分散居住在海门街道和葭沚镇，无固定行政区域和种植耕地。解放初期，渔船均系小型木帆船，以橹为动力，限于近海作业。20世纪70年代以后，逐步开始由机动铁壳渔轮代替木帆船，由近海作业进入公海远洋作业。渔业公司以管理捕鱼为主，兼营海上运输，还兴办有渔机修配厂、塑料厂、水产加工厂、食品罐头厂、胶带厂、印刷厂等企业。

改革开放以来，葭沚街道形成了化学制品及医药制造业、设备制造业、水产、食品加工业、纺织服装、鞋制造业、商品混凝土行业等五大支柱产业，2010年该街道67家规模以上工业企业产值56亿元，同比增

---

① 《葭沚街道》，http://baike.baidu.com/view/970511.htm?fr=aladdin。
② 台州市地方志编纂委员会编：《台州会要》，中华书局2000年版，第377页。

长31.9%。自营出口2.8亿美元,高新技术产业总产值36亿元。"2012年该街道实现财政总收入8.9亿元,同比增长12%;地方财政收入4.68亿元,同比增长11%,财政总收入、地方财政收入总量均保持全区第一"。① 产业升级步伐加快,外向型经济持续增长,全面推进环境整治和生态保护。

葭沚街道是椒江区城市化推进的主战场,是建设品质港城的主阵地,承载着大量重点建设项目,集中了商贸、住宅、教育、物流等重要资源。目前,葭沚街道正在着力打造4个基地:物流配送基地、文化教育基地、旅游商贸基地、人居休闲基地等,按照"创业在葭沚、居住在葭沚、学习在葭沚、休闲在葭沚"的新思路,把葭沚建设成为集学习、居住、休闲、创业几大城市功能于一体的现代化主城区街道。

星光村概况及城市化进程

星光村是浙江省台州市椒江区葭沚街道下辖的一个近郊村。

(一) 历史沿革

从历史上来说,星光村有着悠久的历史,但是从建制上来说,星光村只有几十年。以前并没有星光村,从地域上是属于星明村的。解放前,村里的土地非常集中,大部分为大地主黄楚卿所有,随着土地改革运动的开展,村里的大地主被打倒,村民都分到了土地,但人均土地只有8分左右,生活贫困。1956年,因为村领导内部出现矛盾,就把星明村分成了2个村,以葭沚中街为界限,东边是星明村,西边是星光村。分开的时候星光村大概是1400多人。1958年10月,村里办起了食堂。农业种植主要是以水稻和棉花为主,但是跟其他村不同的是,星光村除了农业队之外,还成了一个副业队,副业的种类有很多,如砖瓦厂、海洋运输队、渔具制造、造船、修船等,星光村的经济状况得到改善。有了这样的经济条件,星光村在三年自然灾害期间并没有受到很大的影响,反而还把余粮借给周围的村庄,以解其燃眉之急。村里老书记说:"其他很

---

① 《葭沚街道经济工作表彰会举行》,http://www.jjnews.gov.cn/News/2013/129185.shtml。

多地方在（19）58年大跃进的时候存在饿死现象。我们这边还比较好，没有受到什么影响。到1982年的时候，国家仓库储粮120万斤，大队里面差不多还有80万斤的粮食。当时捕鱼收获也是非常大的，我们村出三四十个人和浦西、海岸那边专业捕鱼公司合作，组成上百人的团队到东海去捕抓（鱼）。"

　　人民公社时期，葭沚地区出了全国闻名的"七仙女"。当时有7个女青年组织了一个青年队，都是农业干活能手。1957年她们种出了一株巨大的棉花，有两人多高，引起了巨大的轰动。1958年，她们还受到了国务院表彰，获得了周恩来总理签字的国务院奖状，但是奖状已在数次变迁中遗失了。"文化大革命"期间，葭沚和海门的造反派发生了武斗，甚至动用了枪炮。1974年年底，星光村分成了两个村：星光村和五洲村。实行家庭联产承包责任制以后，土地分到了农户手中。纯农业户口的既可以分到劳动地，也可以分到口粮地，而副业队的只能分到口粮地。

（二）地理位置

　　星光村位于椒江区西北郊，北边到椒江边，东边到葭中路，西边到椒江大桥，南边到四号路，是一个典型的近郊村。

　　星光村由于紧靠82省道和椒江大桥，交通十分便利。星光村东临的葭中路，成为葭沚地区著名的商业街。商铺毗邻，人员密集，热闹非凡，商业气息十分浓郁。在这条街上，银行、邮局、菜市场等生活基础功能设施一应俱全，走在街上会让人恍若走在城中，尤其在早晚上下班高峰期，人流量非常大，摩肩接踵，拥挤异常，车都开不过去。

　　星光村村内还保留着传统村落的时代印记。这里有椒江地区规模最大的老街，这些老街都被周围的现代建筑挡住了，所以走在外面根本想不到里面还别有洞天。老街上井巷密布，多得数不过来，巷子里全都是木结构的老房子，有上百年的历史了，很多房子是当年的有钱人家造的，整体建筑都非常精致，如在江边社区（星光村下属的一个居民点）有一栋老宅，是民国时期的大地主陶祝华的住宅，坐北朝南，有台门，第一进门厅与正厅均为三开间，有楼，东西厢各3间，亦有楼。出东厢房外，另建小屋5间。门厅前为一院，后建东厢房5间，西厢房3间，为民国初年所建。这栋住宅的雕饰部分保存较好，工艺精湛，具有比较高的历史艺术价值。然而其他的老屋往往保存得没有这么好了，虽然老街已经被列为重点保护的文物，但是由于经费不足，很多时候这些老房子无法得到及时的修缮。如今在老街上住的本地年轻人已经不多了，他们都选择到老街外去居住，老房子里住的都是些老年人，还有外来人口，2000年以后，村里的外来人口急剧增加，因为房租便宜，所以他们多租住在这些老房子里，这也为老屋的电力设备增加了巨大的压力。由于老房子年久失修，线路老化，再加上如今电器增多，用电量猛增，导致火灾隐患成了老街最大的威胁，如今老街已经有七八十间房子被烧掉了，所幸都是在白天发生火灾，没有造成人员伤亡。

图 3—28　星光村地理位置

（三）人口变化

截至 2014 年底，星光村现有户籍 1080 户，共有人口 2484 人，户籍人口 1700 人左右，非农户口 255 户，农村户口共 725 户，党员 73 人，60

岁以上的有 323 人。

星光村的人口结构相当复杂。首先，星光村并非原生村落，而是外地迁过来、慢慢聚集起来的移民村。我们在村里考察的时候，发现星光村还是个杂姓村，整个村庄姓氏非常多，人口相对较多的是黄姓、周姓和金姓，而且由于这些姓氏都不是本土的，也无宗族血缘关系，以至于整个村庄里没有一个宗祠。其次，人口流动带来的人口结构变化。城市化的一个典型特征就是人口流动和向城市聚集。"随着限制农村人口流动的政策及城乡关系的逐步放开和松动，以及市场机制被引入农村，致使农村人口的社会流动受利益驱动在不同经济单位之间、产业之间、社区之间全面展开。"[1] 近郊村靠近城市，人口流动比例较远郊村、纯农村要高得多，给村落的人口结构带来很大变化。村里人口的职业分布也比较复杂，农民、居民、渔民混居，办厂的、经商的、打工的都有。

在城市化进程中，村籍人口发生分化。最典型的表现就是户籍上的不同，农业户口的村民和城镇户口的居民共同存在。如随着土地征用，星光村有 255 户、684 人办理了农转非手续成为居民户口；还有 200 余人是主要从事捕鱼、水上运输的"水上户口"，他们没有耕地。人口外流带来村民工作地、居住地的不同。绝大多数村民住在村内，也有一些村民选择住在城区或常年在外地，还有一些村民在村内居住，但在城区或周边区域工作，成为"钟摆族"。流出的人口往往都是中青年，有着较强的就业竞争力和较高素质，老人、妇女、儿童一般留在村内。

在村里人口大量流出的同时，村里也会接纳大量外来流动人口。因土地被征用后的拆迁安置、旧村改造、撤村建居、村庄调整合并等原因，近郊村会形成迁移性社区，包括组合性社区、分散性社区，打破了原有的村或社区的范围和概念。我们调研的许多城郊社区、近郊村，外来人口在数量上均超过村籍人口几倍。如星光村内的 2 个小区，就流入近 6 倍于本村人口的外来流动人口。

---

[1] 卢福营：《群山格局：社会分化视野下的农村社会成员结构》，《学术月刊》2007 年第 11 期。

表3—5　　　　2010年以来星光村外来人口居住证登记情况

名称＼年份	2010	2011	2012	2013	2014
江边小区	317	6716	6939	7435	10055
星洲小区	457	5330	5395	5358	6087
合计（人）	774	12046	12334	12793	16142

这些外来人口大体上有三个来源：一是村里大小企业多，就业机会多。很多外来人口在村里企业打工，租住在本村农户家中；二是流动人口多，商贸机会多。不少外来人口喜欢在人气旺的人口聚集区做点小生意，一般会自己租个店面开个小店，租住就在村里；三是近郊村租住成本相对较低，对外来人口有吸引。近郊村靠近城市，交通便利，房租便宜，有许多在城里工作的外来人口，出于经济成本考虑，喜欢租住在近郊村内。村里的这些外来房租客，与本村居民交往并不多，心理上也是比较疏离的，很难融入当地人的生活圈子。

（四）农地非农化

城市化进程中，土地征用成了近郊村发展过程中的关键词。农地非农化过程常常伴随着巨大的土地增值空间，土地征用亦被很多村庄视为推动自身发展的契机。土地向来是农村经济主要的生产要素之一，在当前的社会发展背景下，土地使用权属及性质的转换往往能带动村庄的整体经济结构调整和转型。

位于城市边缘的近郊村，农地非农化现象突出。近郊村处于城市周边或者是产业聚集地带，土地增值效应明显，土地资源往往成为土地资本。农地非农化具有以下特征。

一是被动的农地非农化。城镇化本质上说是政府主导的社会工程，政府行为在农地非农化过程中始终占据着支配性地位。根据我国的土地管理法，城市土地属于国有，农村土地属于农民集体所有，当地方政府要推进城市化、扩大城市版图的时候，就可以通过城市规划，将农民集体所有的土地划入城市规划范围，将农业用地征用为工业用地或建设用地,将集体所有土地转变为国有土地,政府在土地国有化过程中发挥主导作用。其出现的弊端之一就是只要地、不管人,土地被征用后,大量失地农民生活、就业出现困难,征用补偿款的不足、或者土地被征后升值带来的农民心理落差,常常会引发激烈的矛盾冲突。

星光村原有土地998亩,2002年,因台州市客运总站、椒江大桥等各项基础设施工程建设,绝大部分土地被征用了。目前,村里剩余土地只有196亩。

表3—6　　　　　2002年星光村的土地征用情况　　　　单位:亩

土地总数	客运中心征用	大桥公司征用	村民建房用地	村集体留置地	其他
998	172	480	150	92	104

说明:村落被征用的土地中包含根据当地政府规定按征用土地一定比例留给村落集体,用于发展集体经济的留置地。

二是主动的农地非农化。其行为主体是农村村集体,是"村集体以自主的集体行动改变了土地利用形式,以集体的方式拥有和利用土地,从而实现农民与土地的脱离,并开拓了新的发展空间和发展形式"。[1] 近郊村有着特殊的边缘化地理区位,接受城镇化信息多,受其影响大,选择发展的空间渠道也多。调研发现,近郊村都有一个共同行为,就是最大可能地开发利用村集体土地(包括尚未被征用的土地和征地返还的村留置地),"在实现了非农化以后,近郊村普遍把土地作为了一种可以升值保值的资产,并努力把土地价值发挥到最大化。而一旦土地成了在农业领域以外的经济领域生产经营的资本,近郊村的集体经济就获得了新的生产增长方式。应该说这是这些近郊村落的一次理性选择,不仅告别了原来那种靠天吃饭的非理性的自然空间,而且与同期政府土地征用相比,自主开发所获得的收益不仅更多而且可持续,是一种'有预见的理性'"。[2]

2002年,村里的大部分土地被征用后,失地农民面临着再就业问题。

---

[1] 李传喜:《自主选择与政府规制:一个近郊村的城市化探索》,《温州大学学报》2014年第1期。

[2] 同上。

一部分被招工，但这些企业大部分陆续倒闭了，招工进厂的人员处于生活无着状态；一部分自行经商或出外打工，有些年龄偏大、文化偏低的无业可就。基于这种情况，村里决定用土地出让金来为村民统一办理社会保险，失地农民基本生活保障正式运作，男16—60周岁、女16—55周岁符合农村养老保险条件的以国家支付16.7%、个人交83.3%的比例参加农村养老保险，到符合领取农村养老保险金的年龄每月可领取一定的养老保险金（最低生活保障为195元）。因为是动用集体资产，所以也相当于钱是从村民的股份里面扣除，全村办理社保总共支出近7000万元，星光村是葭沚地区最早办理统一社会保险的村庄，如今，每位到了年龄的老人（男60岁，女55岁）都可以按月领取"退休金"（养老金），平均每人每月在800元左右。另外，区、街道为失地农民出台了一系列再就业措施，举办各种类型的再就业培训班，本村有200余人参加了再就业培训。

这里还有一个特殊情况，就是村里有一部分村民是居民户口，股份量化以后，村里的资产都是量化到了个人身上，所以交社保的资金也相当于村民自己交付，对农民来说，他们参加的是失地农民养老保险，而对居民来说，他们参加的是城镇居民养老保险，在同等缴费的情况下，居民每个月领取的养老金要比农民领取的养老金多1倍左右，因此村里很多农民对城乡标准不一样意见很大，说起这个，村民们感觉很不公平："我们在同等缴费的情况下，为什么回报差这么多？假如说我们交的钱少，这回报就应该少，同人家相比，就是农村的社保同城镇的社保差别太大了。就是城乡差别太大了。是不是应该来一个政策，让农村村民参加居民养老保险，这是迫切需要的。"

由于土地规划限制严格，星光村从1995年开始就没有再批过宅基地，这20多年时间，很多年轻人结婚后没法盖新房，只能和老人一起住，或者到城区买房，这也导致村里的违章建筑大大增加。说到这一方面，村里的老书记很感慨："上面有规划的，老房子拆掉太难了。村民要建房子，上面也不批，不批他们就自己搞了，你到村里去看看，到处是违章建筑。家里小孩子大起来了，没地方住，宅基地也不批，违章就违章了。现在大家也都是睁一只眼闭一只眼。"同时，失地农民为了生存，纷纷建房出租，出租房的租金成为星光村居民生活的重要来源。这些杂乱无序的违章建筑,成为老街的一大安全隐患。浙江省实施"三改一拆",村里一部分违章建筑被拆除,对于依靠租金生存的村民冲击很大。

图 3—29 星光村与开发商合作开发的万邦理想花苑效果

2014 年,为最大限度地开发利用村集体土地资源,缓解村民住房困难,村里跟开发商合作,共同开发江边的 47 亩土地,要建一个住宅小区。村里跟开发商协商,建筑面积共 7 万多平方米,要返还给村里 3 万多平方米,共 255 套房子。这一项目已经启动,预计到 2017 年能够交房。这样,能够为这 20 多年没有分到宅基地的村民有所弥补,也能有效化解村里住宅用地紧张的矛盾。

(五)非农产业和集体经济

城市化进程中,作为近郊村的星光村,区域位置、交通使得优势开始显现出来。农民办起了许多家庭工厂,红红火火,20 世纪 90 年代葭沚的 3 个村星光村是最富的。后来,村集体企业也都转制成为了个人的,在激烈的市场竞争中,家族企业经历着大洗牌,有些企业越做越大,许多小企业陆续倒闭了。

目前,村里有两大支柱产业。第一,童装加工批发。台州共有 1000

多家童装加工企业，其中主要集中在路桥、椒江葭沚、黄岩新前这三个地方。目前仅星光村全村就有100多家童装加工厂，主要以加工冬装毛衣为主，如今村里的这个产业已经发展了20多年，在全国都有很大的影响力，每到夏季，全国各地的客户会到这里来订购产品，在市场上占有很大的份额。据常年从事服装产业的村民介绍，每年我们全国的童装生产量应该在10亿件以上，台州大概就有1.5亿件左右，而在童装毛衣这一块，葭沚市场名气比较大，尤其是质量、款式和面料，葭沚是最有名气的。第二，水产品加工和销售。这也是村里的主要产业，因为靠近海边，渔业较为发达，村北紧靠着椒江渔业码头，而且椒江水产品批发市场也在村里，这为村民从事水产品行业提供了得天独厚的条件，尤其是经过长年的积累，星光村村民掌握了丰富的经验，做出的水产品味道极佳。像现在市场上很受欢迎的鳗干、咸带鱼、马鲛鱼干，最早都是村里人加工的，味道也是这里的最正宗、最好吃。

星光村的集体经济走过曲折历程。20世纪70年代大胆尝试，办过许多乡镇企业，后来集体企业转制，"摘红帽子"，原来的这些企业大都不复存在，村集体经济衰落。现有条件下，村里已经没有人愿意、也没有能力再去发展集体性质的实体经济。浙江的近郊村落遍布私有企业、家庭工厂，但很少有集体的工业企业，这是浙江近郊村经济的一大重要特征。

城市化进程中，许多近郊村落的集体经济往往以物业租赁型经济为主。它以近郊村剩余土地资源为依托，以直接出租土地、建设出租标准厂房、建设综合楼、店面、公寓等形式，通过出租来获得收益，是一种通过资产转换而形成的"食利"型的经济形式。目前，星光村的集体经济来源主要是依靠土地、厂房和沿街店面的出租，主要靠物业出租来获取收益。

如村里在葭中路商业街和工人路上一共有80多间店面房，另外，村里还借助水产市场的优势，建起了冷冻厂厂房，同时拿出了十几亩土地，跟椒江区渔业公司合股，开办了椒江区渔家乐，村里以土地入股，占股份的35%，椒江渔业总公司以资金入股，占65%，每年给村里的分红保底40万元，签了20年合同。2013年，星光村的集体收入为360万元左右，2014年，星光村又增加了菜市场、停车场等几个项目，年终收入能达到 500 万元以上。

(六) 集体资产处置和产权变化

1992 年 7 月 25 日通过的《浙江省村经济合作社组织条例》，是一部适用于浙江省的地方性法规。"村经济合作社是指在农村双层经营体制下，集体所有、合作经营、民主管理、服务社员的社区性农村集体经济组织。"[①] 当时，星光村响应政府号召成立了村经济合作社，其实当时村里没有多少集体经济和合作经营产业，村经济合作社依附于村委会，并无实际内容和具体举措，也不是一个独立核算的组织，充其量只是一个政府要求下建立起来的"空架子"。

但是，由于村里的土地大量被征用，村物业租赁型经济的发展，使村里的集体资产多了起来，但马上又面临着集体资产分配的难题。村集体资产的股份量化是规范农村产权制度的一项有效举措，也是转变村庄经营方式，使其从物业型经济向资本运营型经济转型的重要载体。浙江农村大部分地区已经不再提倡村集体直接创办和管理经济实体，集体经济收入大多来自征地款、物业租金和投资收入，这种经济模式有很大的发展局限。要发展壮大村集体经济，要"通过股权流转，筹集资金，参股或控股一些市场竞争力强、科技含量高、发展潜力大的企业。这样使集体通过资本运营，获得较稳定的投资收益，进一步壮大集体经济实力，提高农民的分配水平"。[②] 从我们调研情况来看，在霞浦街道全部 47 个村、社区中，村集体资产股份量化进程不一，经济实力较强的星明村、星光村、五洲村已经实现了村集体经济的股份量化，发展势头良好的繁荣村、乌石村、东方村等正在准备开展股份量化，有些位置偏远的村庄并无股份量化的意愿，有些村已经开始了负债运行的苦难历程。

2004 年，星光村在各方的协商下，把全村的集体资产整合起来，成立了星光村实业总公司。星光村以土地入股，按村民人头实行的股份量化，是一种按"份"共有的集体经济。按照农业部、财政部《农村集体

---

① 参见《浙江省村经济合作社组织条例》，1992 年 7 月 25 日通过，2007 年 9 月 28 日修订。
② 郑玉敏、徐波主编：《托起的天平：东莞发展的法律思考》，广东高等教育出版社 2008 年版，第 70 页。

资产核资资产所有权界定暂行办法》《乡镇集体经济组织清产核资办法》的规定，对集体所有的资产（包括债权和债务）进行了全面清查核实。星光村全部资产共估价1.58亿（其中流动资产5685万元，固定资产235万元，资源性资产10341万元。按总资产提留3%计算，提留总资产488万元），他们把这些集体资产全部量化到每个村民手上（其股权可以继承也可以转让），明确了产权，股权分配是按照人口股、农龄股、劳力资源股4:3:3的方案来实行：

1. 人口股。折入总净资产的40%，量化给享受原村口粮待遇的那部分人员（类似于原土地承包项目中享有承包口粮田权利的那部分人员）的股权份额。享有该股的人员统计的截止时间定为股份量化截止日（2004年8月31日）。

2. 农龄股。折入总净资产的30%，量化给1956年（特殊情况可以追溯到1954年止）至股份量化截止日（2004年8月31日）间且在农业生产劳动年龄段（16—60岁）内参加村实际劳动的在册人员及曾经在册人员的股权份额，即劳动者对集体的贡献股。享有该股权的男性，其底分为10分，女性底分为8分。

3. 劳力资源补偿股。折入总净资产的30%，量化给本村长期从事农业劳动的合作社社员及子女的股权份额，主要是针对土地被全部征用后，长期从事农业劳动的合作社社员及子女失去劳动的对象。折入股份对从事农业劳动获得报酬维持家庭长期生活的一种补偿。类似于原土地承包项目中，享有承包劳力田权利的本村在册社员承包的劳力田。享有该股权的1—60岁男性的底分为10分、女性的底分为8分，60岁以上的男性的底分为7分、女性的底分为6分。

人口股、农龄股、劳力资源补偿股，实行生不补，死不退；迁入不补，迁出不减。经代表大会通过，股份量化截止时间定为2004年8月31日24时。（资料来源：《星光村股份经济合作社改革实施方案》）

除此之外，还要对未来的资产进行折股。用以折股量化的资产是集体经营性净资产（资金性资产）和资源性资产（非资金性资产，如现有的集体提留的土地资产），即为具有经济效益的固定资产、流动资产和资源性资产之和且扣除债务的净资产（下称"总净资产"）。股份合作制改革后，集体资产的置换增值，用于追加集体资产折股量化总额。用以折股量化的集体净资产，分别采取以下办法进行折股：（1）现有固定资产（包括在建工程），按现评估价折入股份；（2）流动资产按有效额减去实际债务进行计算，其差额折入股份；（3）资源性资产按现评估价折入股份。

股份量化是一个现实的问题，尤其是在经济比较发达，集体资产较多的地方，这将是农村改革的大趋势，公司金董事长很肯定地认为，农村股份量化是必经之路，他说："土地征用后，集体资产怎么分配的问题就来了，按照上面的文件规定，村里面的集体资产不能私分，但是你不分的话，老百姓就要吵，说什么钱不分，你村干部都贪污了。这种现象在台州是发生过的，老百姓就对村干部不放心，他们要求分掉。基于这方面的因素考虑，我们就股份量化，一次性彻底地搞完，把资产都清算了，免得以后再吵架。我个人认为，农村的股份量化是必经之路。否则的话，你村里面有钱的，发展起来的都要面临资产分配的问题，三两天就要吵架。"

星光村实业总公司成立后，村委会就跟其职责合二为一了，成为一种"村企合一"的村级组织，只是挂着两块牌子，分工方面有所侧重。实业总公司主要负责村集体资产的日常运营，负责村庄土地、厂房以及进驻企业的管理。村党支部发挥党的领导作用；村委会实施企业化运作，主要处理村务，但是整体结构是按照公司制、以董事会的形式来运行，董事会成员多兼村委会职务。

（七）农民社会身份的异质化

随着城市化的推进和村落非农经济的发展，近郊村社会成员面临多重社会身份的转变，均质性被打破而日趋异质化。首先是产权身份的变化。非农经济、产权制度改革以及"多样化的生产资料所有制形式和多样化的资产经营方式"，[1] 导致农民产权身份的变化，大量农民摆脱了土地的束缚，产权身份从原来单一的土地产权变成了多元化的产权。很多农民虽然从土地和家庭经营中转移出来，选择到其他多种形式的经

---

[1] 陆学艺、张厚义、张其仔：《转型时期农民的阶层分化》，《中国社会科学》1992 年第 4 期。

济单位中就业，但是"村籍"客观上成为一种可以自己谋利的社会资本，"仍然拥有户籍所在村里的一份土地和集体生产资料的产权，并且凭此身份可以坐享一份集体经济的利益"。①农村集体资产的股份量化后，村民变成了股东，产权身份发生了极大的转换。其次是职业身份的变化。城市化、市场经济带来城乡产业结构调整，土地征用使村庄经济结构发生转换。大量农民从第一产业转向第二、第三产业，从农业劳动者成为兼业劳动者或者非农劳动者，村民职业身份呈现出多元化取向。最后是社区身份的变化。由于社区结构的演变、城市化的吸引以及农民跨区域社会流动，农民社区身份出现三种类型变化：一是在农转居社区，农民变成了居民；二是农民离村到城镇就业居住，户籍仍在农村，其社区身份是模糊的，因为很多管理权限是与户籍绑定在一起的，许多权利和义务也都需在户籍所在村行使和实现，而不是与工作生活所在城镇社区相联系，比如选举权等，对这部分人，城镇无法给予其合法的社会身份和相应的权利，城镇无法完全接纳他们，因此他们还处于一种半离乡状态；三是在旧村改造、村落合并中，整合出的集中安置小区，实际上并没有脱离农村户籍，但其身份已不是原来意义和内涵上的"村民"了。

在城市化背景下，近郊村农民具有多重社会身份，是由其社会成员分层的多元性决定的。但是从调研情况来看，近郊村农民社会身份的转换并不彻底也不充分，其社会成员身份与权利具有非同步性。星光村虽然已经划入城区，但大部分村民依然按照农村社保政策执行，无法享受城镇居民社会保障。而该村有200多个村民早在2002年就转为城镇户口了，但未能纳入城镇居民社会保障体系，仍然以该村村民的身份享受村集体的福利待遇。这就造成了部分离农的农村社会成员"两栖化"，形成各类边缘人群。

（八）城市生态系统的缓冲带

从地域特性上看，近郊村是"农村之首，城市之尾"，是农村走向城市的重要窗口，又是城市辐射农村的桥头堡；是城市扩散的首要地区，又是

---

① 卢福营：《中国特色的非农化与农村社会成员分化》，《天津社会科学》2007年第5期。

最先具备实现集中型城市化的地区；它同时受到城市与农村发展的双向辐射，是一个城乡交融的过渡地带，是实现城乡一体化发展的重要纽带。

在城市化进程中，近郊村是环境保护的前沿，是环境问题跨区域转移的最先指向目标；同时它又是城市的大后方，是缓解城市生态环境压力的重要减压阀，改善农村生态环境状况的重要指引者。在近郊村这个城与乡的特殊过渡地域，城市与农村的不同社会管理体制、经济管理体制、不同的社会观念、不同的人口素质形成鲜明的反差。"过渡性"与"公共性"特征使近郊村的管理体制存在交叉，使该区域的环境管理呈现"盲区"，成为灰色地带。在政策指引方面，我国针对城市区域和工业企业的污染治理，制定了许多优惠政策：如排污费返还，低价或无偿给予城市污水处理厂建设用地，对具有一定规模的工业企业污染治理设施运营给予低息贷款及补贴等。但是，类似的政策扶持与优惠，一般却很难惠及近郊村的同类环境污染治理公共事务，难免出现"公地悲剧"。城市化进程所带来的人口密度增高、人口异质性强的状态，对近郊村的生态系统构成威胁，导致环境质量恶化，需要各方关注并加以治理。如星光村的内河水域长期受生活污水及落叶、藻类沉积的影响，有机污染物淤积河床，导致水体发黑发臭。2007年，台州市全面实行河长制，村里也投入资金，通过河道清淤和水生态修复，采用了多项生态技术，河道水生态环境得到改善。

由于城市人口高度集聚、资源紧张、环境污染等，且其自我调节修复能力较差，难以满足城市发展需要。从空间及区位条件上看，近郊村是缓解城市化、工业化进程中，区域发展高能耗、高污染压力的缓冲带与解压闸，避免城市空间受到过度挤压，在一定程度上缓解城市病。近郊村吸引了大量工业企业、大量外来就业人员，大大减轻了城区的压力。随着经济社会的发展，城区的交通、能源、水源、环保等压力越来越大，一些部门开始逐渐向城市周边地区转移。这些工业企业的产品及服务又能供应城区，带动相关产业发展，如建筑业、运输业、物流业、商饮业、服务业等，从而实现城区与近郊村的良性互动。[1]

---

[1] 李传喜：《自主选择与政府规制：一个近郊村的城市化探索》，《温州大学学报》2014年第1期。

近郊村是动态的，是一个不断发展、永无止境的空间。原有的近郊村逐步发展成城区，新的近郊村不断由周围的远郊村转化而来，一定程度上，近郊村是城市扩张过程中，已经开始"城市化"的但还未完全融入城市体系的区域，是城市增长潜在的新生区域，将成为城市化扩展的前沿地带和城市经济社会可持续发展的新增长点。

图 3—30　调研组列席街道工作例会

图 3—31　调研组在访谈中

图 3—32 大学生调研队进驻农家

※东安村

东安村隶属于浙江绍兴市越城区马山镇，这是一个即将走向终结的城中村。

绍兴市概况

绍兴市位于浙江省中北部、杭州湾南岸，陆域总面积为 8273.3 平方千米。绍兴中心城市现建成区域面积 180.8 平方公里。绍兴境域内河道密布，湖泊众多，素以水乡泽国之称而享誉海内外，其中以鉴湖最为著名。作为首批国家历史文化名城，绍兴已有 2500 年的建城史，古称会稽、山阴，是著名的水乡、桥乡、酒乡、书法之乡、名士之乡。著名的文化古迹有兰亭、禹陵、沈园、柯岩、鲁迅故里、周恩来祖居、蔡元培故居、秋瑾故居、马寅初故居、王羲之故居等。1949 年 5 月，绍兴解放。2014 年末，全市共有 79 个镇、15 个乡、24 个街道、2176 个行政村、508 个（社区）居民委员会。全市有总户数 1614768 户，总人口 4430358 人，迁入人口 29759 人，迁出人口 26899 人，增加 2860 人；全市有非农业人口 1640048 人，占总人口的 37.02%，比 2013 年增长 0.75%。全年全市共登记流动人口 1688779 人。①

2015 年，全市实现生产总值 4470 亿元，年均增长 8.6%。产业结构不断优化，传统产业改造提升成效明显，累计淘汰 4097 家企业的落后产能。集约发展水平提高，累计盘活存量土地 5.3 万亩，减少批而未供土地 2.3 万亩，成为全省唯一的全国国土资源节约集约模范市。坚持统筹区域发展，扎实推进新型城市化，城乡环境面貌逐步改善。城市总体规划获国务院批准，城市发展战略纲要编制完成，城市化率提高到 62.5%。部分行政区划调整顺利实施，形成"一市三区"大城市格局。把大城市作为承载发展的最大平台，全力推动越城、柯桥、上虞三区融合发展。县域中心城市加快发展，中小城市分类培育机制不断健全，中心镇权力规制获"中国地方政府创新奖"。美丽乡村"四级联创"成效明显，创建省级美丽乡村先进县 5 个、美丽乡村示范区 20 个、美丽农家 7 万户，农村生活污水治理、生活垃圾集中处理行政村比例分别达到 81% 和 90%。城乡基础设施不断完善，累计新建改造农村公路 2375 公里，城市日供水能力由 80 万吨提高到 255 万吨，城镇污水日处理能力由 126 万吨提高到 193 万吨。生态文明建设扎实推进，五水共治、雾霾治理、四边三化等行动全面开展。"十三五"时期，绍兴的城市化发展目标是：城市更具影响力。中心城市深度融合，诸暨城镇组群聚集辐射能力增强，嵊新城镇组群实现协同发展。城乡发展一体化水平、公共服务均等化水平、区域协调发展水平位居全国前列，特色文化、历史文化充分展示。户籍人口城市化率提高 5 个百分点左右。建成一批宜居宜业宜游的小城市、一批生产生活生态融合发展的特色小镇、一批秀美富裕魅力的美丽乡村。②

越城区概况

越城区地处杭州湾南岸，历史悠久，公元前 490 年，越王勾践迁都到绍兴，秦朝设立会稽郡，唐朝设立越州，曾为南宋的临时都城，是中华

---

① 《中国绍兴》，http://www.sx.gov.cn/col/col20/index.html。
② 俞志宏：《绍兴市政府工作报告》，http://district.ce.cn/newarea/roll/201602/05/t20160205_8774427.shtml。

民族最早的发祥地和越文化发达地区之一。越城素有"山清水秀之乡,历史文物之邦,名人荟萃之地"的盛誉,是一座没有围墙的博物馆。1949年5月绍兴解放,设绍兴市(县级市)。1983年7月,绍兴撤地建市设越城区,现越城区为绍兴市委、市政府所在地,是绍兴市的政治、经济、文化中心。2013年,全区实现地区生产总值287.32亿元,其中第一产业6.09亿元,第二产业70.83亿元,第三产业210.4亿元,城镇居民人均可支配收入37881元,农村居民人均纯收入20873元。现越城区实际管辖3镇5街,91个行政村,65个社区(居委会),区域面积182.84平方公里。2012年末全区户籍人口411582人,非农业人口326327人,占总人口的79.3%。[①] 越城区曾获中国十大魅力城市、联合国人居奖城市、中国六大金牌城市(世界银行评价)、首批国家级历史文化名城、首批中国优秀旅游城市、国家可持续发展实验区、中国品牌之都、中国创业之都、中国最佳商业城市、中国民营经济活力第一城、国家卫生城市、国家园林城市、国家环保模范城市等国家级荣誉。

图3—33 袍江新区的世纪街

2000年7月,在国家各种产业区集中爆发的时候,国家在越城的北边批准设立了袍江工业区。袍江工业区位于沪杭甬高速公路绍兴出入口处,东接宁波(约为100公里),西邻杭州(约为50公里),距上海230

[①] 《越城区》,http://baike.baidu.com/。

公里。工业区规划面积100平方公里，城区人口25万人，重点发展电子信息、机电一体化、生物医药、新材料和环保等高新技术产业项目，鼓励引入高新技术来改造传统产业。2010年6月24日，工业区在其成立10周年之际升级为国家级经济技术开发区。[①] 袍江工业区是浙江省开发建设规模最大的开发区，亦称袍江新区、袍江经济技术开发区。袍江是生产性服务新城，是绍兴市以高新技术产业为主导的现代化工业新城区和绍兴中心城市三大组团之一。袍江工业区自2000年8月开发建设以来，已引进238家国内外企业。[②]

袍江工业区下辖马山、斗门、孙端三镇，现有人口近20万人。马山镇距县城10公里，杭甬高速公路贯镇全境。面积41平方公里，人口5.1万人，辖44个村委会。有纺织、印染、酿酒、食品加工、五金、机械、建材、化工塑料、供热发电等行业。农业以水稻、麦、油菜种植为主，盛产淡水鱼。

东安村概况及城市化

（一）地理位置与人口

东安村位于越城经济开发区西南，依河而建，是平原水乡，"离绍兴高速路口有5公里、离市区10公里，水陆交通方便，地理位置优越。东安村属亚热带季风气候区，全年东北风为多，温暖湿润，雨量充沛，四季分明，夏秋间台风暴雨时有侵袭，有时造成较大损失。村中还有内池——后池一个。村南部有一座土地庙，庙前有一座水上戏台，建于明末清初，东安村人称之为庙台，这座戏台目前还是绍兴市的文物保护单位。村南北有一条直河。河的南端有一座石桥。桥名'安宁桥'，并有城门"。[③] 东安村同中国东部省份的大部分小村落一样，有山有水有田，如果不是外在力量的改变，乡村会遵循自己的逻辑在农业经济的范畴内缓慢推进，但现代化、工业化、城市化给这个

---

① 《聚焦袍江经济 建设秀美两湖》，《中国经济导报》2013年12月31日。
② 《绍兴袍江工业区》，http://baike.baidu.com/。
③ 村史档案：《东安村村史》。

村落带来了巨大的变化。

图 3—34 东安村的位置图

"东安村现有总人口 2103 人,户数 780 户,分十二个生产组,一个居民组,一个移民组。村里成立党总支部。下设两个支部:工业支部和农业支部,有中共党员 98 名,预备党员 1 名。城市化进程中,该村作为城中村,征地拆迁力度大,全村共有土地 1784 亩,已征用 1594 亩,被征地农民农转非 1709 名,参加失地农民社会保险 1462 人;村里整体拆迁的就有 89 户。村民参加新型农村合作医疗保险 1346 人,占全村 97%。2010 年,村庄经济总收入 1827.21 万元,村民人均收入 11770 元。东安村村内企业经济实力雄厚,现有企业四家,其中一家资产超过 1 亿元和销售额超过 1 亿元,利润达到 500 万元以上"。①

东安村读书氛围深厚,村里上了年纪的老人也基本识字。据村干部介绍,从解放后至今本村已经出过大大小小校长 50 多名,所以东安村不仅是一个经济比较发达的小村落,文化底蕴也很深厚。

---

① 《东安村概况介绍》,2010 年。

(二) 历史沿革

东安村历史悠久，旧时东安村与另一个村合称安城。《越绝书》记载：驾台周六百步，今安城里。驾台是一种以人工推土为台的建筑，是越王勾践游乐歇息之处，而安城离袍谷春秋战国遗址和马鞍、陶里古文化遗址都很近，可见这里很早就是于越的聚居地。《越绝书》还记载道：安城里高库者，勾践伐吴，禽夫差，以为胜兵，筑库高阁之，周二百三十步，今安城里。这两处都足以证明安城在战国时期，已是越国的一大村落。

东安村向以煎盐为业，在清代末期民国初期时煎盐业达到鼎盛。由于水上交通方便，其所煎精盐行销江、浙、闽、皖、赣诸省，市场繁荣，经济富裕，在绍兴市是个小有名气的村子。据知晓本村历史的原绍兴县文化馆馆长、本村村民杨老师介绍，村里人口最多时达到了2000户，仅盐厂就有18个。煎盐业的发展带动东安村成为一个小小的工业区，有菜市场，有小饭店，有中药铺，还有小诊所。繁荣的东安村也吸引周边村庄的人到本村来工作谋生。东安村煎盐业发达，但并无资源上的优势，一则东安村不靠海，缺少煎盐的原材料，二则东安村山不多，煎盐需大量的柴火。但东安村人有经济头脑。充分发挥了东安村水路交通发达的优势。

煎盐业成就了东安村，但也束缚了东安村的发展。到了民国，一项"废煎改晒"的政策严重影响了东安村的经济，就是要废除煎盐业，改用晒盐，这样一来，18个盐所，有的关闭、停业，也有的转型生产卤饼，当然也有偷偷地还在煎盐，但总体来说，东安村的经济遭受很大的挫折。"废煎改晒"的政策直接影响到了东安村的经济发展，而不安于现状、勤劳精明的东安村人又想出了贩盐的法子。从东安村"废煎改晒"到偷偷销盐，再到形成外出经商的风气，从中可以看出东安村人敢闯敢干的劲头。

1949年解放后，东安村成立农会，1950年建立合作乡人民政府，隶属于马山区。1954年建立了低级合作社，1955年成立了高级合作社，1956年建立了党支部，1958年建立了人民公社，1983年大队改为村级组织，隶属于合作乡，1987年合作乡更名为安城乡，1988年建立党总支部，1992年安城乡纳入马山镇。① 新中国成立后的几十年内，东安村和中国的其他农村一样经历了土改、大跃进、"文化大革命"等。所幸的是，村民们还都保有善良。据村里的老人介绍，"文化大革命"时，村干部金某某被批斗了，但当时老百姓也都不理解，这么个好人怎么就被批斗了呢？还专门编了个顺口溜："东安村有个金某某，镢头棉袄和尚头（说他这个棉袄是短一截的），不吃香烟不吃酒，今天给我斗来明天给我游。"

但农村要发展总不能靠天吃饭，虽然经历了一系列的运动和挫折，但一旦政治环境稳定下来后，很快就通过扩大种植业、渔业和运输业来谋求发展，虽然没有立即富裕，但至少人民生活相对安定。

（三）村落的经济变迁

从新中国成立到改革开放前，东安村大部分人就是务农，还有一部分人养鱼，发展渔业，后来大家跑运输。分产到户后，把船卖给农户，多种经营，自负盈亏。1975年，东安村依托小学办起了第一家社办企业——塑料编织厂，该厂发展较快。1976年在校办厂的支持下，东安村又办起了另一家塑料厂。校办塑料厂的效益很好，当时在东安村完小读书是免交学杂费的，由校办厂的收益来助学。村干部把精力都放在了乡镇企业上。

1979年，塑料编织厂从14台织机增加到了100多台，从土织机调换到圆筒织机，从原来的生产逐步转为生产、经营一体。1987年东安村兴办丝织厂，并从6台织机逐步发展到128台。1996年，东安村又办了工艺蜡烛厂。村办企业的发展势头越来越好。

在这个阶段，村办企业的发展对于资本的原始积累、剩余劳动力向非农领域的转移乃至推动农村经济社会的整体变迁都发挥了极其重要的作用。然而，村办企业还是属于人民公社的管理体制，不能摆脱与之共生并存的各种弊端，乡村集体企业不得不走上改革或"改制"的道路。《中华人民共和国乡镇企业法》自1997年实施后，乡镇企业加快了分化重组步伐，进入了以产权制度改革为核心的乡镇集体企业"改制"阶段。

---

① 村史档案：《东安村村史》。

东安村根据绍兴县委文件，1998年至2001年完成了对丝织厂、塑料厂、工艺蜡烛厂及校办厂、塑料编织厂的转制工作。东安村的私营经济自此开始发展。村民说：上面有文件下来要转制，转得越彻底越好。东安村是试点，不折不扣地执行，转得最彻底了。

东安村乡镇企业的发展，积累了集体资产，当然在经营过程中，也交了学费，因为转制让东安村失去了发展集体经济的机会。1987—1998年，全村掀起了基建高潮，80%的东安村村民建了新楼房。1988年，全村装上了自来水；1994—1995年，东安村对公路及全村主要道路进行水泥路面浇盖，修筑了河道和造桥、造路等。

东安村有着非常悠久的"多元经济"的历史。村民们不像是传统意义上面朝黄土背朝天的农民，他们不安于男耕女织的生活，而总是试图靠自己的努力和拼搏创造更美好的生活条件。从清末民初开始就以盐业产业取代了农耕经济的中心位置，成为附近有名的经济发达的村庄。虽然民国时期到改革开放前期国家力量的介入，尤其土地改革以后的几十年，党和国家以土地为核心的农村政策，重新将农耕经济置于东安村社会经济格局的核心位置，改革开放以后，政策松动，东安村村民抓住了这个机会，1995年，随着农耕经济投入产出比的失衡，越来越多的村民不愿意种地了。村里开始大田适度规模承包，除了村民口粮田和责任田外，将剩余的280亩土地承包给外地种田大户，被解放出来的劳动力开始另谋生路。同时东安村开始大办工厂，创造了数百万的集体财富。土地在整个村庄社会经济格局中的重要性又开始慢慢地萎缩，到了经济开发区征用东安村的全部耕地之后正式退出了历史舞台。在东安村，无论是从物质层面还是精神层面，在乡土社会中土地被赋予的价值与意义都无处寻觅。这样一来，失地村庄、失地农民的窘迫并没有在东安村出现也就不难理解了。

农耕经济是被束缚在土地上的，是一种安定自守的经济模式。不过，东安村作为现代化转型中的一个结点，也同样面对着变革。东安村的经济发展史，就是跳出乡土之网的过程，是从农耕经济向更多元化的经济形式转变的过程。虽然说从清朝开始，东安村就从事"煎盐业"，但这里的产业跟中国内陆地区的农业基本是一回事，并不是真正的市场交易，或者说并不是一种遵循市场规则的交易形式。只有到了改革开放之后的经济变迁，东安村才真正面对跳出乡土之网束缚的过程。从制卤饼、煎盐、农耕、渔业的多元格局开始，又逐渐进入了更加具有市场性的运输行业，从而面向更大的市场，也将开始逐步接受市场规则的洗礼。

（四）城市扩张中的征地拆迁

改革开放后，城市化发展浪潮一波接着一波，东安村也不例外。新型城镇化中，对于农村的发展推进主要有三种方式：一是建设新农村，利用农村的资源，发展旅游业、种植业等，从而发展农村经济，改变农村面貌；二是就地城镇化，以中心镇、特色小镇建设为依托，通过发展生产来增加农民收入，提高生活水平，改变生活方式；三是通过征地和拆迁，把农村变为城镇或城市的扩张，把农民变为市民。东安村的城镇化属于第三种。东安村离绍兴市区只有10公里，离高速路口只有5公里，因此地理位置十分优越。从2000年开发以来，已被征用土地1594亩。全村98%以上村民的均已转为非农户口。

东安村已经进行过两次拆迁。第一次是2002年，第二次是2004年，为了配合开发区修路、建设，分别拆迁了28户和60多户。对于拆迁，已经被拆迁的村民内心也比较矛盾，一方面他们不反对拆迁，甚至庆幸被拆迁，另一方面对于拆迁后的生活却也未必满意。

图3—35 东安村的城中村改造

入户访谈中,有访谈对象做了这样的描述:我不反对拆迁。我们自然村,交通不便,买东西、乘车都不方便。所以95%以上的人都同意拆迁。以前买东西,没车的时候用走,走到村里来,买盐,买油,走过来半个小时,来回要1个小时。但我们自然村原来环境很好、风景很好,有水,果园、竹园。现在大家都搬到小区里了,和以前是不同的。以前是平房,现在这个单元,那个单元,看不到人了。走到楼下才看得到。说话肯定少了。原来老自然村的时候,好的方面,相互熟悉,相互协调,现在小区里,纠纷也少的,因为以前是平房晒谷子啊,小孩子吵架啊,家畜乱跑啊,但现在交流少了,跟城市一样。隔壁的人叫什么名字都不晓得。我们是第二批拆迁的,是第12生产队,是一个自然村,拆迁时60户左右。第一批是造高速公路时,沿路涉及的28户人家,分属于三四个不同的生产队。工作应该还好做,但是几户感到拆迁吃亏,有3户过了一年多才拆迁。基本上达到他们的意愿。各退一步,政策上协调一下,让他们得到一些实惠。但这样做,今后的拆迁困难会更多,因为同样的政策,可能有70户、80户人家都是同样的政策,但他们已经签订了合同。如果要是强拆,会涉及很多部门,而且不好办。但开了头后,对其他人不公平,而且对后面的工作影响不好。

目前来看,东安村已经是城中村了,村子四周被大马路和高楼包围。东安村先于城市存在而发展滞后于城市。从长远的城市化变迁来看,东安村肯定还要变,至于怎么变,老百姓想法不一,有的人期待能全部拆迁,变成和城市一样,有的人希望能保留传统,把村子建设得更美观些。但从工业开发区的规划来看,东安村是属于整体拆迁村,也就是说,东安村在城市化进程中,面临的命运就是村落的终结。采访中,有村民对村落的消亡是这样说的:拆迁已经列入计划,就是一只脚跨入了。首先是村两委会,如果有一个反对就不拆,然后是村民代表要百分之百同意,这个就有难度了,村民代表有50个,从每个村民小组中按人口比例选出来的。老百姓要百分之九十五同意才可以。反正村里不拿钱,是由拆迁办和农户签合同,拆迁办有个清单下来,把钱给村里,由村里去发。其实村里是专门跑跑脚的。最担心的是村民代表就在拆迁户里,如果他不愿意,他肯定就提出反对意见,这样的话百分之百就达不到了。从我内心来讲还是希望拆迁,因为老百姓是有需要的,孩子都长大了,房子不够住的。一涉及经济利益工作就难做了。为了鼓励全拆,上面有奖励,每个平方奖励200元。给老百姓,一户人家就有四五万。但是钉子户是不管的,你要拆就拆,反正我不拆。拆迁办就是你需要什么样的帮助,他也会来给你做,但最终的工作还是要靠村里。

当然,新型城镇化建设过程中,征地、拆迁是重头戏,村庄建设和治理也不能忽视。这个阶段,村"两委"还是发挥作用的,村民自治的发展还是比较有成效的。多位村民对村务工作做了这样的评述:老百姓比较关心村务公开,我们的钱到底用到哪里去,去年我们的三务公开上有线电视,老百姓只要开电视就能看到,而且知道我们都做了什么。村里选举是每个人都参与的。我们村里都挺好的,村里的事情我们都支持的。选举是肯定参加的啊,村里的事肯定关心的。

村民的参政意识越强、越普遍、越自觉主动,政治参与行为越深入、越广泛,就意味着农村基层民主建设越进步、政治文明越发展。村民的民主意识还表现在监督意识上,他们对整个村级政务活动怀有主人翁责任感,对村干部总体是持满意的态度:村里的事情,村干部还是做了很多工作,道路啊、村容村貌啊、贫困扶助啊,都做得挺好。

调研组在其中一家访谈户中,一家人对村干部工作是这样评价的:

丈夫(A):现在村里比较干净,马路比较整洁。本来说要拆要拆的,也住不了几年的,但他们还是踏实地工作。

妻子(B):厕所,以前没有的,现在有公共厕所。我们本地的很少到外面去的,不过我们村有很多外地人,因为很多厂嘛,但现在管理得也比较好。

妻子老爸(C):我们村干部在马山镇不是属一就是属二的,选举的时候我们村不搞什么送礼的,其他村子是有的,我们这里都没有送东西的。铺张浪费,红白喜事,白吃酒什么的我们村干部都没有的,我们的干部都不到人家家里去吃的。我们村干部是好的。第一任书记当了40多年了,现在84岁了。第二任也当了近20年。他们头带得都好,都在正路上走,不走邪路的。第三任书记老早就当了村委主任，大概20多岁就当上了，就是儿子刚生出来的时候。

在城镇化进程中，东安村人没了土地，也没了集体企业，生活方式发生了变化，谋生手段也发生了变化。东安村人向来有经商的传统，有打拼的勇气。他们或者成为个体经营者或开办小工厂，或者到开发区里上班；另有一些人外出做生意，因此，征地、拆迁并没有阻碍他们的发展，也没有造成很大的矛盾冲突。面临新的发展形势，东安村人选择了顺势而为。

（五）新土地经济

土地，这个几千年来最重要的生产资料，在大变革中逐渐从其原有的农业功能中被分化出来，成为第二产业的重要资本，所以面对城市化的急剧过程，由关于土地并购和房屋拆迁而带来的新土地经济显然就更加突出，而东安村作为城市边缘村落很早就进入了这个进程中。

2000年7月，经济技术开发区成立，随后，开发区将东安村整体纳入拆迁范围之内，后来将村庄所有耕地征用殆尽，并将第十二生产队的60户和另外的29户村民民居全部拆迁。虽然不可避免地出现了一些钉子户，但是整体来说征地拆迁工作还算顺利，尤其是对耕地的征用。相较于民居这块难啃的"硬骨头"①，农耕用地面积大、补偿标准低、征用难度低，是块又大又肥又好啃的"大肥肉"。然而，村民们对于这些在乡土社会中被赋予多重重要意义的土地被征用殆尽的态度，并不像我们想象

---

① 这里的硬骨头的比喻并不是因为村民排斥对村庄进行拆迁，而是村庄拆迁的补偿问题难度大。事实上，调查过程中笔者发现，无论是一般村民还是村委干部都是非常希望赶紧拆迁，可是拆迁资金却一直不到位，"硬骨头"就一直放在这里没有人来啃。很有意思的是，李培林在对羊城村的调查过程中发现，羊城村村民对政府的拆迁是万不得已退到了要求"征地不征村"，即征走耕地，留下村庄。因为他们"祖祖辈辈在这块土地上生活，熟悉这里的一草一木，离不开具有浓厚感情的故土"。而东安村的村民似乎对这种与村落土地的感情看得淡得多。无论是因为时间还是空间的不同使得东安村和羊城村村民的思想有如此大的差异，市场的力量影响的重要性在这里都被很好的呈现出来了。参见李培林《村落的终结：羊城村的故事》，商务印书馆2010年版，第146页。

的那么激烈，被征地的东安村也没有出现失地农民闹事，或是社会秩序的混乱。

土地征用后，它的产品不是任何的农业或工业产品，也不是任何传统意义上的生活资料和生产资料，而是城市空间。村子被征用的土地主要用在两块：一块通路，一块主要以小区为主，越中新天地这三个安置房小区，还有另外两个拆迁房小区。安置房小区是统一安排周边居民的，部分安置村子十二生产队的人，大部分都是其他村子的。还有世纪街沿线，以居住商贸为主，不是工业区，政策上是不允许的。世纪街沿线主要是商业区和生活区。

从根本上说，经济开发区的设立是为了吸引外来投资。原有的耕地被作为非经济的经济要素、非生产性的生产要素投入到经济开发区的经济建设大局中。因为仅仅依靠如工厂厂房等能够直接作为生产要素投入，是没有办法将整个经济开发区撑起来的。货物的输送与人员的流通需要发达的道路与交通条件，生产过程与居民生活的风险与不确定性需要消防队等公共服务部门，解决征地拆迁的历史遗留问题需要安置房小区——它和那些商品房一起增大了经济开发区对外来务工人员的吸引力和容纳能力。

这些曾经生长着水稻玉米的土地铺上了柏油马路，盖起了高楼大厦，曾经作为农耕经济的主要生产要素和生产场所的土地，现在变成了不折不扣的城市空间的载体，与远处的经济开发区招揽来的大企业、大工厂相得益彰。土地虽然没有成为生产的地点，但是无论是道路、居民小区、公共服务建筑还是街道两旁的商业文化建筑都是附着于土地之上的城市空间："这是一种由空间中的生产（Production in Space）向空间的生产（Production of Space）的转变。"[①] 原本的耕地在国家力量与市场力量的作用下实现了迅速的城市化，被赋予了新型的都市结构。"而都市结构挟其沟通与交换的多重网络成为生产工具的一部分"，[②] 一种崭新的土地经济诞生了。

---

① ［法］列斐伏尔：《空间：社会产物与使用价值》，载于包亚明主编《现代性与空间的生产》，上海教育出版社2003年版，第47—58页。

② 同上书，第58页。

（六）人地关系的变化

在传统的农耕经济生产过程中，人（劳动者）无疑占据着整个舞台的核心位置。一方面，他向国家、向集体承包土地，是自负盈亏的责任主体；另一方面，他要选择合适的农作物种类、播种、施肥、除草、杀虫、收获，是整个生产过程的实施者、控制者、评判者和获益者。劳动者在整个生产过程中都处于核心的位置。新土地经济中，表现出人与生产的剥离。新土地经济土地要素所辅助的这种生产想要的不再是活生生的人，而是被去个性化的人、具有实用性的身体、被商品化的劳动力。

在新土地经济的模式中，土地与空间参与到市场力量中的运作逻辑是一种去个人化的逻辑。人和地之间、劳动者和空间之间，出现了无法弥合的巨大的裂痕，人与空间的剥离完成了。在新土地经济中，失地农民以及其他被工作岗位所吸引的人，被迫（即使是自愿选择的，这种选择的自由也是没有其他选项的"伪自由"）放弃过去已经习以为常的设定自己的工作目标、控制工作进程、从而获得意义的工作方式。

住在东安村村庄里的居民可以通过传统的村落空间如民间信仰、社戏活动，甚至是相互串门，茶余饭后的闲聊中寻回一部分已经丧失的价值、意义和归属感，而居住在安置房中的居民却似乎并没有很好的适应这个"城市空间"的环境。

市场的"剥离"规则让农民从土地生产中解放出来，可以从事更多的产业，而不是只能在过密化的农业中谋生存，现在他们可以去从事第二产业、第三产业，可以去乡镇企业，也可以去大城市里谋业；把农民从空间中"剥离"出来，这样农民获得了更大的生活空间，生活谋生半径加大，以前只是生活在自己的村落里，现在和城市里的市民一样，他们也能在城市里谋业谋生。跳出乡土之网，是市场"剥离"规则的作用，而"剥离"又进一步促进了逃脱。

图3—36 东安村社区服务中心

图3—37 调研员入村访谈

第三章 田野调查概况 / 179

图 3—38 查阅收集村落档案文献

图 3—39 调研员采访中

※芙蓉村

芙蓉村隶属于浙江省永嘉县岩头镇，是一个楠溪江流域各村落中历史最悠久、有着深厚文化底蕴的山区古村落。

永嘉县概况

永嘉县，位于浙江省东南部，总面积2674平方公里，下辖8街道10镇，既有"八山一水一分田"之称，又有"中国长寿之乡""中国泵阀之乡""中国纽扣之都""中国玩具之都"的美称。永嘉历史悠久，远在新石器时代就有人类在此繁衍生息。汉顺帝永和三年（公元138年）始建永宁县，隋开皇九年（公元589年）改称永嘉县，取"水长而美"之意，也是温州文化的发源地。据公安户籍人口统计年报显示，2015年末，永嘉县户籍总户数29.06万户，总人口96.49万人。总人口中，城镇人口32.19万人，占总人口的33.4%。[1] "2015年，全县实现地区生产总值330.92亿元，是2010年的1.6倍，年均增长9.3%。城镇居民人均可支配收入35161元，农村居民人均可支配收入16938元，年均分别增长9.5%和14.1%。全县游客数、旅游总收入年均分别增长23.3%和25.1%。楠溪江入选全国最受欢迎景区、全国乡村旅游度假目的地，成功培育国际户外运动赛事品牌，跻身浙江旅游发展十佳县行列。全力推进城乡一体，大力推进上塘——瓯北核心城市建设，突出新区拓展和旧城改造并举，三江、黄田等重点区块开发全面提速，一批城市综合体和高品质商住项目加快建设，县城建成区面积从6.44平方公里扩展到10.84平方公里。"[2]

永嘉境内散布着无数大大小小的古村落。楠溪江流域山清水秀，江水水质清澈优良，含沙量仅为0.00001g/m³。由于地理位置相对封闭，形成了一个独立的建筑文化圈，散布着200多座单姓的血缘村

---

[1] 《中国永嘉》，http://www.yj.gov.cn/。
[2] 姜景峰在永嘉县第十五届人民代表大会第五次会议上所作的《永嘉县政府工作报告》，2016年2月22日。

落，每一个村落都是一个宗法共同体，一个由民居、宗祠、亭台、池榭、书院和寨墙等组成的设备齐全的传统小社会。它们赋予楠溪江的建筑群、风景区以丰富的文化内涵。无论在建筑史还是规划史上，都有着很高的研究价值。以"天人合一""太极八卦""阴阳五行""风水"等思想构建起的楠溪江古村落，还保留着大批完整的宗谱、族谱。[①] 楠溪江两岸，有"七星八斗"芙蓉村、"金山丽水"岩头村、"文房四宝"苍坡村等大大小小 200 余座古村落，乡土文化浓郁；伴随着如画美景，谢灵运、王羲之、孟浩然、苏东坡等古代文人墨客吟出了一首首脍炙人口的山水诗。

1985 年，永嘉县着手申报楠溪江国家级风景名胜区，当时就把古村落作为景区重要部分。1988 年，楠溪江风景区被批准为国家级风景名胜区，县委县政府将古村落保护工作提上议事日程，多次邀请教授专家实地考察，委托清华大学、同济大学、东南大学等名校编制古村落保护规划。1997 年，永嘉县有关部门经过充分调研，提出古村落旅游开发计划。在实施过程中，省、市、县拨款和地方自筹资金 2000 多万元，用于丽水街以及芙蓉、苍坡、埭头、林坑、屿北、岭上等古村落的开发保护，其中主要是古村落规划、古建筑修缮、配套旅游设施建设、环境综合整治和保护管理方面，拆除了古村落周边的违章建筑；整治景观和房屋，严格修旧如旧、就地取材、保留原有风貌和特色；为缓解古村落人口增多与不准建新房的矛盾，在古村外另建新村并鼓励古村落居民外迁新村或向城镇聚集，有效化解村民对古村落保护的抵触情绪。

值得一提的是，在温州市所辖的县市区中，永嘉县虽属经济欠发达地区，但对旅游开发和古村落保护的重视和投入，其眼光和魄力是十分让人敬佩的。为大力发展旅游业，2012 年，永嘉县专门制订了《永嘉县旅游业发展扶持办法》（试行），加大财政支持力度、金融支持力度、旅游项目招商引资力度，促进旅游住宿业、旅游餐饮业、旅游文化和促进养生旅游的发展。自 2012 年起，县级财政每年安排旅游发展专项资金不少于 3000 万元，用于景区管理、旅游信息化建设、自然和文化资源保护等。每年安排建设资金不少于 1 亿元用于重点景区的开发建设、

---

① 《永嘉》，http://baike.baidu.com/link?url。

景区基础配套设施建设、古村落的保护利用及旅游招商项目的前期工作等。①

国家级风景名胜区、浙江省首批4A级旅游景区是永嘉旅游的金名片。1999年、2001年，楠溪江2次被列入"中国世界文化遗产预备名单"，这是自然与文化的双重遗产。2009年，楠溪江古村落整体被授予国内唯一"中国景观古村落群"称号，其中芙蓉、埭头、屿北等7个古村入选中国景观村落名录。2012年，永嘉提出并实施"大生态旅游区"战略，培育"生态、休闲、度假、体验、养生"五大旅游品牌，其目标是："到2021年，全县年旅游接待人数超过1000万人次，旅游收入超过100亿元，旅游业要成为全县重要的支柱产业之一，楠溪江风景旅游区，也要通过世界文化与自然双遗产地考评，成为国内一流、国际知名的独具特色旅游区。"② 永嘉县重视生态建设，注重可持续发展。在浙江省整体推进美丽乡村建设的过程中，永嘉递交了鲜活的范本：有人、有山、有水、有历史，让村民望得见山、看得见水、记得住乡愁。2014年，在由国务院新闻办公室、国家互联网信息办公室、中国文化部指导，中国日报网等媒体组织推选的"最美中国符号"品牌活动中，楠溪江风景旅游区当选"最美当代世外桃源"，成为品牌榜上的亮丽符号。

2016年3月，楠溪江国家5A级景区创建通过省专家评审。专家组表示，"永嘉楠溪江景区是农耕文明与生态景观融为一体、历史文化与自然山水交相辉映的共荣共生的共同体，可以说'诗画浙江'的精髓就在永嘉楠溪江，其旅游资源和景观价值在全省乃至全国范围内独一无二，完全具备国家5A级景区创建的要求。结合目前楠溪江景区的实际情况，迫切需要通过5A级景区创建来打造核心品牌，形成核心竞争力，起到标杆的旗帜效应"。③

---

① 《永嘉县旅游业发展扶持办法》（试行），http://gotrip.zjol.com.cn/05gotrip/system/2012/02/23/018218958.shtml。

② 沙默、蒋忠克、叶圣义：《永嘉：强力打造大生态旅游区》，《温州日报》2012年3月28日。

③ 叶圣义：《楠溪江国家5A级景区创建通过省专家评审》，《温州日报》2016年3月27日。

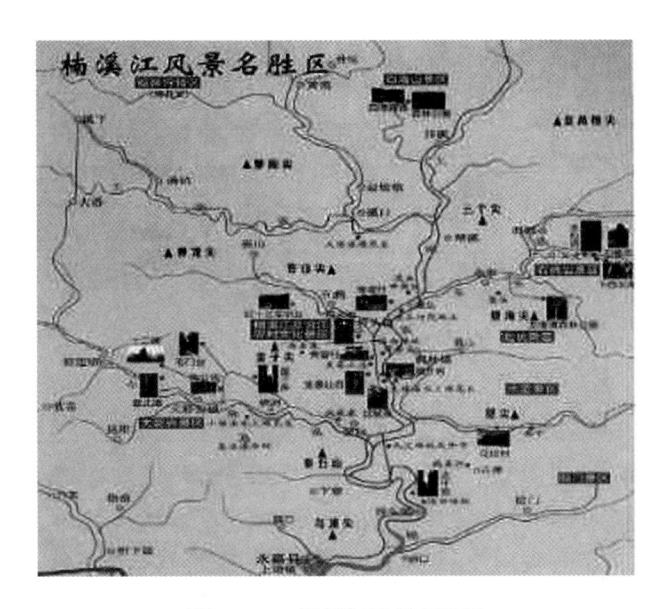

图 3—40　楠溪江风景名胜区

　　楠溪江旅游的声名鹊起得益于美丽的自然风光,更得益于悠久厚重的历史文化传承。南宋之时,浙东一带,文风鼎盛,门户林立。温州地区(也称永嘉,东晋太宁元年设永嘉郡)曾有"温多士,为东南最"之美誉。近代学者孙诒让著《温州经籍志》,记两宋时温州学者共241人,著作616部,而多数是在南宋时期。"在众多学术流派中,永嘉学派影响最为深远。永嘉学派是南宋时期能够与朱熹理学、陆九渊心学成鼎足之势的重要学术思想流派,创始人是郑伯熊兄弟、薛季宣、陈傅良等,永嘉是当时的州治所在地,故称为永嘉学派。稍后的思想家叶适继承和发展了永嘉之学,进一步扩大了永嘉学派的影响,在当时的学术思想界有举足轻重的地位。"[①]

　　永嘉学派的代表性人物、集大成者叶适,提出了反传统的"以利和义"思想,以功利来统一仁义与事功,肯定人们追逐利益的行为。他认为义和利、明道和计功不是对立的,主张结合事功讲义理。针对传统的"重本轻末""抑末厚本",叶适认为应该重视发展工商业,纠正了

---

①《永嘉县》,http://baike.baidu.com/view/134151.htm?func=retitle。

历史上对工商业的轻视。历史上的永嘉学派曾经与理学、心学对峙而一度形成了三足鼎立的局面，但之后由于朱熹弟子的传承耕耘，使得永嘉学派衰落而被理学风气笼罩。尽管如此，永嘉学派尤其是叶适的思想对后世产生了极大的影响。晚清时，当时人称"东瓯三杰"的维新派思想家陈虬、宋恕、陈黻宸就以重振永嘉学派为己任。面对内忧外患的局势，陈虬与当时的林则徐、魏源、冯桂芬一起打起经世致用的旗帜。他在1884年所著《善举尽可计利以图扩充说》一文中提出了具有自己特色的"义利之说"。他大胆谈利，推崇"谋利"，认为义利之间是相互依存的关系。改革开放之初，当人们不敢或耻于言利时，温州人秉承永嘉学派思想中"以利和义"的价值观，开风气之先，勇于求利，善于求利，堂堂正正去赚钱，成就了"敢为人先、特别能吃苦、特别能创业"的温州人精神。永嘉学派的许多思想文化资源，对于我们在市场经济条件下，如何对待义利关系、如何看待求利行为、如何引导求利冲动等都有许多启发。

岩头镇概况

岩头镇位于永嘉县中部，楠溪江中游的河谷平原，东至乐清市40公里，南至永嘉县城32公里，至温州市46公里，下辖36个行政村，1个居委会。岩头镇历史悠久，早在五代十国时期，此地成为避乱的地方。北宋时期，本区域河谷地带已有不少村落。1949年5月解放时建立岩头镇人民政府，此后经过公社、乡、镇几次变更，1992年撤区、扩镇、并乡时，港头乡、溪垟乡部分并入岩头镇。2011年，撤销五（涑鸟）乡、表山乡、鲤溪乡，并入岩头镇。岩头镇是楠溪江风景旅游区的中心点，旅游资源十分丰富，以狮子岩为核心景区，景点可分为狮子岩、丽水街、芙蓉古村、苍坡古村、红十三军遗址、进士牌楼，等等。[1]

岩头镇是温州市唯一一个国家历史文化名镇，是永嘉县旅游业发展的重镇。岩头镇对传统村落、文物等保护意识强。根据《中华人民共和国历史文化名城名镇名村保护条例》，申报历史文化名城名镇名村需具备五个条件：一是保存文物特别丰富；二是历史建筑集中成片；三是保护

---

[1] 《岩头镇》，http://baike.baidu.com/。

管理措施到位；四是保留着传统格局和历史风貌；五是城市的历史文化特色与价值。岩头镇多个国家级、省级文化古村落形成的楠溪江独有的保留完整的丽水街、古村落群等就具备了上述这五个特征。

"丽水街，位于温州永嘉岩头镇东缘的蓄水堤上，又名丽水长廊。作为楠溪江的景点之一，这里显示出古朴之风，一切都是那么的古老与沧桑。这条街全长300多米，沿街有90多间店面，每间店面宽约3米，进深10米，为两层楼建筑。成列的商店前，空出2米—2.5米宽的道路。有屋檐披盖，以利于行人遮阳避雨。蓄水堤建于明嘉靖年间，当时地方宗族规定堤上只许莳花种树与建亭，不准筑屋经商。到了清代，岩头村长堤成了担盐客的必经之路。清末之际，长堤发展成为初具规模的商业街。太平天国起义时曾遭火焚，近年重修。"[①]

图 3—41　岩头镇丽水街

近年来，岩头镇着力于建设"楠溪耕读小镇"，深入开展美丽乡村和美丽浙南水乡建设，以旅游产业发展为支撑，着力提升美丽乡村精品线整体品质，修缮一批文保点和古建筑，加强历史文化村落保护利用。以"文化·长寿·休闲"为主题，文化、森林、度假、养生、运动、露营、会议、红色旅游多点发力，推进文化休闲旅游深度发展。丰富的山水资

---

① 《丽水街》，http://baike.baidu.com/item/%E4%B8%BD%E6%B0%B4%E8%A1%97。

源、悠久的历史文脉和深厚的人文底蕴，为楠溪耕读小镇发展文化创意产业提供了得天独厚的肥沃土壤，走出了一条以文化休闲旅游为核心的产业之路。2015年，岩头镇荣获"中国美丽乡村建设示范镇"。[①]

芙蓉村概况及城市化进程

（一）地理位置

芙蓉村地处浙江省永嘉县岩头镇南，距温州市区40公里；始建于唐代末年，陈姓聚居。芙蓉村因其三座高崖"芙蓉三冠"而得名。芙蓉村按照"七星八斗"的规划设计，意为天上星与地上人相对应，星筑台、斗凿池以为象征。在这里，人们不但可以了解到中国古代耕读文化、宗族文化演变情况，而且可以感受到村寨建筑艺术的动人魅力。[②]

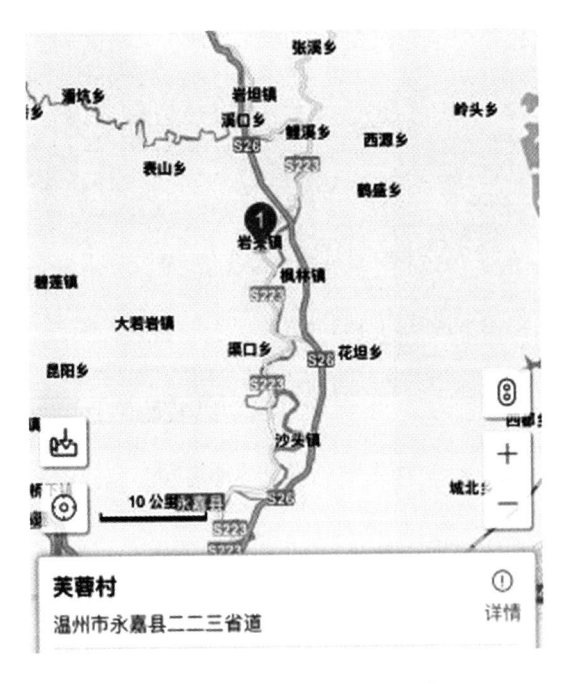

图3—42　永嘉芙蓉村位置图

---

① 王舒：《楠溪耕读小镇：寻找身边的"桃源"》，《温州日报》2015年8月12日。
② 《芙蓉古村》，http://baike.baidu.com/link? Url。

芙蓉村是一个自然村,面积约14.3公顷,有670户人家,3100人,村民98%姓陈,为典型的单姓宗族村落,是一个山清水秀的山区村。

(二)历史沿革

唐代末年陈拱来到这里定居,成为芙蓉村陈氏的迁始祖。现在的芙蓉村里的居民已是陈氏第三十八或三十九代后人了。国民党统治时期,村里出了许多人才,声名远播。村民说:"国民党时黄埔军校总是最有名的了,我们村里考上的很多。黄埔军校第七期里,本村的学员就有七个。如果是第一期毕业的话,最起码也是团长以上,当然到后面几期官要小一些了。"

1949年5月,永嘉县全境解放,这个村也过上了新生活,也经历过各种各样的运动。1950年,芙蓉村进行了土地改革,当时村里每人可分田0.6亩(后来随着人口增加,到20世纪,按人口分,每人只能分到0.2亩)。1954年,村里成立了互助组,后来成立了初级社,发展到高级再到人民公社。1956年,永嘉县在农业合作社中,大规模地实行"包产到户"试点,成为中国农村改革的源头。村民描述说:村里刚解放时是初级社,后来变成高级社、人民公社了。村里1957年闹社了,有人敲锣说,不要高级社了,把土地都分掉,散社了,散社了,大家分土地,自己干自己的了。改革开放以后,农民从土地上解放出来,温州乡镇企业异军突起,村里地少人多,生活清贫,约60%的劳动力到城里去打工,老幼妇孺留在村里,而老人们还干着熟悉的农活。

(三)村落布局

南宋景炎元年(1276)2月,临安失守,元兵长驱直下到温州。芙蓉族人"十八金带"之一的陈虞之(1225—1279)奉诏起兵勤王,把元兵引到楠溪江。陈虞之寡不敌众,用布蒙住马眼,率八百义兵跳崖殉国。元兵进村,洗劫村寨,芙蓉村几近破灭。壮烈牺牲的陈虞之还被诬陷。1341年,元顺帝至正元年,大赦天下,平反冤狱,散居在外的芙蓉陈姓子孙才得以重建家园。现在的芙蓉村就是于元顺帝至正元年以后在古村废墟上重新建造起来的。①

为汲取战乱教训,重建家园时重在防御抗战。十八世祖陈贵道按"七星八斗"② 布局设计,寓意魁星点斗,人才辈出。到明末清初,形成了现在坐西朝东、正方形的村寨古城。建筑材料是石头,护寨的围墙具防御功能。寨墙外的水渠犹如护城河。

图 3—43 永嘉芙蓉村村落布局

芙蓉村寨内部规划的灵魂在"七星八斗"。长塘街,沿溪水东西走向,是村落的主街道,全长 220 米,宋代建成,已有 700 多年历史。南北道路和长塘街成 T 字形交叉,道路、水渠迂回曲折构成了迷宫一般的活动空间。芙蓉村的古民居多建于明朝初年。格局基本是四合院式的。正屋明间为堂屋,边屋为廊宅,前廊与正屋前廊相连,成三面围合形。屋脊呈弧线状屋面平缓,出檐深远。家家石砌矮墙、户户果树成荫,使整座村寨显得惬意和滋润。③

---

① 资料来源:芙蓉村老人协会陈中光先生所叙。
② 七星八斗是一种乡土文化建筑设计,即古人说的阴阳风水营造。它与八卦一样,源于易经。七星是指天上北斗七个星。村里的七星指建在村内主要道路的交汇点稍高于路面的方形平台。八斗就是建在村内东西南北中的水塘、方井,象征八卦中的三才五行;"七星八斗"在战争时具有防御功能。
③ 《芙蓉古村》,http://baike.baidu.com/link?Url。

图 3—44　芙蓉村长塘街

人们今天在村里所见的大多数为清代建筑，但整个村落的风格依然保存了元代风格。有对联称："地枕三崖，崖吐名花明昭万古；门临四水，水生秀气荣荫千秋。"① 中国古人说："智者乐水，仁者乐山。智者动，仁者静。智者乐，仁者寿。"芙蓉村的古建筑与村落布局充分体现了人的德性和自然融合的中国儒家文化精神，把外面大自然和人的内心德性天人合一而艺术化，一花一草，一亭一阁，都是艺术世界。2006年5月，芙蓉村古建筑群入选第六批全国文物保护单位。

（四）基础设施与教育

村里的基础设施保持古朴状态。村里没有水泥路，主干道就是长塘街。村里老人曾自豪地诵出一首民谣："天上天堂，地下芙蓉；有吃没吃，长塘街荡荡。"据说在整个楠溪江景区，这样的街道只有两条半。除了这条主干道，多为用卵石铺成的小巷，连接着各家各户。村里的老人

---

① 胡念望、胡跃中：《楠溪江导游词》，中国旅游出版社2002年版，第50—52页。

们自豪，年轻人却有诸多抱怨，他们说，家境再好的也不能买汽车，因为没法开，于是只有买摩托车、自行车。因在风景区，有体力的村民大多会在农闲时出去踩三轮车挣钱，这些车辆的进出就是个难题，路窄、石子路颠簸不说，光是要上上下下那些台阶，就够难为人的。年轻人说，村里找不出一块平地，房屋都有几百年历史了，有钱了都想到外面买房子住，过一过现代生活。我们在村里走着，满目的古色古香，一时间觉得时光倒流着把我们送到了古代社会。

村民家家户户的庭院里都有压水机，是生活用水的主要来源。2003年，村里完成了低压电网改造，村民照明用电基本正常。村里与岩头镇相邻，有大巴和中巴通往永嘉县城，出行便利。1958年，修了一条从岩头到沙头的公路，村民开始走向外面的世界。通信业较为发达，固定电话和手机几乎家家都有。村里有一些外来人口，主要是来包田种的，因本村的劳力大量外流打工，不少田没人种。芙蓉小学是村里一所占地4000多平方米的完小，有6个班级，9位教师，260余名学生。教师调动比较频繁，一般调往岩头镇，谋求更好的发展。有本村台湾侨胞捐资10万元建立教育基金会，在不动用本金的情况下，其利息用于奖励本村考上大学的学子。因为芙蓉村有浓郁的耕读文化传统，重教重学，以读书求学为荣，中途辍学的很少，做生意有钱人家一般会把子女送到县城上学。

（五）村落的经济变迁

改革开放前，村里呈现典型的农业生产状态，主要产业是种植业，村民在农闲时也从事手工业，如弹棉花、打铁、做泥水工。城市化进程中，由于地处偏远山区，古村落面貌改变不大，人多地少，农业效益差，当时纯种田的，一年人均收入能有一二千元就算不错了。村里的年轻人基本都不种田，读完书考不上大学，就想方设法出去找工作。老人们体谅地说：干农活太累，又没钱，他们没种田的经验，也不习惯，出去才叫有出息。因此，变化最大的就是村落人口流动日益频繁起来，青壮年纷纷离土离乡，大多是出外打工谋生的，也有做生意、做工匠的。

长期以来，村里集体经济非常薄弱，分田到户后，只有山上一小片杨梅林归村集体所有，每年村集体收入为6000—7000元左右，主要来自山上出产的杨梅。村每年的财政总支出与收入持平，日子过得紧巴巴的。村财务收支一年公开2次，供村民监督。在村里当村干部没有什么油水，也听说有些地方村委会选举的贿选，村干部权当是听故事。村支书说："旅游开发前，我们村收入少，开支自然也少，我们也没有工资，村支书一年补贴300元，村两委士气不太高，当然矛盾也少。钱少也好，省得别人说我们吃掉了、乱花掉了，反正我自己是不想也不会多拿的。"在旅游开发前的2002年，该村农民人均年收入为2300元，而该年度永嘉县农民人均平均纯收入4081元，也就是说这个古村落农民的收入一直上不去，拖了全县后腿，农民生活水平较为低下，是一个名副其实的"苦村落"。

村里一直没有大的工业企业，只有零散的三四个家庭作坊式小厂，大一点的是一个农机具厂，是私人老板租村里人的房子办的，跟村里关系不大。改革开放以后，温州各地区乡镇企业一片红火，村干部也心动了，开始不满足目前靠种田达到的温饱，总想着通过办企业让村民尽快脱贫致富，更上一层楼，让村里走上乡村工业化的道路。于是村里先后发动村民，筹资办过厂子，但屡试屡败，总算没有欠一屁股债已是万幸。

永嘉县和岩头镇政府看到纯农业经济下农民增收步子缓慢，于是在充分挖掘古村落的文化资源价值和旅游开发价值后，1997年对芙蓉村进行旅游开发，纳入楠溪江国家旅游风景名胜群中，一并纳入开发的还有岩头丽水街、苍坡古村、埭头古村、岭上人家、林坑古村等。旅游开发后，村里进行了水渠疏通、道路维修、低压电网改造等；村集体有收入后，便为村民做福利事业，给60岁以上的老人发补贴，给考上大学的大学生发奖学金，村民总体反映良好。

搞了旅游开发，这个村成为古村落风景区。为了保持村里的古色古香的风格，上级要求，有污染的企业一律不准办，现代化的建筑一律不准建。村干部陈岩桥告诉我们说："我们村搞旅游开发，这条路方向是对的。在楠溪江只有搞旅游搞景点开发的，把它做大，上档次，有影响，到时村里就可能脱贫致富。办厂在这里行不通的，第一信息不灵；第二交通不便，主要是山里，离城市远；第三是原材料都要从外地运进来，成本太高。"旅游开发后，沿街的农户办起民宿，家门口摆个小摊卖农家自制的索面、粉干等。每到节假日，芙蓉村旅游人数爆满，门票收入丰厚。有文化、口才较好的村民在村里做起了导游，陪同讲解一次收费20

元，一年下来也有好几千元。据说有一农户是在村口炒粉干的，一年下来光炒粉干就收入1万多元。

（六）村落的宗族文化变迁

中国历史中的伦理、道德很大程度上是与宗族社会互为表里的。历史上，作为一种基层社会组织抑或权力体系，宗族显得严密而有序，长幼有序，论资排辈，能为宗族成员提供必要的社会保障。传统社会中，宗族维护着社会稳定，有着厚重的历史文化积淀，它通常是族谱、族祠、族规、族产及族长的有机结合。读书做官、光宗耀祖一直是各族追求的目标。新中国成立后，宗法制度被摧毁，经过土改和人民公社，大部分农村的宗族活动趋于消失。

图3—45　芙蓉村陈氏大宗祠

在我们所调查的永嘉古村落，由于"山高皇帝远"，国家力量在乡村的渗透往往会被区域文化所冲淡，祭祀之风一直存在。20世纪80年代以后，宗族现象普遍复萌，几成蔓延之势，一些传统的仪式和象征（如神像）也回到地方文化的舞台上来。宗族的复兴主要表现为传统习俗与礼节的复兴，如修宗谱、立宗祠、祭祖、寻亲等。这些耕读传家的单姓宗族古村落大多是因战乱迁徙而来的大族，必然要编织血缘脉系以求得人伦秩序的稳定。每个宗族各有宗法、宗祠，还按天干地支每隔15年或60年修宗谱，等等。宗族的象征宗祠，或称宗庙、祠堂，可以说是宗族的圣地。

陈氏大宗祠是为纪念芙蓉建村始祖陈拱修建的，始建于宋代，后遭兵焚，明代重建，现有600多年历史。大宗祠占地1800多平方米，是供奉本村始祖与列祖列宗的地方，也是血缘村落里最高品位的公共建筑，更是全村的礼教中心。宗祠坐落在东门内，由于是礼制建筑，因而格局严谨，形制完备，是芙蓉古村建筑中的精华之一。它坐西朝东，前面有一个大院子，院的南北各有一门，南门叫"光宗门"，北门叫"耀祖门"。院的前方开有一方小池，叫"相承池"。池的东岸有一照壁，照壁上雕有"八仙乘槎图"。陈氏大宗祠的主体建筑为七开间，两进建筑，正厅左右为宽敞的廊间，与享堂正对着的是宗祠中最为精美的大戏台。据老人们说，这是演戏给祖宗看的，实际上它也是由敬祖转而娱人的一种形式。戏台向院内凸出，三面开敞临空，便于观众于三个方向看戏，台的屋顶为歇山顶，檐口高，翼角飞扬，木结构上有雕成神仙人物的斜撑，精美的花篮柱，覆莲式的梢子，雕工非常精美，据说像这样的建筑，在全国也属罕见。宗祠的正厅上方高悬着许多功名牌匾，享堂的柱上写有许多楹联。其中有一对柱上写着："地枕三崖，崖吐名花明昭万古；门临四水，水生秀气荣荫千秋"，说的就是芙蓉村的鼎盛文风和好风水之间的关系。[①]

宗祠在"文革"时是全村开社员大会、批斗大会的地方，现在一些标语还历历在目。搞古村落开发时，最早全面修缮的就是大宗祠，这也是游客必参观的地方。每年的农历二月初二，上横头（浙江方言）挂十八金带像，展出朝笏、朝服及社传金印，还有狮子香炉、旗瓶、三脚杯等古董以及各种米塑及其他乡村的稀罕物品。这个日子也是村里陈氏的祭祖的日子，族人欢聚，奉上全猪全羊，村里出面请来戏班子，做戏三天三夜，热闹非凡，至今这一风俗还保留着。通过修宗谱、建祠堂等宗族活动，宗族成员从中获得了历史感和归属感。

祭祀祖先是宗族敬宗收族的重要仪典。宗祠祭祖是最为重要的宗族

---

① 《芙蓉古村》，http://baike.baidu.com/。

活动。祖先崇拜是受血缘观念支配的宗教行为。祖先又是维护其血缘关系的纽带。由于古村落地处偏僻，村落的祭祖活动即使在"文革"时期也没有中断过。1978年以后，祭祖活动由地下转为公开，并由家祭向整个宗族扩大，每年至少举行一次，以此来增强宗族的凝聚力。每到清明，族人齐聚祠堂（现在每户派一名男性作代表参加即可），在祖宗的灵位前奉上祭品，由族长主祭，族人按辈分高低和身份尊卑，有序跪拜。祭毕会食，族人则按长幼尊卑落座"吃清明酒"，一般还会请来戏班子演戏。族人们还要到迁始祖墓地拜祭，而后各家各户分别至先人坟前拜祭。调查中，我们发现，"清明祭祖"活动获得族人的较高认同，每逢清明，村里在外打工的青壮年大多会回村。它是中国传统伦理精神中孝道的体现，在仪式化的追思里，寄托了对先人的怀念，强调了亲人间的感情联系。通过祭奠表达内心情感，诉说内心的困惑、渴望，希望祖先冥冥之中给予保佑。集体祭祀活动也已成为一种社会交往方式，围绕祭祖而进行的族人互访、聚会以及经济的和情感的交流，也是一种不可多得的社会资本。

　　城市化进程改变着人们的观念，造成村落人口大量外流，极大地冲击了传统宗族文化。虽然修谱、宗祠、祭祀等宗族活动，强化了宗族认同，沟通了血缘感情，但还是不可遏止地在弱化。主要表现为：第一，宗族活动神圣感不再。年轻人表现得自由随意，想去就去，想不去就不去，或是"随大溜"，而宗族本身也无激励与制裁措施。族长在人们心目中也失去过去那种高不可攀的神秘光环，年轻人走在路上，能与族长太公打个招呼已经算懂礼貌了。由于举办宗族活动的经费主要来自族人，各家都要出钱尽义务，族人们就变得很现实，宗族活动最后往往都从祭祀祖先演变成"吃喝"，而且认为是"吃自己的"，吃得心安理得。村民宗教信仰的分化，使宗族活动进一步失去它原有的领地，如基督教徒一般不参加宗族活动，热衷于教堂的礼拜；第二，宗族仪式的形式化。由于生计繁忙，赚钱要紧，热心于宗族活动的一般都是老年人。如今为适应现代生活节奏，宗族仪式也开始"走过场"了，很多仪式都简化了。如果族长、房长没有能力组织，村干部不便出面组织，或者组织了无人响应参与，宗族活动就搞不起来了。

(七) 村落的耕读文化传承

耕读生活起源于隐逸，是古代文人士人陶情冶性的寄托，是儒家"退则独善其身"和道家"复归返自然"的人格体现和生活理想。一些士子人在官场，不愿与贪官污吏同流合污，避红尘，脱世俗，寄情山水，或隐居山林，在青山秀水间吟诗题赋、修身养性。到了宋代，科举制度的演进，重新燃起了普通人家对科举入仕、光耀门楣的希望，于是牛角挂书、柳枝为笔、沙地练字，赋予耕读文化新的内涵。[①]

图 3—46　芙蓉村的芙蓉书院

耕读文化文脉流传，读可荣身，耕可致富，礼仪文风甚盛，因而世代簪缨迭起，名家辈出。耕读文化浸润着在楠溪江星罗棋布的一个个古村落，小小的芙蓉村建有"芙蓉书院"就是明证。"书院是中国古代一种重要的教育组成形式，大体形成于唐末五代，兴盛于宋元，延续于明清，与官学、私学构成三足鼎立的局面。书院之名起于唐末，有官私二类：官办书院的职能主要是校勘与典藏图书文献；私人书院，是读书人自己

----
① 胡念望：《芙蓉、苍坡以及楠溪江畔的其他村落》，浙江摄影出版社2001年版，第30页。

读书治学的场所,变成一种教育机构,是从五代发展起来的。北宋初年,官学数量有限,满足不了广泛的读书需要,于是私人书院乘势发展起来。南宋时期,书院继续发展,不仅在数量上远远超过北宋,而且最终使书院的办学模式和管理制度确定下来。书院制度作为中国古代教育制度中的一个重要的组成部分,在长达一千多年的与官学既显示差别又保持同一的对立统一的过程中,积累了丰富的经验,培养了许多优秀的人才,为中华民族的发展做出了卓越的贡献。鸦片战争后,书院适应社会的迅猛变革,广泛设置西学内容的课程,力求与时代共同进步。随着新式教育的全面推行,书院也终于改为新式学堂,从而结束了它的历史使命"。[1]

芙蓉书院始建于清乾隆年间,形制正规庄重,有照壁、泮池、仪门、杏坛、明伦堂、讲堂,南侧有山长住宅和花园等。书院作为文教建筑,在村里象征着上层雅言文化统治,捍卫的是封建统治。

芙蓉村文化资源丰富、历史底蕴深厚,现保留着许多文物古迹,其中"司马第大屋"建于清乾隆十五年(1750)陈士鸾所。它由3座四合院并肩组合而成,宽70米,有15个中堂、6个天井、24个道坛、58间房屋,兼有花园、池塘、水井,占地6400平方米。现在住着陈氏家族36户人家。3座四合院各有自己的门,院子间有夹道连通,从正门到屋子阶前宽18米,划分为几个大院落。整个住宅显得宽敞、亲切。如今大屋已褪尽昔日繁华,整体显得十分破旧,作为重点文物保护单位,不允许拆毁造新楼,因此,这与村民追求现代生活和现有的居住环境有落差、有冲突。古建筑"明伦堂"坐落在村中央,北靠长塘街,东临芙蓉池,是一座封闭的内院式建筑。整座书院格局正统,形制规整,由东向西,依次排列着泮池、仪门、杏坛、明伦堂和讲堂。仪门前有旗杆一对,堂前有3.2米宽、6.4米长的长方形杏坛。明伦堂和讲堂都是三开间,进深9米。明伦堂后壁中央有供奉孔子的神龛,两侧挂有孔子的一些语录,讲堂后壁开有2扇窗子,通过后面一个很窄的采光天井来透光,以方便学子们学习。书院的南侧有三开间的山长住宅,宅前有一个宽约12米、长约50米的大花园,园内修竹茂密,假山起伏,1条蜿蜒的石径和水溪从中而过,花园有1道小门同讲堂相通。所以这里也是学子们休息或嬉闹

---

[1] 王锦贵:《中国文化史简编》,北京大学出版社2004年版,第193—195页。

的好去处。①

城市化促进了经济发展和生活水平的提高,城里的人口越来越稠密,空间越来越小,人们渴望返璞归真,寻找、回味农耕时期的原始古朴,这是古村落文化旅游发展契机所在。耕读文化是在永嘉独特的历史和地理环境下形成的精神文化,它和古村落的建筑文化、宗教文化一起,以独特的价值而被开发利用,成为旅游业发展的基础。文化资源不仅具有独特的科学价值、艺术价值,更具有经济价值。旅游业对文化资源的依赖性是不言而喻的,旅游业被认为是文化资源转化为现实经济资源的最佳途径。② 2001年,"文化楠溪江"绿色战略的启动,标志着古村落的文化资源逐渐被发掘。耕读文化作为其中一颗璀璨的明珠,正以前所未有的震撼力与感召力,冲击着游人们的视野。在中国哲学史和文学史上享有盛名的"永嘉学派"、"永嘉四灵"和具有伟大民族精神的陈虞之、闻名遐迩的芙蓉"十八京旦(金带)"……这些耕读文化的经典人物为人们所知晓,山野之中曾经弥漫过的浓郁的文化气息令人神往。文化资源的开发与利用,让村民们开阔了眼界,带来了经济效益,村里的长塘街重显昔日繁华。因地制宜的古村落旅游开发促进了永嘉经济社会发展。

图3—47 调研队入住芙蓉村

① 《芙蓉古村》,http://baike.baidu.com/link?url。
② 李东红、杨利美:《文化资源的价值评估、成本核算与经济补偿》,《思想战线》2004年第3期。

图 3—48　调研队与村民座谈

图 3—49　采访村干部陈岩桥

图 3—50　调研队入户访谈中

第四章

顺势而为:村落变迁的共性和个性特征

城市化进程中的村落变迁呈现出许多共性,但也有个性特征。共性特征是指村落面临的政策背景、社会变迁内涵表现、市场因素的侵入、社会力量的生长等,共性决定村落变迁的基本方向和性质;个性是指不同类型村落变迁方式和路径差异性、特殊性。共性是绝对的,个性是相对的、有条件的,在一定条件下,二者会相互转化。

一 转型变革:村落社会变迁的基本特征

社会变迁(Social Change)是包罗万象的概念,指社会的发展、进步、整合、停滞、解体等现象,包括社会现象的动态变化过程、各种意义上的变化。社会学着重于研究某一特定的社会结构变化或社会局部变化。城市化进程会让村落从最传统的生活方式、行动情境中撤离,走向终结和消亡,也带来了前所未有的发展契机。

(一) 村落生产方式的转型

生产方式,通常是指人们谋取社会生活所需物质资料的方式,以及生产过程中的人与人、人与自然之间的关系。农业生产方式,一般是指农业生产的方法和形式,主要指农业生产制度、组织形式以及农产品的交换方式。

1. 农业生产制度的演变。

传统中国社会，农业为国家经济的基础，农民世世代代沿用传统的生产方式耕作土地，以维持较低水平的自给自足。1949年，新政权的建立对于广大的农民而言，最具有实质性意义的变革恐怕要数土地革命了。获得了"土地证"的农民成为了土地的新主人，他们耕种自己的土地，实现了千百年来中国农民"耕者有其田"的愿望。为了避免农村由于个体耕种而产生的两极分化，开展农业生产互助合作成为一项迫切的任务。于是，从农业生产互助组—初级社—高级社，一环紧扣着一环，最终"人民公社化"运动将这一进程推向了高潮，中国农村进入"集体化"时代。[①]

改革开放之后，农业生产方式随之发生根本性的转变，表现在生产的组织形式即生产制度上，即为家庭联产承包责任制的实施，将家庭承包经营引入集体经济。这项由安徽凤阳县小岗生产队率先实行的改革举措迅速推广到全国，使中国农民告别了人民公社制度。作为一种生产制度的创新，给中国的农业生产带来了勃勃生机。改革开放之初，农村实行家庭联产承包责任制，将土地所有权和承包经营权分设，所有权归集体，承包经营权归农户，调动了农民的积极性，解决了温饱问题。然而，到了20世纪90年代，农业生产和农民收入增长呈现滞缓，家庭联产承包责任制遭遇到瓶颈问题：一是农地规模的碎片化、农地产权制度的凝固性，导致农地资源配置的低效，影响了农业劳动生产率的提升和农业规模化经营的实现；二是农民只拥有不完全的地权，难免有大大小小的土地调整、土地征用，土地产权处于不稳定状态，农民对土地投资的积极性降低。为了让家庭联产承包责任制更好地得以发展，必须尊重农民意愿，维护农民合法权益，发挥其主动性和创造性，落实集体所有权，稳定农户承包权，放活土地经营权，充分发挥"三权"的各自功能和整体效用，推进农村土地制度创新。

2. 村落产业结构的调整。

产业结构，是指各产业的构成及各产业之间的联系和比例关系。一

[①] 梁敬明：《走近郑宅——乡村社会变迁与农民生存状态（1949—1999）》，中国社会科学出版社2005年版，第98页。

个村落产业结构合理与否,直接影响村落发展与农民收入。

中国是个传统的农业大国,长期以来,农业都是最重要的产业。如费孝通先生在《江村经济》中描述的:"这村(指江村)有2/3以上的农户主要从事农业。一年中有8个月用来种地。农民的食物完全依赖自己田地的产品。"[1]

1978年之后,工业化、城市化促使农村产业结构发生重大调整,最引人注目的第二产业、第三产业的长足发展。邓小平同志指出:"农村改革中,我们完全没有预料到的最大的收获,就是乡镇企业发展起来了,突然冒出搞多种行业,搞商品经济,搞各种小型企业,异军突起。"[2] 大量的农村劳动力从农业劳动中脱离出来;农民收入增加的强烈愿望,成为一种自发性与原动力,使得乡镇企业在原来"社队企业"的基础上蓬勃发展起来。乡镇企业是农村工业化和城市化的重要表现。在这一过程中,形成了中国农村工业化和城市化的多种模式:珠江三角洲可以看作是外资影响下的乡村工业化和城市化;苏南地区可以看作是乡村社区政府发动、乡镇集体工业推动下的工业化和城市化;而浙江温州地区和福建泉州地区则可看作是个体私人发动、市场—加工贸易推动下的乡村工业化和城市化。[3]

除了农村工业的兴起,第三产业也迅速发展。这也是应农民收入水平的提高和消费结构的变化要求而出现的。脱贫致富后的农民,消费方式和文化生活正在发生改变,消费方式也从满足温饱向追求个性、追求便利、追求时尚方向发展。他们学习文化知识,提升综合素质;参加文体娱乐,健康卫生水平提升;同时,还需要金融、保险、旅游、公用事业等公共服务的众多部门来支持这种需求变化。随着乡镇企业的发展壮大,包括项目开发、技术服务、资产评估、人才引进、经营管理等多种形式在内的科技服务、咨询服务业等第三产业得到长足发展。与此同时,近年来,国内外旅游者的消费热点也逐渐由城市转向农村,加快了农村旅游业的发展。这几方面共同促进了农村第三产业的兴盛。农村产

---

[1] 费孝通:《江村经济》,上海人民出版社2007年版,第125页。
[2] 《邓小平文选》(第3卷),人民出版社1993年版,第238页。
[3] 陈甬军等:《中国城市化道路新论》,商务印书馆2009年版,第94页。

业结构的调整与优化，摆脱了传统农业的发展路径，从单一的农业产业发展到今天多种经营齐头并进的局面，为农村经济发展注入了许多新鲜血液。

3. 农村市场的形成发展。

中国传统农村的产品交换长期处于零散、封闭状态。新中国成立后，由于政府的介入与参与，农村市场从原来以个体交换为主，逐渐转向政府为主导，其在规模与数量上都有所发展。改革开放后，随着农村经济体制的全面改革，农村市场也进入大发展时期。1986年以后，由于受到农民收入增长减缓、不合理负担加重以及农村市场被人为分割等影响，农村市场的发展势头相比前一时期明显放缓。进入20世纪90年代以后，中国真正开始由计划经济走向市场经济，商业大发展，其功能也由"分配型"的流通功能转化为"交换型"的流通功能，同社会主义市场经济相适应的商品流通体制开始形成，由此带动农村市场的蓬勃发展。

农民收入和消费水平的不断提高以及农村市场持续扩大，对于支撑整个国民经济的增长做出了积极贡献。目前，农村市场主要由以下几类市场构成：农村工业品市场、农业生产资料市场、农产品收购市场，另外，还有遍布城市的农贸市场、劳动力市场。这些市场，成为沟通联络城乡的重要桥梁。

（二）农民身份观念的变化

城市化进程中的农民，对于自己已经或即将转化为市民身份的心理准备并不充分，由此带来身份认知、价值意义缺失、心理疏离等问题，主要表现为以下几个方面。

1. 进城与留守的抉择。

费孝通认为："影响传统农业社会中农民心理和精神世界的关键因素，首推血缘以及由血缘派生、投影的地缘。"[①] 生存方式是生命生存样式和活动，有着人所特有的自我意识，它是在血缘和地缘背后的决定因素。生存事实指人"活着"，是人存在的原初性规定，否则一切失去意义、无任何价值。农耕传统让农民的土地情结十分深厚，

---

① 费孝通：《乡土中国》，生活·读书·新知三联书店1985年版，第72页。

家庭血缘观念重，影响着农民的精神世界和行为方式。传统社会中，农民以家庭为单位坚守脚下的土地，习惯了日出而作、日落而息，轻易不会离开自己赖以生存的家乡。他们"安土重迁"，"乡土纽带"让他们留守在农村。

城市化进程，不仅改变了农民的生产方式与生活方式，也改变了农民的价值观念与惯习，羁绊农民的"乡土纽带"逐渐断裂，守土不再是天职本分，离乡迁移也不会愧对列祖列宗。为了寻求更广阔的发展空间，为了过上更好的生活，越来越多的农民选择外出，尤其是流动到城市中，寻找改变自己命运的途径。

为了外出寻找更好的生存空间，获得更高的收入，广大农民通过各种方式离开农村，流向城市。20世纪90年代开始，村落成千上万的农民流入城市，他们就是最早外出的农村青壮劳动力。他们不再留守农村，他们走向了城市，奔波于城市的大街小巷，这股从农村涌向城市的潮流被称之为"民工潮"。与此同时，部分留守于农村的农民自己没有离开那片土地，却希望自己的下一代能够流向城市，拓展生存空间，只要有可能，他们就会把自己的孩子送往城市去接受更好的教育，抬高他们人生的起点，他们的孩子流向城市，担负的是两代人的"城市梦"。还有一部分农民，在农村依靠自己的能力、技能成为"最先富起来的人"，当他们有了雄厚的经济基础之后，对于城市现代化生活的向往也会使他们产生浓厚的"城市情结"，往往举家从农村迁往城市。当广大农民在城市中站稳脚跟，就会开始自己新的生活，他们会割断与农村的联系，使自己真正成为"城市人"。

由此可见，改革开放后，随着市场观念的深入，"安土"表示恪守农民种田的本分，代表着缺少别的谋生本领、找不到更多的发展机会，成为"无用"的别名；迁居城市就是有本事、能赚钱、发达了，今后有更广阔的发展空间，会成为家族的荣耀。外出还是留守，似乎不再成为一个难以抉择的问题，越来越多的农民毅然决然地选择外出，而他们的选择恰恰促进了中国的城市化进程。当然，在舒张型城市化中，不少农民开始离开日益饱和的大城市，或涌入中小城市或小城镇，或回流到自己农村老家创业，成就了另一种城市化形式。

2. 传统与现代价值观的转换。

农民的农耕生活是平静安宁的，固守着祖祖辈辈传承下来的文化与价值观。身份的改变使他们的价值观念受到冲击，在传统与现代交织的冲突中，他们在潜移默化中接受了不少新观念，但还会有一些新观念无法让他们吸收消化，而出现价值观念的疏离。

城市化进程对农民传统观念的影响，有时悄无声息，有时剧烈激荡。农民传统观念主要有四类。一是小农心理。即小视野、小胸怀、小道德。小视野是指农民惯于守在土生土长的狭隘空间里，守着一方故土生老病死，无法抛开一切走出乡村，无法深度融入城市环境，无法在新环境中创业谋生、安身立命；小胸怀指的是爱占便宜的小心机，难以看到可能的机遇与前景；小道德是指以自身利益为中心，不关心他人、社会、国家的利益。二是功利心理。追求功名利益、崇拜权力财富。三是天命心理。在无法掌握自己的命运、难以应对自然与社会的挑战时，诉诸天地神灵就成了慰藉自己的本能选择。① 四是从众心理。普通农民较缺乏独立性，主体意识、自我意识不强。

城市化进程带来传统观念与现代思想的碰撞，使得农民的传统观念出现变化。一是由讲人情转向重法理。村落是个熟人社会，人情礼俗无处不在。随着基层民主进程的加快，"使农民在以职位为转移的'权理'、以长幼亲疏为转移的'情理'和以国家意志为转移的'法理'这样三个明理定是非的尺度或衡器面前，乡民逐步踏上了讲法理的台阶"。② 人们由以往重人情转化重规则，从顺从乡村权威的个人意志，转向遵守法律、规章制度，服从国家、集体意志。二是由盲从转向自主。随着农民生活水平的提高、知识文化的提升，传统农民的那种缺乏判断力、决断力的盲从逐渐消失，自主性增强，对自己的社会角色也有了定位与选择，政治参与增多。三是从安贫乐道到追逐财富。城市化中离乡离土或回乡创业，千方百计寻找致富机会。但是，城市化中的农民在传统观念变革的同时，也出现了一些负面现象。城乡生活水平差距，会刺激农民的物欲追求，形成唯利是图、见利忘义的价值观；求富变成幻想投机暴富，如

---

① 丁洁：《中国现代化转型中的农民心理问题研究》，《南昌大学学报》2012 年第 1 期。
② 胡潇：《社会变革的心理回应》，《社会学研究》1992 年第 3 期。

六合彩赌博在农村蔓延，反映了农民极端化的、孤注一掷的投机心理；一些农民致富后热衷大宴宾客、铺张浪费、一夫多妻等；"在一些农村，子女虐待年老父母不仅是性质恶劣，而且缺乏理性，全然抛弃了亲情、家庭、孝义等传统观念"。[①] 一些农民失去纯真质朴，不再有传统农民淳朴、厚道、老实的品格。中国农民的传统观念正在遭受现代文化与外来文化的猛烈冲击，要让农民强化独立性，张扬主体性，寻找到自己独特的存在价值和意义，以增强自信、自主、自爱、自律意识，确立社会责任感。当然，这个转变是一个长期漫长的过程，需要政策引导、制度安排、社会关怀，更需要农民自身的心理调适和观念重建。

3. 农民市民化中的精神疏离。

城市化进程中，农民市民化是个重要课题。从制度政策层面看，农民市民化主要是"指农民、城市农民工等在身份上获得作为城市居民相同的合法身份和社会权利的过程，如居留权、选举权、受教育权、劳动与社会保障权等。在中国，最明显的标志就是获得所在地的城市户口及其相应的社会权利"[②]；从农民身份心理转化看，农民市民化就是"使现有的传统农民在身份、地位、价值观、社会权利以及生产生活方式等各方面全面向城市市民的转化，以实现城市文明的社会变迁过程"[③]；要打破"农民"和"市民"两大群体的阻隔和界线，走向融合。

城市化进程中出现了大量进城的农民工，其思想观念、经济收入、劳动技能、社会地位等方面都与城市居民有明显差距，自卑感让农民工极少与城市居民交往，交往圈依然是以地缘、血缘为主，不会像市民一样以业缘为主进行社会交往。"吃饭、干活、睡觉"的简单循环以及"宿舍、工地"这样一种两点一线单调而又乏味的生活方式容易造成心理孤独。当前，进城农民工对城市归属意识普遍缺乏。进城农民工文化程度不高，与生活相对比较优裕舒适的城市居民相比，农民工做着最苦最累的活，工作报酬也较低，不能享受全家团圆的其乐融融和日常居家生活

[①] 贺雪峰：《什么农村，什么问题》，法律出版社2008年版，第250—251页。
[②] 陈映芳：《征地农民的市民化——上海市的调查》，《华东师范大学学报》2003年第3期。
[③] 文军：《农民市民化：从农民到市民的角色转型》，《华东师范大学学报》2004年第3期。

的惬意，工作和生活的压力无人分担、也无人倾诉。他们在城市中缺乏安全感时，就会感觉自己对于城市只是一名"过客"，他们认为自己的"根"依然在农村，因而渐渐地对城市失去归属感。可见，当名义上已是"市民"身份的农民工们发现，自己在安全感、归属感、被尊重感和自我实现等层次的需要都难以得到满足，与他们自身的期望值存在着巨大的差距时，他们在心理上对于城市就会产生疏离，这样就会造成身份与心理两者之间的巨大落差。农民要完成的不仅仅是户籍上身份的更改，更需要的是在心理上对"公民"人格的自我认同和自我完善。[①] 如果说，农业现代化与农村城市化解决的是政策、制度与技术层面问题的话，农民市民化解决的则是文化、价值观层面等更深层次的问题，要完成农民心理嬗变的历程是长期艰巨的过程。

当前，留守农村还是远走城市，已经不难选择，农民进城或在村落变迁中受到城市化冲击而带来的"市民化"，这不仅是一种身份转换，更是一种心理转变。从农民本身而言，完成"市民化"的心理转变，是一项十分复杂的系统工程。一是文化素养的提高。由于一直以来存在的城乡差异，农民的文化素养较之市民要低得多，因此，农民首先要从内心重视文化素养的提高，才能更好地完成这一角色的转变。二是思想观念的变革。在传统农业社会，农业是单一产业，农民作为一种社会角色由于其职业的稳定性而相对固定不变，因而也就造成了农民思想观念的保守性、单一性与封闭性，且缺乏市场意识。而城市是一个多元文化并存的空间，不同的思想观念相互冲突与交融；城市也是一个开放包容的大系统，在观念上，城市居民更具弹性和适应性。"同时，城市市场经济发达，竞争性大。这些对长期居住在农村的人口来说，都是必须要面对的现实问题。为在城市激烈的竞争中求得良好的生存条件，市民化的农民必须改变传统的人生态度、价值观念，在思想上走向开放，感情上富有理性，拥有积极的心态和进取的精神。"[②] 三是行为方式认知的变化。价

[①] 王亚亚：《乡土情结的嬗变与农民工市民化的身份认同》，《青岛农业大学学报》2009年第3期。

[②] 文军：《农民市民化：从农民到市民的角色转型》，《华东师范大学学报》2004年第3期。

值观念的变化带来行为方式的认知的变化。比方说，要将无序的慢节奏生活转变为有序的快节奏生活；将按照季节更替、天气劳作的习惯转变为按严格的现代工厂作息时间安排生产劳动的习惯；将以血缘、地缘为主转变为以业缘为主的人际交往等。四是权利意识的提升。农民意识到要在社会权利上实现平等对待，要求与市民同样的公民待遇；要充分运用法律武器来维护自己的合法权益，争取与城市居民同等的公民权。此外，渴望提高生活质量、拓展社会政治参与，也是"农民市民化"过程中心理认知水平提升的一个重要方面。总之，在农民市民化过程中，广大农民将在身份认同、思维模式、生活方式、生存方式和休闲娱乐方式等诸多方面，实现真正意义上的现代性转变。[1]

当前，前往城市务工的农民人口超过2亿人，"农民工"的"工人"身份也得到了认同，另外还有相当一部分住在城市近郊的农民因为土地被置换，实际上也已经被纳入城市社区管理体系内，这些农民在身份上已经完成了从"农民"向"市民"的转变，那么这些农民在心理上是否也完成了这种转变呢？事实上并不尽然。

郑杭生先生对此有透彻的分析："当社会个体或群体背景发生变化时，他们在原有文化背景中形成的心理状态就变成为一种心理背景，而在新环境中出现的心理反应首先落在这个心理背景上。这时候，如果新环境中的心理反应同心理背景协调，就是这个社会个体或群体对新文化背景的适应。否则，心理活动不协调，就无法适应新的环境。"[2] 在市民化过程中，农民一方面日渐接受到了来自城市的新信息，在心理上逐渐适应这一身份的变化，另一方面这些新接受的观念、想法有时也会与传统文化背景下形成的传统心理产生激烈的碰撞，从而有可能对于这一身份产生心理上的疏离。

城市化进程中村落变迁历程，从纵向看，是传统到现代的曲折演进；从横向看，是生产生活、组织结构、身份心理等的全方位、多层次的变迁。村落经济社会在变，农民的心理也在变。我们必须重视农民心理的

---

[1] 任强、毛丹：《构建从农民到市民的连续谱——关于农民市民化政策的观察与评论》，《浙江社会科学》2008年第2期。

[2] 郑杭生：《社会学概论新编》，中国人民大学出版社1987年版，第343页。

嬗变，一旦农民出现问题，不仅影响个体成长、社会行动，而且会危及整个社会的健康有序，开放、理性的心理变化定能释放出农民身上潜在的巨大能量。

其实，村落原住民也经历着村落城市化中的认同困境。我们在安村调研时发现：对于还居住在村里的村民来说，虽然没有进城农民工所特有的"城市疏离症"，但随着村落空间格局的变化、邻居的搬迁、安置房的重新分配，也渐渐难以寻找村落的边界和文化认同。例如，目前还住在安村里的居民尚可以通过传统的村落空间如节庆仪式、社戏活动、民间信仰，或者是邻居串门、茶余饭后的闲聊中寻回一部分生存价值、意义和归属感，而搬迁到安置房中的居民并不能很好地适应这个"城市空间"的生活环境。

有一位村民描述说："搬进拆迁安置房有七年时间了。当时是毛坯房，自己请人装修的。房子不用交物业费的。楼上楼下也有其他村子的人，不是都是安村的。现在住楼房了，不太去家里串门，只会在楼下聊天了。平时有事情会去村委，有事情的话生产队长会通知我们的。"另一村民怀恋旧时光："我们原来自然村，环境很好、风景很好，有水，果园、竹园。现在大家都搬到小区里了，和以前是不同的。以前是平房，现在这个单元，那个单元，看不到人了。走到楼下才看得到，说话肯定少了。原来在自然村的时候，好的方面，相互熟悉，相互协调，现在小区里，纠纷也少的，因为以前是平房晒谷子啊，小孩子吵架啊，家畜乱跑啊，但现在交流少了，跟城市一样。隔壁的人叫什么名字都不晓得。"

即使是已经搬进安置小区的村民，和安村的传统村落空间也没有完全脱离关系，他们说：平时有事情去村委，有事情的话生产队长会通知我们。村民和村子还因为行政管理的关系存在着一种精神纽带连接着彼此，而不至于真的被隔离在城市空间中毫无价值与意义可寻。然而，如果有一天，拆迁得以顺利进行，村民被分散到几个小区，甚至其他更远的安置小区，那么，过去的村落社会关系网络已经伴随着空间的迁移与重组将被彻底打乱，过去被赋予浓厚的感情色彩与价值意义的人际关系模式将一去不复返，城市空间中人际关系被市场力量左右。卢卡奇说过："商品关系变为一种具有幽灵般的对象性的物，它在人的整个仪式上留下它的印记。根据自然规律，人们相互关系的任何形式，人使他的肉体和心灵的特性发挥作用的任何能力,越来越屈从于这种物化形式。"① 城市化进程中,这种新的关系会不会被卢卡奇意义上的"物化"阴影所吞噬？

从宏观层次讲,村落的终结似乎具有历史必然性。东安村的故事暗合李培林先生在羊城村故事中所做的总结性分析。② 过去多数对村落城市化的研究都把问题的焦点放在工业化、非农化和户籍制度改革上,因为生产和职业的非农化和户籍制度的彻底改革会使城市化一路凯歌。然而,无论是生产和职业,还是户籍都早已非农化,甚至乡土观念和价值都已经开始动摇的东安村村民,他们讲述的故事在和谐的光环下却显示出种种的不安、摩擦与矛盾。在此,我们看到了市场的力量——"剥离",对于东安村"土地经济"变迁的重要影响。从这个带有浓烈的马克思主义对资本主义的批判框架的分析中,我们看到这个欲拆未拆、将终不终的村庄和村里的居民在市场力量运行的缝隙中,试图寻找自己的位置。而他们生长的罅隙正是国家力量、市场力量与社会力量博弈的结果。"村落的终结问题不是非农化和工业化就能解决的。村落终结过程中的裂变和新生,也并不是轻松欢快的旅行,它不仅充满利益的摩擦和文化的碰撞,而且伴随着巨变的失落和超越的艰难。"③

4. 农村宗教信仰的兴盛。

数千年来,中国形成了一种重人伦、轻鬼神的文化。孔子说"敬鬼神而远之",即对神异世界存而不论,而专注于现世的生活。在传统社会中,农民的现实追求是传宗接代、安居乐业、升官发财。外来宗教在中国农村的传播曾经十分缓慢。外来宗教在中国农村的境遇或许与中国农民的"本体性价值"有关。④ 新中国成立后,由于政府的宣传动员,唯物史观普及,宗教基本被排除在了农民的生活之外。城市化进程中,我国沿海经济发达地区特别是浙南地区农村,宗教迅速兴盛和蔓延。

究其原因主要如下。一是市场经济的冲击。生产是个体家庭的事,

---

① [匈]卢卡奇:《历史与阶级意识》,杜章智等译,商务印书馆1992年版,第164页。
② 李培林:《村落的终结:羊城村的故事》,商务印书馆2010年版,第153—154页。
③ 李培林:《巨变:村落的终结——都市里的村庄研究》,《中国社会科学》2002年第1期。
④ 贺雪峰:《什么农村,什么问题》,法律出版社2008年版,第251—259页。

基层领导组织生产和公共事业的职能大大减弱，基层组织与农民之间的联系大大减少，生产集体瓦解了，人们处于分散无序的状态，容易产生"疏远""遗弃""无归宿"等感觉。人伦关系的商品化、利益的多元化、人际关系的淡薄、伦理道德的下滑，以及西方各种社会思潮的涌入，使我国传统价值及理想信仰体系受到挑战，构成了宗教信徒增长的社会基础。二是人们更需要精神慰藉。城市化带来竞争激烈、贫困差距、地区间的不平衡等导致人们的心理失衡；疾病疼苦、天灾人祸，使人们思想上精神上经受种种压力和刺激，需要到宗教里去寻求精神安慰、寄托或庇护。宗教通过为信仰者提供一种驾驭自身、适应客体的特殊方式，获得心理慰藉。三是农村文化生活贫乏与乐群心理。许多村落无文化站、无娱乐设施、无文体活动，大家各自忙赚钱，公共事务无人管。村民的日常文化生活较为贫乏，宗教活动成为人们的业余文化生活，教堂成了身心疲惫的人们休闲的文化娱乐场所，即满足了农民精神上的需要和物质文化生活需要。宗教的盛行还与人的乐群性有密切关系。人是怕孤独的，尤其是年老体衰的老人，集体举行宗教仪式、一起讲经论道、一起祷告、一起唱颂歌的宗教群体，使这些孤独的人有了精神寄托。四是农村基层组织自身的不足。部分农村基层组织职能弱化，号召力、组织力下降，凝聚力不强，无法为农民提供服务和帮助，身心疲惫、孤独无靠的个体化农民失去可依赖的对象转而求助于宗教。一些基层组织贪污腐败、飞扬跋扈，伤害农民感情，而宗教组织却扶贫济困、团结互助，农民感觉这才是可信赖和可依赖的团体。因此，"近代以来，一直在中国没有突破性进展的基督教却于最近几年，在全国几乎所有的农村都出现了地下基督教的爆炸性传播"。[①]"改革开放之初，我国共有不到1000万基督教徒，到目前，我国共有7000万至1.3亿基督教徒，有些地区尤其是北方农村的一些地区，基督教徒已经占到总人口的20%以上"。[②] 可以说，宗教在农村地区的传播速度与广度简直令人难以置信。有些农村地区的宗教活动还游离于法律之外，衍生出邪教，制造事端，破坏社会

---

① 贺雪峰：《什么农村，什么问题》，法律出版社2008年版，第250页。
② 贺雪峰：《乡村社会关键词——进入21世纪的中国乡村素描》，山东人民出版社2010年版，第143—144页。

和谐。

如何满足农民日益增长的精神文化需求,彰显社会主义核心价值观,消解农村亚文化的影响?据国家统计局浙江调查总队统计:"2015年浙江农民收入再攀高峰,全省农村常住居民人均可支配收入率先突破2万元大关,达到21125元,同比增长9.0%,连续31年位列全国省区首位。"[1]浙江依靠"草根经济",成就了31年"创富状元"。但是,在浙江农村,不同程度地存在着农民物质生活富裕、"精神生活荒漠化"现象。为播撒乡村道德之风,浙江自2012年起,大力兴建农村文化礼堂——乡村精神文化地标,为农民打造精神家园,让其在身有所栖后心有所寄。文化礼堂是一个满足他们精神需求的公共载体,为他们提供心灵安放的依托。与以往的基层文化活动最大的不同在于,文化礼堂寻求家与国、古与今、内与外的结合,注重内生性、延承性、持久性,旨在实现单纯娱乐向更高精神层面的跃升。以往的乡村社会以个体化关系为依托的人际共同体,由传统道德和文化传统约束农民的行为,而市场经济和城市化正在消解这一共同体,文化礼堂则为重建共同体提供公共空间。[2]建设"美丽乡村"不仅是外部环境建设,更要重视内在精神家园建设。浙江文化礼堂建设有利于提高农民的思想认识水平和文化素养,注重价值引领,消解社会戾气,高扬社会正气;加强党的基层组织建设,优化基层社会治理,增强农民的安全感,丰富精神文化生活,将他们从上帝、菩萨的"保护圈"中解脱出来。

(三)农民生活方式的变迁

生活方式的内容广泛,既包括人们的衣食住行、生产劳动、工作休闲、文化娱乐、社会交往等物质生活方面的内容,也包括人生观、道德观、价值观、审美观、宗教信仰以及与这些方式相关的精神生活内容。它是一定的社会历史条件下,各民族、各社会阶层、各群体的精神思维

---

[1] 王政:《浙江农村常住居民年人均可支配收入突破2万元》,http://www.gov.cn/xinwen/2016-01/20/content_5034681.htm。

[2] 何玲玲、谢云挺、冯源:《乡村文化礼堂:让农民"心有所寄"》,《半月谈》2013年第16期。

和生活模式。

生产力的发展，带来生产生活方式的改变，为推动社会关系的变化提供了物质基础和力量。随着改革的深化和城乡统筹的推进，城乡不再彼此隔离，城乡之间在人员交流、商品交换、信息传播等方面越来越频繁，直接导致城乡生活方式与思想观念的趋同化。农村产业结构变化必然引起农民生活方式的变化。特别是大量进城务工人员不仅从经济上，更是从生活方式和思想、意识、观念上与城市逐渐接轨。衣食住行，文化娱乐等均发生了巨大变化。农民从"吃不饱"到"吃得好"，恩格尔系数下降，收入水平的提高引发消费观念的改变，人均生活消费支出不断增加，人均住房面积不断增加；乡镇基本通了柏油路或者水泥路，摩托车普及，小轿车走入农家，家庭耐用消费品不断升级。农民的消费方式、闲暇生活等发生了相当大的变化。

1. 农民消费方式的变化。

消费方式是满足衣食住行用等需要的生活方式。传统社会的农民，一直为维持温饱而努力。1949年至1978年，农民是一种维持基本生活需要的消费方式。从1979年开始，中国农民物质消费方式发生了重大变化。一是农民的物质消费方式与市场的联系越来越紧密。改革开放前，农民的收入主要是通过集体分配获得的，而其收入的主要形式也以粮食等实物为主，货币收入水平并不高，这就决定了农民的消费也是一种自给自足的"自给型"消费，与市场发生关系的商品性支出并不多。而改革开放，市场对资源的配置作用日渐突显，从而使农民的物质消费方式不断向市场性消费方式转化。二是农民的消费观念改变。长期以来，由于农民的生活水平较低，在其消费观念上的表现就是"节俭、朴素"的消费观念，提高生活质量的文化、娱乐等方面的消费少。城市化让农民流动，视野宽广了，接触了城市生活方式，农民的消费观念也发生了变化，开始购买家电、改善居住条件、文化娱乐等支出增多，消费结构中衣食支出比例缩小，而用于提高生活质量的精神、文化、教育等方面的支出比例逐渐扩大。但有些发达地区的富裕农民又出现大肆铺张、相互攀比的畸形消费，直接影响农民良好消费习惯的形成。三是农村消费市场的不足，导致农民消费支出占社会消费总支出的比重偏低。农民消费不足，内需无法提高，直接影响农村经济的可持续发展。

从政府层面，应该想方设法增加农民的收入。农民的收入增加了，才能更好地进行消费，因此收入增加是构建良好的消费模式的基础所在。培育更为完善的农村消费市场，提供给农民更为丰富的消费选择。从农民自身层面，树立健康、科学的消费观念至关重要，既要脱离传统社会过度节俭的消费观念，也要纠正当前农民消费观念中所滋生的攀比之风与不理性。

2. 农民闲暇生活的变化。

闲暇是指除工作、劳动、睡眠时间外的、可以完全自由支配和利用的时间。从时间上看，相对于城市居民工作与休闲时间的固定性，农民的闲暇时间是较为自由的，而且农民的农活与城市居民的工作相比，更具有个体性的特点，显得不那么固定，比较自由。从空间上看，农民闲暇活动的场所是很广阔的，村落的公共空间，如小卖部、小溪边、村里的空地上，村落的私有空间，如家里的客厅、卧室以及自家的院子里，都可以作为农民闲暇活动的场所。从闲暇方式上看，农民的闲暇生活大多在"三闲"（闲呆、闲聊、闲逛）中度过。[①] 近年来，随着农民生活水平的提高，农民的闲暇生活增加了诸如看电视、看录像、唱卡拉OK等内容。从闲暇心理上看，农民参与闲暇生活具有很大的随意性和偶然性。

城市化进程中，农民的闲暇生活趋向丰富，闲暇时间增多，闲暇生活的方式日渐多样。但从总体上看，农民闲暇时间利用的质量与效率并不高。如大多数农民，在看电视、聊天、闲坐、打扑克、打麻将中消磨时光，有的参与黄、赌、毒等违法活动，学习、阅读、看展览、参与文体表演等健康活动不多，制约着农民素质提升。农民闲暇生活的空间相对封闭。农村公共闲暇活动的场地、设施相对短缺。

（四）留守儿童和留守老人问题凸显

在工业化、城市化进程中，农民流动加大，农村的青壮年劳动力纷纷进城务工，农村开始空心化，呈现出衰败迹象。据《人民日报》报道："在溧水镇庄里村，坑洼不平的黄泥路上积水成窝，枯黄的杂草在砖缝里

[①] 许晓芸：《农民闲暇生活的特征及其优化路径——以西北黄土高原W村为个案》，《湖南农业大学学报》2010年第3期。

飘摇，810年历史的老村空荡荡的。村中许多废弃房屋已经倒塌，有些占地200多平方米的老屋，住着祖孙三人或四人。村民小组长李小兵介绍，800多常住人口，差不多有400人在外务工。"[1] 当劳动大军涌入城市后，农村出现了大量留守老人、留守儿童、留守妇女。留守儿童和留守老人群体的出现，成为城市化进程中村落变迁中的一道长期无法痊愈的伤痕，是一个沉重的社会现实问题。

留守儿童指"由于父母双方或一方外出打工而被留在农村的家乡并且需要其他亲人或委托人照顾的处于义务教育阶段的儿童"[2]。尽管西方国家在其城市化的进程中，也出现过大量农村人口进入城市的现象，但这些农村人口基本为整个家庭的迁移，父母与子女长期分离的现象并不常见。而中国在城市化的进程中，"由于户籍、身份、社会保障、住房、教育等种种因素的制约，目前随父母进城的农民工子女只占总数的20%到30%，还有70%到80%的农民工子女留在老家，成为留守儿童"[3]。据2015年全国妇联发布的研究报告显示："我国农村留守儿童数量超过6102万人，全国流动儿童规模达3581万人。"[4] 这些留守儿童或与祖父母、外祖父母住在一起，或寄养于亲属家中，有些甚至交给邻居、朋友照看，长期缺乏父母的关爱，造成了一系列的问题。

首先是生活问题。一般而言，父母外出打工，是因为家庭农业劳动的收入无法让整个家庭过上较为稳定的生活，因此生活困难是这些留守儿童家庭的普遍问题。平时的吃穿十分节俭，"吃饱"已经不易，更谈不上营养。遇上生病，一般只是在一些乡间小诊所就诊，或者直接"扛"过去，久而久之，严重影响了儿童的身体素质。另外，由于留守儿童这一群体中，有相当一部分是和年迈的祖父母或者外祖父母生活在一起，这些老人无力承担繁重的农业劳动，部分生产劳动的担子就得由这些留守在家的孩子承担，即使不承担农活，大部分的留守儿童都要承担一定的家务劳动。过早地负担起家庭的重任也会影响到孩子的健康成长。

---

[1] 《城镇化快速发展，农村空心化困局如何破解》，《人民日报》2013年2月4日。
[2] 吴霓：《农村留守儿童问题调研报告》，《教育研究》2004年第10期。
[3] 徐永光：《让农民工子女有更多机会进城读书》，《人民日报》2009年2月25日。
[4] 《以实际行动关爱留守儿童》，《人民日报》2015年7月9日。

其次是教育问题。父母外出打工,将孩子托付给老人或是亲戚朋友,而这样的临时监护人并不能很好地承担起教育孩子的重任。调查表明,"74.96%和84.2%的留守儿童祖辈只有小学及以下文化程度",[①] 因此他们根本无力给予孩子学习上的辅导。"68.0%的留守儿童平时在学习上是有困难的,学习成绩在班级中'名列前茅'的只占到8.1%;'一般'及以下的占54.5%"。[②] 由于孩子本身缺乏学习的自觉性,没有父母督促的留守儿童逃学、辍学、成绩差等现象普遍存在。

再次是行为及心理问题。留守儿童正处于身心快速发展的时期,对外界充满了好奇和新鲜感。父母长期不在身边,加上教育的缺失,造成了留守儿童的行为失范及心理问题。由于缺乏倾诉的对象和家人的引导,留守儿童对外界的认识容易产生偏差,性格不健全,心理压力大,存在着明显的缺陷,表现为内心封闭、行为孤僻、情感冷漠、缺乏爱心;由于缺乏父母关爱,留守儿童普遍感觉寂寞、孤独、无助,有的任性、叛逆,有的胆小、自卑,有的自闭、沉默寡言,出现各种心理问题。由于缺乏父母的亲情关爱和指导教育以及社会的引导与支持,在缺乏必要的道德约束的情况下,留守儿童容易在思想道德、认知方式、道德行为等方面受到社会负面信息的影响,导致部分留守儿童价值观出现偏差,沾染上社会不良习气,出现一些违法犯罪现象。

最后是安全问题。由于缺乏父母的监护关爱、教育引导,安全无法保障。"据调查,被拐卖儿童中,大多是流动儿童和留守儿童。同时,在遭遇突发事件时,一般的留守儿童应变能力和自救能力较差,只有56%的临时监护人会经常关注并采取措施预防留守儿童意外伤害发生,而相当一部分的监护人只是有时会注意或者根本不关注,使得相当一部分留守儿童缺乏应对突发事件的意识和能力,留守儿童伤亡事故时有发生。"[③]

政府和社会各界都要重视留守儿童问题。政府要打破城乡二元结构、户籍限制和入学限制,让进城务工的农民工子女也能共享城市教育资源,

---

[①] 全国妇联课题组:《全国农村留守儿童状况研究报告》,《农村留守儿童工作信息》2008年第4期。
[②] 徐文娟等:《江西省农村留守儿童教育现状调查》,《素质教育论坛》2007年第11期。
[③] 辜胜阻等:《城镇化进程中农村留守儿童问题及对策》,《教育研究》2011年第9期。

有更多接受农民工子女入学的学校；完善《未成年人保护法》，保障留守儿童的各种权益；学校教育要注意留守儿童的身心健康、安全教育，营造温暖的集体生活环境；引导农民工家庭妥善处理好打工挣钱与子女教育的关系，让父母给孩子更多的关爱；引导社会各界伸出援手，创建"留守儿童之家"，让留守儿童接受良好教育，有健康成长的社会氛围。

农村青壮劳动力进城务工，还产生大批"留守老人"和"空巢老人"。子女长年在外，留守老人要负担起家中的农业劳动及教育第三代的重任，面临着众多的困难与忧虑，主要表现为。第一，子女外出打工，家中缺少了青壮劳动力，生活无人照料。留守老人一般年龄都在60岁开外，但都依然要从事农业生产，有的年逾古稀，还在从事强度大的体力劳动。除了承担繁重的农业劳动，他们还要负担繁重的家务劳动，生活压力巨大。与此同时，由于社会保障的不健全，加上子女在外务工，收入有限，留守老人的养老、医疗等问题也相当突出。第二，"隔代教育"给老人造成极大的心理负担。如果单从照顾孙辈的日常生活起居方面而言，这只是增加老人的生活压力，增加了劳动的强度，而最重的心理负担是要承担孙辈们的成长教育，主要因为农村大多数老年人文化程度不高，无法担负起辅导孙辈学习的责任。除此之外，随着现代农村交通以及信息条件的改善，电视、网吧随处可见，老人担心孩子会发生意外，因此老年人总觉得照顾孩子力不从心。第三，农村留守老人特别是空巢老人的精神缺少慰藉。子女不在家，老人们的想法、心事无处可诉。因此，老人在繁重的劳动后，往往感觉到精神上的空虚，很容易造成他们精神上的孤独感，如果这种孤独感缺少疏通渠道，就会造成许多精神上的疾病，严重影响老人的身心健康。"未来30年，中国还将有3亿左右农村劳动力需要转移出来进入城镇，将形成5亿城镇人口、5亿流动迁移人口、5亿农村人口三分天下的格局。可以预见，一定时期内我国农村留守儿童与留守老人问题将长期存在。"[1]

我国农村的老龄化程度要高于城市，再加之农村的养老机构和养老制度并不健全，大规模的人口流动造成的农村社会空心化、老人空巢化等，使我国农村地区老人赡养问题、应对人口老龄化的问题更为严峻。

---

[1] 辜胜阻等：《城镇化进程中农村留守儿童问题及对策》，《教育研究》2011年第9期。

如何应对这样一个重大的社会问题？政府要发展经济，多增加投入，完善农村医疗保险制度，建立农村养老制度，改善留守老人的制度环境和生活处境；弘扬尊老、敬老的传统美德和孝道，在外务工子女要架起沟通的桥梁；兴办养老福利事业，成立志愿服务队，发展社会化养老，发挥民间力量和专业社会工作者的社会支持作用，动员最大多数的社会力量出钱出力，共同帮助解决留守老人的实际生活困难，给空巢老人送去社会的温暖。

二 剥离裂变：村落市场力量的扩张

城市的扩张让原本的远郊村变成近郊村、城中村，或者村改居，变成城市的一部分。许多近郊农村的耕地被大量征用，原本用于农业生产的土地以另一种完全不同的身份参与到了新的生产过程中。这一变迁过程中呈现出的劳动者个体角色、伦理价值等的变化，淋漓尽致地体现出了市场力量的"剥离""裂变"作用。

（一）人与生产的剥离：劳动者角色的裂变

鲍曼说过："工作是主要的定位点，所有其他的生活追求都可以依据这个点作出计划和安排。"[1] 劳动者所从事的生产工作构成了个人社会方位（Placement）和自我评价的主要因素。主要从事农业生产赋予其农民身份，传统的农耕经济把人和生产紧密联结，劳动者与土地关系密切，其生活通常都围绕这个主轴铺陈开来。在传统农耕生产中，人（劳动者）无疑处在最核心的位置。劳动者既是自负盈亏的责任主体，也是农业生产过程的实施者、控制者、评判者和获益者。

在城市化进程中的村落，土地征用后的新土地经济中，劳动者与土地的关系出现疏离，土地作为生产工具，成为生产过程的附庸，人与生产也发生剥离。生产的完成不再依靠原本意义上的"劳动者"或者是"人"，而有赖于"弹性劳动力"。"所谓弹性，指的是更加具有适用性、

---

[1] ［英］鲍曼：《工作、消费、新穷人》，仇子明、李兰译，吉林出版集团有限责任公司2010年版，第54—55页。

可塑性，逆来顺受不知反抗，即使看上去有些悖论，但是他们的灵活性与活动性必须被剥夺。"① 如韦伯所说，"每个人都成了机器上的一个齿轮；而且，他一旦意识到这点，就会努力成为一个更大一点的齿轮"②，因为"只有在肉体既具有生产能力又被驯服时，它才能成为一种有用的力量"。③ 这个生产过程，不再需要个体劳动者去精心地策划和安排，他需要的只是配合机械化生产的某些机械化的环节；新土地经济中的土地要素所辅助的这种生产，想要的不再是活生生的"人"，而只是一个不用有太多思想、去个性化的、驯服顺从的人，是有实用价值的身体，是一种商品化的劳动力。新土地经济迥异于传统的土地经济，从人与土地的紧密联系到被分离出来成为一种新的角色，而且这种角色如果要重新投入到原有的土地中去的时候，则必须是更加规制化的，服从一种更大系统的安排。

（二）人与空间的剥离：人地关系的变化

昂利·列菲伏尔（Henri Lefebvre）认为："资本主义通过占有空间以及将空间整合进资本主义的逻辑而得以维持存续。空间长久以来仅仅作为一种消极被动的地理环境或一种空洞的几何学背景。现在它已经成为工具。"④ 劳动者与生产过程的剥离也意味着劳动者与空间的剥离。

传统农耕生产是一种"空间中的生产"，其生产过程与劳动者不可分离，土地—空间—人三者紧密相连：一方面，土地承包到户的政策让人和土地建立了联系；另一方面，这种联系通过一种日常生活实践展开，田间地头不是简单的同质化的空间和土地，而是"我家的"，院子和储存粮食的仓库也是"我家的"，晾晒粮食的门前空地、田埂的小路也被涂上厚重的个人色彩。这种空间充满了个人色彩，个人在这些熟悉的空间里

---

① ［英］鲍曼：《全球化：人类的后果》，郭国良、徐建华译，商务印书馆2013年版，第102页。
② 转引自周晓虹《西方社会学历史与体系（第一卷）》，上海人民出版社2002年版，第383—384页。
③ ［法］米歇尔·福柯：《规训与惩罚》，刘北成、杨远婴译，生活·读书·新知三联书店2007年版，第27页。
④ 蔡禾：《城市社会学：理论与视野》，中山大学出版社2003年版，第170页。

生产和生活。

在新土地经济模式中,土地与空间开始参与到了市场中,去掉了个人化、个性色彩;市场需要的是同质化的、被商品化的劳动力而非活生生的人,不喜欢有抵抗和不驯顺的个人,以避免给市场力量的运行带来麻烦。在市场条件下,"由于自由贸易规则无限制和不可阻挡的传播,尤其是资本和金融的自由流动,经济已逐渐地摆脱了政治的控制。劳动力资源需求方的灵活性意味着可以自由地向更绿的芳草地进军,把撒满了最后一个营地的垃圾废物统统留给被抛在身后的地方人来清理。它意味着可以随心所欲地漠视'对经济有意义'之外的一切考虑"。[①] 城市化进程中,各地的经济开发区为了招商引资,通常都会提供许多政策性优惠,这无疑会形成一股巨大的利益拉力,让市场参与者趋之若鹜。然而,当这个拉力功能被使用殆尽时,市场空间何去何从呢?

在东安村的调查访谈中,有村民说:"我们村民是没法受惠的。他要招商引资,给你比如说三年的政策优惠,那很多企业,比如说红蜻蜓,被招过来。这三年的政策优惠完了,没有什么利润了,他会搬走的。"还有村民说:"以前做拆迁思想工作的就是舍小家为大家,说村里的工业园有税收,以后可以为大家做福利,实际上却没有。土地呢,便宜给他了,但我们得不到实惠,你这里弄好了,他会跑到其他地方,最终苦的还是老百姓。"

鲍曼将流动性看作是当代社会分层的新规,他说,"流动性及其缺失表明了社会状况的晚现代或后现代的新的两极分化。新等级体系的上层是超疆界的;它的下层受到不同程度的空间的约束制约,而最底层事实上是附属于土地的"。[②] 资本是流动的,金融是流动的,公司的所有人和股东也是流动的,他们不会受到空间的限制。他们对劳动力资源的渴求也获得了超越空间疆界的自由流动性,而并不是非这些缺乏流动性的当地人不可。空间将其自身置于资本主义生产链条和市场力量运行逻辑之中,创造了属于自己的方式——一种去人格化的运行方式。于是,人和

[①] [英]鲍曼:《全球化:人类的后果》,郭国良、徐建华译,商务印书馆2013年版,第63、102页。

[②] 同上书,第103页。

地之间、劳动者和空间之间,出现了无法弥合的巨大裂痕,人与空间的剥离完成了。

(三) 人与价值的剥离:价值意义的变化

传统的农耕经济中,劳动者所从事的生产工作也构成了个人社会地位和自我评价的主要因素,他们是整个农业生产过程的控制者,决定着对收成的分配和处理方式。他们在生产空间里以这种略显温和的姿态创造出一种斯科特(Scott, J. C.)所谓的"隐性剧本"(Hidden transcript)来表达弱势群体对于权利不平等的批判,[①]以及在这种批判中以一种洋洋自得的自主权和控制权完成的自我价值的认同和自我肯定。

在新土地经济中,上述的这种情感、价值与自我肯定,被彻底地颠覆了。被征地农民以及其他被非农工作岗位所吸引的人,被迫(即使是自愿自由选择的,也是别无选择的"伪自由")放弃过去已经习以为常的、能自主设定自己工作目标的、控制工作进程的、获得自我价值和意义的工作方式,"运用技术和劳动能力去执行那些由其他人设定和控制,因此对操作者而言缺乏意义的任务,把自己变成生产系统中的人类部件、复杂及其中没有灵魂的小齿轮"。[②] 马克斯·韦伯在 1919 年给慕尼黑的一批青年学子所做的演讲中提到,德语中的"业"(Beruf)意思是职业,还有另外一层几乎已经被现代人遗忘的含义,即天职、毕生的任务、劳动的责任。在《新教伦理与资本主义精神》一书中,韦伯认为正是宗教伦理所赋予世俗职业的合理性与崇高意义才促使人们努力工作、荣耀上帝,创造了资本主义的经济神话。随着理性化与除魔,附着于工作之上的这种伦理、价值和意义也失去了。鲍曼认为这是"把人们所做的事和他们认为值得,因而有意义的事情完全割裂;把工作本身和工作过去可能提供的可以感知和理解的目的割裂开",[③] 而工作的唯一价值和意义可能就在于工作本身。

[①] James C. Scott, Domination and the Arts of Resistance: Hidden Transcripts. Yale University Press, 1990.

[②] [英] 鲍曼:《工作、消费、新穷人》,仇子明、李兰译,吉林出版集团有限责任公司 2010 年版,第 38 页。

[③] 同上书,第 39 页。

以上分析的是市场的"剥离"机制对于农民的影响,农民与生产过程、空间、价值的剥离,以及导致的人际互动规则的变化。附着于"乡土之网"上的村民仿佛被系于树桩之上,线绳很短,活动空间有限。熟人社会中的这个有限空间内,生活着所有的村民,一系列的互动规则形成并约束着村民。不要太会算计,否则会被大家唾弃,陌生人社会你才可以一走了之。计算式理性在"乡土之网"里并不是有效的策略,相反能够让全体村民受益的是互惠式理性,也就是互惠利他主义。互惠式理性是利他主义中的一种,最早是由罗伯特·特里弗斯在1971年提出,应用在进化心理学和进化生物学中。一方提供好处给另一方,但不期待任何报答或补偿,表面上看这并不是一种最佳策略,只有付出没有收益的策略肯定存在弊端,只不过互惠式理性还有两个前提条件:一是这样的行为必须要有正收益产生,也就是说通过这样的行为必须产生合作的盈余;二是当情况发生逆转的时候,原来的受益人也必须遵守回报的潜规则,给原来的助益人提供相当的或更高的助益,这才体现出互惠的概念。在现实中,如果不这样做,原来的捐助者在未来可能就会撤销利他行为。互惠式理性一直存在于中国的农村,比如在农忙的时候,最初都是相互提供合作,而且是不计报酬。但市场的"剥离"规则让农民从土地生产中解放出来了,可以从事更多的产业,而不是只能在过密化的农业中谋生存,现在他们可以去从事第二产业、第三产业,可以去乡镇企业,也可以去大城市里谋业;把农民从空间中"剥离"出来,这样农民获得了更大的生活空间,生活半径加大,以前只是生活在自己的村落里,现在和城市里的市民一样,他们也能在城市里谋业谋生。跳出"乡土之网",是市场"剥离"规则的作用,而"剥离"又进一步促进了逃脱。而从互惠式理性到计算式理性的过程,就是这两种过程或者机制的结果,毫无疑问,这种生活规则的根本变革也将推动农村社会秩序的调整和衍变。

三 自生自发:村落社会力量的生长[①]

传统的乡土社会有自己一系列运作的规范和治理的逻辑来维系村落

---

① 张秀梅:《非农化背景下村落秩序的多维互动》,《中国社会科学报》2014年8月11日。

社会秩序。中国乡土社会的基层结构是一种差序格局，是由一根根私人联系所构成的网络。与城市社会不同，传统乡土社会秩序是靠"礼"而不是"法"来维系的，礼法、宗族、血缘的规则，几千年来深入乡村社会的基因脉络中。皇权政治在人民实际生活中，是微弱的，是挂名的，是无为的。①"皇权不下县"是一种比较通俗的说法，来自国家的名义上是"专制""独裁"的行政权力在乡村表现得不明显。费里德里希·哈耶克（Friedrich Hayek）说："中国农村的社会秩序是一种'自生自发的秩序'（Spontaneous Order）。在各种人际关系中，一系列具有明确目的的制度的生成，是极其复杂但却条理井然的，然而这既不是设计的结果，也不是发明的结果，而是产生于诸多并未明确意识到其所作所为会有如此结果的人的各自行动。"②

是什么构造了中国农村社会的"自生自发秩序"？费孝通先生说："中国农村社会的这种自发秩序的合法性来自乡土社会的稳定性，是以'传统可以有效的应付生活问题'。"③它是一种立基于地缘封闭基础上的自我作为式的发展。罗伯特·雷德菲尔德（Robert Redfield）曾经提出"小传统（Little Tradition）的概念来描述基于乡村社会的'文盲'式（Unlettered）的自生自存的（Works Itself Out and Keeps Itself Going）文化形式"。④它虽然会受到基于城市的庙堂之上的"大传统"（Great Tradition）的影响，但它又独立于大传统，有自己的运行逻辑。这对中国传统的农村社会也是极具解释力的——事实上，雷氏在分析过程中也多次援引了中国的例子。可以说，中国农村就是在自己创造的小传统里用一种近乎"文盲"的方式形成了独特的乡村秩序。

城市化进程的村落，受到来自国家力量、市场力量等各方面的影响，已经与历史上的传统村落有很大的不同，但传统的影响力依然存在，只是程度不同而已，有些是根深蒂固的。对于东安村来说，其自生自发的社会力量还是比较强大的。

---

① 费孝通：《乡土中国》（修订本），上海人民出版社2013年版，第47—61页。
② 转引自邓正来《哈耶克的社会理论——〈自由秩序原理〉代译序》，载于哈耶克《自由秩序原理》，生活·读书·新知三联书店1997年版，第16页。
③ 费孝通：《乡土中国（修订本）》，上海人民出版社2013年版，第50页。
④ Robert Redfield, *Peasant Society and Culture. Chicago*, The University of Chicago Press, 1956, p.70.

（一）乡村基层治理的变化

城市化浪潮在市场化的推波助澜下，深刻地改变着农村原有的经济社会生态，自给自足的小农经济、差序格局和熟人社会为特征的传统农村社会处于深刻的转型变迁中，村落权力结构发生变化，村庄的基层治理亦发生变革。

村落是一个地域单元，传统社会中，血缘与地缘关系是一条强有力的纽带，串联起各个家庭，村落组织的自发性突出。在中国古代政权统治里，实施"政不下县"的郡县管理体制，国家的触角实际上并没有深入到基层乡村，这就给县以下乡村管理留下很大的自主自由的空间。"国家对乡村社会有效控制的最为直接的表现手段，就是国家权力体制在乡村社会得以建立。在传统乡村社会，这种国家权力表现为皇权；在现代社会，则直接表现为政权，其中主要的是国家行政权。在传统中国社会里，国家行政权与农村社会自治权两方面的交互作用一直存在于乡村治理。"[1] 在乡村治理中，国家行政权主要体现在人口登记、税收、赋役等方面，而日常事务主要通过自治来实现。在传统村落，"国家是通过其代理人来实施治理，大量的乡绅里长是国家的代言人，而他们的治理工具则是'乡风礼俗'，内生于乡村的'乡规民约'成为乡民之间的一种共识和默契，自我教育、自我规约着乡民的日常生活，成为乡村得以生生不息的社会资本，减少了乡村治理成本，使得乡村永续发展"[2]。这是古老的、传统的"乡村自治"。近代以来，国家加强乡村管理，乡村自治逐渐瓦解。

新中国成立后，国家权力下沉至底层社会，打破了传统乡村的秩序和格局，重构了国家与乡村社会之间的关系，实行了自上而下的国家统一行政管理。"人民公社时期乡村政治结构总的特征就是以集体经济为基础、以行政控制为手段的集权式乡村动员体制。"[3] 政社合一的"人民公

---

[1] 于建嵘：《岳村政治——转型期中国乡村政治结构的变迁》，湖南文艺出版社2013年版，第204页。
[2] 李永杰：《乡风礼俗：不该失去的乡村文明》，《中国社会科学报》2014年5月14日。
[3] 于建嵘：《岳村政治——转型期中国乡村政治结构的变迁》，湖南文艺出版社2013年版，第175—176页。

社"体制,国家权力进一步控制着村落组织,极大地改变了其自发性的特点,终结了自治的历史。乡村治理从传统的乡村自治与国家行政并行向国家行政的完全控制转变。

1978年,家庭联产承包制取代人民公社体制,"乡村自治"又重新回到历史的舞台。1982年修订颁布的《宪法》,规定"村民委员会是基层群众自治性组织"。我国在乡村社会自上而下推动村民自治制度。这项制度是广大农民直接行使民主权利,根据法律自主管理本村事务,全面推进村级民主选举、民主决策、民主管理和民主监督,实行自我管理、自我教育、自我服务的一项基层民主制度。村民自治是中国农村基层治理在新时代的伟大创造,它既适应了联产承包责任制,又能与市场经济相耦合,激发了基层民主政治建设的生机和活力。村落由"村两委"共同决策和管理村庄事务。从制度本身的设计而言,"村两委"共同管理村庄事务可以达到权力的互相制衡,防止专权,从而推动农村的民主管理进程。[1] 但是,在现实中,不少农村存在着"村两委"权力不均衡、互相对立的现象。

村民自治和传统社会的乡村自治从形式上看都是一样的,都是依靠乡村精英或者乡村领头人来实现对乡村的治理。但从根本上说,"传统乡村自治适应的是传统乡土社会,绝非现代意义上的自治,与现代意义上的自由与民主并无多大关联。而且,作为外来力量的国家权力,却总是陌生的和充满侵略性的,对各种社会权威力量具有很大的控制力。仔细研究起来,古代的乡村自治并非是完全的绝对的自治,也绝无可能。封建专制的统治者是不可能放松对乡村社会的控制,也绝对不会放弃乡村"。[2] 聪明的村庄代理人会依着专制政府所设定的轨道运行。

"事实上,为维护现实的统治利益,间接的控制手段和方法从来没有停止。从这个意义上说,传统乡村自治也是没有完全保障的,专制皇权这种横暴权力在任何时候都可以侵入乡村社会内部,传统自治权很容易被专制国家力量所侵害。从这个意义上说,古代乡村自治绝对不是真正意义上的民主,更多是治理的需要和手段,其根本意义在于如何更好地

---

[1] 阳信生:《乡村自治:从传统到现代》,《文史博览·理论》2010年第6期。
[2] 李永杰:《乡风礼俗:不该失去的乡村文明》,《中国社会科学报》2014年5月14日。

满足皇权统治的需要,在于皇权为降低统治成本、稳定农村社会,而将化解农村社会矛盾交给乡土社会力量,同时也把农村公共产品的供给责任交给农村社会自身承担。"① 而新时代的村民自治制度则是一种民主的制度,传统自治制度中的"皇权"、"族权"和"绅权"消失后,农村的治理精英通过村民民主选举的方式公推出来。而与古代社会利用"乡风礼俗"这样的隐性规则的治理方式不同,新时代的村民自治是通过各种正式规则来进行治理,即使是乡规民约,也是客观规则,虽然以前的乡风民俗也还部分存在,但相对来说影响已经较小。所以说,现在的村民自治制度比古代的自治制度是更接近"自治"理念的。

对于村民自治制度来说,其中的核心就是村"两委",即村党支部委会员和村民自治委员会。广大村民是通过民主选举出来的村"两委"来实现对乡村进行管理的,领导核心就是村干部。徐勇教授认为:"村干部具有'代理人'和'当家人'的双重角色。"② 也有学者说是"监护人""庇护人"。不管何种说法,都强调村干部对村庄的积极意义。村干部由村民民主选出,当然应该为广大村民的利益着想。在东安村,我们从访谈中听到了很多关于干群关系的积极描述:"村干部要正,如果上面不正的话,下面就会有问题的。选举最能反映一个村好坏,许多村拉票、买票、送东西,这个民风肯定不好,老百姓没有觉得庄严,但我们村从来没有发生过。老百姓真正选出自己的当家人。金五九第一任书记,前年离开了,但记挂他的人还很多。一届届都做得好的。""我们施行的以法治村,即使极个别人违背村规条例,我们也是依据法律框架之内进行处罚,所以不会出现集体性对抗事情。村里从来没有上访、信访。我们东安村这么多年一直以来都是先进村,村民都很善良,百姓和谐"。在东安村,从村干部到普通村民,大家都非常认同东安村拥有良好的干群关系。关键是村委会能够严格的依照村民自治进行管理,几任村书记都得到了村民的拥护,村里从来都没有上访户,也没有出现集体性的对抗事件。

城市化像抽水机一样,吸引了大量农民进城务工,受到了城市现代

---

① 阳信生:《乡村自治:从传统到现代》,《文史博览(理论)》2010年第6期。
② 徐勇:《论乡村管理与村民自治的有机衔接》,《华中师范大学学报》1997年第1期。

观念和文化的熏陶，为村庄治理带来新思维、新方法，但日益增加的流动性又影响了村民对基层治理的参与，村民自治无法有效展开，因此，要积极探索外出农民参与村民自治的有效途径。村民自治的主体是广大农民，城市化把大量青壮年农民带进了城市，留守的多为老人、妇女和孩子，依靠这部分留守村民来推进村民自治显然是不现实的。村里基本上不可能召开全体村民会议，就连村民代表会议也难以召集；进城务工的农民工作辛劳，一般是逢年过节、家里有事才会回老家，许多人心目中还留在赚钱养家的阶段，农村政治参与的意识不强；举家搬迁到城镇定居的农民，基本割断了与农村的利益联系，几年也难得回去一次，村委会选举也没有兴趣参与。这些因素直接影响村民自治的质量提升。针对农村人口流动大、村集体经济弱、村级组织与村民利益联系松散、村民政治参与积极性不高、动力不足等问题，浙江的一些农村探索设立了"村民议事会"——这是一种新型的农村日常事务决策机构，构建新的村级治理框架，在村民会议授权范围内行使决策权，做出决定后，交由村委会执行；还探索建立了"家庭户代表制度"，一家推出一个代表，组成户代表会议，参与村里重大事务的讨论和决策，积极拓宽农村基层民主渠道。

（二）村落权威的解构与重构

"权威"指的是对权力的一种自愿的服从和支持。"任何组织的形成、管治、支配都是建构在某种特定的权威之上的。适度的权威能够消除混乱、带来秩序；没有权威的组织是无法实现其组织目标的。"[①] 权威形式可分为传统权威、魅力权威、理性法定权威。

"士绅"阶层是基层认同度高的中国传统乡村权威。按照韦伯对于权威的分类方法，可以将这一乡村权威纳入"传统权威"的范畴。新中国成立后，宗族弱化，这一类"权威"开始全面解构。人民公社体制确立后，很快成为乡村唯一的权威。"这一体制下，村庄领袖主要由上级政府任命或委派，代表党和国家领导实现对农村社会的管理"[②]。权力生成方

---

① Max WB, The Theory of Social and Economic Organization M. Free Press, 1997.
② 卢福营：《村民自治背景下民众认同的村庄领袖》，《天津社会科学》2008年第5期。

式是自上而下、外在赋予的，属"理性法定权威"，在国家权力的强制执行下，村民认同了这一类权威。农村改革让村民自治成为乡村政治生活的发展趋势。

城市化促使原有乡村治理体制的变革，"村庄权威"也出现了多元化的趋势，我们可以将其分成不同的类型。

一是从权威的产生与政权的关系来看，可将"村庄权威"分为体制内权威与体制外权威。所谓体制内权威，指的是村"两委"。村"两委"由法律认可，按法律规定成立，具有法律赋予的管理村庄事务的权力，因此都属于体制内权威。家庭联产承包制让家庭重新成为农村最基本的生产经营单位。如果这时，村级行政组织职能未能充分发挥，宗族势力就会在宽松的社会环境下复兴，宗族影响力日增后会成为民间权威。另外，在一些经济分化明显的村庄，通过经商办厂致富的经济能人，在村里的吸引和凝聚力增加，村民渴望他们传授致富经验，经济能人往往能成为村庄的经济权威。后两类村庄权威具有自发性的特点，没有经过相关法定程序的认可，属体制外村庄权威。

二是从权威产生的基础来看，可以将村庄权威分为政治型权威、经济型权威、宗族型权威。政治型权威，靠其获得的权力在村民中发挥作用，具有强制性；经济型权威依靠经营的成功和财富的获得，有足够大的财力为困难村民提供帮助，从而赢得村民认可；宗族权威则凭借宗族整体性力量的优势在村民中发挥作用。[①] 农村宗教的盛行还导致农村中出现宗教权威，依赖的是村民对神的崇拜和信仰。

应该说，当前中国的村庄权威十分复杂，根据村庄各自的特点，可能存在着某一类型的权威，或者是几种类型的村庄权威同时并存，抑或同一人身上同时具备几种权威的类型等诸多情况。多元化的村庄权威交错存在，是城市化进程中村落权威分化的基本特征。

村"两委"作为一种政治型的村庄权威，在管理村庄公共事务过程中，如果能将原先的强制性认同转化为村民的自觉认同，那么当村民遇到困难或是利益受到损害时，就会向村"两委"寻求帮助；相反，如果这种强制性的认同一直得不到转换，干群关系紧张，官民互信缺失，村

[①] 蒲晓业：《村民权威认同与农村社会稳定》，《兰州学刊》2005年第3期。

"两委"权威性降低,村干部以权谋私行为增多,村民则会通过上访、抗争、暴动等体制外的利益表达渠道。村民对于政治型权威的认同度低是当前农村较普遍的现象,既不利于国家对乡村的管理,也不利于城市化进程中村落变迁发展。

经济型权威的出现是农村经济体制改革的产物。在农村经济体制改革过程中,一部分劳动能力强、头脑灵活的村民首先发家致富,他们利用自己的经济优势获得了村民的认同,从而成为体制外的权威。这一类型的权威会向两个方向转化:如果经济型权威通过村委会选举当选为村委会主任或村党支部书记,就等于同政治型权威融为一体,政治型权威平添了一份经济实力的支持,其权威地位更加巩固,这将有利于基层治理、农村的和谐稳定。如外桐坞村的张秀龙。但是,如果经济型权威的社会影响力越来越大,但又不能很好地向政治型权威转化,始终游离于体制之外,甚至变成"村霸""乡村土皇帝",利用其经济上的优势地位,对乡村的控制加强,威胁到了政治型权威,那就不利于农村的稳定与健康发展。当前,一些经济发达地区如浙江,农村中的能人村治现象十分普遍,当村落公共事务、经济事务的决策权、管理权过分集中时,能人村治就蜕变为"能人专制"了,经济型权威变成称霸一方的"土霸王"现象时有发生。

宗族型权威和宗教型权威可以说是传统权威的一种延续,它们的存在其实不利于农村民主化进程的推进,但目前在相当一部分村民心目中,这两类权威仍有相当的影响力,必须引起重视。

村庄权威是一个历史产物,但在当代又出现了许多新的变化。应该说,村庄权威的存在就像一把"双刃剑",运用得好,可以更好地促进农村的发展与进步,运用得不当可能导致农村的倒退,不利于农村的民主进程与经济发展。

如何构建健康的村庄权威?村庄治理环境与治理模式的优化是重要的外部条件。这些虽是外部因素,但影响着村庄领袖的民众认同和村庄领袖的合法性构造。[①] 相比外部因素,内在性的因素对于培养健康的村庄权威更为关键。优良的品德是确立村庄权威的基础,也是权威获得村民

---

① 卢福营:《村民自治背景下民众认同的村庄领袖》,《天津社会科学》2008年第5期。

认同的首要条件。只有具备优良品德的村庄权威才能真正做到"为村民谋利",才能促进农村的全面发展。当然,除了品德之外,村庄权威的人脉关系、经济实力以及管理才能等也很重要。只有具备这一系列的综合素质,才能塑造出健康正面的村庄权威。

综上所述,在现阶段村民自治背景下,村庄权威的理想状态,是既以个人超凡魅力为基础,又遵从国家法律法规安排的村庄治理制度的相关规定,有权力来源合法性的、魅力型和法理型兼备的村庄权威。政治生活民主化是社会进步的最重要标志之一,也是农村迈向现代化的重要环节。就目前而言,优化村"两委"职能,进一步完善村民自治制度以及构建健康的"村庄权威"是当务之急。

综观城市化进程中村落社会变迁的历程,从纵向而言,村落经历了从传统到现代的曲折演变;从横向而言,村落各个领域,包括生产生活、组织结构、身份心理等都经历着全方位、多层次的变迁。

四 多元异质:不同类型村落变迁的个性特征

在现代化、工业化、城市化大潮的冲击下,由于各地区和各农村之间无论是在经济状况还是文化、习俗等方面都有着巨大的差异。由于村落独特的地理位置、自然条件、发展基础、人文环境等因素的千差万别,有着不同的嬗变机缘,走出了不同的变迁轨迹,呈现出变迁的多元性、特殊性和差异性等个性特征。在众多村落类型中,如按产业划分有现代工业型、现代农业型、专业市场型、历史文化型;如按地型划分,有山区村、海岛村;如按距中心城市远近划分,有城中村、近郊村、远郊村;如按人口流向划分,有移民村、废弃村等,这些村落变迁基础不同、机遇不同,变迁的速度、质量和效益也不一样。

我们选择几种较有代表性的村落进行分析。

(一) 现代工业型村落

20世纪80年代起,人民公社体制的终结、经济社会体制的转换、乡镇企业的大面积崛起、市场化深入到农村基层,农村社会从农业型向工业型转变，在全国尤其是东南沿海发达地区，大量现代工业型村落应运而生。

我国现代工业型村落数量多、分布广的省份是浙江。它们主要分布在浙江大中城市周边、交通便利的区域。根据浙江省委政策研究室调查。"2003年，在浙江全省86个县市区中，有85个县市区形成了块状经济，块状经济总产值5993亿元，约占全省年工业总产值的49%，小企业规模集群、一村一品、一镇一业、一县一产在浙江基本形成。改革开放以来，浙江经济实现了质的飞跃，这种飞跃的主动力就是乡村工业的崛起。乡村工业构成了浙江工业甚至整个浙江国民经济的支柱。"[①]这些村落分工明确，往往能形成产业链、产业集群。

现代工业型村落变迁一般呈现以下特征："一是工业经济在村落经济中所占比重超过一半以上，有些村落甚至可以达到90%以上，家庭收入主要来自工业收益；二是村落的工业经济发展已经形成集群化态势，工业企业分布集中；三是工业经济的发达为村落带来了连锁效应，诸如村民市民化、环境城市化、政治管理民主化、社会组织多元化等。"[②] 工业化让村落空间布局和村民生活状态都趋向城市化。

如新坊村的工业化起步于1983年，联产承包责任制后，生产队解散，村民们把田包给别人种，而本人都开始往外跑供销，尝试着自己办厂。新坊村的工业化进程并非国家正式制度的安排，而是在国家总体资源不足、国家调控力量所不能及的情况下农民的自我突破、自求发展。主要推动力来自广大农民发家致富的内在追求、村落共同体所特有的村落家族文化推动、家庭家族制企业特有的灵活企业机制。新坊村的工业化道路起源于农村民间，广大村民虽然离开了以土地为谋生对象的农业而转向发展工商业，但村落的乡镇工业是以家庭家族制企业和专业市场为基础发展起来的，工业化的方式是"离土不离乡"。

---

① 浙江师范大学农村研究中心课题组：《浙江省现代工业型村落经济社会变迁》，《红旗文稿》2008年第7期。

② 关于工业型村落的类型与特征及这类村落协调发展的基本思路和未来走向等内容，参见朱华友、陈修颖、蔡东《浙江省现代工业型村落经济社会变迁研究》，中国社会科学出版社2007年版。

工业化有力地推动了村落城市化进程。据我们调查，1983年后的30多年来，新坊村出现了五次比较集中的建房热潮，村域面积扩大3倍多，尤其是塘下中心镇建设，让整个村落城市化了。新坊村里新建了十几条三四十米宽的、以"繁荣昌盛""川颍富强"打头的街道，标志着该村生活状态由农村向城市的飞跃。

现代工业型村落变迁发展中，也存在着一些先天不足，如村落工业经济大多为劳动密集型企业，家族式企业多，现代企业管理水平不高，科技含量不高，创新能力不足等。这就要以政策体制为保障，建立完善的现代经济运行体系和社会组织体系，来解决工业型村落经济社会转型中的结构问题；推进城乡统筹发展，促进产业结构升级；在家族制企业中建立现代企业制度，提高管理水平；建构技术创新支撑体系，为企业提供政策、技术和资金支持，提升村落工业创新能力；建立村落内外发展力量融合机制，集聚社会资本，形成发展合力。

（二）现代农业型村落

现代农业相对于传统农业而言，具有先进农业生产理念、现代科学技术、科学管理办法的社会化农业。推进现代农业建设，是提高农业综合生产水平的重要举措，能促进农民思想革新和增加农民收入。现代农业型村落即现代农民用现代方式经营现代农业的村落。

如乐清的老鼠嘴村就是一个以石斛种植加工为主业的现代农业型村落。城镇化和工业化对土地的需求急剧增加，人口增加形成的巨大生存压力，传统农业生产已不能满足村民生活需求。在此情形之下，许多村民不再耕种普通农作物，而是选择种植具有更高经济价值和效益的石斛。老鼠嘴村的村民在种植石斛方面相比邻村起步是比较晚的，村里有人开始种植石斛是在2007年，当时规模很小。现在，老鼠嘴村大约78%的可耕农田全都用来种植石斛，其中约65%的土地被村里的四户家庭承包。一般情况下，种植石斛成本比较大，从选种苗、建大棚到地租、肥料、农药、人工费等，全部加起来的话，种植一亩地则至少要25万元左右。石斛生长周期相比于水稻等农作物长且风险高，在种植的第一年经常会出现难以成活的现象。再加之土地紧缺，家家户户大规模种植不太现实。但这些并不是被考量的因素，村民更看重的是石斛所带来的经济效益。①

现代农业型村落变迁的主要特征有。一是农民素质日益现代化,市场意识、竞争意识、契约意识、合作意识等现代性特征明显。二是村落经济结构以现代农业经济为主,科学、绿色、生态、高产、效益。生产绿色有机农产品,推行农业多功能开发,全面开发乡村旅游休闲、娱乐度假、生态环保、康体养生、文化传承等其他功能,促进农业同这些产业的融合发展,加快农业由生产效益型向创造型产业的转型升级。在"互联网+"时代,重点培育"生态农业""智慧农业""创意休闲农业"等农业战略性新兴产业。三是培育新型经营主体,构建集约化、专业化、组织化、社会化相结合的新型农业经营体系。四是城乡发展一体化,农民有了更多权力和利益,农业发展方式得到转变,家庭经营、集体经营、合作经营、企业经营等农业经营方式创新大力推进。五是构建现代农业产业集群,以区域优势农业资源为基础,融产工贸及社会化服务于一体,形成上下游协作紧密、辐射带动能力强、运营效益好的农业产业集群。

(三) 专业市场型村落

专业市场是从传统社会中的集市逐渐演化而来的,有集中交易、现货交易且以批发为主等特点。一些集市贸易相对发达的村落,逐渐形成专业市场型村落。

浙江是我国市场经济先发地区,专业市场型村落星罗棋布。这类村落变迁的主要特征是。一是在市场化程度高的地区集中分布,浙江沿海的温州、台州最多;从分布密度看,最密集的是舟山、宁波、台州和温州。在浙江中部也有集中分布,主要是义乌小商品市场带动并辐射的周

---

① 黄宗智在研究华北农村的经济状况和变迁时提出了一个区别不同阶层小农的综合分析方法。他认为,一个经济地位高、生产有剩余的富农或农场主,更符合形式主义分析所描绘的"资本家"或"企业家"形象;一个经济地位低、在饥饿边缘挣扎且需付出高额地租的佃、雇农,则犹如马克思主义者所分析的那样是一个被榨取和剥削的形象;而对一个主要为家庭消费而生产和种植的自耕农而言,其形象则更接近于实体主义所描绘的小农。所以,他提出了一个结论:"利润的考虑,在富裕的农场上占较大的比重,在贫穷的农场,则较多地考虑生计与生产关系"。参见黄宗智(2000:5—6)。

边村落，这些周边村落为小商品市场提供着价廉物美的商品，一些专业村已经形成生产加工和贸易一条龙。传统农业地域、现代工业化和市场化发育程度较低，或者农业产业化程度较低的区域，专业市场型村落少。农业不发达，但现代工业化发展速度快，开市场经济风气之先，市场化程度高，形成许多专业市场，专业市场型村落分布密度也大。[1] 二是依托市场集聚人气，形成专业村，推进村落经济转型发展。浙江市场发展迅速的村落依托市场优势，逐步摆脱传统农业生产模式，把村落经济收入的主要来源放在了小成本、小制作、小规模的工业品生产、制作和销售上。这些村落大量从事与工业产品生产相关的零部件生产、原料加工、配套等工作，走出了一条依托市场实现村落发展转型的新路。三是农村专业市场与城市化进程中人口流动集聚紧密相关。在有人口集聚规模效应的村落中，自然会孕育专业市场，促进农村剩余劳动力转移，是实现农民非农化的动力；通过摊位租赁、市场服务让村集体有了资金来源、资金积累，能改善村落的基础设施、文教体育卫生、社会福利条件；专业市场具有产业集聚、产业连锁和产业优化效应，村集体财力雄厚、管理理念先进，能加速实现农村城市化。

根据这些村落专业市场发展变迁的不同路径，专业市场型村落可分为三种类型。"一是销地型村落。为当地及邻近地区的消费者和零售商提供商品，在流通中主要起向分散的小规模购买者扩散商品作用的专业市场。二是产地型村落。以家庭工业、乡镇企业的发展为基础形成的市场型村落。三是集散型村落。在贩销、中转基础上发展起来的以工业小商品为主的专业批发市场。专业市场型村落的形成轨迹一般是：从传统农业村落开始服务于地方市场的，促进了集市贸易的兴起，形成区域综合性集贸市场，再向专业批发零售市场过渡。目前，浙江一批具有较强辐射力、影响力的农村专业市场，开始摆脱区域生产销售限制，成为能够服务于较大范围的区域市场，纷纷走出本地区，面向全国，乃至全世界进行着商品贸易。"[2] 在大数据时代，浙江农村专业市场村落充分利用各

---

[1] 陈修颖：《浙江专业市场型村落经济社会变迁研究》（成果要报）（未刊稿）。
[2] 徐立、张明龙：《浙江专业市场型村落演化的一般过程及其启示》，《乡镇经济》2007年第8期。

种现代技术、信息传播渠道，推进着传统专业市场向现代综合专业市场升级转型。同时，要关注农民的需求，正确衡量农民收入、消费水平等因素的影响，开发设计适合农民消费需求特点的产品。深化流通体制改革，促使农村市场体系的完善，建立健全农村商品市场流通体系，形成现代农村市场体系。要重视政府的宏观政策引导作用，村落市场一般要经历从自发产生到政府主导再到市场主导的发展过程，必须尊重市场规律，不盲目放任，又防管得过多、统得过死。

（四）历史文化型村落

"村落与传统社会相伴而生，因而其承载了许多的传统因素，尽管随着历史的变迁，村落在不断地发生着变革，融入了许多现代因素，但仍有部分村落至今依旧保持着厚重的传统文化的底蕴。这些具有较高历史文化和艺术价值、文化保存丰富、或有革命纪念意义，能较完整地反映某一历史时期的传统文化、历史风貌、地方特色或民族风情的村，被称为历史文化名村。"[1] 从2003年起，建设部和国家文物局在全国范围内推选历史文化名村。

历史文化型村落变迁的特征主要有：一是聚族而居，以血缘关系为纽带的宗族社会、熟人社会，人与人之间的关系以血缘为坐标，村民有共同的精神空间；二是传统建筑保存较为完整、民俗民风的原生态保留较好，庙宇、宗祠和民间信仰等是村落必不可少的重要文化景观，形成相互连接的祭祀圈；三是受城市化影响小，在居住形态、景观特点和文化构成等方面，有着丰富特性和内涵；四是村落居民有一定的历史文化保护意识，民间权威有自觉守护历史文化底蕴、有文明薪火相传的历史责任感；五是当地政府有较为科学合理、切实可行的古村落保护规划，有专项保护资金的投入，实施保护性开发，有相应的法律制度作为科学管理的保障。如芙蓉村的古村落旅游开发与保护并重，在发展和保护中寻找平衡点，让乡愁可寄。

进入21世纪后，中国城市化进程加速，浙江则是城市化的急先锋。在城市化进程中，一些基层政府对传统村落存在的价值认识不足，受错

---

[1] 林诚斌：《中国历史文化名村及其保护对策》，《古今农业》2010年第2期。

误的急功近利政绩观影响和经济利益驱动,认为传统村落如无旅游开发价值,与其花钱保护,不如让其加速消亡。于是,许多古村落被合并、挪移、拆建,传统村落快速消亡。在这种理念的影响下,工业化、城市化、市场化在某种程度上侵蚀和冲击了村落历史文化传统,历史文化型村落面临着消失、终结,村落文化快速衰败。现在浙江有很多传统村落的历史遗迹,或被时光湮没,或被人为破坏,取而代之的是千篇一律的现代民居,一些地区大力推进农房集聚改造,硬生生地在农村树立起一座座水泥森林。

(五) 其他类型村落

如按地型划分,浙江还有山区村、海岛村;如按距中心城市远近划分,有城中村、近郊村、远郊村;如按人口流向划分,有移民村、废弃村等。以下是我们所作的选择性分析。

1. 山区村。

城市化进程中的山区村有如世外桃源,受城市化冲击影响较小,农业生态、传统历史文化保留较完整。

分布在山区中的众多村落,称之为山区型村落。浙江陆域10.18万平方公里,其中山区面积占70.4%,平原占23.2%,河流和湖泊占6.4%,名副其实的"七山一水二分田"。深山丘陵中,分布着不少山区型村落。

由于地形复杂、土壤贫瘠、交通不便等条件限制,山区村常呈现贫困落后状态。车裕斌对浙江省13个典型山区(少数民族聚居)村落进行了深入调查发现:"山区型村落较普遍存在着集体经济实力弱,组织化程度低,市场能力和发展后劲不足;特色产业规模小,市场优势不明显;村落公共品供给不足,基础设施条件较差;村落治理结构松散,存在一定的权力真空;村落文化保护机制缺失,传统文化流失严重等问题。"[①]

随着农村与城市之间的交流日益密切,有些山区的历史文化资源被

---

① 车裕斌:《浙江山区村落经济社会变迁研究》,中国社会科学出版社2007年版,第174—178页。

开发，不少被打造成藏在深山中的、保护生态环境与文化底蕴的旅游名村；有些着力发展生态农业、民宿、旅游；有些以山区特色资源如茶叶、毛竹等为依托，形成特色经济，山区村正在走因地制宜的特色化发展道路。

2. 海岛村。

城市化进程中的海岛村呈现出的是独特的海洋文化生态特征，城市化发展相对滞后。

我国沿海岛屿众多，分布很广，据初步统计，500平方米以上的岛屿就有7000多个。[①] 浙江是海洋大省，海岸线总长达6486公里，海域面积为22万平方公里，拥有3061个面积大于500平方米的海岛。舟山是浙江乃至全国唯一的海岛市。值得一提的是，浙江海岛的特殊地形特征形成了不少"海岛型"村落，其变迁也具有特殊性。

由于特殊的地理位置，海岛型村落城市化推进缓慢，在发展变迁一般呈现以下特征。一是具有丰富的海洋资源，包括动力源、生物化学资源、矿产资源等。二是海岛有别具一格的自然人文景观、海滨游泳场等旅游资源，自然环境好，是一片绿色净土。如舟山市的不少海岛村，由于没有受到外界影响，保存着丰富的民间艺术，舟山锣鼓、舟山渔民号子等已入选国家级非物质文化遗产名录，祭海仪式、岑氏木船作坊、渔用绳索结编织技艺等入选浙江省级非物质文化遗产名录。三是因地理位置所限，海岛型村落发展过程中，受海岛经济开发中的交通运输业发展的程度高低影响较大，同时，渔村土地集约化程度低，分散居住，让基础设施建设成本居高不下。四是推进海岛型村落发展转型的前景广阔。建设美丽海岛示范村、创意园建设、渔家生活体验区；建设水陆客运交通设施，利用海岛生态优势，营造海洋文化景观特征，推进村落的可持续发展。[②]

依据良好的生态环境，挖掘独特文化资源优势，培育和发展具有海

[①] 全国海岛资源综合调查报告编写组编：《全国海岛资源综合调查报告》，海洋出版社1996年版。

[②] 单光、张戈：《海岛型生态市、生态县创建中的生态人居环境建设初探》，《科技信息》2008年第10期。

岛特征、海洋文化特色的休闲旅游、海岛生活体验、渔家渔事参与等旅游产业，建设休闲渔业和农业发展，彰显特色，不断增添海岛型村落的吸引力，是这类村落在城市化进程中变迁发展的主攻方向。如舟山群岛中的嵊泗县进行"生态秀美、人居柔美、生活和美、人文淳美"的"美丽海岛"建设。丰富的渔业资源、岛礁资源，优良的深水岸线，使得嵊泗发展海洋经济具有得天独厚的条件。嵊泗也是中国唯一国家级列岛风景名胜区。这里有金色沙滩、海礁奇洞、悬崖险峰等诸多美景，蓝天碧海、森林丰茂、山环水绕、气候宜人、空气纯净，是一座名副其实的天然氧吧。"离岛，微城，慢生活"，是嵊泗本着"错位发展，发挥自身特色优势"提炼出的理想生活状态，是嵊泗树立的核心发展理念。离岛的吸引力在于远离大陆喧闹，可休闲度假养生。微城是指纯朴、简单、精致的小城。慢生活是指放慢生活节奏、舒缓身心。嵊泗的浪礁奇观、产业盛景、民俗风情和生态美景让人赏心悦目，从港桥雄姿到美丽的山海奇观，从耕海牧渔的劳作场景到渔区平淡质朴的生活乐趣，强烈诠释了宜居、宜业、宜游的生活感受。

3. 近郊村。

城市化进程中，近郊村呈现出地域边缘化、组织结构功能转型的特征。近郊村是城市化过程中敏感、变化迅速的地区，呈现出"亦城亦乡"的形态。

城市化进程中近郊村的变迁、转型可概括为。一是土地征用后的经济结构转换。城市化实质上是政府主导推进的社会建设工程，政府可以通过城市规划，将原有农村划入城市范围，征用农用地为工业用地或建设用地，这是一种被动的土地非农化。土地非农化过程中，土地增值空间大，很多村庄把征地推动发展为契机，积极主动参与土地非农化，即在不改变土地所有权的前提下将农地转化为农村集体非农建设用地，如村公共设施用地、公益事业用地、乡镇企业用地以及农民住宅用地等，以开展多种经营，把土地作为升值保值的资产，努力让土地价值最大化。如星光村就是一个典型的近郊村，土地使用权属及性质的转换带动村庄的经济结构调整和转型，从靠天吃饭的农业纷纷向工业、商贸、服务业发展。二是征地拆迁后的农民职业转换。近郊村有紧挨城市的区位优势，就地非农化条件好，村民们无须付出流动成本，就能基本实现"离土不离乡"或"离土不离村"的非农化职业转型。星光村还有着得天独厚的物业经济发展条件，村集体经济主要来源于店面和房屋出租，村民也主要依靠出租房收入。星光村80%以上村民有房屋出租，607户村民出租私房2000多间，每月租金少则5000元，多则1万元以上。村民非农化职业主要有做生意、办厂、出租房屋、进企业打工等种类，村落经济的多元化带来村民兼业形式的多样化。当然也有少量年长的村民安心种田种菜的，在零星分散的边角土地里寻求有限的收获。三是村落自治组织不断向城镇社区组织转变。近郊村、撤村建居、村改居等，都在打破原来村庄的边界，村民对村里的依赖大大减少，一些村级组织调控能力弱化，出现软弱涣散状态。四是村级集体经济组织的建立。许多近郊村都有类似经济合作社的村级集体经济组织，有的还成立了股份公司、股份合作社等集体经济组织。如星光村在20世纪90年代初就成立了经济合作社，2004年成立了星光村实业总公司，村民以土地入股，按村民人头实行的股份量化，由公司负责村庄土地、厂房以及进驻企业的管理，是一种按"份"共有的集体经济，村委会随之实施企业化运作，成为一种"村企合一"的村级组织。五是社会结构和社会形态上的过渡性和适应性。"很多近郊村落的发展虽然受到体制制约、政策偏向、政府规制等一系列外部因素的约束，却也为村庄提供了'请城市进村'的机会，将城市资源引入乡村，依靠村庄内部的合作，实现内聚型的'集体非农化'转型。而实践证明，近郊村落的工业化、市场化发展并没有导致村庄的消亡，而是经过不断的自我调适和主动进取，对引进的城市产生了新的适应力，而且通过对村庄社会结构和组织的不断的'自主建构'和创新，嫁接出了更加灵活的企业体制和行政体制，使其更能适应现代城镇化对农村社区结构和功能的要求，为其与城市系统的融合奠定了基础和平等对话的条件"。[1]

综上所述，城市化进程中村落变迁的基本特征是转型变革，包括村落生产方式的转型、农民身份观念的变化、农民生活方式的变迁、留守儿童和留守老人问题凸显等；村落市场力量扩张的特征是剥离裂变，带

---

[1] 李传喜：《边缘化与边缘效应：概念解读及其行为方式——近郊村落城市化的社会学思考》，《温州大学学报》2014年第5期。

来的是人与生产的剥离、人与空间的剥离、人与价值的剥离；村落社会力量生长的特征是自生自发，造成乡村基层治理的变化、村落权威的解构与重构。多元异质是不同类型村落变迁的个性特征，现代工业型村落、现代农业型村落、专业市场型村落、历史文化型村落和其他类型村落等呈现出了个性化的变迁特征。

第 五 章

淡薄疏离:村落变迁中人际关系变化趋势

现代化、工业化、城市化、市场化、信息化共同给农村带来现代化理念、城市生活方式、自由竞争意识、便捷的信息流通等,改变着农村的生产生活方式、农民的价值观和行为方式,形塑着村落社会关系。在城市化进程中,盖房热潮此起彼伏,让整个村落的居住模式和内部空间格局发生重大变化,直接带来村落人际关系的变化。盖房和房屋格局的变化本是物理学和地理学意义上的空间变化,人际关系变化本是社会学意义上的社会关系变化,这两种变化表面上看似毫无联系,实则有内在的逻辑关联。阎云翔就曾指出:"住宅不仅仅是物理意义上的空间,同时还包括社会空间;在房屋结构的背后蕴藏着更为深刻的社会空间原则,人们就是通过这些原则来组织日常生活和界定人际关系的。"[①] 因此,必须关注村庄空间结构变化给社会关系变迁带来的影响,才能从现象深入本质。

城市化和市场经济的外部性使传统的农村社会关系发生了根本变化。尽管中国的农村情况千差万别,基础条件、变迁环境存在较大差异,但是,据我们观察,不但是我们调研的个案村,而且是大部分农村社会关系都呈现出日益理性、亲情淡化、渐行渐远的演化趋势。

[①] [美]阎云翔:《私人生活的变革:一个中国村庄里的爱情、家庭与亲密关系(1949—1999)》,龚小夏译,上海书店出版社2006年版,第139页。

一 日益理性:农村人际关系的变化

人际关系是社会关系中最重要的部分。城市化进程中,市场经济的"外部性"对村落社会关系带来深刻的影响。外部性(Externality),又称溢出效应、外部成本、外部经济、外部效应、外差效应,指个人或一个群体或经济单位、行为和决策对另一个人或一个群体或单位受损或受益的情况。经济外部性是社会成员(包括组织和个人)从事经济活动时对他人和社会造成的非市场化的影响,其成本与后果不完全由该行为人承担。外部性又分为正外部性(Positive Externality)和负外部性(Negative Externality)。正外部性是经济行为个体的活动使他人或社会受益,而受益者无须花费代价;负外部性是某个经济行为个体的活动使他人或社会受损,而造成负外部性的人却没有为此承担成本。[1] 市场的正外部性是显而易见的。市场经济极大地促进了社会生产力,多年的市场化改革调动了生产积极性,促进农业增收,提高了农民收入,巨大的经济成效是可以感同身受,也可以用数据衡量的。但是,由于市场经济体制的不完善,负外部性也在通过"润物细无声"的方式悄悄地改变着农村里的生态,其自由、竞争、平等的核心理念使农村的半自然经济发生解体,农民的生活日益融入市场经济大潮,同时,也为利益至上、个人主义、拜金主义等的滋长提供了温床。

在城市化进程中,随着盖房、分家、征地拆迁、安置小区建设等,农村人际关系也发生急剧变迁,村落人际关系却从紧密走向疏离,从亲情走向理性。

(一) 传统社会人际关系

梁漱溟称中国传统社会是伦理本位的社会,费孝通说中国传统社会是"差序结构"的社会,说的都是中国传统社会中,人与人之间的关系不如西方那么个人化,每个传统的中国人被一层一层的人伦关系所笼罩,成为关系中的人。杨善华、侯红蕊将差序格局中的关系区分为:关系的

---

[1] 外部性:http://baike.baidu.com。

远近、关系的亲疏。他们认为农村实行经济体制改革后，利益正在成为决定关系亲疏的最大砝码，原本紧紧地以血缘（宗族关系）为核心的差序结构正在变得多元化、理性化。亲属之间关系的亲疏越来越取决于他们在生产经营中相互之间合作的有效和互惠的维持。贺雪峰则认为：儒家孝悌思想在现代传媒和市场经济的冲击下，附着在传统中国血缘关系上的道德义务越来越弱。与差序格局解体相一致的是农民人际联系日渐广泛，姻亲关系的重要性在许多农村已远远超过宗亲，朋友同学关系正在构成农村人际关系的主流。农民越来越成为社会各个朋友圈子的一部分，如徐勇所说"圈子内的人具有一定的平等和互利性"。依他们的理性算计来选择关系、交往朋友。人口流动进一步强化了农村人际关系理性化的趋势，因为人口流动使农民可以摆脱村庄舆论对自己的压力，从而更容易摆脱道德义务和选择交往的空间。农村传统文化的解体，使农民越来越看重实际的有时是即时的好处，越来越忽视交往中的感情，理性算计的农民会在出现突发性生产生活事件时，没有应对能力。当村庄中有很多类似村民时，村庄社会关联度低，很难形成合作，也很难保持秩序。[1]

过去的农村作为封闭性的社会，农民一般都是日出而作、日落而息，生活半径固化。村民个体被紧紧地束缚于村庄这一共同体之中，他们之间的互动与交往都是在熟人社会这一背景下进行的，村民之间关系亲密、互动频繁和相互熟悉，并且热衷于关注村庄的公共事务，彼此之间保持着共同的记忆。受中国传统家庭伦理的影响，家庭成员长期共同生活，家庭结构稳定，家庭关系和谐。邻里之间和睦共处，相互帮助，农忙季节相互调节劳动力，村里有重大活动时，大家能够齐心协力去做，亲情关系重于物质利益关系。同时，传统农村注重道德本位，而不是能力本位，在人际交往中，注重个人道德修养，而不是个人能力水平。

（二）从"熟人社会"到"陌生人社会"

城市化和市场化带来农村经济的增长，农民收入和生活水平的提高，农民对于住房和舒适生活条件的追求也越来越强烈，这是农民盖房行为

---

[1] 贺雪峰：《新乡土中国》，广西师范大学出版社2003年版，第33—36页。

大规模兴起的一个重要推动力。村民盖房行为带来村庄布局和居住模式变化，进而对村庄社会关系变迁产生重要的作用。村庄原有的边界逐渐开放，由此带来的则是村庄内部异质性程度的不断增加和同质性的丧失，熟人社会变得越来越陌生。

伴随着越来越多的村民热衷于修建和盖造楼房，他们更多地注重于自己私人空间的塑造，另一方面，村庄的公共空间和公共生活却变得日益萎缩。公共空间对于村民之间的交往和互动有着十分重要的作用。当村庄的公共空间日益萎缩时，村民的社会性活动将会大量减少，而这更加剧家庭成员非亲密化、邻里之间陌生化和一般村民理性化的趋势。

（三）从"互惠型理性"到"算计式理性"

市场交换理念的渗透，改变了传统农村社会中人际关系模式。人际关系首先是物质利益关系，关系变得越来越市场化、理性化，村民之间无偿帮助少了，更多的是要按照市场规则、通过货币交换的方式来计算人情利益。人与人之间的互动和沟通模式由以往的"互惠型理性"演变到"算计式理性"。过去家境贫寒的可以利用自己的力气或一技之长，通过换工方式，换取别人的帮助，以维持基本的生活，现如今，需要到劳动力市场上去出卖劳动力，如果年老力衰或无所长将被市场无情淘汰，生活艰难。传统社会中的浓浓亲情也让位于经济利益的考量，过去和睦的家庭关系因为经济利益的牵扯日益变形。评价一个人不再主要依据其道德修养，而是依据其能力，尤其是经济活动能力。这样，农村作为保留中国传统文化与观念最多的阵地，不可避免地与现代的市场经济文化发生了尖锐的对立。[①]

据我们观察，城市化进程中，村民关系有越来越理性化、自私化的趋势。村民在互动和交往过程中，都希望最大限度地获取自己的或家庭的利益，理性地算计着自己的得失，而不顾及其他村民以及整个村落的公共利益。我们把这种关系概括为"理性自私化的村民关系"。这种关系会造成两个后果。一是村民对村庄的认同感归属感逐渐丧失，甚至对家

[①] 包巧英、黄立志：《试论社会主义市场经济对农村社会的影响》，《重庆科技学院学报》2010年第9期。

乡产生了厌恶感,产生要"逃离"的念头。在调查过程中,许多村民说,他们对村庄没有太多认同感,村里的人都太自私了,只考虑自己的利益。有的村民说,如果自己有钱的话,宁可在外面买房子,也不在这里住。这种想法在年轻人中间特别流行。二是村庄治理变得越来越困难,集体经济弱的村落,村集体没有太多的可资利用的治理资源和"抓手",无法为村民提供更多的公共物品和公共服务。当村庄的公共利益被侵害的时候,村民也没有足够的重视,无法形成一种自觉维护公共利益的氛围和风气。

董磊明曾将公共品供给分为三种类型:"第一种是外源型供给,指的是修路、装自来水等主要依靠村庄以外的资源和力量;第二种是内源性维持型供给,指的是村庄基本秩序的保持,虽然背后有国家力量的保证,但是在村级层面上主要依靠村组集体的积极作为;第三种是内源性动员型供给,指的是国家资源不及、村组集体资源非常有限的情况下,村庄日常的环境卫生、排涝防灾需要依靠村组集体动员村民出人出力甚至出钱才能进行。"① 当然,这种划分有合理的成分,也有不科学的地方,如村庄的修路是否属于外源型供给,很值得商榷,我们更愿意将它看作是一种内源性动员型供给。这里值得我们反思的问题是:在国家和村落治理资源有限的条件下,当越来越"理性自私化"的村民们只顾自己及其家庭的利益,而不顾村庄和其他村民的利益时,村两委或民间权威,如何动员村民们为公共事业出人、出钱、出力呢?在公共物品已经被提供的情况下,"理性自私化"的村民是否会实行"搭便车"行为呢?这些问题在城市化进程中村落空间结构变化时,很值得学者进一步研究关注。

城市化进程中,在农村社会关系层面上,村民之间的关系正逐渐变得理性化。在传统社会中,村民之间的互动和交往可以毫无顾虑,而无论是公共话题还是私人话题,都有可能会引起村民广泛和热烈的讨论。其中,串门、守望相助是村民之间传统关系的最好体现。而随着盖造楼房的兴起和居住模式的变化,村民之间的串门行为已经大量减少,"抛馒

---

① 董磊明:《宋村的调解——巨变时代的权威与秩序》,法律出版社 2008 年版,第 77 页。

头"和"办酒席"两种习俗也少了原有的味道,农村社会习俗中的人情正在变得异化,越来越多的村民趋向于以金钱和利益为考量,习俗正变得金钱化和货币化。

在物质利益的不断驱动下,人情关系逐渐被城市物质文化所代替和侵蚀,一些农民在价值上变得越来越自我和功利,他们不再以人情和关系作为行动的规则,而利益原则成为了农民日常生活和交往中的一个重要砝码。人情日益金钱化、物质化和理性化,整个村庄共同体也不再是过去的熟人社会,而是变成了"陌生社会"甚至是"杀熟社会"。其实,不少发生在农村社会中的"杀熟"行为不仅标志着农村伦理道德的滑坡,也体现了农村人际关系的异化。过去的人情亲情交往已逐渐蜕变为赤裸裸的金钱和利益交往,作为传统农村社会中判别亲疏远近的基本标准——"人情"却正受到"利益"标准的巨大挑战。在"人情"和"利益"的博弈冲突中,"利益"已经明显占据了上风。物质利益成为人际关系的黏合剂,能使毫无血缘、地缘、业缘关系的人很快亲密起来,结为利益共同体;相反的,利益上的矛盾却也导致了原本有血缘、地缘、业缘关系的人形同陌路、互相争斗。亲属关系的亲疏大多取决于有无生产经营上的合作和互惠。现在农村社会,因利益冲突而导致的"兄弟阋于墙""父子对簿公堂"等不正常的社会现象已屡见不鲜。

二 亲情淡化:农村家庭结构和关系变迁

家庭是整个社会的细胞,也是一个人出生成长和人格形成的最基本单位。从微观角度来看,家庭内部的社会关系也呈现出重要的文化意义,"家和万事兴"就是一个极具代表性的词语。在传统社会里,男性拥有绝对的话语权。从家庭内部来看,亲子关系(Father-Son Axis)是整个家庭的轴心所在,而从中衍生和推展出的宗族、亲缘群体则构成了社会基本的人际关系结构。[①]

[①] 郭于华:《代际关系的公平逻辑及其变迁——对河北农村养老事件的分析》,《中国学术》2001年第4期。

新中国成立以后，农村经历一系列激烈的政治运动，农民传统的生产生活方式受到了极大的冲击，家庭结构也发生了重大的改变。家庭结构常被划分为三大类：主干家庭、联合家庭、核心家庭。其实这是西方学者针对西方社会提出来的，但它能否完全适用于中国社会的具体情境呢？现代中国的家庭结构模式是否由主干和联合家庭主导的家庭模式向核心家庭模式转变，即存在家庭核心化的趋势呢？其实，在现代化、城市化变迁中，一些新的家庭类型如单亲家庭、重组家庭、丁克家庭、临时组合家庭等就很难归入上述三大类，何况，我们在农村调查中，还发现有一种"分家不分居"的家庭类型。在城市化中，影响家庭结构变动的因素还有很多，如二胎生育、分家和分爨（兄弟分居，各起炉灶做饭）行为、迁移流动、异地来回等，随着农村社会环境、农民价值观念改变，中国家庭结构的变动趋势还会呈现出更复杂的情形。

城市化进程中，家庭关系的变化特征可概括为：如果说在传统农村社会中家庭成员之间是一种亲密化的关系，那么现在家庭成员正呈现出亲情淡化的特征。无论是代际关系、兄弟关系还是夫妻之间的关系，都随着农民盖房行为和居住模式的改变而出现一定程度的淡漠甚至恶化趋势。近些年来，在农村社会中出现了养老防老难题，而兄弟纠纷和夫妻冲突的频率也正在逐步增加，这些可以说都是家庭成员关系变化的主要表现。家庭成员关系淡漠、恶化可能导致整个家庭结构的破裂和解体。

一是在代际关系上。在中国社会里，父母有义务养育子女，同时子女也必须回报父母的这种养育之恩，而担负起赡养父母的责任，即代际之间的关系是一种"养育"和"回报"的"反馈模式"。[①] 家庭的权力重心已由老一辈转移到下一代，传统父权制在现代农村社会日益衰落。如老年人在家庭中的地位和权威大幅度下降，年迈的父母在选择居住空间方面通常没有自主权。有经济能力的农民都热衷于修建和盖造新的现代化楼房，相对于家庭人口来说，新房子的房间数量非常充足，但大部分子女并没有留出一两个房间供年迈的父母居住。大部分老年人仍然居住在那昏暗、潮湿、破旧的老房子里，成为村中的弱势群体和低层人员，

---

① 费孝通：《家庭结构变动中的老年赡养问题——再论中国家庭结构的变动》，《北京大学学报》（哲学社会科学版）1983年第3期。

只有极小一部分的老人能够与儿孙们一起住进现代楼房,但子女通常把自己安排在又大又好的房间里,而老人则被安排在较差的房间居住。代际关系虽然已遭到了严重的破坏和解体,但儿女始终是赡养老人的主体。在我们调查的村落,如果儿女孝顺的话,大部分老人的生活是比较安宁温馨的,但如果儿子、儿媳妇不孝顺的话,老人晚境是窘迫甚至凄凉的。"养儿防老"作为一种重要的文化习俗和道德规范,其运行机制已经被打破了。为了晚年生活能够得到保证,很多父母不得不低三下四地去讨好儿子媳妇,与他们保持亲密互动;较之儿子,反倒是出嫁的女儿在父母的养老中发挥着越来越重要的作用。

二是在兄弟关系上。兄弟分家的时间提前,从一次性分家向多次性分家或系列式分家转变。分家过程中兄弟之间充满着潜在冲突和利益博弈,兄弟之间的不平等性加大,代内剥削出现,兄长成为家庭资源的最先享用者。如在分家后,各个兄弟就各自独立拥有一个新家,但还会因为财产分配问题产生冲突和纠纷。在分家过程中,父母一般会保留一部分财产,一旦父母去世,这些财产特别是房屋,就成为兄弟之间的争夺的焦点,甚至对簿公堂的也不少。分家后,兄弟间的互动和交往逐渐减少,关系慢慢淡化了。在现代的农村社会里,能够将分家之后的兄弟联系在一起的"桥梁纽带"已经越来越少了。除了先赋的血缘关系外,父母是兄弟之间联系在一起的主要"桥梁纽带"。比如,兄弟共同赡养父母、为父母办大寿、父母去世之后的丧葬活动,等等。

三是在夫妻关系上。父权制和家长制等制度不断遭到解体,长辈在家庭内部的结构地位不断式微,而女性的地位却逐步得到提高。从家庭内部结构上来看,家庭"日益由父子轴心向夫妻轴心转变,导致了家庭内部代际权力关系和夫妻权力关系发生变化"[1]。最显著的变化就是妻子在家庭决策和家庭劳动中地位的上升。有研究表明:在核心家庭中,家庭决策以丈夫为主的比例只有19%(57),夫妻分担的为46%(142),而以妻子为主的达到了35%(109);在家务劳动方面,以丈夫为主的只有2%(6),夫妻共同分担的为37%(115),而以妻子为主的竟达到了

---

[1] 董磊明:《宋村的调解——巨变时代的权威与秩序》,法律出版社2008年版,第104页。

61%（187）。① 家庭内部的性别角色的重新定位，有助于夫妻关系的亲密，减少家庭暴力。但是，妻子地位的提高和独立性的增强，对于家庭稳定有何影响？这是不是当前农村夫妻争执纠纷不断、离婚率趋高的原因之一呢？看来，这得具体问题具体分析，只有通过了解夫妻的爱情、亲情、日常互动过程和情境才能分析夫妻关系以及妻子地位提高的利与弊。

三 渐行渐远：农村邻里关系的疏离

作为农村社会结构和社会关系的重要组成部分，邻居之间的关系是衡量农村社会是否稳定运行和维持良好秩序的重要指标。在中国传统农村社会中，人情、面子和关系是农民日常行为的三个重要维度，它们共同构成了农民的日常社会生活。所谓"送人情""爱面子""拉关系"，也是邻里之间进行互动和交往的主要原则。如邻里之间的这种人情文化是无偿和互惠的，并没有过多功利交换的性质。正是这样，邻里之间的关系和人情得以生产与再生产，而这又进一步促进了邻里之间的日常互动与交往。

在传统的农村社会里，"守望互助"是邻里关系的基本形态。在这一形态和模式中，村民与村民之间在生产、生活上能够相互帮助、在情感上能够相互沟通。一般而言，左邻右舍之间不太容易发生激烈的纠纷和冲突，而即便发生了冲突与纠纷，其他的邻居也会过来劝架和调解。"守望互助"的形成固然与当时农村的生产力水平落后以及村民应对社会风险的能力不足有关，但它也是中国传统文化的重要组成部分，所谓"远亲不如近邻""一方有难，八方支援"体现的就是这个道理。进入集体化时期，中国实行了高度集中的计划经济，而在农村社会中，凭借强有力的政治力量，国家全面渗入到农村并开展了一系列政治运动：土地改革、合作化运动、互助组、人民公社体制等。农民被紧紧地束缚于国家的权威之下，生活和生产则必须在生产队里进行。由于国家实行的政治运动，

---

① ［美］阎云翔：《私人生活的变革：一个中国村庄里的爱情、家庭与亲密关系（1949—1999）》，龚小夏译，上海书店出版社2006年版，第114页。

邻里关系更多地被一种在国家控制之下的制度化合作方式所代替。改革开放以后，由于国家力量逐渐从农村社会中退出，诸如互助组、人民公社等制度化的合作方式和合作组织则慢慢解体，市场力量渗透到乡村，社会力量也在生长。

城市化进程中的邻里关系，呈现如下基本发展趋势：在传统社会中，邻里之间的关系呈现出"邻里共同体"的形态，演变成"熟悉的陌生人"且形态日益固化。在这一"邻里共同体"中，邻里之间的关系亲密、感情融洽，成员之间来往也十分密切和频繁，他们之间的互动与交往遵循着人情、面子和关系这三个重要的原则。而伴随着村民大量兴建楼房，居住格局产生变化，特别是现代意义上客厅的出现和住家四周围墙的设立，邻里之间的关系从"邻里共同体"向"熟悉的陌生人"这样一种新形态转变。"熟悉的陌生人"意味着邻里之间既熟悉又陌生，他们之间的互动呈现出功利化和理性算计的特征。同时，邻里之间在盖造楼房的过程中的冲突和纠纷也正在增多。具体表现如下。

一是"邻里共同体"面临解体。城市化快速发展之前，用"邻里共同体"这样一个概念来描述的紧密和谐的邻里关系再合适不过。"邻里共同体"有滕尼斯意义上的"共同体"[①]含义，"邻里共同体"与"村落共同体"的关系是：如果把村庄比喻成一个生物有机体的话，那么家庭是生物有机体内部的细胞，而"邻里共同体"则是生物有机体的器官。"邻里共同体"并非仅是由带有血缘和亲缘关系的家庭组成，而是由居住距离非常近的家庭（既包括带有血缘和亲缘关系的家庭，也包括普通邻里家庭）所构成的。因为大家住得很近，俨然成为了一个"大家庭"（邻里共同体）里面的成员，邻里之间持续地进行交往与互动，邻里之间经常"串门""蹭饭"，互相之间不需要有任何顾忌。"邻里共同体"在维系村庄有序、稳定地运转方面发挥着重要的作用。

如我们在调研中，有村民回忆："大家还住在老房子里的时候，房子跟房子紧挨着。谁家做了什么好吃的，会想着送给邻居尝尝；逢年过节、家有喜事，大家庆祝、互赠礼物；大人没回家，孩子们到哪家都可以有饭吃的。如果当某一家的人都出去做事了、家里没人的时候，左邻右舍

---

① ［德］斐迪南·滕尼斯：《共同体与社会》，林荣远译，商务印书馆1999年版。

之间就会帮忙照看他的家。在夏天晚上的时候，隔壁邻居们全会出来在院子里乘凉、聊天，天南海北地吹牛，给女人孩子讲鬼故事，吓得他们哇哇叫，讲故事的人乐得哈哈笑；而在冬天，几家人就会约定到其中的一个家中闲聊、打牌、看电视等。"经过这些持续性的亲密互动，互相知根知底，邻里之间的情感和信任得以产生，从而形成一个真正的共同体，正如费孝通先生所说的："熟悉是从时间里、多方面、经常的接触中所发生的亲密的感觉。"① 这种基于地理空间的接近而产生的持续性与亲密性互动所形成的邻里关系，称之为"邻里共同体"。

　　二是邻里关系日渐疏离。市场经济、城市化，把农村带进一个剧烈的社会转型期，农民的生产和生活方式、社会心理、价值观、思想、社会交往的范围与方式都发生了重大的变化。城市化中，在农民热衷修造新楼房的时候，他们之间的关系也正在不断地疏远。围墙的大量出现在村民的心灵之间形成了一条无形的鸿沟。一座座院墙拉开了现实空间的距离，更重要的是拉开了人心上的距离。"那时候，吃饭时村里的人都端着饭碗聚集在村头的大树下，谁家有什么好吃的，大伙只要愿意都可以去分享的。现在根本不可能，现在人在家里的时候都将大门紧闭，门后还要拴条狗，一般从别人家门前走都不知道门里面的人在干什么，在这种情况下，没有正式的事情就不会去敲别人的家门，那样显得很鲁莽，主人也不知道你要干什么。"② 董磊明在宋村调查时，用村里人回忆的一段话描绘了过去乡村社会村民与村民之间的社会关系及其变化。

　　传统农村社会是一幅美好的邻里关系和睦融洽的乡村图画，在市场经济和现代化的强烈冲击下，这幅画已然不存在了，代之以人情的淡化和利益的计算。在与邻里的互动与交往过程中，农民们变得斤斤计较、相互算计，他们之间的关系逐渐趋于冷淡、疏远，冲突与纠纷也随之大量地增多。人情一旦异化，大量掺杂功利和理性算计的因素就会对"邻里共同体"与整个村庄的人际关系产生十分不利的影响。正如贺雪峰所说："人情异化表现出来的是人情的繁荣，但是当人情被榨取利用之后，

---

① 费孝通：《乡土中国与生育制度》，北京大学出版社1998年版，第10页。
② 董磊明：《宋村的调解——巨变时代的权威与秩序》，法律出版社2008年版，第65—66页。

剩下的只是名实分离的人情壳,人情循环中断,人情沙漠化了,村民之间基本的人际互动难以维系,且村庄中再无自己人认同的再生产机制,农村熟人社会的基本润滑剂失去了。"[1]

三是"熟悉的陌生人"的出现。伴随着传统的"邻里共同体"的不断解体和消亡,农村社会中邻里之间将以一种新关系的形态存在,这种关系形态可称之为"熟悉的陌生人"。"熟悉的陌生人"原是文学理论中的专有名词,最初来源于别林斯基,后被学术界引用。何艳玲、钟佩曾探讨了行动精英之间的关系是如何影响再组织化的业主共同行动的。他们认为,随着行动精英间关系的转换,业主共同行动也经历了兴起、高潮到衰落的生命历程。他们用关系强度("强关系"和"弱关系")和关系性质(合作和竞争)两个指标提出了陌生人、伙伴、对立者、"熟悉的陌生人"四种关系类型,并指出"熟悉的陌生人"就是在业主共同行动瓦解之后的行动精英间较弱的竞争关系状态。[2] 我们使用"熟悉的陌生人"这一概念来体现现代农村社会中邻里关系的新形态,主要有两层含义:第一,在现代农村社会中,邻里之间原有的社会关系正不断地被侵蚀、淡化而逐渐解体,邻里之间开始像陌生人一样互动;第二,他们像陌生人一样有心理距离,但在一个"低不不见抬头见"的熟人社会里,彼此却"知根知底"。因为"农村社会呈现出的是一个高度浓缩的重合型社会——时空结构,其邻里所具有的基层共同体色彩更为浓厚"。[3] 这种状态与城市居民的邻里陌生关系明显不同,城市社区的单元房内,是真正的一无所知的陌生感。

我们在考察现代农村社会中邻里关系的性质时,必须要考虑到农村社会的这一属性,即它的共同体特性。随着城市化的推进,中国大部分村庄变得更为开放,流动性更强,这种开放性和流动性冲击了村庄和村民,但尚未使村庄共同体属性消失,村民仍然共同生活在同一地域内,在日常生活中互动。不少学者曾使用"淡化"一词来描述现代农村邻里

---

[1] 贺雪峰:《论熟人社会的人情》,《南京师范大学学报》(社会科学版)2011年第4期。
[2] 何艳玲、钟佩:《"熟悉的陌生人":行动精英间关系如何影响业主共同行动》,《社会学研究》2013年第1期。
[3] 桂勇:《邻里空间:城市基层的行动、组织与互动》,上海世纪出版集团2008年版,第75页。

关系的动态变化，但并没有指出现有农村邻里关系是以何种形态存在。伴随着村民大规模的盖房行为、围墙的设立，使得农家院子成为家庭私人空间，不再是邻居可以随意出入、闲谈聊天的场所空间；村民还热衷于对楼房客厅的设计，邻里交往逐渐变得正式而不随意。"熟悉的陌生人"是当下农村邻里关系的常态，邻里之间的交往和互动抹上了浓厚的功利化和理性算计色彩，邻里之间因生活琐事、盖房、地界空间等争夺冲突发生频率增加。

征地、搬迁、撤村建居等工程极大地改变了传统村落中的居住模式，打破村落中熟人社会的守望互助式人际关系模式；城市化加剧社会流动，城市扩张中农村土地被不断蚕食，村落的自然边界被打破，市场化对村落的渗透使得乡村人际关系呈现出分化和逐利的特征；城中村改造，将农民集中搬迁至高楼，单元式的楼房隔绝了原来熟人社会中人们之间亲密的交往关系，原有的乡村伦理遭到挑战和破坏。

原来的乡村社会是熟人社会，人与人之间的信任基于血缘和地缘关系，具有天然性、稳固性，大大降低了社会管理和监督成本。五千年农业文明形成了独特的乡村伦理。"由于农业靠天吃饭的不稳定性和高风险性，形成了勤劳、守信、互助的伦理关系，其中互惠关系是重中之重。勤劳是因为要生存下去；守信和互助是为了共同抵御风险，所有这些都是基于生存和安全诉求。"[1] 中国传统社会的差序格局反映出亲缘、宗族之间的互助范围。互惠伦理关系建立在长期的互动基础之上，帮助亲友是为了在自己需要时也能得到帮助。斯科特指出："互惠基于一个共识：他们的帮助就像在银行存款一样，以便有朝一日在自己需要帮助时能得到回报。""村庄里面的富裕阶层往往承担着一些社会财富的再分配功能：比如，富裕农民要仁慈待人，主办较多的开销和较大的庆典，救助暂时贫困的亲戚邻居，慷慨地捐助当地的圣祠庙宇等村庄内的公共活动。"[2] 可见，在传统农业社会里，村落内部交往带有熟人社会特性，一些社会

---

[1] 王旭凤：《延续与断裂：新农村建设背景下乡村伦理变迁研究》，《中国青年研究》2012年第8期。

[2] [美] 詹姆斯·C. 斯科特：《农民的道义经济学：东南亚的反叛与生存》，程立显、刘建译，译林出版社2001年版，第9、36页。

地位较高的富裕阶层深谙"财散人聚、财聚人散"的财富之道，再考虑到舆论压力以及仇富、嫉妒等因素，他们往往愿意分散部分财富，去帮助村落社区中的农民维持生存，以提升其社会声望。

四　非线性：社会关系网络的复杂化

线性（Linear），指有规则、按比例、成直线的关系；非线性（Non-linear）则指不规则、不按比例、不成直线的、有突变的关系。农村社会关系变迁就是一个非线性的过程。

在研究农村社会时，许多学者都偏好使用传统与现代的分类框架或者类似的其他二元分类方法。这种传统和现代的二分法虽然能够为农村变迁研究提供一个分析框架，但它把传统和现代作为两个对立面完全地分割开来，而忽视了中间线路存在的可能性以及具体社会生活的复杂性。

当前农村虽然整个村庄的社会关系网络不断变化，但是传统的社会关系网络并没有彻底解体，村民也没有从这一张社会关系网络中完全脱嵌出来，人情、习俗等传统因素仍然在这一场域中发挥着重要的作用。传统与现代、人情文化与物质利益相互交织，在村落这个场域、在村民之间织就了一张坚固的"利益—关系网络"。在中国这样一个传统文化有着深厚根基的情境中，任何农村的社会变迁都不会完全脱离原有村庄的文化习俗规范，我们把这看作是一种对城市化、市场化负面影响的"抵抗力"。之所以如此，主要有以下几方面的原因：一是地域限制；二是文化传承；三是路径依赖和制度惯性。

第一，地域限制。农村与城市在地理范围上有着巨大的差别：城市地理范围大，人口规模多，人口流动快，人与人之间的交流与沟通并不深入，暂时性的互动关系较多，城市居民的社会网络相对比较松散；相反，与城市相比，农村的地域范围有限，相对封闭，自成体系，村民之间的互动交流频繁，熟悉程度高，村民之间构建了一张坚固的、持久的社会关系网络，结成村落共同体。尽管随着城市化进程的不断加速，以及市场力量和社会力量的此起彼伏，村落人际关系日益理性化和陌生化，但除城中村、城郊村外，大部分农村的地理范围没有太大变化，农民仍然受制于这一有限性的范围。因此，村民之间的社会关系也必然局限于村庄的地域范围内，不可能会突然断裂、崩塌。

第二，文化传承。文化传承指文化传统和精神财富的代际传递和承接。城市化进程中，五千年历史形成的传统文化，依然是一种无形却具有巨大力量的文化心理、深厚的群体原则。其思想意识、文化传统、价值趋向和国民性格至今仍深刻地影响着我们。

在探讨农村社会关系时，我们应当避免陷入单向线性的思维取向，把传统和现代当作两个对立面来分析，忽视社会事实的复杂性和具体性。尽管随着现代性的侵入、城市化的快速发展，原本熟悉的社会结构和生活秩序开始崩塌，整体性图景开始消解，但我们始终认为，这一过程并不意味着对传统社会文化的全盘抛弃。村落社会是一个以血缘、地缘为主要联系纽带的共同体，农民之间的信任会受到这种先天性的血缘关系和地缘关系的影响与制约，从而直接构成了传统农村社会中的关系网络和社会资本网络。因此，农民之间的社会关系网络是离"己"越近，则关系越亲密，信任感也就越强。随着城市化的不断加速，城市的一些价值观念和生活方式进入农村，逐渐被农民接受和模仿。尽管原有的乡村社会关系网络逐渐坍塌，村落人际关系变得非亲密化、陌生化和理性化了，但村民彼此之间却形成了一张坚固的"利益—关系网络"。这张网络以利益共生互惠为基础，又带有浓重的传统人情文化的色彩，很多时候，它也能让村民在利益分化中寻求一致性，形成利益共同体。

第三，路径依赖（Path-Dependence）和制度惯性。美国经济学家道格拉斯·诺思用"路径依赖"理论成功地阐释了经济制度的演进规律。他认为：路径依赖类似于物理学中的"惯性"，人们一旦选择进入某一路径，就可能对这种路径产生依赖，某一路径的既定方向会不断自我强化，过去的选择决定了现在和未来可能的选择。社会进步和制度变迁中其实就存在着路径依赖或制度惯性的效应，会受到过去传统的深刻影响和有力制约。较之于正式的制度规范，文化、习俗、人情等非正式规范具有更强的传承性、连续性，对经济社会发展的影响也更具持久性。因此，在城市化进程中，中国农村这样一个特殊文化语境的场域内，习俗、人情等非正式规范占主导地位，其社会变迁特别是人际关系变迁更容易受到路径依赖和制度惯性的影响，它会因现代化、城市化和市场化的渗透而变迁，但它会受到非正式规范的制约，而呈现出一种相对稳定性。同时，我们更愿意相信，无论现代化、市场化和城市化的影响多么巨大，中国农民骨子里依然保留着一种纯真质朴和传统美德，以中华传统文化为主导的村落文化就是一种正能量，能够扭转村落社会关系淡漠化、利益化、个体化的态势。

综上所述，在城市化进程中，随着盖房、分家、征地拆迁、安置小区建设等，农村人际关系也发生急剧变迁，村落人际关系却从紧密走向疏离，从亲情走向理性。村民盖房行为带来村庄布局和居住模式变化，村庄原有的边界逐渐开放，由此带来的则是村庄内部异质性程度的不断增加和同质性的丧失，熟人社会已经不再是"熟人"关系了，人与人之间距离远了，变得越来越陌生。伴随着越来越多的村民热衷于修建和盖造楼房，他们更多地注重于自己私人空间的塑造。村民之间的互动和沟通模式由以往的"互惠型理性"演变到"算计式理性"，有越来越理性化、自私化的趋势。如果说在传统农村社会中家庭成员之间是一种亲密化的关系，那么现代家庭成员之间正呈现出亲情淡化的特征。在传统的农村社会里，"守望互助"是邻里关系的基本形态，邻里关系呈现出"邻里共同体"的形态，邻里之间的关系亲密、感情融洽，来往密切频繁，互动与交往遵循着人情、面子和关系这三个重要的原则。伴随着村民大量兴建楼房，居住格局产生变化，特别是现代意义上客厅的出现和住家四周围墙的设立，邻里之间的关系从"邻里共同体"向"熟悉的陌生人"这一种新形态转变，邻里之间冲突和纠纷也在增多。

第 六 章

理性生存:村落变迁中的人口迁徙规律

社会变迁是一个自然历史过程,不完全依人的意志为转移,但由于社会变迁离不开人的参与,需要由人来引领、主导和实现,又一定会打上人的主观意志的烙印。规律是指自然界和人类社会诸现象间内在的、本质的、必然的联系,决定着事物发展的趋向。规律有普遍性、客观性、必然性、永恒性等特点。规律通常会反复出现,是不可抗拒的,它深藏于千差万别的现象背后又起到支配作用的,需要透过种种现象来寻找和把握。由于世界各国的历史和制度的差异性,城市化道路各不相同;中国各地农村情况千差万别,村落变迁轨迹迥异。由于导致社会变迁的变量太多,人们一时无法完全认清和掌握社会变迁的规律。但是,抹去纷繁杂乱的表象,沿着前人的研究轨迹,我们应当找出一些共同的规律性的东西。

由城市化带来的农村流动人口问题,改变了村落的政治经济和农民生活,冲击着传统文化价值。我国城市化进程中,村落的人口迁徙是有一定法则和规律的。

从"田园城市"理论和国外逆城市化现象,提出"舒张型城市化"概念,用来指称与"聚拢向心"为特征的城市化常态不同的一种城市化状态,并对其成因、条件、特点和应有的政策取向作理论思考。

一 村落变迁与人口迁徙流动

人口迁徙也称人口迁移。维基百科的定义是:"人口迁徙是一种人类族群集体或个别改变居住地域的现象,其形式有自愿或非自愿、合法或非法之别,原因则可能包括(但不限于)资源短缺、气候变迁、战争、奴隶贸易、种族清洗、政治迫害、经济压力等。"① 联合国《多种语言人口学辞典》中的定义是:人口迁移是指"人口在两个地区之间的地理流动或者空间流动,这种流动通常会涉及到永久性居住地由迁出地到迁入地的变化。这种迁移被称为永久性迁移,它不同于其他形式的、不涉及永久性居住地变化的人口移动"②。

我国人口迁徙的特点是:通常都是从自然条件差的地方往好的地方迁移;新中国成立到改革开放前,国家有计划、有组织地从东部迁往西北和东北;改革开放后,人口从经济欠发达地区向发达地区流动,从西部自发地向东部沿海地区流动。工业化进程中,进城务工农民日益增多;城市化进程中,大量农民因各种原因从农村迁往城市。我们主要考察现代化、工业化、城市化因素累积下,村落人口迁徙的趋势。

人是村落变迁中的决定性因素。实际上,城市化进程中的村落变迁很大程度是由人口迁徙引致的村落经济转型、社会变迁、文化演进和体制变革。

(一) 人口迁徙的一般法则

人类从早期为了生存而聚居一起,从而形成村落,到现代为了更好地生活,向城市集聚,以及后期交通条件改变后出现的逆城市化居住现象,这种人口的迁移趋向其实是有迹可循的。最早系统研究人口迁移规律的是 19 世纪 70—80 年代英国的拉文斯坦(E. G. Ravenstein),他对人口迁移规律的研究,提出了著名的"人口迁移法则"(The Laws of Migration),他关于人口迁移规律的研究结论被学者总结整理后,称为"拉文斯坦法则",即"一是移民距离法则。从空间距离对人口迁移的影响看,净迁移率与迁移距离成反比,移民的总数随着迁移距离的延长而递减。二是阶梯迁移法则。人口往往涌向具有强

---

① 《人口迁徙》,http://zh.wikipedia.org/wiki。
② 《人口迁移》,http://baike.baidu.com/view/929163.htm。

大吸引力的商业和工业中心，……而且这种迁移往往是阶梯式的发生。三是相向移民法则。大多数移民过程都是双向运动，就特定区域而言，迁入和迁出总是相对进行的。尽管数量不一定相同。四是城乡移民差异法则。与乡村居民相比，城镇居民更少移动性。即乡村居民更具移民倾向。五是性别选择法则。妇女们似乎在较短距离的迁移中的数量更占优势。六是经济因素主导法则。大多数移民的发生都是出于经济方面的因素。七是经济发展或技术进步促进法则。即经济和交通的发展都会刺激移民的增加。八是迁入地选择法则。人口总是朝着大的商业和工业中心城市迁移，特别是那些长距离的移民。九是年龄选择法则。大多数移民是20岁到35岁之间的成年人。十是城市发展与移民法则。很多大型城镇的发展主要借助移民的推动，而不是依靠它们自身的增长"。[①]

拉文斯坦的十条人口迁移法则是基于1871—1881年英国大量人口统计资料和其他相关资料的总结和提炼。尽管它集中反映的是工业革命以后英国为代表的西方资本主义国家迅速发展时期的人口迁移运动的规律性，尤其是工商业发展和城市化对移民的影响。但实际上，也是对工业化和城市化进程中人口迁移一般规律的总结。其大部分结论仍符合许多国家实际。[②]

这十条法则几乎都涉及城乡之间的人口流动。至于之所以发生村落人口向城市集聚的原因，推拉理论（The Push and Pull Theory）认为，那是推力和拉力共同作用的结果。巴格内（D. J. Bagne）认为，迁出地对人们生存发展的不利因素构成了人口迁移的推力，迁入地对人们生存发展有利因素构成了人口迁移的拉力，两者的合力成为推动人口迁移的动力。20世纪60年代美国E. S. Lee进一步提出了系统的推拉理论，他认为，迁入地和迁出地都具有拉力和推力作用，同时影响人口迁移的还有交通、语言等障碍因素，以及个人因素。

[①] 转引自安介生《现代化进程中的人口迁移规律——略论中外"移民法则"研究及其警示意义》，《人民论坛·学术前沿》2014年8月下。

[②] 安介生：《历史时期中国人口迁移若干规律的探讨》，《地理研究》2004年第5期。也有的学者把它总结为经济律、城乡律、性别律、年龄律、距离律、递进律、双向律等7条定律。

传统的人口的迁移理论都把实际收入差距作为城乡人口迁移的主要动力。但是，托达罗（Micheal P. Todaro）的城乡人口迁移经济行为模型显示，"农村人口是否向城市迁移，取决于城乡居民的预期收入差异，而不是城乡实际收入差距"①。当然，人口迁移的动因绝非单一的。它是人们对各种因素综合考虑的结果。作为人口居住载体，城市由于有着更多的获取生存、生活资源机会，自然吸引农村人口向其中转移。尤其在工业革命以后，人口集聚的城市通过分工产生的就业机会、获得的公共服务乃至居民的社会地位都大大超过分散的村落。从而进一步加速了人口从村庄向城市转移。托克维尔在其1856年出版的《旧制度与大革命》一书中就曾论述到村落人口向城市迁徙的情况，"我们已经在别处谈到资产者抛下农村，千方百计在城市找一栖身之地。文献证明，农村里几乎从未见过超过一代的富裕农民，种田人一旦靠勤勉挣到一点财产，便立即令其子弟抛开犁锄，打发他进城，并给他买下一官半职。时至今日，法国种田人对使其支付的这个行业还常常表现出一种奇特的厌恶心理"。②

对于劳动力从乡村流向城市的原因，我国著名的学者张培刚教授在其《农业与工业化（上卷）：农业国工业化问题初探》中也有精彩论述。他在论及劳动力部门转移时提到，"劳动者从农业到工业的转移，基本上是由于城市的货币工资高于农村所使然。除了货币工资外，还有其他因素，多半是非经济的，也将劳动者从农村或农业'拉'到城市"。这种劳动力转移并不是一个"一劳永逸"的进程。一个农业劳动者要在城市里定居下来，并且牢固地保持着他的新职业，需要经历一个长期而艰难的阶段。③

（二）人口迁徙的基本趋势

如果从整个人类社会大的历史趋势看，中国村落人口的迁移实际

---

① Micheal P. Todaro, *Labour Migration and City Unemployment Model in Less-developed Country*. American Economic Review, 1969, No. 3.
② [法]托克维尔：《旧制度与大革命》，冯棠译，商务印书馆2012年版，第163页。
③ 张培刚：《农业与工业化（上卷）：农业国工业化问题初探》，华中科技大学出版社2002年版，第184—186页。

上和其他国家有着相同的轨迹和理路。但是如果从相对短时期的当代村落人口迁徙的特点看,由于存在和其他国家不同的工业化、城市化的进度和完全不同的社会制度约束,其人口迁徙和流动的特点也迥异。这种农村人口流动的差异从中国特有的大规模春运现象可见一斑。

【案例】浙江义乌的人口迁徙

义乌人口历史上曾有几次人为的大迁徙。元末朱元璋和张士诚把义乌作为战场,人口锐减。民国时期,除上学、当兵、经商、外出工作外,居民迁徙较少。建国初期,人口迁移只限于招工、上学、参军。20世纪80年代起,户籍管理制度开始松动,农村大量劳动力向城镇二、三产业转移。[1]义乌市流动人口迅速增长,人户分离现象普遍。2000年,第五次人口普查时界定,离开户口所在地、到其他乡镇居住的公民为流动人口。

从流出人口看:"为生存,自清朝至建国初期,大批义乌人外出敲糖换鸡毛或务工经商。人民公社化期间,经商遭禁,人员流动减少。1978年起,经商日趋活跃,外出人口增多。1990年,全市外出人口18144人。2000年,外出半年以上流动人口128003人,占全市户籍人口668431人的19.15%。其中不出义乌市91960人,占71.84%;至省内各县市的10501人,占8.20%,流到省外的25542人,占19.95%。外出人口中,15岁—59岁青壮年居多,占81.17%。受教育程度大多在初中以上。从事行业有商贸、餐饮、工业、运输仓储、邮电通信业、社会服务等。另有部分因工作调动、分配录用、升学参军、学习培训、婚姻迁移、随迁家属、投亲靠友等而外出的人口。外出人口分布地较广,流动在省内的以杭州最多,金华次之。流动到全国各省、市、自治区的,其中以江苏省最多,其次为山东省。20世纪90年代末起,有部分企业家到美国、俄罗

---

[1] 义乌市志编纂委员会编:《义乌市志》,上海人民出版社2011年版,第297—298页。

第六章　理性生存:村落变迁中的人口迁徙规律　/　261

斯、南非、印尼、巴拿马、阿联酋（迪拜）等地经商办厂，也有少数系劳务输出。"①

从流入人口看："1990年第四次人口普查资料记载，入住义乌一年以上，户口在外县市和入住义乌不满一年，离开户口登记地一年以上的流动人口9336人，占总人口的1.5%。2000年第五次人口普查时，义乌市有外来人口422660人，相当于全市户籍人口668431人的63.23%，其中离开户籍地半年以上的367316人，不到半年的55344人。来自省外的流动人口以江西省的最多，102966人，占全部外来人口24.36%，其次是安徽省的37692人，占8.90%。2004年，全市外来人口753985人，首次超过户籍人口。2008年，外来人口1041577人。外来人口在各镇、街道分布不均，以集中在主城区和经济发达的乡镇为主。2004年，主城区外来人口数占全市外来人口64.90%。2008年，城区外来人口601626人，占全市外来人口57.77%。"②

从以上案例可以发现，城市化、市场化对人口的超强吸引力。城市化进程中，许多村落人口的来源、构成、就业状况都发生了变化。

【案例】外桐坞村的人口流动

一个村的人口与劳动力的构成状况反映了一个村的就业经济发展情况。外桐坞村在过去的三十年里，由于计划生育政策的实施，外桐坞村的人口总量并没有出现大的波动。随着城市化的推进，村落征地导致的户籍人口变化、村社股份制经济实施导致的婚配关系变化和村落经济的发展导致外来人口的增加等。1978年以来，外桐坞村的人口变化情况见表6—1：

---

① 义乌市志编纂委员会编:《义乌市志》，上海人民出版社2011年版，第298页。
② 同上书，第298—230页。

表 6—1　　　　　　城市化进程中外桐坞村人口变化情况表①

(1978—2011)　　　　　　　　　　　　　单位：人

年份		1978	1984	1996	2001	2005	2011
人口		521	525	408	501	540	562
劳动力	总数	340	344	307	276	385	380
	男	167	173	161	220	252	220
	女	173	171	146	156	133	160
户数		125	147	145	155	162	160
低保户		3	3	4	4	4	5

从表格可以看出，外桐坞村在过去三十年里，人口构成变化不大。但在 1984—1996 年间，人口突然少了 100 多人，这主要是因为 1994 年为兴建高尔夫球场的水田征收和 1996 年建绕城高速的土地征收，村里的符合条件的人口都转为农转非户口了。人口流动和结构变化的具体状况可概述如下：

一是通婚导致的人口姓氏多样化。人口姓氏多样化主要是随着外桐坞经济的发展，尤其是 2005 年开始组建村股份经济合作社以来发生的。按照一般通婚习俗，女方出嫁后，一般都会将户口迁至男方户口所在地。但由于实施股份合作经济以后，村里有分红的福利，女方结婚后，不但没有将户口迁至男方，反而是男方的户口和子女的户籍都加入外桐坞村。当然，还有因为外桐坞经济较为发达，许多欠发达地区的男性都愿意入赘到此，这些入赘的男性各方面都还不错。这样，外桐坞村的人口构成不断发生变化。二是城市化推进导致的户籍人口转变。1994 年，西湖区征收转塘街道的水田用来建高尔夫球场。当然，该区块离外桐坞村较远。1996 年，杭州市建绕城高速，该绕城高速从外桐坞村穿过。这两次土地征收让一些符合

---

① 由于村会计更换，村落人口数据统计不太完整，我们只能选取几个关键事件点进行分析和统计。

条件的村民从农村户籍转为城市户口。① 这次农转非户口的人群主要是未成年人。从村里收集到的资料来看，这两次农转非户口的主要情况是这样的：①1994年水田征收的时候，农转非的人口共95人，其中男性22人，女性73人，年龄构成主要为20世纪70年代和20世纪80年代出生的年轻人。当然，女性比男性多，主要还是可能考虑女性属于要出嫁的人群，农转非户口或许对今后出嫁有好处。②1996年绕城高速征地的时候，农转非的人口共108人，其中男性36人，女性72人，年龄构成同样主要为20世纪70年代和20世纪80年代出生的年轻人，当然这其中还有几个20世纪90年代出生的小娃。当然，女性比男性多的原因估计大概跟前一次差不多。三是近年村里经济发展而出现的回迁户。所谓回迁户就是户口本身转为城市户口或者娘家出嫁的女儿将户口重新迁回外桐坞村。这也就是村里实行股份制分红和发放福利以来出现的状况。这些回迁户当然是为了未来的分红预期和城市化拆迁分房而迁回来的。总共回迁了20多户，当然他们回迁是不能单门立户的，需要挂靠在自己亲属的户籍名下，也就是我们所谓的"空挂户"。四是村里工业园区建设和工业发展引来的外来务工人员。随着改革开放的深入和城市经济体制改革实行，外来人口进入外桐坞村。20世纪80年代进入的务工人员主要进入村里的两个石矿打工，后来随着企业的进驻，工人慢慢增多。尤其是1994年工业园区建成以后，大量务工人员进入外桐坞村，许多都是举家迁入。当然，由于外桐坞村小，外来务工人员大致在200—300人之间。村里对外来务工人员的服务也是比较到位，每年的计划生育妇女福利都是发放到外来务工妇女手中的。五是艺术村落建设引来的艺术家群体。可以说，艺术家群体已经嵌入到外桐坞村。他们既是外桐坞村艺术经济的主要发动机，也逐渐成为外桐坞人。

---

① 20世纪90年代，外桐坞村的经济还不是很发达，当时大家都觉得城市户口好，农民能够转为居民似乎是大家的梦想。为此，符合条件的家庭都极力将小孩的户口转为城镇户口，当时也没考虑转为城镇户口到底是好处多还是有什么不好，总之是习惯观念所致。现在村里经济条件好了，大家都不愿意把户口迁出去了。

在城市化进程中,浙江许多近郊村选择"就地城市化",人口向外流动的比例很小,离开土地的村民更多的是利用近郊村位于城市边缘的区位优势,大力发展个体私营经济和第三产业。从调查情况来看,浙江大多数近郊村的村民选择留在本地。随着土地不断被征用,村民的职业分化越来越明显,大多数村民进入工厂打工或自主创业,实现了"非农化"和劳动力转移。

例如,星光村有农业户口的劳动力 770 人左右,其中外出、经商的只有 20 人,占劳动力总数的 2.6%,而留在本地从事家庭经营的则占到 87.7%,从比例上来看,还是选择留在本地的村民占了大多数。

表 6—2　　　　　　　2011 年星光村农户及人口情况　　　　单位:人

农业户口人数	汇总劳动力数	汇总劳动力数						
		从事家庭经营	从事第一产业	外出务工	其中常年外出务工			
					总数	乡外县内	县外省内	省外
2131	1200	450	80	750	250	120	90	40

数据来源:2011 年台州市椒江区农村经营管理统计年报:农村经济基本情况分析表。

对于山区村来说,则被城市化大量吸纳了人口,因人口流出而走向衰败、废弃。

近现代中国的人口经历了向边缘山区扩散,到改革开放后向城市集中的变迁过程。明清时期,随着中国人口的快速增长和番薯这种高产农作物的传播,曾经出现过人口向边缘山区大规模扩散的迁徙趋势。但是,除了一般的经济和社会因素以外,新中国成立以后,随着社会主义制度的确立,强制性的户籍制度等制度性因素成为与其他国家不同的影响人口迁移的差异性因素。正是这些制度性因素影响,改革开放以后初期的中国工业化选择了乡村工业化和发展小城镇的发展道路。尤其是温州,甚至出现了龙港农民城这样农村人口自发集聚造城的城市化模式。随着经济发展和政策放松,改革开放前直接影响村落人口迁移各种制度性因素逐步打破,农业生产的发展使得计划经济时期的居民粮食计划配给制度到 20 世纪 90 年代初完全取消。分配就业制度逐渐消失;户籍制度逐渐放宽;社会保障制度的城乡差距也逐渐缩小。城乡劳动力流动的制度壁垒逐渐降低。乡村工业化和小城镇的发展，导致了村落人口向城镇集中的趋势。与此同时，随着中小学校也开始向城镇集聚，大量边缘乡村的小学逐渐撤并。教育机构的撤并，进一步加速了边缘山村人口向城镇集聚。人口梯度转移的格局逐渐形成。到20世纪90年代，开始出现大量边缘山村废弃的情况。

从表6—3浙江省临海市涌泉镇近现代以来的村落废弃情况统计，我们可以从一个角度发现这种村落人口变迁的大趋势。

表6—3　　　浙江省临海市涌泉镇废弃或濒临废弃村落统计表①

年代	废弃村庄名称（时期或年）	数量（个）
1950年前	山后叶（清朝）、东洋（民国）、老竹屋（民国）、呑里王（民国）、溪坑头（民国）	5
20世纪50年代	牛屋（1950）、寺前庵（1950）、下塘岙（1950）、西华庵（1950）、卖羊坦（1958）、岩鱼头（1958）、上井头（1958）	7
20世纪60年代	龙潭（1961）、黄毛头（1963）	2
20世纪70年代	呑里周（1970）、镬山（1970）、上庵（1976）	3
20世纪80年代	小斗（1983）、岭下（1986）、东坑（1987）	3
20世纪90年代	梅岘（1991）、南坑（1993）、里沙巷（1993）、山田（1993）、大坑（1993）、东杨（1994）、长高山（1994）、呑里（1995）、治龙坑（1996）、白石岗（1996）、大山庵（1997）、畚箕斗（1997）、茶园（1998）、下溪坑（1999）、双道白（1999）、平安溪（1999）	16
21世纪	望海尖（2000）、毛呢藤（2000）	2
濒临废弃村	五畚斗（1户）、望海尖头（1人）、下望（1户）	3

改革开放以来，工业化和城市化导致的村落人口外迁的现象绝非是台州临海市的特例。浙江省温州市平阳县也存在同样的趋势。据该县池昌荣主持的2009年一项软科学课题研究表明，平阳县的废弃村也不亚于临海市。

---

① 《涌泉镇概况》，http://www.linhai.gov.cn/programs/xxgk/gkml/view.jsp?id=15899。

【案例】 平阳县荒弃村情况调查①

平阳县位于浙江东南沿海,全县陆地面积1051平方公里,海域面积3.7万平方公里,辖17个建制镇、13个乡、1个民族乡、1个省级经济开发区,总人口85.6万人。2008年全县工农业总产值391亿元,国内地区生产总值162亿元,财政收入16亿元。

近十几年来,平阳县城镇化规模不断扩大,基础设施不断完善,民营企业快速崛起,市场经济逐步完善,促使大量的山区和贫困地区的劳动力人口,向着经济发达地区、向城市、向城镇、向企业快速流动、聚集。这样,在平阳县的偏远山区和贫困地区,就有一些村庄出现了大规模人口外迁现象,有的村只剩下少部分或个别人,有的甚至出现无人村。举村人口外出或剩下极少数人口的村或自然村,就出现了土地荒芜、房屋荒废、村庄荒弃、村落社会功能丧失的现象。为了切实准确了解荒弃村落的具体情况,我们采取实地走访、开座谈会和对全县各乡镇发放调查表格统计的方式进行了深入、全面的调查,把每个自然村人口外出后常年只剩下20人以下的村庄列为荒弃村落。根据发放调查表格统计,全县31个乡镇中,22个乡镇有荒弃村落,荒弃的行政村共8个。具体情况见表6—4。

表6—4　　　　　　　2008年平阳县荒弃村基本情况表

乡镇名称	荒弃自然村数(个)	其中无人居住(个)	原住总户数(户)	原总人口数(人)	外出户数(户)	现人口数(人)
晓坑乡	18	7	364	1745	332	71
顺溪镇	57	4	1242	5412	935	517
南雁镇	19	4	560	1541	503	96
山门镇	9	6	380	1712	373	19
闹村乡	4	0	183	842	152	63
腾蛟镇	17	2	1618	3303	1518	235

---

① 池昌荣、蓝颜龙、陈正杰:《试论山区荒弃村落留居人员的人文关怀——平阳县山区的调查和思考》,2008年平阳县软科学课题成果报告。

续表

乡镇名称	荒弃自然村数（个）	其中无人居住（个）	原住总户数（户）	原总人口数（人）	外出户数（户）	现人口数（人）
青街畲族乡	1	0	25	95	21	13
维新乡	3	1	24	304	19	5
怀溪乡	15	5	390	1705	346	54
昆阳镇	16	11	1152	4790	1142	15
郑楼镇	1	1	37	92	37	0
朝阳乡	12	1	272	1244	210	120
吴洋乡	7	6	73	303	72	3
桃源乡	8	0	284	1295	248	62
凤卧镇	41	2	1088	4766	944	288
凤巢乡	26	12	1095	4513	1034	114
西湾乡	17	10	775	3533	753	46
龙尾乡	21	1	652	3560	534	208
鹤溪镇	3	1	193	785	190	9
梅源乡	8	4	320	999	300	30
梅溪乡	26	6	588	2446	520	153
鳌江镇	8	1	935	1975	910	49
合计	337	85	12250	46960	11093	2170

从总体上看，全县1912个自然村中，荒弃的自然村有337个，占总数的17.6%，其中，无人居住的自然村有85个，占自然村总数的4.4%；荒弃自然村原总户数12250户，外出11093户，占总户数的90.5%，占全县总户数24.8万户的5%；荒弃自然村原总人口数46960人，外出人口42815人，占总人口的91.2%，占全县总人口85.6万人的5%。所以就平阳县而言，荒弃村落分布是普遍的，而荒弃的自然村数、迁移的户数、人口数都占全县总数的5%左右。

平阳县行政村或自然村出现的荒弃现象，我们可以简单地把它分为三类。一是绝对荒弃无人居住村。这些村或自然村都是在距城镇或乡镇较远的偏远山村，交通极为不便，条件极其艰苦，生产生活环境恶劣，人们外迁的愿望极其强烈，村民们就千方百计创造条件逐步外迁。而对暂时还留守的人来说，由于这几年植被繁茂，种植的农作物和发展的林特产常常被野生动物严重糟蹋，有的是颗粒无收。如在这些地方再居住下去，甚至连基本的生存条件都不能保障。最后他们不得不舍弃村庄，这就成了荒弃村落。

二是一般荒弃村落。这些村或自然村人口大量外出，村里只剩下少数留守人员，外出人员的房子由于长期无人居住，出现了倒塌，院落四周杂草丛生，而留守在村的人员都是年纪大、劳动能力差、不会把握赚钱机会、困在山里的人，他们在家只耕种些粮和菜，自给自足。许多山园、田地都出现了抛荒，整个村庄人口稀落，炊烟寥寥。

三是除了荒弃村落外，还有许多局部荒弃村。这些村或自然村，一般都在乡镇所在地旁边或生产生活条件比较好、交通比较便捷的地方，在家人口要比外出人口多。而村里那些外出的人员是能人或有一技之长者，他们外出经商、办企业或靠自己的技能去赚钱，但他们恋乡观念却根基蒂固，他们还不想外迁，在外赚了钱后还愿意在家乡投资建设或盖新房。有的虽举家外出，但一到春节，还要返乡过节。只是他们外出期间，一些农田、山园被抛荒没人耕种，无人管理。

村落荒弃了，人口都去了哪里呢？人口向外转移方式大体有以下几种情况。

一是亲带亲、戚带戚，一人成功带一帮。当地的能人或有一技之长的人，在外经商、办企业、承包工程成了老板。他们为了能帮助自己家乡的亲友都富裕起来，把那些和自己有沾亲带故关系的或由亲友间相互介绍来的人员，带出去发展，或者凭借着对家乡的人的感情和关系，在他们自己的企业或工程中招收本乡本村的人员。例如，青街畲族乡有1万多人口，在外大大小小的包煤矿和其他工程等的老板有100多人，现在全乡由他们带出去在外的人员就有4000多人。还有怀溪、晓坑乡的人，除了包工程外，还有做皮鞋生意、服装生意的，通过亲友相互带出去的人口每年都在1万多人。

二是政府组织实施异地脱贫的人口转移。经济的迅猛发展，出现了地区之间不平衡，个体之间不平衡等，农民收入差距拉大。特别是一些没有一技之长依旧守在自然生存环境较差的山区、贫困地区度日的农民，他们的贫困问题越来越突出地表现出来。为了逐步根治贫困人口问题，使贫困人口能永远告别落后的生产生活环境所带来的困境，政府采取了异地脱贫搬迁人口的办法，即在比较发达或生产生活环境较好集居地的周边，为贫困地区的群众安排宅基地，并给予经济补助的办法，让他们建房，帮助他们在经济较好的地方落脚、生活、发展。至2008年底全县共搬迁群众1645户，计7068人。

三是市场需求的劳务输出。这种外出没有统一的步骤，去向各异，分散在各地。有的就在附近发达的乡镇加工业打短工或打长工，有的也去很远的地方，等等。水头镇前几年皮革业的发展，需要大量的劳务人员，在顺溪、闹村、维新等乡镇就有很多的群众到那里去打工，有发展较好的，干脆就在那里建了房子、安了家。据了解在全国的30个省市都有平阳人的企业，或者有平阳人的房子，留下平阳人的足迹。

人口流动形成荒弃村落，并非一朝一夕之事，有其特定的时代背景。

一是农村实行包产到户，人口流动创造了条件。家庭承包制后，提高了劳动生产率，他们可以更灵活务实地安排自己的劳动时间。所以，农民在农耕之余就可以寻找一些活来干，寻找一些工来做。

二是人们追求美好生活的强烈愿望，使人口流动有了动力。水往低处流，人往高处走，贫困落后地区的群众也追求高标准的生活条件，要与全国人民共奔小康。改革开放以来，发达地区人民的生活水平提高较快，而山区、农村和贫困地区相对于开放城市和东南沿海地区经济要落后得多。如何使自己富裕起来，提高自身的生活水平，就成了山区贫困地区群众的追求和向往。为了实现理想，他们来到经济发达地区打工、淘金，成为他们最现实的选择。而劳动力的流动不是孤立的，它和家庭有着密切的关系。人们常常携妻带女到城市、经济发达地区去闯荡、去挣钱。所以，劳动力的流动也带动了整个人口的流动。

三是沿海地区经济迅猛发展，使人口流动有了方向。1984年，中央划出了14个沿海开放城市，随着外资的进入，引进先进技术、人才和企业，使这些开放城市经济活跃起来，同时也带动了二、三产业的发展。这种快速的发展就需要有大批的劳动力，从此打破了一方人口只守一方水土的状况，出现了剩余劳动力按需流动，出现了贫困落后地区劳动力人口向经济发达地区的转移。

四是户籍管理的改革，使人口流动有了可能。改革开放前，我国的人口管理非常严格，特别是对外出人口管理更有一套严管细查的手续。人口外出除了村里开证明外，还要层层审查，有的除了去乡镇（公社）盖章外，甚至要县有关部门单位盖章。20世纪80年代中期身份证的推行使用和后来联网身份证管理，户籍管理从微观逐步向宏观管理推进，使人口的流动可以既方便又快速，一证在手就可以跑遍全国。人们可以在外打工、经商、办企业经过半年一年，甚至几年。也可以是平时在外，农忙时或过节时回去，干完农活或过完节日，又返回到工作岗位或经商办企业所在地。人们外出再不要像过去那样过五关斩六将，层层接受审查，人口可以很自主很方便地自由流动。

五是政府异地脱贫政策，进一步推动了人口流动。政府为解决贫困地区群众的贫困问题，采取了异地脱贫或下山搬迁脱贫的政策，有的是整体搬迁，有的是部分搬迁贫困人口，使那些处于生活生产条件比较恶劣地方的群众走出了困境，摆脱了贫困，使条件较好的新村庄代替了落后贫困的旧村庄。

尽管在研究视觉上给上述台州临海市的废弃村和温州平阳县的荒弃村的定义是有所不同的，前者是把无人居住而完全废弃的村作为废弃村，而平阳县是把常年居住人口低于20人的村就定义为荒弃村，后者的范围比前者大，实际上是包括了已经废弃和濒临废弃的村庄。但是无论如何，这两者的数据都反映了山区村落的一个共同趋势——城市化所带来的边缘山区村落的凋零。

面对村落人口向城镇迁徙的这个大趋势，为了节省扶贫成本，提高公共服务的效能，地方政府积极采取措施，实施下山移民扶贫策略。在政府的政策鼓励和市场自然发展下，有的村庄零星搬迁下山，有的村庄整体迁徙，甚至有整乡搬迁下山。从课题组成员曾经调查的泰顺县峰门乡的整体搬迁案例中，我们可以发现村落迁徙中村民自主选择的规律性。

【案例】泰顺县峰门乡整乡搬迁的案例①

泰顺县位于浙江南部，东邻苍南，东北接文成，西北接景宁，南、西南与福建的福鼎、柘荣、福安、寿宁毗邻。2002年全县农民人均纯收入2417元，为温州经济较为落后的地区。该县的峰门乡位于县城东北方向，距县城罗阳镇34公里。它西靠本县司前镇，南邻百丈镇，东北与文成县毗邻。全乡总面积36.42平方公里，辖4个行政村，39个自然村，在册903户3019人，其中农业人口2940人。该乡属山地地形，海拔最低的是飞云湖水面约142米，最高的峰门尖达1020米。由于山高坡陡，全乡耕地狭小，总耕地面积1249亩，人均0.4亩，其中水田1130亩。2002年全乡农村经济总收入590万元，人均收入仅1973元。

峰门乡经济以农业为主，全乡没有一家工业企业，所谓商业，也仅几家村头零售小店。为改变该乡的经济落后面貌，各级政府对此进行了大量的资金投入。据统计，扶贫攻坚计划实施以来，省、市、县及扶贫挂钩单位对该乡投入的扶贫资金已达1000多万元。主要有以下三个方面。

一是农村基础设施投入。比如，机耕路投入400多万元，镇政府所在地外垟村650米水泥路17万元，校舍建设投入40多万元，乡卫生院投入10多万元，闭路电视投入71万元，自来水安装投入十来万元，此外，农村电网改造估计需投入100多万元。由于山区农民居住过于分散，公共设施建设投入很大，效率却很低。全乡39个自然村，分布在公路沿线的只有7个自然村。而且各村的规模也都很小，平均每个自然村人口只有77人。39个自然村中10户以下的有16个，11—20户的有7个，21—30户的有6个，30户以上的只有10个。最大的自然村徐坑村在册人口也只有310人。其中流井斜等4个自然村都已成单家独户；还有黄坦省等6个自然村因人口外迁，实际已无人居住。全乡仅有1所小学，共有教职工12人，在校生108人。仅有的1所卫生院，只有2名医生。有关部门尽管投入了巨大资

---

① 朱康对：《移民与山区农村小康社会建设——泰顺县峰门乡整乡搬迁个案研究》，《温州论坛》2003年第3期。

金，通了闭路电视，但由于费用过高，初装费需要560元，每年还需交纳180元，对于年现金收入只有几百元的山区农民来讲，这是一种巨额的开销，所以实际安装的人很少。总之，由于山区位置偏僻，居民居住分散，公共设施共享性差，规模效益难以体现，使得这里成为吞噬资金的黑洞。不仅有线电视等商业投入有去无回，而且多年来政府转移性的资金输入也看不到明显的绩效。结果，政府投资不少，但山区农民的行路、用水、用电、就学、就医、看电视、通电话等难题仍然没有得到有效解决。

二是开发性农业投入。为了鼓励发展板栗、笋竹、杨梅、中药材等开发性农业，近年来通过贴息贷款等方法对山区农业项目进行了一定的投资，其中2002年投入近12万元。据该乡调查统计，全乡种植板栗1000多亩，2002年中药材50亩，但经济效益不明显。全乡最主要的粮食作物是单季水稻，但其效益很低。据对收成较好的外垟自然村徐克赞户和徐坑自然村的徐永启户调查，2002年亩产分别为510公斤和455公斤，按平均482.5公斤计算，除去种子和化肥等本钱，即使不计人工，亩产净收益也只有235元。由于效益太低，2002年全乡水稻播种面积只有500亩，其余水田已全部抛荒。从水稻这一项净收入看，全乡也只有11.75万元，按全乡农业人口2940人计，人均仅39.97元。其他农户家养的家兔、山羊、鸡、鸭、猪等多为自给自足性质，也没多少收入。

三是社会最低保障方面的投入。据统计，2003年全乡列为最低社会保障对象106户，132人，平均每人每年900元，合计11.88万元。今年春节慰问每户300元，共计31800元。2002年乡政府对没列入低保对象的经济较为困难的55户发放了100元至150元不等的慰问金，合计约7000多元。此外，2002年因失火、重病等临时性救济还有20000元。

由于峰门乡可利用的资源非常有限，区位不利，就地发展脱贫的难度很大，要素输入型的扶贫措施除具有一定程度的最低社会保障功能外，对彻底改变山区经济面貌没有多大效果。与此同时，当地农民早已把眼光放到山外，全乡90%以上的劳动力都已经外出。尽管当地农民也是以劳务性输出为主，但与内地民工不同的是，他们外出大多携带一定的资本，并且从事的也多是具有积累性的第三产业。他们有的开理发店，有的做竹木加工和服装配件加工，也有的开其他小店的，当积累了足够的资金以后，他们就在城镇安家落户。据统计，峰门乡共有165户500来人已经在外盖了房子，永久性迁出[1]。其中有的迁到广东，有的迁到江苏的常熟、苏州，有的迁往本省的绍兴，有的迁往温州，还有部分迁往本县县城罗阳镇和司前镇。还有1500来人虽然尚未在外建房，但也长期在外打工。目前在当地实际长期居住的也只有七八百人，且多为难以外出的老人和小孩。许多村庄由于人口过稀，山上野猪成灾，种植的庄稼经常被毁坏，实际已经很难再继续居住。可见，随着工业化城市化的进展，山区人口向山下搬迁，已是大势所趋。

鉴于峰门乡的实际情况，为了彻底改变当地的经济面貌，2002年该乡党委、政府经过半年多的调查研究和得失计算后认为，与其投入大量的资金进行没有效率的就地扶贫，还不如把整个乡的农民搬迁出来。

但要农民能够自主做出搬迁决定，迁入地与原住地比较要形成很大的收益差距，这样才能产生足够的搬迁动力。这就决定了移民搬迁既要有一定的梯度性，也要有一定的跨越性，所以，当乡政府最早考虑把居民集中搬迁到乡政府所在地时，这一想法和村民们一交流，就遭到了许多村民的反对，他们认为，搬到海拔520米的乡政府所在外垟村还不是和原来差不多？这也说明就近整村搬迁其收益差尚未形成足够的搬迁动力。因此，基于"下山不下到半山腰"的认识，经各自然村干部和村民代表的多次商议，并经乡人大会议通过，峰门乡做出了整乡移民的决定。然而要让山区农民"下得去，住得牢，富得起"，所选择的地点必须具备三个条件：一要地价要适当；二要基础设施基本具备，三要有足够的产业支撑和发展空间。为此，该乡组织各村干部和村民代表对临近的县城罗阳镇、百丈镇和司前镇进行了认真细致的考察。

经过比较，他们认为临近的百丈镇是珊溪水库修建后一个新建镇，其基础设施尚不齐全，加上水库水面的经营权归国家所有，当地的产业发展空间不大。而县城罗阳镇尽管产业发展余地较大，但是地价过高。

---

[1] 他们的户口一般都还留在本地，仍统计在该乡的在册人口中。

从罗阳镇这几年已建的脱贫小区的土地价格情况看,在政府贴本情况下,每间宅基地的价格为5.8万到12万元之间,平均每间为7.5万元。这对于贫困山区的农民来讲,搬迁的进入成本实在太高了。而司前镇除了土地价格较低(详见表6—5),建设的青苗赔偿费较为便宜以外,还有以下几方面的有利条件。

表6—5　　　　　罗阳镇和司前镇土地征用价格比较(2002)

项目	水田(元/米^2)	旱地(元/米^2)	山地(元/米^2)	移坟(元/座)
罗阳镇	180	120	80	15000
司前镇	30	15	2	500

一是城镇化建设初具规模,基础设施较为完备。司前镇的规划规模为3万人,而目前实际人口还不到1万人。为了加快城镇化的进程,司前镇也十分欢迎峰乡村民迁入,并愿意提供各种便利条件。

二是产业发展空间较大。近年来司前镇以竹木加工为主的主导产业已形成一定规模,而且市场前景看好。而峰门乡不仅竹木资源丰富,而且村民素有竹木加工的传统,搬迁到司前镇后,既有利于本乡竹木资源的利用,也有利于发挥原有的传统技术优势,解决就业问题。同时,司前镇位于两条溪流的交汇处,地势平坦,海拔较低(只有150多米),土地资源丰富,仅司前、台边、左溪三个村就有水田1500亩。近年来由于竹木加工业的发展,许多农民从农业中转移出去,急需补充农业劳动力,而峰门乡农民的迁入,正好填补这一空缺。此外,乌岩岭、飞云湖和三插溪三大景区正好围绕司前镇,这里发展生态旅游的前景也十分可观。见表6—6。

表6—6　　　　　　峰门乡和司前镇基本经济情况比较

乡镇	行政村(个)	总人口(人)	土地面积(平方公里)	2001年人均收入(元)	2002年人均收入(元)
峰门	4	3009	36.2	1875	1973
司前	16	11632	118.3	2330	2781
差距				455	808

三是司前镇与峰门乡距离较近，镇区到乡政府所在地仅16公里，乘车只有大约半小时的路程。这样，一方面有利于继续开发利用原有的山林和土地资源，另一方面，长期以来两地乡民相互之间亲戚关系就较多，搬迁到这里有利于山区农民较快地融合到当地社会之中。

所以，最后经全乡各村60多位村民代表表决，选择了司前镇作为移民搬迁的地点。

通过峰门乡整乡搬迁的案例研究，我们可以得出以下结论。

第一，随着我国现代化、工业化和城市化的发展进程，山区村落人口源源不断地向城镇迁移已成为大趋势。同时人口迁移的特点既有一定的梯度性，又有一定的跨越性。第二，从扶贫的角度看，随着人口的自发迁移，当山区农村区位条件恶劣，人口十分稀少，同时当地可经济利用的资源又不十分充足的情况下，与其把有限的扶贫资金投入到回报率很低、使用效率又十分有限的山区，还不如把人口迁移到基础设施共享性较好的地区。人口的相对集聚，既有利于导入分工经济和提高生产的专业化程度和迂回程度，从而根本上实现经济发展和社会转型，也有利于降低政府管理的行政成本。第三，工业化以后，对土地依存度的降低，是山区人口外迁的一个重要条件。它既有利于降低外迁的沉淀成本，又有利于降低迁入的进入成本，还有利于迁入农民获得最低甚至零租金的土地资源使用权。第四，政府的制度供给、政策支持和统一组织，有利于降低农民人口迁移的成本和解决迁入后的子女入学、资源共享等相关问题。工业化和城市化导致的山区村落人口外迁的同时，大量人口向大城市郊区的村落集聚。从而改变了迁入地村落的人口结构，同时加快了迁入地村落的城市化进程。以外来人口聚集的双屿镇（已经更名为：双屿街道）为例。该镇辖新屿、中央涂、营楼桥、旗山4个居委会；牛岭、岩门、潘岙、屿头、正岙、上伊、前陈、嵇师、营楼桥9个村委会。该镇位于浙江省温州市西郊。由于"中国鞋都"、温州物流中心、鹿城工业区坐落其间，常住人口仅1.7万人，外来人口近18万人。最高峰时，外来人口曾达到29.1万人。来自各地的大量外来人口的聚集使得这里成为一个多民族居民的聚居地。

综上所述，我们可以发现，我国城市化进程中，村落的人口迁徙是有一定法则和规律的，主要表现在以下几个方面。

1. 中国村落人口的迁徙受到 20 世纪 50 年代形成的以户籍制度为代表的城乡二元体制约束。尽管改革开放以后，这种约束逐步弱化，但是由于村级土地集体所有制没有变革，户籍地和工作地的分离，导致了一年一度的春运这样的季节性人口大流动。

2. 自发的村落人口的迁徙既有梯度转移特点，也有跳跃性迁徙的情况。从个体由村落到中心城市的永久性迁徙距离看，一个个体的迁徙跳跃距离，往往取决于其自身的能力。

3. 基于对城市化发展趋势的判断和土地财政的利益动力，在村民自发迁徙的同时，各地方政府都积极推动城镇化发展，鼓励和组织乡村人口向城镇集聚。

4. 城乡分隔的二元体制下，农民进城的壁垒逐渐降低和消除，但城镇居民下乡的阻碍仍然存在，城市化的回波效应使得中心城镇快速发展的同时，也带来了城郊农村的相对衰落，城乡差距进一步扩大。

二　逆城市化现象和"舒张型城市化"

逆城市化相对于城市化而言的。城市化是一定区域的人口、资源、功能向城市聚集，最突出的表现就是农村人口大量向城市迁徙。当中心城市聚集空间、功能发挥趋于饱和或极限、出现诸如交通拥堵、犯罪增长、环境污染等各种"城市病"时，为缓解城市压力，中心城市的各种功能开始向郊区、中小城镇及乡村地区分解，城市人口也不断流出，向小城镇、乡村地区回流，这种现象一般称之为逆城市化现象。

就像久居乡村的农民羡慕城市的繁华、向往城市的生活一样，蜗居于城市的人们反过来也留恋乡村的宁静、渴望回归田园生活。随着外来人口的进城和城市规模的扩大，许多城市在快速发展的同时，出现了交通拥堵、环境恶化等大城市病。于是，一些城市居民逐渐出现了逃离城市、迁往乡村居住的现象。在城里的人想逃出来，在城外的人想冲进去，在城乡生活的人们处在围城效应作用之下。

（一）田园城市与世界逆城市化现象

人类居住从城市回归乡村田园的理论研究，最早可以追溯到英国城市规划专家埃比尼泽·霍华德（Ebenezer Howard）1898年的《明日：一条通向真正改革的和平道路》，该书1902年再版时更名为《明日的田园城市》。他认为："应该建设一种兼有城市和乡村优点的理想城市即'田园城市'。要解决城市问题的方案包括：疏散过分拥挤的城市人口，使居民返回乡村。"②他竭力想创建一个人类理想的"田园城市"，创设一个集农村和城市优点长处的人居环境，改革土地制度，使地价的增值归开发者集体所有。1930年，美国建筑师弗兰克·劳埃德·赖特在其《消失的城市》和《宽阔的田园》两部著作中提出了"广袤城"的设想，提出"城市分散于广袤的大地，人人拥有一片自然"的理念。美国城市规划学家刘易斯·芒福德（Lewis Mumford）则发展了霍华德"田园城市"理论，提出了城市有机发展思想。①

20世纪70年代初，美国和其他西方发达国家出现了大城市发展趋缓的现象，甚至在1970年3月到1974年4月期间美国大都市甚至出现人口减少180万的情况。因此，1976年，美国经济地理学家布赖恩·贝里（Brian J. L. Berry）提出"逆城市化"（Counter-Urbanization）概念，预计人口分布模式将由城市化转为逆城市化，甚至是乡村化②。这是西方国家的城市化发展到一定阶段，出现人口剧增、交通拥挤、环境污染等严重的城市病后，大城市的人口向郊区、小城镇或乡村流动的一种现象。

在人类社会发展的历史长河中，城市化和逆城市化都是社会经济发展到一定阶段的出现的现象。由于人口的迁徙需要一定的条件，和城市化一样，逆城市化现象的出现也是在社会经济环境条件逐渐变化的背景下一个循序渐进的过程。有的学者把整个"城市化的进程分为城市化、郊区化、逆城市化和再城市化四个阶段"。③

从西方发达国家的城市化发展历程看，从郊区化和逆城市化的主体看，随着中心城区人口膨胀、交通拥堵、环境恶化等问题的出现，少数富有阶层不愿在拥挤的城区里与涌入城市的低收入群体为伍，率先选择

---

① 转引自孔铎、刘士林《我国逆城市化发展研究述评》，《学术界》2011年第11期。
② 转引自孙群郎《20世纪70年代美国"逆城市化"现象及其实质》，《世界历史》2005年第1期。
③ 宁越敏：《论世界大城市的发展趋势——兼论我国大城市的发展问题》，《城市问题》1990年第4期。

自然环境和社区环境较好的郊区居住,从而启动了逆城市化的新潮流。他们有车、有钱,空间的距离没有成为他们在工作地和居住地之间的移动障碍,而城郊优美的环境却能够让他们摆脱城区的嘈杂和拥挤。和其他时尚消费一样,他们的逆城市化居住也有着很强的示范效应。于是,紧随其后,数量庞大的中产阶级也慢慢开始向城郊和乡村转移,于是逆城市化流动真正成为潮流。最后,往往会形成以中心城市为核心,以主要交通道路为网络纽带,周边地区逐渐形成功能配套、设施齐全的城镇群。如从"城市化"到"城郊化"——美国纽约的百年变迁,就是一个典型的例子。纽约市向城市郊区扩散过程大致可分为三个阶段:第一阶段是城市居住功能郊区化,即将城市居民住宅迁移到郊区;第二阶段是城市商业功能和产业功能郊区化,即在纽约郊区城镇建立大型购物中心等商业网点及将工厂企业搬到郊区;第三阶段建立边缘城镇。边缘城镇是在纽约市周边郊区基础上形成的具备居住、购物、娱乐等城市功能的新城镇。这些城镇都具有以下特点:一是大都有高速公路相通,距纽约只有1个小时左右的车程;二是基础设施齐全完善,除拥有足够的停车设施和大型商场外,还有影院、饭店、俱乐部、运动场等娱乐设施;三是自然绿化程度很高,大多数居民居住在草坪环绕的别墅性住宅中。[①]

(二) 关于逆城市化的学术争论

西方发达国家的逆城市化现象出现以来,特别是逆城市化理论提出之后,就伴随着巨大的学术争议。西方有没有出现逆城市化?逆城市化是城市化的拐点、反动还是延续?逆城市化就是郊区化?

有学者认为:"如果我们对战后美国郊区、大都市区和非都市地区的发展过程作进一步的考察,就会发现,逆城市化论未免操之过急。其实,早在20世纪50年代,美国非都市地区的某些地区的发展速度就已经开始加快。值得注意的是,那些距大都市区越近,交通条件越便利的非都市地区,其发展速度越快。20世纪80年代和20世纪90年代,大都市区占美国总人口的比例继续上升,1990年的比例为79.7%,1996年的比例为

---

① 宇闻:《从城市化到城郊化——美国纽约的百年变迁》,《东北之窗》2007年第11期。

79.8%。这样就否定了福克斯和贝里等人的结论,逆城市化论不攻自破。"[1]

其实,逆城市化现象和理论的出现,并不意味着城市这种居住方式走向解体、衰落和乡村生活方式的复兴、回归。1980年以后,随着经济滞涨问题的解决,美国大都市的人口重新回升,学界又开始提出"再城市化"的概念。实际上,城市和乡村是两种不同的生活方式,各有其优缺点。因此,城市化进程中城市在某一阶段产生强大的向心力,在另一阶段也难免产生离心力,有时这两种作用力甚至同时并存。各种要素向外流动出现郊区化现象以后,随着郊区的进一步发展,这些郊区的城市特征逐渐增强,最后变成城市化地区。因此,刘士林等学者宁可把这个"逆城市化"过程视为"都市化的临时过渡现象"[2]。

在学术界"逆城市化"的争论中,我们可以得到一些启示:一是正确理解大都市区和非都市区之间的关系,不能割裂两者在发展空间上的连续性。一些学者所谓"逆城市化"实质上是"大都市区的外溢"。二是要明确城市化、郊区化和逆城市化的概念及关系。郊区化是城市化的一种形式,是城市功能的分散和郊区集中;逆城市化实质上是郊区化的延伸,仍然是城市化的一种形式。如果将城市化、郊区化和"逆城市化"的关系对立起来,看不到它们之间的辩证关系,割裂它们的联系,就会产生巨大危害。[3]持有孤立片面"逆城市化"论者,认为中国城市化发展过快、规模过大并走到尽头,应当刹车和纠错了。

对于我国出现的逃离大城市、农民不愿进城落户、公务员争当农民等现象和问题,其背后折射的生活成本、资源分配问题,已引发学者密切关注。这些现象究竟是"逆城市化"还是"半城市化"?中国有没有出现逆城市化现象?中国会逆城市化吗?这关乎中国城市化进程和道路选择,学术界对此一直争论不休。

如有学者认为:在不少地方的户籍改革试点中,出现了"逆城市化"现象,一些农民工不愿意要城市户口,甚至很多原有城市户籍的人口希

---

[1] 孙权郎:《美国"逆城市化"现象反思》,《领导之友》2013年第3期。
[2] 孔铎、刘士林:《我国逆城市化发展研究述评》,《学术界》2011年第11期。
[3] 孙权郎:《美国"逆城市化"现象反思》,《领导之友》2013年第3期。

望换成农村户籍，以分得田地。从20世纪80年代末国有土地使用权市场化以来，逆城市化现象就一直存在。[1] 有学者观察了"农户"成"香饽饽"、各试点普遍遭遇"转非"瓶颈的现象。"农民不愿进城落户"成为各地试点推进户籍改革和加快落实提高户籍城镇化率过程中面临的共性难题。不仅是农民不愿到城市落户，从各试点的情况看，"逆城市化"现象也已初露端倪。农村居民普遍更愿意拿着农村户口在城市工作，享受城市与农村的双重待遇。与此同时，非转农诉求不断增加。[2] 但也有学者认为：中国式"逃离"城市还不是"逆城市化"。"如果'逆城市化'的阶段已经开始，那么政府就会着手郊区建设，引导有钱人过去。北京就是这样搞的，市区工作，居住郊区化，结果有钱人没引导过去多少，倒是一大批'蚁族'被生活成本挤压过去了，由于交通拥堵，他们还要忍受早起晚归的堵车生活。如果还没到那个阶段，那么就老老实实做城区建设，解决外来者的住房、教育问题。等城市发展更完善了，也会像欧美国家一样，富人慢慢搬到郊区去住，郊区的配套也就起来了，然后中产阶级再搬出去住。接着是很多公司、工厂搬出去，最后形成一个配套完善的城镇。这才是真正的逆城市化阶段。我们还差得很远，当前，顶多算个'半城市化'。"[3]

与上述争论不同的是，本研究用"舒张型城市化"的概念来指一些学者们研究的"逆城市化"中的一些现象。

（三）"舒张型城市化"概念和成因

本研究中，我们提出"舒张型城市化"概念，用来指称与"聚拢向心"为特征的城市化常态不同的一种城市化状态。"舒张型城市化"是在新型城市化大背景大趋势下，人口从饱和城市向农村流动扩散的自然迁移过程，它不是城市化的反动、反向运动，而是城乡自主均衡发展的新阶段。本研究认为：从中国城市化进程和道路来看，人口、产业从城市

---

[1] 朱迅垚：《"逆城市化"藏着资源分配的巨大空间》，《南方日报》2013年9月25日。
[2] 李博：《"逆城市化"在中国初露端倪？》，《中国经济导报》2016年8月31日。
[3] 《"逆城市化"现象值得反思》，http://politics.people.com.cn/n/2013/0925/c70731-23027041-4.html。

向农村集聚实质上是一种"舒张型城市化",是郊区化的延伸,依托并利用大城市功能的集中与扩散效应,向小城镇、向乡村疏解承接的一种城乡均衡模式。它是舒缓着中心城市的紧张,让人口、资源、城市功能向乡村扩散的特殊的一种城市化过程,是村落城市化的一种有效形式。有些学者把"舒张型城市化"的某些表现称之为"逆城市化",我们认为并不够妥帖。

"舒张型城市化",在我国经济发达地区频现,其成因也十分复杂。它不单纯是城市化发展到一定阶段的必然产物,与户籍制度、土地制度有着密切联系,其背后有利益链条,土地聚宝盆功能在左右农民的选择,农村户口的含金量大增,再加之农民进城容易却享受不到城市公共服务均等化,让一部分农民望而却步,望而生畏,选择回到农村。

要探索"舒张型城市化"现象下的村落变迁,我们不但要从一般的普遍现象中找到这一背景下村落变迁的特殊性,还要从这些特殊社会环境下的村落变迁中找寻一般规律性,把它放在"舒张型城市化"的自然演进条件下,对其成因、条件等作进一步的考察。

1. 制度安排。

城乡二元结构制度是"舒张型城市化"的制度因素。新中国成立后,要迅速实现工业化,而当时由于国内外环境和各种条件的约束,我们参照苏联选择了优先发展重工业的工业化模式。城乡收入差距逐渐拉大,农村人口开始向城市流动。到1956年,为数不多的城市无法接纳大量农村人口。1957年发布了《关于制止农村人口盲目外流的指示》,1958年发布了《中华人民共和国户口登记条例》,区分了"农业户口"和"非农业户口",形成了控制农村人口流动、限制农民迁入城市的户籍管理制度,城乡二元结构形成。

2. 组织迁徙。

新中国成立以后,政府多次号召并有组织地把城市人口大规模地迁往农村。"在文革前后相当长的时间内,我们曾认为农村是个广阔的天地,好像无论多少人都能够容纳,总是号召人们下乡,但实际上农村的土地是有限的,农村人口也有个限度。鼓动人们下乡并不能提高农村的生产力,农村的经济并没有得到发展,反而冻结了小城镇的发展,造成了城乡对立。"① 据邱国盛研究，建国以后我国的成规模城市人口向农村迁徙主要有四种类型："一是盲目流入城市的农村人口被遣返回原籍；二是城市失业人员和闲散劳动力；三是城市里的知识青年；四是城市的机关干部、教师、职工及其家属。"②

3. 空间诱因。

抛开我国现有城乡分隔的二元结构的制度因素，市场自然演进条件下，发生人口的逆城市化迁徙现象有着空间诱因。从城乡的空间诱因看，主要是城市的引力下降、推力增强和乡村的引力增强、推力减弱所致。一方面，城市过快发展所带来的一系列城市病，是推动城市居民向城外转移的主要推力。由于人口过度向城市集聚，城市的中心逐渐出现交通拥堵，停车困难，住宅紧张，房价房租上升，环境恶化，犯罪率增加，基础设施供给不足，用水用电紧张等城市病，以及由城市紧张生活形成的精神压力所导致的人际关系紧张和种种疾病，都造成了诱使人们逃离城市的推力。另一方面，乡村广阔的空间和优美环境是拉动城市居民向乡村转移的主要引力。与城市生活形成鲜明对比的是，乡村开阔的空间和能够直接接触自然的优美环境，加上人们对田园生活的记忆和向往，构成了乡村对城里人特殊的吸引力。郊区房价便宜、风光优美，汽车的普及让人们出行更为便捷，远离闹市成为人们的选择，新的"舒张型城市化"出现。

4. 需求动因。

从迁徙主体的需求动因来看，主要是由于人们对城市居住的依存度下降，对乡村环境的需求增强所致。城市良好的公共服务和相对良好的就业环境是吸引农村人口向城市集聚的重要原因。随着乡村工业化和城市化的发展，乡村的公共服务日益改善，乡村的就业机会也大大增加，于是，人们生活和就业方面对城市的依存度也逐渐降低。尤其对于进入退休年龄的老龄人口而言，他们无须再在家庭和工作单位之间来回奔波，而居住在环境优美、空气清新的乡村里养老，不仅可以满足其田园梦想，而且能够降低生活成本，便成为他们的一种理想选择。

---

① 费孝通：《小城镇的问题还远远没有解决好》，《农村工作通讯》2004年第2期。
② 邱国盛：《当代中国逆城市化研究（1949—1978）》，《社会科学辑刊》2006年第3期。

5. 经济动因。

从要素流动的经济动因来看，主要是由于城市规模边际报酬递减，生产要素投资回报率逐渐下降，而乡村的要素投资回报率提高所致。城市化过程中，农村生产要素向城市集聚，是由于城市的要素投资回报率高于农村所致。但随着城市规模的迅速扩大，地价、房价和房租不断上升，生产要素在城市集聚的投资回报率也逐渐下降，而同期由于城乡交通条件的改善和乡村公共设施的建设，郊区和乡村的要素投资回报率逐渐上升，于是就会出现生产要素向城外流动的"舒张型城市化"。

6. 制度动因。

从"舒张型城市化"的制度动因来看，主要是由于城乡制度的落差开始减少，乃至形成乡村优于城市的逆落差所致。改革开放前，在以户籍制度为基础的城乡二元结构下，农村户籍的居民和城镇户籍的居民之间无论经济地位，还是政治地位，都存在着很大的落差。改革开放后，这种制度落差下，能够转为城镇居民就成了农村居民进城的重要动力。改革开放以后，一方面农村居民有着村集体经济制度、集体土地产权和相对宽松的计划生育政策，而城市居民随着改革的深化，过去的粮食保障、就业保障等福利逐步减少乃至消失，实际上城乡之间的制度正落差正逐步转为负落差。于是，转变身份成为城镇居民的动力逐步消失。甚至为了保守自己村集体的权益和享受农民身份的计划生育政策，许多考上大学的农民子弟也不迁出户籍，已迁出户口的大学生毕业后也纷纷迁回村庄。

（四）"舒张型城市化"的条件和特点

尽管人们产生了逃离大城市中心的意愿，但是如果没有城乡发展条件的变化，走向城郊乡村也许仅仅是一种梦想。

发达国家的经验表明，汽车的普及是出现"舒张型城市化"的重要条件。18世纪初美国福特公司发明了世界上第一条汽车装配流水线，使得汽车这一现代交通工具能够便宜到进入普通家庭。汽车的普及以及随之而来的公路、地铁等交通设施的建设，使得人们的生活半径大大增加，从而也直接带来人们居住空间的郊区化。

我国也不例外。以浙南温州为例，随着城市快车道和轨道交通的建设,温州城市框架快速拉大,对比市区路网的"小、曲、堵",城市快车道畅达带来副城区的交通便捷,催生了城市周边地产板块的崛起。加上随着电话、互联网、有线电视等公共服务设施的外移和延伸,使得周围乡村同样可以享受到快捷的通信和交通服务,乡村和郊区不但有着城市同样的各种服务,而且有着自身独特的优势,于是人往郊区乃至乡村的逆向流动,逐渐成为一种新的趋势。

在城郊交通建设和城市郊区化的同时,2006年,我国开始实施"村村通公路工程",一定程度上使得部分农村人口回归村落。"村村通"又称"五年千亿元"工程,目的是要解决9亿农民的出行难题,要力争在5年时间实现所有村庄通沥青路或水泥路,打破制约农村经济发展的交通瓶颈。随着"村村通"公路工程的实施,我国广大乡村的交通条件有了极大的改善,使得农民在家乡创业的环境也大大改善,从而吸引部分在沿海城市务工经商的村民回归村落。

据安徽省《淮北日报》报道,淮北市相山区随着"村村通"工程的实施,许多过去在外的农民回家务工了。

【案例】淮北相山区:"村村通"带动农民返乡务工[①]

相山区"村村通"工程自2006年启动以来,已建成通村水泥路50公里,完成投资2000余万元。到2007年底,全区所有行政村全部通上了水泥路。该区农民群众比全市其他区县提前3年走上通村水泥路。路通了,该区农村地区落后的交通面貌得到根本改善,许多在外打工的农民返乡,当上了季节性务工族。

家住渠沟镇高溪村的农民徐钦连告诉笔者,过去从家中到省道还有8公里多的机耕路,到了省道离市区还有20公里,进一趟县城步行、等车加上乘车共要花上2个多小时。由于交通不便,一家四口靠种几亩田生活,没有别的经济来源,只能维持温饱。几年前,为改善家庭经济状况,他撇下妻儿到沿海一带去打工,除去花销、路费,一年只能带回几千元,家里的农活也耽误了。如今,一条平整、畅通的水泥路修到了村里,他买了辆摩托车早出晚归,靠着熟

---

① 淮北相山区:《"村村通"带动农民返乡务工》,《淮北日报》2008年7月21日。

练的技术在市里做起了水电工装潢业务,农忙时在家种田,农闲时进城打工。既照顾了家庭,又提高了收入。他算了这样一笔账,种田年收入在4000元左右,还有10个多月时间进城打工,每天按60元计算一年就有将近2万元收入。今年猪肉价格看涨,妻子在家养猪,一年下来全家纯收入合计也有3万元,比在外地打工强多了。现在,该区及周边农村,涌现出许多像徐钦连一样的季节性务工族,他们忙时务农,闲时到城市打工。"村村通"工程正帮助他们走上勤劳致富之路。

安徽省无为县姚沟镇南湖村的情况也十分类似。从2006年到2008年,安徽省无为县姚沟镇投资794.28万元,修建了13条总长28.65公里的"村村通"道路。"2006年以前,南湖村只有零星的一些小企业。2006年以后,这里的道路一天比一天好。很多商人都看中该地的区位优势来此处投资,目前南湖村光大中型企业就有13家。"[1] 有不少城市居民有意到郊区、农村投资或到郊区购买住房。

由于返乡投资经商务工人员逐渐增加,对农村房屋的需求也不断提高,在利益的驱动下,有的村民开始在路边的耕地上擅自建房出售,有的把承包地卖给其他农民建房,直接造成耕地面积的减少。这一现象从另一侧面反映了交通条件改善后,对村落人口流向变化的影响。

与发达国家的市场自然演化背景下"舒张型城市化"发展过程不同的是,我国的城市化是在人多地少和特殊的城乡二元结构体制、二级土地市场制度的社会背景下进行的。改革开放以后的快速发展又使我国把西方国家进行了200多年的工业化和城市化发展历史浓缩在30多年时间内进行。这导致我国的"舒张型城市化"也有着与其不同的特点。首先,存在着先富群体强烈的"舒张型城市化"居住愿望与国家严格限制城镇居民到农村购房政策的尖锐矛盾。其次,存在着发达地区已经出现"舒张型城市化"的潮流与落后地区城市化才刚刚起步的巨大反差。再次,存在着城镇居民向往乡村优美生活环境而出城的自然"舒张型城市化"与部分居民为了套取城乡二元体制的制度落差红利而返乡的伪逆城市化

---

[1] 《"村村通"架起幸福路》,《巢湖晨刊》2009年11月21日。

的复杂情况。最后,存在着城镇先富群体为了更好地生活环境而下乡与城镇困难个体为了降低生活成本而出城的相悖现象。

三 "舒张型城市化"下的村落变迁

尽管"舒张型城市化"的出现,使得人口在工作地和居住地之间钟摆式地流动,不可避免地增加城乡之间的交通压力,但也在一定程度上疏解城市压力,缓解了城市人口膨胀的压力,促进了产业结构重新布局和转型,更重要的是满足了不同层次居民的多元化需求。但是,郊区化和"舒张型城市化"的发展带动了村落的加速变迁,在推进城乡一体化和乡村现代化上起到了十分重要的作用。

(一)"舒张型城市化"与村落变迁

城市化发展到一定阶段后,就会出现"舒张型城市化"。实际上,"舒张型城市化"的发展过程也是城乡一体化联动发展的过程。一方面,"舒张型城市化"趋势中发展起来的城镇和乡村有助于优化中心城市的功能。"借助逆城市化分解城市功能和分流城市人口的趋势发展村镇,在此基础发展起来的小城镇和乡村有助于减轻城市空间压力、优化城市功能,促使中心城市的空间结构更加合理,产业优势更加突出,集聚效应更加明显,引擎力更加强大,形成中心城市与中小城镇、乡村彼此产业呼应,优势互补,良性循环的城乡一体发展格局,使得城市化在新的格局下得以持续发展。"[①] 另一方面,对乡村来讲,"舒张型城市化"更是带来革命性的变化。

首先,"舒张型城市化"加快了乡村社会的城市化。与城市化阶段所产生吸取周边乡村要素往城市集聚的"回波效应"不同的是,郊区化和"舒张型城市化"阶段所产生的扩散效应会使得中心城市的各种要素向周围农村扩散,从而带动和加快周围乡村融入城市的步伐。尤其在我国政府推动型的城市化进程中,快速郊区化和"舒张型城市化"所推动的周

---

① 陈伯君:《逆城市化趋势下中国村镇的发展机遇——兼论城市化的可持续发展》,《社会科学研究》2007年第3期。

边卫星城镇体系的建设，席卷周围农村。大量农村土地被征用后成为被城市包围的"城中村"，乡村的生产经营、建筑形制、居住方式、社会体制和生活节律短时间内彻底改变，最终连乡村传统习俗都在不知不觉间发生了很大变化。

其次，"舒张型城市化"带动了乡村农业的现代化。工业化的发展和人口的城市化，带来了农村劳动力的减少，人均耕地面积的增加，也带来农业生产投资回报率的上升。在这种市场利益的吸引下，部分城市工商资本进入农村，投资农业，也是"舒张型城市化"过程的重要现象。工商资本的进入将彻底改变传统自给自足农业的形态，促进以商品化为目的的现代农业的发展。他们大多是进入资本集约度和投资回报率相对较高的设施农业领域。

最后，"舒张型城市化"促进了新农人的形成。"舒张型城市化"过程中，工商资本投资农业，不但带动了乡村现代农业的发展，也培育了新农民。同时，由于城市就业形势严峻，大学生回乡从事农业生产活动也开始出现，尤其是许多现代化都市型农业生产中，开始吸引不少大学本科生和研究生前来就业。

让农业更强、农民更富、农村更美——2015年的政府工作报告发出热切召唤。人是生产力中最活跃的因素，提升农民文化素质、技能水平，使其成为新型农民，是解决三农问题的关键。同时，社会各界中的高素质人群投身于现代农业，也是促进乡村社会发展的重要力量。值得关注的是，近年来，各种社会力量进军三农，各类资本流向农村，成为一种新趋势。在此背景下，诞生了一批又一批有别于传统农民、有志于从事三农事业、有理想抱负、与新型职业农民相比有着不可比拟的优势和不可替代特质的新农人。

2012年的中央一号文件提出要培养新型职业农民。新型职业农民是指有素质、掌握现代农业生产技能、有经营管理能力，居住在农村或集镇的，主要从事农业生产的农民。新农人本无农民身份，"这是一群行走在中国土地上的追梦人和创业者；这是中国当代乡村建设新一波的推动者和引领者；这是传统农民和新型职业农民的颠覆者和升级版。他们来源广泛，不少人跨界而来，包括返乡创业大学生、城市白领、大学生村官、网商、科研技术人员、NGO及其他各界人士。新农人联盟发起人'野地里的辛巴'总结出新农人的四大核心价值观：新跨界、新思维、新技术、新流通。阿里研究院分析认为，新农人存在四大共性特征：互联网基因、创新基因、文化基因、群体基因。半月谈新农人调研小分队进一步将新农人群体核心基因概括为四大基因：蓝海意识、生态理念、互联网思维和自组织性"。[①] 这是带着创业梦想上路，有着独立思考、独特个性、独特价值追求，具有眼光、知识、技能，志在创新农业、改变农民、改造农村的数量日益庞大的群体。据中国社科院信息化研究中心主任汪向东分析：新农人有可能成为继20世纪50年代军垦转业、屯垦戍边、文革后期知青上山下乡后农业人口结构变化的第三次浪潮，但是又不同于前两次。因为无论是军垦人转业，还是知青上山下乡，大多数人从事农业不是自己的选择，是组织安排的。但如今新农人不同，他们以农为业是自己的选择。他们有一种对农业新市场发掘的追求，即开拓所谓的蓝海市场。[②] 新农人是蓝海拓荒者，他们有着互联网思维和其他崭新理念、思维方式，能发掘市场新需求、运用新技术手段、建立现代食品安全溯源系统、以精细化生产来强化农产品的优质、绿色、安全，用手机APP精准营销，会在自然生态农业、休闲观光农业、创意体验农业、智慧精致农业、国际时尚农业等新业态中占尽先机，成为名副其实的现代农业、朝阳产业。新农人虽大多出身草根，但更能代表新农业的未来发展方向。

如"分享收获"是女博士后石嫣在北京创办的第二个CSA（社区支持农业）农场。"CSA是一种新型的农业生产模式，诞生于20世纪70年代的日本和瑞士。基于相互信任，消费者预付1年费用，购买农民1年收成；农民则按照承诺，完全不使用化肥和农药，保证农产品的纯天然无公害，而作为中间人的经营者定期将农产品配送到消费者家中。截至目前，全国各地已开办了500多家CSA农场，此外，还有数千个家庭农场正在参照CSA模式运营。"[③] 2015年11月，北京举办了第六届世界CSA大会，此会给国内农业发展带来更多的经验，也让政

---

① 李松、毛伟豪、张颖等：《新农人：追梦田园 深耕蓝海》，《半月谈》（内部版）2015年第3期。
② 同上。
③ 同上。

府和社会各界更多地了解中国现代农业。新农人为传统农业向现代农业转型注入了新能量,正在成为引领新农民、发展新农村、托起新农业的一支新的生力军。

(二)"舒张型城市化"的阻滞因素

尽管"舒张型城市化"正对农民、农业、农村产生巨大而深远的影响,但是现实社会中仍存在种种阻滞因素,影响其积极作用的发挥。

一是乡村公共设施的落后直接影响了"舒张型城市化"的进程。长期以来的城乡二元结构体制下,乡村一直处在准自给自足的状态,国家对其公共设施和服务的投入严重不足,以致乡村的道路、自来水、电力、通信、教育、卫生等设施严重落后于城市,城乡差距使得乡村的吸引力大大地减弱。

二是城乡分隔的二元体制的路径依赖阻碍了"舒张型城市化"的自然演化进程。尽管各地政府都在努力改革,力求突破长期以来限制我国城乡人口流动的二元体制,但是由于存在着制度变迁的路径依赖,至今户籍制度改革正在进行,但农村集体所有制度、土地二级市场制度等仍未彻底改革,以致我国的城市化和"舒张型城市化"的自然演化进程严重受阻。而同时熟悉制度漏洞的伪农民演绎的伪逆城市化却层出不穷。"在伪城市化和伪逆城市化的背景下,我们不仅不担心局部地区出现的真实的舒张型城市化,因为这种真实的逆城市化是新农村建设和中小城镇建设的重大发展机遇,是推进城乡一体化建设的重要动力,在大城市周围的城市和村镇,谁能更好地实现与逆城市化的对接,谁就能更好地发展。但是,我们倒担心一种真实的问题,伪逆城市化下的权贵,利用我国户籍制度的漏洞,对城市发展红利和农村发展红利通吃。不久前,浙江省义乌市纪检委、市委组织部等部门开除了200多名农民公务员的'村籍',就给我们提了一个醒"。[①]

三是人类社会的类聚异分的惯性阻碍了"舒张型城市化"进程中下

---

① 叶雷:《逆城市化:虚设的忧虑还是美丽的转身?》,《党政论坛》(干部文摘)2010年第11期。

乡市民和农村居民的群体融合。同类相聚,异类相离。人类的这种类聚异分的行为在"舒张型城市化"进程中表现得尤其明显。尽管许多城里富裕阶层喜欢乡村的生活环境,但是无论是出于安全的考量,还是他们居住喜欢的原因,他们宁愿借助乡村的环境直接兴建独立的小区集中居住,却几乎都不喜欢和乡村里贫穷的村民居住在一起。这直接影响了出城居住的居民和周围村民的融合,也使得这种逆城市化仅仅是城市居民对乡村的一种孤立的嵌入。

四是地方政府的强制城市化和郊区化容易造成乡村文化传承的断裂。村落里村民的聚族而居是乡村文化延传的重要条件。共同的血缘连接、熟悉的人际网络、集聚的居住形态,形成了乡村熟人社区温馨而透明的社会关系。但是当前许多地方政府为了调整城市布局,大规模的推进了土地征用,使得周边乡村里的农民一夜之间被城市化了。与此同时,快速地推进了城中村的改造和改制。于是,不仅村落建筑形态转眼发生很大的转变,而且村庄的制度也迅速被城市的社区居委会所代替。随着居住形态的变化,城里居民和外来民工大量嵌入,熟悉的乡村生活节奏骤然发生很大的改变。而令人思考的是,长期以来依托宗族、村落传承的传统文化习俗也面临着通过何种组织机制延传的危机。

(三)"舒张型城市化"下的政策取向

尽管对于我国总体上是否达到"舒张型城市化"阶段,学界尚存争议,但是我们必须承认的是,城市化发展到一定阶段出现郊区化和"舒张型城市化"是城市化发展中的现实存在、必然趋势。同时,幅员广阔的中国城市化进程是有很大差距的,当东部沿海发达地区出现"舒张型城市化"潮流时,大部分西部区域也许尚在城市化初级阶段。

据报道,"虽然每年有1000多万农民工进入城市,但现行土地制度和户籍制度方面的制度藩篱和隐性门槛,使得农民工市民化这一新型城镇化的核心难以做实。一些城市利用居住证制度设置学历、技能、投资等新门槛已成为普遍现象,或者存在只改变户籍、未改善生活居住条件和福利水平的空转现象。而当前的土地制度使得农民难以真正走出去和留下来，一些地方的户籍改革试点中，甚至出现了原有城市户籍人口希望换成农村户籍的逆城市化现象"[①]。例如，在我国城市化进程快速、人口流动频繁的浙江省，农转非数量大幅下降，已经农转非的想方设法把户口迁回农村。

这一现象背后，显性的原因是程度不等的城市病，极大地消减了城市的独特魅力和向心力，城里人开始青睐农村的清新空气和宁静环境，互联网现代信息技术、高速公路、高铁构成的现代交通圈，让城乡距离缩短；内在的原因则是人的城市化不充分，社会保障不完善，进入城市门槛高、融入城市难，走进来易，留下来难等，这些都导致城市人口向郊区和农村流动。

对于"舒张型城市化"，政府要引导其发挥对农村现代化、村落城市化的积极作用，其政策取向应当是：

第一，既要立足我国人地矛盾的现实，也要顺应"舒张型城市化"变迁，采取因势利导的政策措施。当讨论我国的"舒张型城市化"问题时，不可回避的一个现实是我国人多地少的矛盾。这决定了我国的城市化和"舒张型城市化"只能选择集约利用土地的道路。在当前我国基尼系数超过 0.5 的情况下，少数先富阶层确实有着到乡村圈地盖别墅的强烈需求，但是这种需求如果毫无限制，将直接影响我国可持续发展和社会的稳定。但是，毕竟"舒张型城市化"是城市化发展到一定阶段的必然趋势，尤其在我国经济发达的地区，这种"舒张型城市化"的需求如果能够合理利用，将成为带动我国农村地区发展的重要动力。为此，政府既要坚决制止圈占耕地、兴建别墅的行为，同时可以考虑在合理规划的基础上，尽量利用山坡地和废弃村旧址，满足城镇居民和返乡农民下乡居住的需求。

第二，既要考虑下乡居住的需求，更应鼓励到农村创业的行为，为农村注入增量的生产要素，加快农业和农村的现代化进程。

在 2014 年 9 月的夏季达沃斯论坛上，李克强总理号召，"要掀起

[①] 《"逆城市化"现象值得反思》，http://news.xinhuanet.com/politics/2013-09/25/c_125437176.htm。

大众创业、草根创业的新浪潮,形成万众创新、人人创新的新态势"①,把"大众创业、万众创新"打造成推动中国经济继续前行的"双引擎"之一。政府要让人们在创造财富中更好地实现自身价值。

当前,由于城市化的回波效应,大量农村青壮年劳动力都流向城市,农村正处在劳动力青黄不接的转折期。这种状况一定程度上造成了当前农业发展的困境,但也给新型农民的创业创新、农业发展的转型升级带来了机遇。为此,各地政府应采取鼓励性政策措施,让新生代农民工回乡创业,并鼓励更多受过农业相关专业训练的人才下乡创业。

第三,既要注重乡村的空间开发,也要重视有价值的古村落和传统文化的保护,采用继承和发展同时并举的政策导向。在当前我国快速城市化和"舒张型城市化"的过程中,广大的乡村空间正在被大规模地开发。同时盲目地有组织开发和农民自发翻新建设,也使得许多有价值的乡村古建筑遭到人为的破坏。因此,各地政府应进行彻底调查,分类规划,做好有价值的古村落保护工作。

第四,既要采取政策性措施防止攫取制度落差红利的投机行为,更要通过统筹城乡综合改革,最终形成城乡一体化的发展格局。在城市化不发达情况下的人口从城镇向农村转移以及城市化进程中部分人滞留农村现象的泛滥会阻碍城市化的进程。对此,采取行政性措施惩戒投机性行为固然重要,但是从长远来看,更需要通过彻底的体制改革,消除改革城乡隔离的二元结构的制度落差。

综上所述,我国城市化进程中,村落的人口迁徙是有一定法则和规律的。自发的村落人口的迁徙既有梯度转移特点,也有跳跃性迁徙的情况。农民进城的壁垒逐渐降低和消除,但城镇居民下乡的阻碍仍然存在,城市化的回波效应使得中心城镇快速发展的同时,也带来了城郊的相对衰落,城乡差距进一步扩大。尽管城市化对村落变迁的影响,是与中心城市的距离直接相关的,其直接影响是依照城中村、城边村、平原村和边远山村依次递减的。因此,我们在研究城市化对城中村和城郊村的影响时,同时兼顾其对其他各类村庄的间接影响。农村劳动力流动是一种

---

① 李克强:《要掀起一个大众创业、草根创业的新浪潮》,http://news.xinhuanet.com/fortune/2014-09/10/c_126972327.htm。

城乡资源互动，劳动力外流拉大了村落的贫富差距，滋生了农民的相对剥夺感。

与"聚拢向心"为特征的城市化常态不同的一种城市化状态，或称之为"舒张型城市化"。这是在新型城市化大背景大趋势下，人口从饱和城市向农村流动扩散的自然迁移过程；它不是城市化的反动、反向运动，而是城乡自主均衡发展的新阶段，其成因有制度安排、组织迁徙、空间诱因、需求动因、经济动因和制度动因等方面。对于"舒张型城市化"，政府要引导其发挥对农村现代化、村落城市化的积极作用，采取正确的政策取向。

第 七 章

因势利导:村落变迁中的角色转换规律

因势利导,出自西汉司马迁《史记·孙子吴起列传》:"善战者,因其势而利导之。""因"即循着、顺着、沿着;"势"即形势,宇宙万物与社会运行发展趋势;"利"即有利、有利于;"导"即导向、引导。这一成语是指顺着事物发展的大趋势,尊重事物发展的规律,引导事物朝着最有利于实现既定目标的方向发展。在本章指村落精英能适时转换社会角色,顺势而为。

社会角色通常是指与人们的社会地位、社会身份相适应的权利义务及行为模式,是社会群体和社会组织的基本要素。从社会层面上看,角色即处在一定社会地位上的个体,其角色行为受个体、社会或他人的角色期望的影响和约束,个体的角色行为总是在与其他角色互动中,调整和完善自己的个体行为,从而形成其特有的行为范式。角色理论让我们认知个体行为、个体人格形成与社会的关系。社会角色代表着每个人的社会身份、社会地位以及在人际关系中的位置。在社会生活中,作为一个个体的人,总是需要扮演多种不同的社会角色,随着时间和场景的转换,一个人的社会角色随之发生变化,承担不同的权利与义务。

一 村落精英:村落变迁的内驱力

精英指的是精华,事物中最精粹、最美好、最宝贵的,这里指杰出的英才，或者是精选出来的、社会中少数的、优秀的人物。社会精英是在智商情商、经济能力、经营才干、人格魅力等诸方面超群，对社会发展变迁起重要作用的人。政治精英是代表一定的利益集团，掌控重大决策权，对政治发展方向有重要影响的人。村落精英通常是指村落中有政治头脑、经济实力、精明强干、凝聚力强，对村落的变迁发展起引领作用、有重要影响的人。村落精英可分为政治精英、经济精英和社会精英。在浙江的许多村落，村落精英往往是先成为发家致富的经济精英，后通过选举进入政治领域，成为村干部，这样，村落精英是跨界的多面手。在城市化进程中，许多快速发展的村落，凝聚着精英们的智慧和才干，有精英们"弄潮儿向涛头立"的英姿。村落精英是农民群体中开放、文明的代表，这一群体思想观念开放，有经济实力，往往也能成为城市生活方式的示范者、传播者、激发者，是引领村落变迁的主要力量。

角色特征及转换是乡村社会学研究的重要议题。村落精英在不同的社会时期具有不同的角色特征。从传统乡土社会的保护人演变到现代市场社会的企业家，其中"铁腕精英"是现代村落精英的一种特殊形态。村落精英的角色特征主要取决于国家力量对乡村社会的渗透程度、乡村社会的市场化程度、乡村社会的组织方式以及个人利益的实现方式，其中国家力量对乡村社会的渗透程度是主导性变量，而个人利益的实现方式又受到前面三个变量的影响，四个变量的相互作用共同决定了村落精英的角色特征。[①] 本研究以外桐坞村为例进行分析。

（一）村落精英构成和成长

外桐坞村的各类精英是以个人的能力和实力为基础，以村落内部或外部环境的变化为契机，以整个村落的自然和人文空间为表演舞台而成长和发展起来。个人能力和实力在其中起着重要作用，家庭背景的作用并不明显。村落精英是外桐坞村发展变化的内在主导力量。与其他村落一样的是，外桐坞村的精英重合度也非常高，政治精英和集体企业经济

---

① 莫艳清：《从保护人到企业家：乡村精英的角色演变及其内在逻辑》，《温州大学学报》2016年第2期。

精英通常是一体的。政治精英主要是指外桐坞村的村"两委"主要负责人；经济精英主要是由社区集体企业负责人和比较成功的民间私营企业主组成；社会精英主要是由村内比较有威望的退休村干部、老党员和退休教师组成。下面，我们分别讨论外桐坞村这几个精英群体的构成、生长和影响。

1. 村落精英的构成。

一是村落政治精英。根据外桐坞村的权力配置的基本格局，村落政治精英主要分三个层次。第一个层次是这两个班子的核心，即党支部书记，分别是张秀龙和金建良两位，他们曾在不同时期担任村党支部书记，在村中有着很高的威望，对村落发展的贡献最大，尤其是张秀龙，外桐坞村最近10年以来翻天覆地的变化主要是在其带领下完成的。金建良对村落的发展贡献大，是其在村落发展急需带头人的情况下培养了张秀龙。就村落发展来看，带头人在村落再造的过程的作用也是无可比拟的。第二个层次是外桐坞村的村支部委员，主要有仇加昌、杨俊彦、葛珍娣、仇维胜、金志亮五人。第三个层次是外桐坞村委会的干部，主要有老会计仇学广、村企业管理员杨春云等。

二是村落经济精英。主要由对村落集体经济发展立下汗马功劳的、群众公认有能力的集体企业创办者、管理者或私营企业家。学术界通常把这两种经济精英合称为企业家群体。对处于转型期的村落经济发展和社区互动结构变化来说，企业家群体的作用在某些方面甚至比政治精英群体的作用还要明显。在外桐坞村，集体企业家与政治精英的重合度非常高。集体企业家有三位，分别是前任村支书金建良、现任村支书张秀龙和现外桐坞村股份经济合作社监委会主任仇华昌。张秀龙可以说是以企业家身份成功的政治精英，他对外桐坞村的贡献就是带领村民走上现代化致富之路，也就是熊彼特意义上的具有创新能力的"企业家"，他目前不仅担任村支书，还担任村里股份经济合作社社长。仇华昌可以说是一个拥有真正的集体企业家身份的人。1978年，龙坞乡办精致集体茶厂的时候，仇华昌就开始进入该厂，总共在茶厂分别做了5年销售员和10年的厂长。到1984年，茶厂净利润从当初的20%提升到了40%，给整个龙坞乡农民带来经济收益。2004年，在外桐坞村村民的推选下，他开始担任外桐坞村经济股份合作社的监委会主任、物业管理办公室主任。物业管理办公室主要负责外桐坞村风情小镇的改造和后期维护工作,对外桐坞村的招商引资有着举足轻重的作用。村里的私营企业主的贡献主要是推动村落经济发展、吸纳劳动力等。

三是村落社会精英。外桐坞村的社会精英主要由村委退休老干部、村委老党员和退休教师三类人组成。实际上,社区社会精英的角色拥有的是情境性权力,是某一种场合下拥有的权力。在本研究里,社会精英权威主要是内生性权威,不像政治精英和经济精英那样拥有有形的资源而被外界赋予的外在权威,他主要靠自己平时的为人、能力和声望来实现。如村委退休老干部娄绍法和杨成玉;村老年协会会长仇校成曾在村里集体资产流失时出来主持大局,在首次股份分红问题上据理力争,为普通村民赢得福利,现在又带领村内老年人锻炼身体,组织各种活动,在村内声望颇高;退休老教师、村里老会计仇学广,除了担任村里的会计工作外,还担任村里红白喜事的文字书写工作,十分受人敬重。

2. 村落精英的生长。

关于精英的形成机制,理论界提出来的理论假设主要有两种:一是以奥伊为代表的精英复制论,即各种精英之间可以相互转化生成;二是以倪志伟为代表的精英循环论,即各种类型的精英是直接生成,而非相互转化而来。外桐坞村的政治精英、经济精英的形成模式基本上属于独立生成类型的,社会精英部分是由政治精英转化而来,但政治精英和经济精英的重合度高,与许多村落一样,集体企业家通常都能当选为村干部。

"各类精英的形成条件主要包括个人基本条件和个人所面临的环境条件与外部机遇。一个人所具备或所能控制的精英生成条件称为资源,而一个人无法控制但能够利用的精英生成因素成为机遇或者背景。"[1] 资源可分成三种:一是人力资源,指个人的文化程度、专业技术、人格特征、各种操作能力与实践经验等;二是经济资源,指个人的家庭经济状况以及个人所能利用的社区公共经济要素等;三是社会资源,指个人的各种社会关系网络及其社会声望等。所谓的背景条件,主要是指国家的宏观制度背景、地方政府的政策和决策、村落的政治经济创痛等,这些条件

---

[1] 陆学艺主编:《内发的村庄》,社会科学文献出版社2001年版,第380页。

的组合则构成村落精英表演的特定舞台,当然,这个背景条件的不断变化,精英的舞台也会随之变化。

从村落政治精英的成长背景看,有以下四个特征:第一,村干部选举并未受太多家族因素影响,表明村民素质较高,推选村落领路人时是理性的、明智的;第二,村干部大都有高于同龄人的文化程度,文化水平越高,在村落公共权力的等级体系中的位置就越高;第三,村干部都有着不一般的人生经历,都从基层做起的;第四,个人品行和才华能力是重要因素。村民对村长仇维胜的评价是作风廉洁、为人正直、待人热情、无不良嗜好;对张秀龙的评价是年轻、脑子活、有思路、有想法,是有能力的好书记等。当然,要成为村干部,还有自身难以控制的外部条件。一是村干部的家境或家族背景。家境通常是个人能力、品行、生活作风和价值取向的最初养成条件,也是个人经历和资本积累的起点,家境的好坏以及社会地位,是个人的资源动员能力的初始决定因素。二是村落的社会经济结构和公共权力配置。村落权力是国家法统的基层延伸,村干部是在国家法统的边界内成长起来的。与其他村不同的是,外桐坞村委班子没有一位私营企业家,村民对村集体资产流失记忆犹新,村里的几位私营企业家要么没有政治抱负,要么被认为与村里集体资产流失有关,私心太重,无法成功当选。

村落经济精英的成长,有四个主要共同点。一是都不甘心单纯从土里刨食,敢闯敢干,勇于拼搏,富有冒险精神。二是都有普通人所没有的专业技能。从事茶叶创业的企业家都有茶叶品鉴能力,仇校根就是杭州市的一级品茶师。三是市场发展成就了经济精英。先知先觉,抢占先机,抢抓机遇,创业得风气之先,如仇华昌从1984年就开始了创业之路。四是在经营业务中积累人脉,扩大社会关系网,扩大销售与生产。从外部条件来看,家境好坏并不是他们成为企业家的前提条件。但在创业起步时,他们的家庭通常都有了一定的家庭资本的积累,仇永昌和仇红昌就是通过搞运输而积累起比一般村民更多的资本,通过利用城市化、市场化的契机,寻找到了创业的机会。随着经济实力的增加,私营企业主的"能人"形象逐步树立起来,经济精英们开始参与政治,社会声望提高,对村落发展的影响能力逐渐增强。

村落社会精英的形成,主要靠内生性权威。权力是一种外在的强迫性控制,而权威则是一种内在的精神力量,它以服从和自愿为前提,具有一定的认同性。内在性权威的来源主要是公众情感、信仰、学识和传统权威的继承等方面。对一个村落来讲,内生性权威主要来自村民的信任、仰望、认同和自觉服从。如退休教师仇学广的社会权威主要来自他自己渊博的学识和对古老传统的神圣性的继承。

在浙江大部分农村地区,村落带头人通常是村落的政治精英和经济精英的结合体。以下分析的村落精英,主要是指集政治精英和经济精英为一体的村干部。

(二) 村落精英更替下集体资产流失

"根据村落权力是否分化和是否存在权力中心,可以将权力结构划分为四种基本形态:金字塔型结构、宗派型结构、联合型结构和不规则型结构。"① 权力结构模式与村落的经济发展程度和发展模式密切相关。一是金字塔型权力结构。只有一个权力中心,该中心为高居金字塔顶端的一位领袖式铁腕精英,掌握和控制着整个村落权力网络的运作。这类村落一般位于经济发达地区,工业化和现代化程度高,集体经济在村落经济中占绝对优势,村落经济发展主要归功于一个具有绝对魅力的处于金字塔顶端的"铁腕精英"。二是宗派型权力结构。村落存在两个或两个以上的权力中心,他们分别代表不同的利益集团,而各集团之间的力量势均力敌,但又相互竞争,因而形成一种联合型权力格局。各利益集团都企图通过控制集体经济的支配和社区政治权力的运作,来为自己和其所属的利益集团产生经济和社会利润。三是联合型权力结构。村落存在多个代表不同利益集团的权力中心,但这些利益集团只有联合成为一个整体,才能使各自利益最大化。在该类村落中,村落的经济发展是许多人共同努力的结果,而非单个的铁腕领袖。随着各方实力的消长变化,联合型权力结构也可能走向宗派型或金字塔型权力结构。四是不规则型权力结构。权力高度分散以致出现无中心的权力分布格局,或者在一个主要权力中心之外存在若干个实力强大的单个权力拥有者(如私营企业

---

① 陈光金:《中国农村社区精英与中国农村变迁》,博士学位论文,中国社会科学院,1997年。

主)。这种权力结构主要存在于集体经济发展水平低和分化程度不明显的村落。[①]市场经济发展、城市化建设,推动着一元化精英结构向多元化精英并存的结构嬗变。村落权力结构中影响力最大的是村落政治精英,尤其是跨界的多面手的"铁腕精英"。

1. 城市化中的村集体资本积累。

改革开放以来,农村经济发展面临的最大问题就是资本积累不足。家庭联产承包责任制后,外桐坞村除了保留炒茶集体公房外,集体财产基本被瓜分殆尽,乡镇企业未得到充分发展,集体经济薄弱,仅靠每个月的公房出租和村里两个石矿承包收入来维持村集体的基本开支。

1993年,外桐坞村为了加快村集体经济建设,开始打造工业园区,显示了金建良作为村落带头人的经济头脑和出色才能。外桐坞村位于杭州市西湖区近郊,城市化的大力推进,土地征用为村落经济发展积累了原始资金。外桐坞村的两次土地征用分别是1994年的水田征用和1996年的绕城高速征地。在这一过程中,按照征地补偿安置标准,征地农民获得青苗补偿款与安置费,按照征地面积的标准,进行户口的农转居,并缴纳双低养老保险,大头的补偿款留作村落经济发展之用。随着土地被征用,集体经济的资金越积越多。可是,在工业园区启动打造后不久,金建良就被上级调走了,由后来的村干部接替金建良继续推进工业园区建设。

金建良是一位退伍军人,综合素质过硬。他不仅在村落的工业园区打造中采取了一系列过人的策略,而且有良好的经商经验和经营头脑。他在担任村干部期间自己还搞过汽车运输和饭店经营,而且当时,龙坞乡政府搞集体企业,成立之江建设公司来承接各种建造厂房业务,以获取基建业务收入,为乡政府谋利。20世纪90年代的基层乡镇政府实际上成了一个"内卷化"的自赢利性组织,公共服务和社会管理职能日渐减弱,而自利性和赢利性逐步增强。当城市化大规模推进时,基层政权只顾自身的盈利,对村落发展无暇顾及。之江建设公司成立后,龙坞乡政府看上了金建良的出色才能,便在外桐坞村工业园区打造到一半时,将

---

① 陈光金:《中国农村社区精英与中国农村变迁》,博士学位论文,中国社会科学院,1997年。

其调至之江建设公司,从事基建管理工作,为乡里创收。

为了推动村落的继续发展和完成工业园区打造工作,金建良开始选择接班人。但这次金建良的调走和接班人的选择失误,给村里带来不少损失。由于后来的村落带头人的决策失误加上其他各种主客观原因,外桐坞村的集体资产流失严重,到发展股份合作社时,可用资金只有78万元。采访中,金建良追悔莫及:"村里的工业园区要继续打造好,将厂房用来出租,以增加集体收入,同时还要保护好村里的集体资产。但是,我们后来在村里征地款到位后,将村里的可用资金胡乱瞎搞,集体资产流失很严重,老百姓怨声载道,工业园区发展也不怎么样。后来,乡里的领导都表示后悔,说当初不应该把我调出来,我调出来以后,村里的发展就全乱套了。"带头人的更换,往往可能让本来发展得不错的村落走上下坡路,外桐坞村就属于此类情况。

2. 非理性化行动下的村集体资产流失。

韦伯认为,要理解社会关系,必先理解社会成员在社会关系中的各种行动。韦伯将人的行动分为四种类型。一是目的合理性行动。人们通过精确地算计,以付出成本最低的、最有效的手段来达到利益最大化的目的。它是一种符合逻辑的、科学的理性行动,出自功利主义或工具主义的行动方针,理性经济人通常是这种行动的主体。二是价值合理性行动。它是追求价值而非精于算计,非价值中立地进行行动,而是带有某种价值偏好。其最大的特点是遵从手段和目的的价值合理性,即必须用道德的手段来达到道德上好的行动。三是行动情感行动。这种行动不管手段和目的的合理性,只是出于某种情感而行动。这种行动往往是非理性的行动,甚至有可能造成某种不好的后果。四是传统行动。如一些习惯性行动,出自实践或对权威的尊重而作出的行动。[①] 比如结婚生子,比如某种祭祀仪式等。

韦伯又将这四种行动分为理性行动和非理性行动,前两者为理性行动,后两者为非理性行动。在理性行动实施前,都要进行理性决策,计算利益和成本。因此,西蒙发明了理性决策模型,简称理性模型。该模

---

① 转引自贾春增《外国社会学史》(修订本),中国人民大学出版社2000年版,第110—112页。

型以"经济人"的假设为前提,认为理性决策是任何行动实现利益最大化的必备前提,但这种理性是有限的理性。"(1)手段—目标链的内涵矛盾会导致简单的分析得出不准确的结论。手段—目标链的次序系统通常是一个非系统性而全面联系的链条,组织活动与基本目的之间的联系通常模糊不清,同时还存在着冲突和矛盾。(2)决策者追求理性,但很难做到最大限度地追求理性。人的知识储备有限,行动的决策者既不可能掌握全部信息,也无法认识决策的详尽规律。因此,作为单个的决策者,他只能追求在他能力范围之内的有限理性。(3)决策者通常追求'满意'标准,而非最优标准。如果备择较好地满足了决策者定下的最基本要求,决策者往往就不愿意寻找更好的方案了。当然,由于各方面条件的限制,决策者也缺乏达到最优的能力。由于决策者往往都承认自己感受到的世界仅仅是纷繁复杂的真实世界的极端简化,因此他们满意的标准不是最大值,所以无须再去确定所有可能的备择方案,因为真实世界是认为无法掌握的,他们通常满足于用最简单的方法,凭经验、习惯和惯例去办事,故而决策结果也不尽相同。[①]"

与理性决策相对的就是非理性决策。非理性决策是指不需理性认知和科学性手段,只凭着本能反应、主观臆测甚至迷信手段作出的决策。非理性决策自然会导致非理性行动,造成坏的后果。一个村落的发展主要依靠带头人的主导作用。精明强干的带头人会把村落引向康庄大道,平庸无能的带头人则会把村落引向穷途末路。在外桐坞村,金建良是理性行动者,而他的继任者仇加昌和杨俊彦是非理性行动者,使村落发展停滞甚至遭受损失。

村落集体资产流失主要在于失败的风险投资。当时,建设高尔夫球场和绕城高速征地的赔偿款总共900多万元,发给村民补偿款之后,村里还留下700多万元。那时的村干部也很希望让集体资产增值,想到了投资。他们将村里的部分集体资金分别投资给了村里人办的之江阀门厂、福利厂。之江阀门厂原来是集体企业,后成为私营企业,有6台车,几十号工人,在村里办厂多年,解决了村里的部分剩余劳动力的出路,跟

[①] [德]赫伯特·西蒙:《管理决策新科学》,李柱流等译,中国社会科学出版社1982年版,第78—86页。

村里的关系一直不错。村干部说是投资，实际上是借给厂里100万元，收取1分多的利息。但老板后来把这个厂交给自己的儿子后，经营状态不佳，入不敷出就倒闭了。村干部投资时没有考虑到这背后的风险，这说明当时村里的财务监督机制不完善，或者说根本没有监督。后来，村干部又投资了一家做人造花的福利厂，由于效益不好，结果又亏本倒闭，村集体资金又流失了30万元。

村里的投资行为，都是村干部说了算。这种盲目投资行为，村里意见很大，认为集体资产管理不严格，盲目投资和用钱，擅作主张，未遵循村民的意愿和考虑村民的利益。不过，当时的资金管理的确不像现在那么严格，有章可循。

访谈时，仇华昌痛心地说："他们把村里搞得一塌糊涂。他们胆子也很大，100万块钱就直接投资了，后来厂子倒闭，就留给村里的坏账了。那个时候村里都是他们说了算，也没跟村民和村代表商量，就直接把钱拿出去了。高速公路赔的钱，我统计了一下，有700万，三年工夫全部差不多都用光了。要是那个时候钱不这么乱用，甭说存在银行里，你就是用来造房子出租，集体收入也很可观的呀。就算房子没租出去，房子还在的呀。以前造房子用的100万，现在肯定就不止那么多了。"面对村里突然增加的巨额资金，村支书仇加昌和村长杨俊彦两人希望能盘活资产，将村集体经济发展壮大，但是他们没有经营头脑和投资经验，连外出打工的经历都没有，投资时又不和村民代表商量，私自盲目投资，未考虑投资风险，直接导致集体资产严重流失。村里除了盲目投资外，还在乡政府的大力鼓励下办厂，以解决村里的富余劳动力。当时村里主要办了两个厂，一个华龙雕刻厂，一个是电子秤厂。开办才一年多时间，就因技术薄弱、质量把关不严、缺乏办厂经验、不懂得去拓展市场等原因倒闭了，投资也收不回来。人的知识储备、信息掌握都是有限的，作为决策者，只能追求他能力范围之内的有限理性。如果对一个将要从事的行动，几乎没有任何的认知和体验，那么他也不可能做出理性的决策，只能凭借主观臆测和美好假想做出非理性决策。邻村叶埠桥村的征地款比外桐坞村还多，他们村领导的做法就是把钱全都放在银行里存起来，据说当时乡镇领导批评他们太保守了，鼓励他们大胆投资。实际上当时看来保守的叶埠桥村的干部是理性人，农民们之所以没有扩大规模生产，是因为他们估计自己很难承受风险，最终可能导致自己陷入温饱不存的境地。

3. 村落精英自身素质与村落发展。

在当代中国农村，村落带头人通常是村落的政治精英和经济精英的结合体。在"国家—农民"关系框架下的村级治理中，村落带头人起着十分重要的作用，他们是国家和农民在村落的中介。联产承包制后，国家力量从农村基层开始撤退，带头人型的村落精英在乡村基层组织仍然起着重要作用，不仅要执行和传达上级的任务和命令，还要带领村民致富，担负着发展村落经济和维护乡村稳定的职能。"作为国家在农村的代理人，农村政治精英一方面利用制度化的力量确保国家的政策能够在乡村被顺利执行，以保持乡村社会的稳定和发展；另一方面，他们凭借自身资源优势和权威力量，不仅充分利用国家所赋予的权利去尽可能地争取有限的公共资源为农村发展服务，而且还利用集体力量来筹集资金、开发项目，带领整个农村社区在市场大潮中搏击，并利用集体的优势最大限度地规避市场风险。"[1]

在实现村落发展和稳定中，村落精英的自身素质尤其是治村理念和立场十分重要，即究竟是出于公心还是私心？公与私谁放在第一位？是着眼于整个村落的发展还是只为满足个人私欲？村落精英如能将个人利益、个人价值实现与村落集体利益捆绑在一起，已属难得。如果二者分离，村落发展就可能偏离正确方向。当集体利益与个人利益相冲突时，是选择维护个人利益还是维护村落整体的利益，直接关系村落的发展。在建工业园区和发展村落工业时，金建良为了村落和农民集体的长远发展，建议开荒建龙井43茶地，不惜得罪目光短浅的持反对意见的村民。在打造工业园区时，他深谋远虑，规划先行，本打算融通战友关系获得更多廉价土地，让村落利益最大化，但最终因为要服从上级组织的调动而未能做成。继任者本意上也希望村落发展得更好，但急于求成，盲目投资，没有将村落发展的整体利益放在第一位，导致村落集体资产流失严重。村支书和村主任都是村落发展的带头人，他们掌握着村落的政治权力和集体经济资源，他们自身的素质、责任心、致富经验关系着整个

---

[1] 贺飞：《我国农村社会转型中的精英能动性及其局限》，《湖北大学学报》2007年第2期。

村落的发展。

村落精英作为基层政府与村民之间的桥梁纽带,在村落二重权力结构的互动中,一方面要代理基层政府向村民传达国家方针政策、执行国家政务,充当国家"代理人"角色,另一方面又要代表村民利益进行村务建设、为村民提供庇护,充当村民"监护人"角色。随着城市化、市场化的深入,村落带头人需要扮演新型城镇化建设的推进者、政治引领与市场化的角色。村落精英有非常重要且特殊的身份,一方面嵌于体制性的科层体系内,另一方面又担负着村落集体经济发展的重任,直接面向市场,接受着市场经济激烈竞争的洗礼。金建良带领村民打造工业园区和开垦种植龙井43,实际上就是顺应市场大趋势的大作为。在市场经济时代,村落精英必须具备以下三种素质:一是市场观念和搏击能力;二是冒险精神、风险意识及其化解能力;三是现代知识文化与生产管理技能。

村落精英要想带领全村走向共同富裕,需要具备发挥以下三个方面的能力:一是创立"合作预期",凝聚民心民力。要带领村民走向共同富裕,就必须重建和维持社区共同体,基本策略就是不断在村民中创造有可预见的切身利益的良好的"合作预期"。自给自足的小农经济造就了中国农民的散漫状态,合作性不强,组织性不强,农民常被形容为"一盘散沙""一袋土豆"。在村落创业发展初期,需要村落精英"廉洁奉公""敢于冒险""勇担责任"等优良品德和利他精神,使其具有较高威望,产生引导示范作用,从而让村民对合作共赢抱有较高的预期,并随着这种好品质的维持。二是整合领导力量,组建精英集团。按照拥有资源和活动领域,村落精英可分为经济、政治、社会和文化精英,有些人可能是集合型精英。不同类型的精英都会拥有相应的资源和拥戴者,需要有魅力型的精英将各路精英整合成村落发展的领导力量。如果整合成功,全村目标趋向一致,人心齐,泰山移,村落发展规划就能落实。从外桐坞村来看,金建良是集政治精英和经济精英于一体的,而他的继任者不懂经营,也没有团结村落中的其他精英们来为村落集体经济发展出谋划策,盲目投资办厂,最终以失败告终。三是因地制宜,挖掘本土资源,发挥比较优势。村落有土地、物产、人力、信息等资源,因地制宜十分重要,要借助现有资源不断发展。金建良扩种龙井43,就是为了"人无我有""人有我优",增加农产品的竞争力,发挥本土资源优势,提高村集体经济能力。

(三)村落精英"复出"后村落秩序重构

村落精英"复出"是指金建良由上级政府指派回到村里主持工作,每天上午在村里上班,下午到龙坞镇城管办上班,村里和街道两边兼职。调离村子前,他担任村支书,自己并不愿意调往之江建设有限公司工作。调往乡镇后,金建良在公司做出了出众业绩,又被选调到龙坞镇建设科,成为国家公务员。村里被继任者搞得一塌糊涂后,在村民的强烈期盼、上级领导的要求下,他回到村里兼村支书记,主要是对村里的状况进行整顿,推动外桐坞村的发展走上正轨,并培养了一个接班人。

1. 村落政治秩序重建。

金建良回到村里后,先设定了若干短期发展目标,并对村落进行秩序重建、全面整顿,凝聚人心,扭转村落发展颓势,使其步入正常的发展轨道。秩序,原意是指有条理、有组织地安排各构成部分,以使其整体能够正常运转和达到良好的外观状态,是"无序"的相对面。秩序一般可分为自然秩序和社会秩序。自然秩序受自然规律支配,社会秩序是指人们在社会活动中形成且必须遵守的各种行为规则、道德规范、法律规章,由社会规则所构建和维系,通常表示动态有序平衡的社会状态。中国先哲们提出的"治",就是指社会处于有序状态,社会秩序得以维持;"乱"则指社会秩序遭到破坏或社会处于无序状态。霍布斯用社会契约论来解释社会秩序的起源:"独立的个人为摆脱'人自为战'的混乱状态,相互缔结契约,形成社会秩序。"[①] 社会秩序从类型上可分为政治秩序、经济秩序、伦理道德秩序、社会日常生活秩序等,从性质上有进步与落后、新与旧之分。经济秩序和政治秩序起决定作用,经济秩序决定着社会各类物质资源的控制、经济利益实现方式和分配,经济基础决定上层建筑,经济秩序决定政治秩序,二者背后最根本的还是利益问题。村落秩序的重建主要是经济秩序的重建和政治秩序的重建。

外桐坞村政治秩序的重建主要包括两个部分:打造强有力的村委领

---

① [英]霍布斯著:《利维坦》,黎思复、黎廷弼译,商务印书馆1985年版,第79页。

导班子和培养合适的接班人。因为好的领导班子和带头人是实现村落政治秩序稳定的核心与关键。

一个好的村委班子和带头人是一个村发展的最关键因素。一支干部队伍是否能干事，关键是班子建设得强不强，班子有无凝聚力。金建良回到村里，就力抓班子建设，不断提高班子的整体素质和执政能力，重建外桐坞村政治秩序。

金建良"复出"后，主持村落发展大局，负责前期整顿，仇维胜担当实际执行者，配合金建良的各项工作，使村落发展重新走向正轨。这个时期，村委班子重新调整，班子一般成员基本不动主要更换带头人，以保持村落秩序的稳定。与此同时，一个非干部权力集团悄然形成，他们是原村委退休干部杨成玉、娄绍法、经济精英仇华昌、老党员仇校根等，他们承担了对村委监督、表达村民利益等职能，在村落发展的关键时期起到重要作用。

金建良"复出"给自己定了两个任务：一是对村落进行整顿，二是培养接班人，要培养一个能够带领村民致富的带头人。当时在村委担任村长助理的张秀龙进入他的视野。张秀龙在村委班子里已经做了两年的村主任助理，对整个村落的情况比较熟悉，年纪轻，思路宽，脑子活，能力强，文化水平较高，有在外经商和跑出租的经历，具备担任村落带头人的必备素质。他本人也有从政的志向和大干一番的决心，这正如熊彼特笔下的"企业家精神"，它是实现发展创新的重要条件。金建良在征得村委老党员们同意后，有针对性地对张秀龙进行了培养。经过一段时间的实践锻炼后，金建良向村里和上级乡政府大力举荐张秀龙。2005年3月，张秀龙正式出任外桐坞村支部书记。

2. 村落经济秩序重建。

金建良对外桐坞村经济秩序的重建主要包括经济整顿和发展股份经济合作社。一是清理历史遗留问题，二是发展集体经济，开拓新的经济增长点。他让村里老党员、退休干部和熟悉财务工作的仇华昌牵头组建历史旧账清理小组，对村落的集体资产的现状、流失、欠账等进行了认真细致摸底清理，以重建整个村落的经济秩序。

访谈中，仇维胜说："金建良上台之后主要是清账理财。仇加昌时期搞得一塌糊涂。他回来主要是处理遗留问题，集体企业基本上都关闭掉了,将放出去的账款能收回来的就收回来,死账也通过村民代表大会商议进行冲账,没办法,钱反正要不回来,只能这样处理了。然后,我们再发展集体经济。在发展集体经济方面呢,一是租地,将旧的房子进行出租,我们村里以前有一批老的房子,将这些房子租给那些办企业的老板,房子以出租为主,我们村自己不办企业。这是为什么呢,因为村里办企业当老板是划不来的,老板发财,村里发呆,我们的经营头脑也比不过企业家啊。"

在发展村落经济方面,金建良突破老思路,不断寻找新的经济增长点。他积极响应上级号召,争创"省级卫生村"。这项工作是一项庞大的社会系统工程,他组织村委领导班子,通过宣传教育,使广大村民卫生意识提高,养成良好的卫生习惯,外桐坞村环境得到美化,讲究卫生的习惯蔚然成风,为创建省级卫生村打下扎实的基础。村落环境得到美化后,他加大招商引资力度,优化投资环境,完成石矿的复绿工程,为可开发利用的石矿场办理双证。整理现有房屋出租,对村落的闲置地块进行合理利用,加快了村落集体经济的发展。

股份经济合作社制度最早在广州一带兴起,让许多村落获益,为实现共同富裕起重要作用。20世纪初,沿海地区的许多村落相继发展了股份合作社经济,且大多数效益较好。2004年,西湖区发文要求有条件的村落发展股份合作社经济,而外桐坞村则成为龙坞乡镇的发展村股份合作社经济的第一个村。为此,金建良着手做了以下三项工作。(1)统一思想,明确方向。在过去的几年中,由于外桐坞村村委班子决策的失误,导致征地资金大量流失,经济连年滑坡,村民反映强烈,给村干部们敲响了警钟。经济合作社股份化改革是一条新路,大家联手、通力合作才能成大事。为了做好村干部和村民的思想工作,金建良带领村委班子召开各种层次的会议,反复分析,摆事实、讲道理。通过各种形式的宣传,使多数村民了解情况,认识到这样做的最终目的是为了大家的利益,是公平合理的。(2)搞好股份化改革。金建良意识到经济合作社股份化改革是顺民意、得民心的工作,必须抓住这一发展机遇。2003年11月,外桐坞村股份经济合作社股份化改革正式开始。先是结合本村的人口和经济、资产现状,把现有的人口归类分档,分别梳理了常住农业人口,常住农转非人口和1983年后顶职、转干、求学、城迁人口、婚迁人口及独生子女，为下一步股份配置打下基础。接着进入拟定章程、确定股份配置方案的关键阶段。它关系到每个村民的切身利益，必须在股份量化上尽量做到老、中、小基本合理，股份结构保持总体平衡。与此同时，认真展开了全面的资产核清工作，全面摸清了家底，使村民做到心中有数，为股本金及量化做好了准备。股权设置是在资产清核基础上，根据国家相关政策，结合村落实际，确定折股量化的范围、股权设置的类型。股权设置不设集体股，只设个人股。个人分为"基本股"、"土地股"和"农龄股"等三种。实际上，"基本股"为人口股，"农龄股"就是贡献股。股权设置好后进行股份量化。股份量化是股份合作制改革的核心环节，即把村集体经营性净资产量化给村民个人。（3）履行程序规范制度。根据市、区股份制改革文件精神，结合本村实际，经股份制改革筹备委员会领导小组及村民代表大会研究决定。每户推荐股份代表32人，为董事会、监事会成员的产生打好了基础。召开全体股民代表大会，进行董事会、监事会的选举。做好原村经济合作社的工商注册工作，办理好营业执照、税务等相关手续，拟定董事会资产管理责任制度，做好股权确认工作及股权证发放的准备工作。

外桐坞村股份制实施的直接缘起是为解决城市化面临的村落集体经济资源合理化配置问题。城市化步伐的加快，如何利用优势加快发展？如何做好收益的公平分配？撤村建居和"城中村"改制的社区，如何处置村级集体资产？实行农村股份化改革，把村民变成股民，把原集体的共有资产量化到股民，用股份方式和法律形式加以确定，采用合作社形式进行经营管理，收益按股份公平分配，有利于村民的长远利益，有利于村级合作经济健康、有序、快速发展，有利于实现农村城市化和农民现代化，最终实现共同富裕。

外桐坞村集体经济股份制改革的内在原因主要有：一是外桐坞的水田全部征完以后，可使用土地稀少，要实现收入增长，必须发展集体经济；二是解决集体资产产权明晰问题，调动积极性，增强集体经济活力；三是在城市化进程中，分散的农民是弱势群体，必须在村落精英的带领下，组织起来，迎接挑战。股份制改革，是发挥村落再组织的作用，使村落从分散走向"利益关联共同体"的"黏合剂"和载体，它在农村城市化进程中发挥了重要作用。

外桐坞村位于杭州西湖区近郊，伴随着城市外扩，农地被征用，农民非农化。在这一过程中，按照征地补偿安置标准，征地农民获得青苗补偿款与安置费，按照征地面积的标准，进行户口的农转居，并缴纳双低养老保险，大头的补偿款留作村落经济发展之用。因此，随着土地被征用，留村的人口越来越少，集体经济的资金越积越多。遗憾的是，因为当时村落带头人的错误决策，外桐坞村集体资产流失严重，到发展股份合作社时，可用资金只有78万元。这极大地刺激了农民保护既有利益的强烈冲动，农民要组织起来，发展明晰产权并与人人利益相关的股份合作经济。由于城市化的发展，土地征收、人员流动、户籍性质变化等原因，需要重新全面界定农村集体经济的组织成员，并将集体的所有固定和非固定资产与集体成员个人的关系进行量化和固化。

外桐坞村集体经济改制的过程分为四个部分，分别为资产清核、股权设置与股份量化、组织机构及其产生、收益分配划定。"通过实施村级股份经济合作制改革，明晰每一位村集体经济组织成员在村集体总资产中的权益，有利于消除集体成员对自身利益的后顾之忧，有利于凝聚力量推动改革。更重要的是，经过股份合作制改革后的村集体经济组织，明确了法人主体地位，能够向市场主体转变，能参与市场活动和竞争，打破城乡壁垒和地区分割，推进农村城市化的加速发展。"[①]

二 村落精英再生产与发展新机遇

中国传统社会的乡村治理，长期以来是"乡绅治理"，费孝通将其称为"双轨政治"。村落集体经济的发展将精英推上了历史舞台，许多村落精英是政治精英与经济精英的结合体，不少人成为"铁腕精英"。

（一）村落精英的再生产

村落精英大多是能人，有经济头脑、组织管理能力，办事讲求效率。他们是村支部书记、村主任，是发展集体经济的领导者，还是社区集体

---

① 芮黎明：《股份经济合作社——农村集体资产处置的途径探索》，《红旗文稿》2004年第14期。

经济股份合作社的董事长,在村落中有着极高的权威。村落里的党员通常是集体经济骨干,能参与村庄治理与集体经济发展。

"一方面,作为政府权力的基本延伸和代表,政治精英在负责管理和发展集体经济的同时,也为集体经济的发展获得政治上的支持。社区精英作为合作社的代表,同时也作为村民的一员,与村民们有着共同的利益关系,从而形成了明确的利益联盟。另一方面,村民们在社区精英的领导下实现自我管理、自我服务,并通过共有产权下维持了社区内生的秩序状态。改制以后,股东代表大会承担着领导联盟的职责,所以股东代表的资格、选举都有着严格而详尽的限制。因为,在熟人社会中,连带责任和信任感是社区精英行动的根本依据。社区与股份经济合作社领导及股东代表作为社区精英基于自身的利益、社区成员的利益及公共利益,对外完全承担起了利益代言人的角色。社区精英不仅维持社区经济、政治和社会结构的正常运转,也使整个社区成员集体的利益在改制过程中更趋向一致。"[1] 由此我们看到,村落集体经济改制的过程,不仅维护了村民的利益、村落的稳定和和谐,还实现了村落精英再生产。

对经济精英而言,他们有自身利益维护和村民经济利益实现的双重追求。经济人一切行动的出发点就是实现利益最大化,强烈渴求金钱财富,尤其是在那些经济发展水平较为落后的农村地区。把分散的农户组织起来,成立各种经济合作社,极大地降低了组织者和参与者的市场交易成本,提高了农产品的市场竞争力和抗击、规避市场风险的能力,提升了农产品的利润空间,实现组织成员的利益最大化。

政治精英作为组织的发起人、领导者,对村落组织的决策起了重要作用。而社会精英们的作用也不可小觑,他们同样在村股份合作社的组建、章程的制定、资产的测算、利益平衡及其监督机制建立方面发挥了十分重要的作用。他们作为组织运作的中介者,发挥着市场与农户、政府与农户、村落与农户的桥梁纽带作用。

"村落精英不仅是村民自治主体不可或缺的组成部分,同时也作为一种重要的治理资源存在。唯有当作为资源的村落精英在数量、质

---

[1] 郎晓波:《论城市化进程中农村集体经济改制的社区整合意义——基于对浙江省F村股份经济合作社的社区整合意义》,《农业经济问题》2009年第5期。

量上都有保证时，村级组织才会有充足的后备人才，广大村民才能从中优中挑选优挑选出德才兼备的村干部。而当前农村的现实是：传统型村落精英因宗族的没落而消失；因经济与人际关系优势而生的新兴精英又倾向于离开村落，这些新兴精英的眼界、见识、能力远高于一般农民，对于生活质量的要求也就比一般农民高，越来越衰败的农村显然无法满足他们的要求，于是他们便流向城镇。村落精英大量流失的后果就是农村基层组织、基层治理的弱化，由于没有充足的后备人才可供选择，留在村里的往往不是能力最强的，村民们难以通过选举寻找满意的带头人，村委会成员的选择面窄，有时实在没有办法只好勉为其难选出一个充数，这样不仅让村落政治陷入混乱，也伤害了农民参与民主选举的热情。"[1]

地方政府应当为村落精英的成长创造良好环境：一要出台精英人才激励的政策措施，促进农村人才集聚、新农村企业的成长；二要形成良好的社会舆论氛围，发挥社会舆论的导向功能，宣传村落精英的奉献精神和优秀品格，提升他们的荣誉感和社会责任感；三要健全精英人才的教育培训体系，不断提升村落精英的综合素质和能力。

（二）村落发展新机遇

城乡统筹是指城乡互动双赢、协调发展，工业反哺和支持农业、城市辐射和带动农村，是推动社会主义新农村建设的重要方略。"统筹城乡规划，整体推进城乡基础设施和社区建设，促进城乡建设一体化。按照优化城乡生产力和人口布局的要求，把城乡社区和基础设施作为一个整体进行规划和建设，充分发挥城市化龙头带动作用，着力形成中心城市、县城、中心镇、中心村一体化的规划建设体系。实施千村示范万村整治工程，积极推进城中村、城郊村和园中村改造，做好撤并小型村、拆除空心村、缩减自然村、建设中心村工作，加强移民新村建设，以中心村和示范村建设为重点，全面推进农村新社区建设。"[2]

---

[1] 任中平、敖翔：《困境与出路：城市化浪潮中的中国西部农村基层民主——以四川省为例》，《探索》2012年第2期。

[2] 顾益康：《统筹城乡发展，推进城乡一体化》，《浙江经济》2004年第11期。

外桐坞村于2004年成立了社区股份经济合作社，通过共同的利益关联将村民们组织起来，它自然也就成为城市化和市场化背景下推动外桐坞村经济发展的载体和着力点。股份经济合作社的领导核心成员是村委班子成员，以党支部书记兼任董事长形式存在，通过股份经济合作社的集体运作来实现整个村落的政治、经济和社会各方面的运行和发展。同时，合作社作为一种集体经济组织形式，也必然要在监委会的监督下运作，董事会的决策和决定自然也就受到监委会的监督和制约。

股份经济合作社到2005年底要进行收益分配，但按照股份经济合作社的条约，股份合作社只有在盈利的情况下，才能实行分红。2005年，外桐坞村的集体可用资金为78万元，但村里支出为100多万元，属于亏损状态，无法分红。监委会提出：既然是村里的集体资产，有固定资产的盈利性收入，那么村里就必须实行分红。村里的可用资金是房租收入，是村公共资产盈利，收益必定要分给老百姓，不能因为村里支出大于收入，就不实行分红。监委会提出要分红，为老百姓办事，不能让干部以权谋私，给新上任的村干部施加压力。

2005年5月，以张秀龙为村支书的新班子正式履职，与村主任仇维胜一起，形成新的领导班子。上任伊始，他们就遇到了村集体收益分红的风波。访谈中，仇华昌回忆说："张书记上台的时候只有78万资金了，我们搞股份制时，我跟街道说39万的钱我们老百姓要分掉，39万用来办公。我们当时几个老同志顶牢的。当时虽然政策没有明确要求，我说不管谁当书记，我这个78万中39万要分给老百姓，39万再由你们自己去分。股份经济合作社是上面要求办的，但是没有明确规定老百姓一定要分钱的。我们外桐坞是龙坞乡第一个分红的村。"在村集体收不抵支的情况下要求分红，监委会是想为老百姓办事，让村民的知情权、参与权、表达权和监督权在一定程度上得到保障，努力限制干部以权谋私，同时，也给新上任的村干部施加压力。

张秀龙经过权衡，接受了监委会的提议，成立了龙坞镇第一个在收不抵支情况下分红的股份制经济合作社。张秀龙认为，老百姓没有收益，就不会配合村里的工作，新上任的村干部也是难以开展工作的。要真正取信于民，就要脚踏实地为村民办实事，让村民真正得到实惠，因为村民最讲求实际。从分红过程可知，是通过压缩村集体开支来维护村民的利益。张秀龙说："我当时是这样想的，宁可村里的开支节约一点，也要让村民享受到实惠，相信我们是在为你们做事情。自从第一年分红了以后，我们第二年、第三年一直到现在，我们都没有间断过。这么多年我们的经济产业一直发展得很好，福利呢我们一年比一年好。像老年费啊，奖学金啊，煤气补助啊，都是在我们现有的班子里面设起来的。取信于民以后呢，我们从 2005 年开始，做任何一件事情都特别顺利。因为村民相信你做任何一件事情都是为我们服务的。就我们龙坞镇来讲的话，11 个行政村，我们外桐坞的集体产业是最多的。"

在张秀龙的领导下，外桐坞村有了第一次分红，而且随着村集体经济增长，之后年年分红，收益不断增多，张秀龙的威信也树立起来了。他对村内的土地资源和村里闲置的厂房进行有效利用和增值，以加强村内闲置资源的整合，提高土地资源利用率。通过搞拆分出租与厂房压缩利用，2006 年，外桐坞村的集体收入一下子就增加了 30 多万元。张秀龙的"取信于民"为他积累了第一笔政治资本和社会资本，或者可以说是从"权力向权威的转化"。权力是一种控制力，带有支配性、强制性、扩张性；权威是一种影响力，主要特征是高度认同、自愿服从。由这次分红让上级政府看到了他的魄力和胆识，让村民看到了他为百姓做事的决心和带领村落发展的信心，为基层治理奠定了重要基础。

（三）示范村的打造

在张秀龙的领导下，通过全盘筹划和努力，申请到了城乡统筹与新农村建设的村落整治工程和背街小巷工程。通过这两项改建工程实施，极大地改善了村落的硬件设施，为今后的村落经济、社会发展铺设了良好的发展台阶。

2005 年，外桐坞村的"百村示范、千村整治"工程申请成功，成为杭州市的示范村。"百村示范、千村整治"工程是杭州市委市政府推进城乡统筹发展，加快农业农村现代化进程的新农村建设工程。"按照统筹城乡经济社会发展的要求，以村落规划为龙头，以改善农村生产生活条件为重点，从治理脏、乱、差、散入手，加大村落整治力度，加强农村基础设施建设,加快发展农村社会事业,使全市农村的面貌有一个明显改变。"① 张秀龙通过这个项目,把村里所有的道路和房屋环境都整治了一遍,甚至保存了10年、20年的堆积杂物都进行了清理。整个村里得到了绿化,公共空间得到美化,村落环境改善了,居民生活品质提升了,2004年被命名为省卫生村,2009年被重新确认,从而为后来的艺术村落建设打下了良好的基础。

杭州市政府为改善城市社区面貌而实施背街小巷改造工程,也为村落的硬件设施的改善提供了发展机遇。杭州在大规模城市亮化和美化工程后,发现漂亮的广场和宽阔的大路后面,仍然有垃圾成堆、污水横流、路灯不明、道路难行的"城市角落"。为提升背街小巷的人居环境,2004年杭州市政府将背街小巷改造工程列为为民办实事的10件事之首,用3年时间,共投入3亿多元资金来改造1500多条背街小巷。外桐坞村的为背街小巷改造工程主要做了道路硬化、路灯亮化、自来水管网整改和娱乐休闲设施建造等工作。通过自上而下的政治任务执行与自下而上的民意诉求回应的相互贯通,提升了村落的政治生活品质和村落民意的聚合力。

三 精英转型:村落变迁中的特色凝练

外桐坞村的屋租经济与中国美术学院艺术家的进村入驻,一个村落精英苦苦寻找村落发展新路和城市高房价下艺术家寻找新创作点的做法不谋而合。"2007年下半年,一批崭新的农居建好了,张秀龙正琢磨如何招租,恰好遇到几位中国美术学院的教授来村里采风,他们一眼便相中了改造后的农居,便向张秀龙提出租用做艺术工作室的想法。这个送上门的好机会一下打开了张秀龙的思路:外桐坞村毗邻中国美院,风景秀丽,茶文化源远流长,何不借此打造一个艺术村庄呢?这个改变村庄发展道路的想法很快得到其他村干部和160位村民代表的赞同。"②

---

① 参见《关于实施"千村示范、万村整治"工程的通知》[浙委办(2003)26号]。
② 彭瑶:《艺术村庄的雕刻师》,《农民日报》2012年12月6日。

(一) 催生村落的"艺术经济"

2007年,美院有20多位老师相继入住到改造好的茶叶公房里,成立了外桐坞村的第一座"艺术公社",这是第一批艺术家进村入驻。在这个将近2000平方米的艺术公社里,艺术家们将这些房子分隔成大小各异的20多个房间,每个人都有独立创作的空间。他们的入驻给外桐坞村增添了别样的艺术氛围,同时也启发了张秀龙村落发展的新思路。他认为外桐坞村位于杭州市郊,临近中国美院,肯定还会有更多的艺术家需要这样的创作环境,何不以此为契机,带动村里的文创产业发展?在首批艺术家入驻后,张秀龙陆续收回原做他用的出租公房,并进行类似"SOHO"酒吧式的修缮与改造,只引进文化创意产业,形成艺术产业链。

越来越多的艺术家入驻,让村落艺术氛围渐浓,声名远扬,陆续有政府领导来调研。2009年,时任杭州市长蔡奇认为可以在美院周边打造一个"艺术村落",既缓解美院房源不足的问题,又能带动周边农村的发展。随后,他到外桐坞村调研后,建议有关部门加大对外桐坞的资金投入与政策支持,打造特色化"艺术村落"。"如今,在这小小的村落里,名家艺术工作室已达50家,国画、油画、雕塑、陶艺、摄影……各种艺术形式异彩纷呈,还建成1000平方米的艺术品展览中心。日益完善的基础设施和服务配套正不断吸引着越来越多的艺术家和艺术品商户前来考察并洽谈合作。杭州市品质生活体验点、杭州市风情小镇、新农村示范村……外桐坞村正不断赢得赞誉。"[1] 张秀龙的文创产业发展思路得益于靠近杭州市区和中国美院的"辐射效应"。产生"辐射效应"的中心地区或者部门被称作经济增长极。法国经济学家弗郎索瓦·佩鲁认为:"发生支配效应的经济空间可以被看作为力场,位于力场中的推进性单元则可被描述为增长极。它通过不同的渠道来向外扩散,从而对整体经济产生不同的影响。"[2] 张秀龙开始向上级寻求资金支持,为"艺术村落"的发

---

[1] 彭瑶:《艺术村庄的雕刻师》,《农民日报》2012年12月6日。
[2] [法] 弗朗索瓦·佩鲁:《新发展观》,张宁、丰子义译,华夏出版社1987年版,第184—185页。

展打造配套的硬件设施和环境。

（二）创建"风情小镇"和打造"画外·桐坞"

2009年11月，杭州市政府提出要通过一到两年的努力，创建10个左右的市级"风情小镇"。风情小镇建设的标准则为"四个宜"：宜居、宜业、宜游和宜文。外桐坞村幸运地获得了"风情小镇"创建的机会。外桐坞村发展艺术村落有两大优势。一是自然资源独特。外桐坞村落被群山包围，整个村落很幽静，楼房白墙黛瓦，渗透着浓重的江南特色和历史韵味。二是房屋资源丰富，可出租房屋面积为30000平方米。要让艺术产业成为其支柱产业，还需要有艺术特色配套设施的建设，以吸引更多的艺术家入驻。2010年10月，"风情小镇"建设全面铺开以后，在短短的一年时间内，进行了70个项目的建设，包括建公园、建停车场、建绿化、上改下、截污纳管、道路整治、环境整治，完成了80多户农居屋的立面改造，顺利实现了有限开园，期间没有发生一起吵架斗殴，没出现一次信访事件，充分显示了村两委班子的战斗力和凝聚力，村落精英在村落发展中的引领作用彰显。

"风情小镇"创建工作是一项系统工程。外桐坞村克服时间紧、交叉施工难度大、设计单位调整等困难，全面铺开"风情小镇"建设。环境综合整治中，拆迁农户房屋45处、建筑总面积5050平方米，改扩建房屋580平方米，完成立面改造17000平方米、内装饰8500平方米，引导农户立面改造30000余平方米，铺设石材路面320余米，改造线路3000余米，移除电杆70余根，铺设污水管道、自来水管道2000余米，确保"风情小镇"按时开园。在外桐坞"风情小镇"被纳入到中国美院国家大学创意园后，又开始着重打造"画外·桐坞"品牌。

"风情小镇"的创建和"画外·桐坞"的打造，与村落精英的思路、设计、布局和落实密不可分。带头人前瞻性的独到眼光，对文化创意产业这一新兴产业的敏锐视角，体现出来的市场发掘能力、组织协调能力和资源利用的能力。"风情小镇"创建是一个长期的、系统工程，在短短一年时间内要完成上百项目，带领80多家农户进行外立面的改造工程，并利用社会力量共同参与风情小镇的打造工作，显示村落精英们特别是村支书张秀龙极高的组织协调能力。在创建过程中，涉及各种土地转换和房屋纠纷化解问题，但都没有发生大的矛盾和冲突，这也足以证明张秀龙带领的领导班子坚强的战斗力。"风情小镇"的成功申请以及创建过程中的各种资金的解决，充分体现了他的资源利用能力，利用上级反映渠道和蔡奇市长对"艺术村落"的调研所积累的政治资本来为其创建过程遇到的困难寻找解决良策。

（三）精英角色转换与村落转型

一个村落的发展总是受到其所属区域发展的影响，这种影响既有正面的，亦有负面的。区域对村落发展的辐射性影响总是外部的。在外部影响和支持下发展起来的村落通常先是"外向依赖型"的发展，他们通常需要依赖外部资源和能量的注入，往往这种发展不可持续性。一个村落要想获得可持续性的发展，必须增强他的内生动力，实现内生发展。

村落实现内生发展需要支撑条件。陆学艺认为："农村基层组织的外生权力和村落内生权力两者的有机结合，才能实现村落的内生发展，内生模式或许是中国农村发展的理想形态。"[1] 外桐坞村的"艺术村落"吸引了越来越多的艺术家入驻以及其他文创产业也相继入驻，带动了村里四大块经济的发展，为村里创造了巨大的经济效益。第一，村里的屋租市场获得空前发展。村集体的土地和房屋出租，能够增加村里的集体经济收入。村民的房屋出租，能够增加村民的财产性收入。这属于风险系数很小的安全型经济。第二，传统的茶叶经济得以提升。外桐坞村属于国家龙井茶二级保护区，茶叶种植是农民收入的主要来源之一。第三，村里的劳动就业市场扩大。艺术家们入驻，增加了村里的劳动就业机会，部分村民又多了一份收入。第四，带动村落的三产经济开始发展。随着艺术家的相继入驻，艺术经济和旅游经济开始发展，超市、餐饮店、咖啡馆、旅店等会随着市场需求的增加而增加。旅游也会带动更多的外来人口消费，促进了村里的服务业、餐饮产业、商贸经济的发展，增加了农民的收入。

城市化发展背景下，村落要想增强内生发展动力，首先要充分利

---

[1] 陆学艺：《内发的村庄》，社会科学文献出版社2001年版，第9页。

用本土资源、以人为本，通过产业内生发展和借助城乡内生发展来实现村落的整体发展；其次，要大力培育和提升村落的内生发展能力，促进村落经济增长方式的转变。村落内生发展能力的提升，关键在于村落内生发展力量主体，其中最重要的就是村落内部的带头人及其带领下的村民。外桐坞村艺术经济的发展是从外向依赖型向内生主动型发展转变的典型。"风情小镇"项目的建设给外桐坞村的艺术和旅游经济发展打下了坚实的硬件基础，带动了外桐坞村屋租市场和文创产业的大力发展，这与政府的外在大力支持密不可分外，也与外桐坞村有内生发展的驱动力、有独特的艺术产业发展和有着高度战略企业家眼光的村落带头人密切关系。他通过艺术产业发展的主线，带动外桐坞村的屋租市场、茶叶市场、三产服务经济和商贸旅游经济的全面发展。与此同时他们不断完善村政功能，培育和提升村民的市场化意识和环境保护意识，增强整个村落的凝聚力，实现了区域内生发展的经济、社会和环境效益。

张秀龙曾描述村落未来蓝图："我想打造一个江南地区的798艺术区。但是我们外桐坞村集体产权的房屋都已租给艺术家，可利用空间已经很少，业态也相对单一，所以我打算做一个'大桐坞'概念，不仅把我们外桐坞村打造成'画外·桐坞'，还要争取把临近的里桐坞村也联合起来，打造成'梦里·桐坞'。我不仅希望村民的钱袋子鼓起来，更希望在艺术氛围熏陶中，让村民们也能写几笔毛笔字，画一幅简单的画，让孩子们从小就能得到艺术修养的培养。张秀龙认为自己这辈子当不了艺术家，但建设好自己的家乡，就是自己这辈子最好的作品。"[①]

外桐坞村虽然在经济总量上不如"超级村落"，但它却产生了三种辐射性影响：一定整体可行的示范效应、资源吸纳消化效应和培植带动效应。外桐坞村的"艺术经济"发展之路对其他村落具有示范效应，更重要的是，外桐坞村具有资源吸纳消化和培植带动的能力。这个村属于小型村落，总面积共130公顷。在"画外·桐坞"一期项目完工后，村子里的集体产权房屋已全部出租，村里的空闲土地和可利用的土地均已出

---

① 彭瑶：《艺术村庄的雕刻师》，《农民日报》2012年12月6日。

租,总共只有160户左右的农户,现有50户左右的房屋已出租给艺术家们,村子可利用的屋租资源已日趋紧张,而文创产业市场在不断发展和扩大。外桐坞与里桐坞相邻,自然条件相似,且里桐坞村落比外桐坞大出许多。通过外桐坞的艺术经济辐射效应,将里桐坞联合起来,形成"大桐坞"的概念,打造一个"梦里·桐坞"。这样,既能够为"画外·桐坞"的艺术经济和旅游经济的发展创造更多的空间,也能够带动周围更多村落的一起发展。

(四) 企业家精神与村落艺术经济

"画外·桐坞"的打造和"梦里·桐坞"的设想显示了张秀龙独具的企业家眼光、强大的市场开拓能力和勇于创新的精神,这正是熊彼特笔下的"企业家精神"。熊彼特在《经济发展理论》一书中明确提出"企业家精神"就是"创新精神",他认为这是影响经济增长最主要的非经济性因素。熊彼特曾描述企业家的形象:有市场眼光,能够看到市场潜在或者未来的商业利润;有经营胆略和富有开拓精神,敢于冒一定的风险来获取可能的市场利润;有经营能力,擅长动员和组织各种资源,并将生产条件和生产要素的实行重新组合,最终获取市场和经营利润;企业家最关键的投入是他的想象力和能力,而非他的管理能力,因此企业家必须是富于幻想的。[①] 熊彼特认为,作为"创新"活动主体的企业家,必须具备敢于创新、坚持创新、不断创新的想象力和能量,同时还必须具有获得成功的强烈愿望。

外桐坞村的张秀龙就是一位具有企业家精神的村落精英。他根据外桐坞所处的地理环境、自然条件和社会经济发展基础,毅然带领村民们走文创产业发展之路,而不像周围村落一样发展农家乐、乡村旅游,这是熊彼特笔下的"创新",社会学意义上的"非常规行动"。在明确走艺术经济发展之路前,张秀龙对村里的集体土地、房产资源进行了重新组合,挖掘其中的利润空间,大大提升了村落的集体经济收入,经过一系列的组合拳,走上与众不同的艺术经济之路。

[①] M. Keney, Schum Peter, "Innovation Theory and Enterpriser in Capitalst Society". Science of Science, 1989, 4.

四 从保护人到企业家：角色演变的内在逻辑[①]

关于村落精英角色演变问题，是中国村落社会研究的重要议题之一。其研究的主要目的是为了探究这一阶层在乡村权力运作和乡村社会秩序维护过程中扮演的是何种角色以及在乡村治理过程中到底起着什么样的作用。我们通过梳理不同历史时期村落精英的角色演变历程，挖掘隐藏其背后的内在逻辑和演变规律。

（一）村落精英的角色演变历程

1. 士绅社会范式下的村落精英：社区保护人、国家经纪人。[②]

传统乡土社会的村落精英被称作士绅，通常由大家庭的族长、村中有威望的知识分子、告老还乡的官员以及家中具有雄厚经济实力和地方权势的人组成。传统乡土社会属于封闭型社会结构，皇权止于县，士绅精英在乡村社会治理中扮演着极其重要的角色。费孝通认为中国传统社会具有"双轨政治"的性质，士绅是中国传统的国家与社会的缓冲层。[③]萧公权认为士绅社会阶层不仅是承办社区公共项目建设的公益人士，还具有阻止地方政权对地方利益的掠夺和贪污的"保护人"的角色功能。[④]张仲礼肯定了士绅在乡村社会管理中的作用，[⑤]瞿同祖探讨了士绅集团对地方政治的参与和影响。[⑥]

上述学者基本上持"地方士绅在国家与乡村社区之间充当地方利益保护人角色"的观点。黄宗智认为国民党时期的乡保、士绅不再是乡村

[①] 莫艳清：《从保护人到企业家：乡村精英的角色演变及内在逻辑》，《温州大学学报》2016年第2期。

[②] 同上。

[③] 费孝通：《乡土中国》，生活·读书·新知三联书店2013年版。

[④] Hsian, Kung-chuan, *Rural China: Imperial Control in the nineteenth Century*, Seattle University of ashington Press, 1967, p.317.

[⑤] ［美］张仲礼：《中国绅士：关于其在19世纪中国社会中作用的研究》，李荣昌译，上海社会科学院出版社1991年版，第48—68页。

[⑥] 瞿同祖：《清代地方政府》，法律出版社2011年版，第168—192页。

社会的保护人,他们实际上是傍借政府势力进行民脂民膏的土豪劣绅。①王福明的研究结论基本印证了黄宗智的发现。② 与上述两种观点不同,部分学者持中间态度,认为士绅角色具有双重特性。佐伯富认为,地方人物既是乡村社会利益代表的保护人,又是政府的下层吏役。③ 杜赞奇提出了"国家经纪人"概念,认为地方士绅角色在国家力量与地方自治力量两者此消彼长的情况下,呈现出不同特征。在国家力量对地方渗透度低的情况下,具有高度自治性质的乡土社会中,其士绅更多的是地方利益的代言人,即"庇护型的国家经纪人";但随着国家现代化进程的推进,国家力量对地方社会的控制不断加强,为了汲取财源,劣绅取代了士绅,其角色更多是具有国家利益代理人的色彩,即"掠夺型的国家经纪人"。④

本研究比较赞同杜赞奇提出的"国家经纪人"理论。因为,不论是乡村社会的保护人,还是傍借政府势力进行民脂民膏的土豪劣绅,村落精英实际上都担任着国家经纪人角色。只不过在皇权止于县的乡村自治时期,他们在担任国家经纪人的同时,为了自身或者整个家族的地位、利益和名声,他们起着一定的保护乡村社会的作用,所以又担任着保护人的角色,即"庇护型的国家经纪人"。随着国家力量对乡村社会控制的不断加强,由于动乱的社会和不受管控的权力,他们在担任国家经纪人角色的同时,为了自身的私利而变成对乡民进行搜刮掠夺的土豪劣绅,即"掠夺型的国家经纪人"。

2. 国家—农民范式下的村落精英:国家代理人⑤。

土改运动对乡村社会精英进行了彻底的洗牌。建国后短暂复兴的宗教精英、文化精英等乡绅,被以贫下中农积极分子为骨干的新兴精英所取代,并与新的政治体系建立起紧密牢固的联系。这个时期的新兴精英以国家代理人的角色和方式实现了对乡村社会权力的垄断。人民公社体

---

① 黄宗智:《华北的小农经济与社会变迁》,中华书局2004年版,第37—51页。
② 王福明:《乡与村的社会结构》,从翰香主编:《近代冀鲁豫乡村》,中国社会科学出版社1995年版,第152—164页。
③ [日]佐伯富:《清代的乡约与地保》,《东方学》1964年第28期,第78—89页。
④ [美]杜赞奇:《文化、权力与国家——1900年到1942年的华北农村》,王福明译,江苏人民出版社1994年版,第37—51页。
⑤ 莫艳清:《从保护人到企业家:乡村精英的角色演变及内在逻辑》,《温州大学学报》2016年第2期。

制建立后，资源迅速集中到国家手中，而新兴精英则是村落的代理掌控者，他们是集政治、经济和社会资源为一体的全能型精英。由于国家控制着一切，农村社会不存在相对于国家之外的社会、经济力量，宗教权威和传统权威时代的乡土文化精英也就在人民公社体制的变革中一并消失了。新兴的、代表国家和地方权威的政治精英成为乡村精英的唯一载体。他们是国家政权在乡村社会培育的代言人，属于国家层级控制主体序列。他们的话就是国家和政府意志的体现，是国家政权在村落里的"代理人"。[1]

3. 国家—社会范式下的村落精英：中介人、企业家[2]。

随着人民公社体制的瓦解，国家政治权力开始收缩，以国家意识形态为导向的控制手段也已崩溃，国家利益的代言人——村落的全能型政治精英开始收缩，意味着乡村社会的自治性增强了。奥伊认为这个时期的中国村干部开始转变成国家与村民"中介人"的角色，他们既要满足国家利益，执行上级命令，又要保护村民利益并实现个人利益，使得中国的乡村社会政治依然具有一种庇护主义特征。[3] 王思斌认为村干部处在官、民两个系统的边际位置，担当中介者的角色，具有"边际人"的特征。[4] 吴毅也指出了转型期乡村干部角色的双重边缘化特征。[5] 这三位学者的观点实际上都反映了人民公社体制瓦解初期的村干部担当着国家与农民的中介人的角色，具有双重边缘性特征。

随着改革开放的深入，农村中出现了大批的经济精英，他们对社区经济的发展具有示范、导向与带动作用，即所谓的"能人经济"或"精英经济"现象。随着村民自治制度的实施，部分经济精英凭借其经济实力和在村中积累的资源，通过影响干部决策和参与选举的方式，逐渐参

---

[1] 宿胜军：《从"保护人"到"承包人"》，参见杨善华、王思斌《社会转型：北京大学青年学者的探索》，社会科学文献出版社2002年版，第111—126页。

[2] 莫艳清：《从保护人到企业家：乡村精英的角色演变及内在逻辑》，《温州大学学报》2016年第2期。

[3] Oi, Jean C. "The Fate of the Collective after the Commue", in Chinese Society on the Eve Tiananmen: The Impact of Reform, edited by Debovah Davis and Ezra F. Vogel, Published by the Council on the East Asia Studies/Harvard University, 1990, p. 112 – 125.

[4] 王思斌：《村干部的边际地位与行为分析》，《社会学研究》1991年第4期。

[5] 吴毅：《人民公社时期农村政治稳定形态及其效应》，《天津社会科学》1997年第5期。

与到乡村权力角逐中，乡村社会进而出现"能人政治"现象。从"经济精英"转向"政治精英"的村干部，一方面有可能成为乡村经济发展的内在驱动力，另一方面也有可能使他们通过政治权力来攫取乡村经济资源，从而导致转型期乡村干部腐败现象的产生。

实际上，不论是从"经济精英"转向"政治精英"的村干部，还是从原有的"政治精英"为满足村庄发展的需求而转变成"经济精英"与"政治精英"兼具的村干部，他们要想在市场化背景下实现村庄的巨大发展，必须具有熊彼特笔下的"企业家"素质和"企业家"精神。在许多经济转型成功的超级村庄，村党支部书记往往又是村庄巨型集团公司的董事长，他们将整个村庄作为一个公司来经营，通过实施一系列"创新行动"推动了整个村落的发展，在村庄发展的实践中转变成了党政经一体的"铁腕精英"。珠三角、长三角沿海一带许多发达的村庄都有此现象，实际上，这也是现代化、城市化转型期的一种特殊现象。正如孙立平所言，在中国社会转型的过程中，由于社会结构高度不分化，使资本也具有高度不分化特征，因此，中国社会存在着一个垄断者政治资本、经济资本和文化资本等不分化资本的"总体性精英"。[①] 这种"铁腕精英"现象在社会转型期的农村具有积极的意义。

（二）村落精英角色演变的内在逻辑[②]

1. 村落精英角色特征的决定性变量。

宿胜军曾指出：国家权力、市场化进程、村落的社会整合程度是影响乡村精英角色特征的三大主要变量。其中，国家政权的干预力度是主导性变量，其余两个变量则要受其控制。[③] 对此，我们有不同看法：国家政权的干预力度不如说是国家权力对乡村社会的渗透程度，它有一套常规的运作机制来操作；市场化、城市化进程是国家主导的，其实应当视作国家权力或政治命令的一部分。第三个影响变量，与其说是村落的社

---

① 孙立平：《总体性资本与转型期精英形成》，《浙江学刊》2002年第3期。
② 莫艳清：《从保护人到企业家：乡村精英的角色演变及内在逻辑》，《温州大学学报》2016年第2期。
③ 宿胜军：《从"保护人"到"承包人"》，参见杨善华、王思斌《社会转型：北京大学青年学者的探索》，社会科学文献出版社2002年版，第111—126页。

会整合程度,不如说是村落的组织方式。前现代化时期的中国乡村社会基本上属于自组织状态,土改后由国家强力组织在一起,改革开放后二者有机结合了。村民自治制度的推行经由国家制度来实现,村落组织方式实际上就体现了村落精英的合法性来源,村支书和村主任就是这两种力量相互作用的产物。另外,村落精英的角色特征与他们的自身利益是紧密相连的。根据韦伯的社会行动论,社区精英作为一个理性的行动者,他们行动的最终目的是追求效用的最大化,就是对经济利益、政治利益和社会利益追求的最大化。张静认为,如果只强调地方精英人士的社会责任,仅从制度和道德层面要求其奉献,而忽视其个人利益,会难以激发人们为地方共同体作贡献的积极性。[1] 随着市场化和城市化的大规模推进,在村落自身利益会大量扩展的同时,个人利益本位化意识也会随之强化。那么,作为国家与社区公共产品的社区权力,也自然地转化为社区掌权者个人社会资本的组成部分。因此,村落精英既有带领村民致富、促进村落发展的责任义务,也有促进村落利益扩展时保证个人利益实现的动机与诉求,这也许并不太"高尚",但却是当下精英治理下的村落发展变迁的一大驱动力。

2. 村落精英角色变迁的内在逻辑。

在前现代化时期,国家政权对乡村社会的渗透程度低,市场化、城市化进程慢,整个乡村社会处于一种自组织状态,乡村社区整合程度高,村落精英承担着保护村落整体利益的责任和义务,尽力维护着社会利益,充当"保护人"的角色。人民公社体制建立起来后,国家政权全面渗透到乡村基层社会,村落精英则承担着全面管理乡村基层事务的职责,追求政治利益,实现政治抱负,忠诚地充当着国家"代理人"的角色。改革开放初期,国家权力从乡村基层社区大幅度收缩,村干部的权力也回归到原位,分田到户制度将村中的主要经济资源瓜分殆尽,宗教精英、宗族精英开始复兴,村干部仅担任着政治精英的角色,掌握着村落的政治资源。[2] 随着市场化、城市化进程的加速,村落社区的整合程度降低,

---

[1] 张静:《基层政权:乡村制度诸问题》,上海人民出版社2007年版,第24页。
[2] 宿胜军:《从"保护人"到"承包人"》,参见杨善华、王思斌《社会转型:北京大学青年学者的探索》,社会科学文献出版社2002年版,第111—126页。

国家进一步放权于民，村落精英角色与其个人利益紧密相连，一些村落精英截留了国家下放给基层群众的部分权力，有了追求私利的"承包人"角色特征。同时，村落精英要通过社会声望来获得政治地位的提升。因为村落精英通常是土生土长的当地居民，他们和村民有着这样或那样的亲戚或者朋友关系，他们的社会利益已经嵌入到所在村落的文化圈和日常生活中。人际网络越紧密，名声或面子对村干部来说就越重要，他们越会积极运用资源来满足村民需要和改善村落福利，通常他们不会因优先上级的任务而损害村民的利益。[1] 国家的新农村建设、新型城镇化战略，都将带领村民致富、实现村落发展作为村干部的首要任务，村干部需要利用各种政治资源、经济资源、文化资源和社会资本，于是大量"铁腕精英"应运而生。

（三）村落精英角色演变及精英治理的启示[2]

从上述分析，我们可以清晰地看到村落精英的角色演变轨迹：社区保护人—国家经纪人—国家代理人—中介人—企业家。这背后的决定性自变量主要有四个：国家力量对乡村社会的渗透程度、乡村市场化和城市化进程、乡村社会的组织方式和个人利益诉求。村落精英的角色特征随着这四个自变量相互力量对比的变化而发生相应的变化。其中，主导型变量是国家力量对乡村社会的渗透程度，国家力量对乡村社会的渗透程度和渗透方式都需要与乡村社会的发展实际相结合。综观村落精英角色演变，结合当下的村庄治理，我们得出如下启示：一是理性看待精英治村的效力；二是充分认识个体化趋势下的村治难题；三是激发精英治村的内在动力；四是优化村落精英的生长环境。

第一，理性看待精英治村的效力。精英治村的现象在中国农村社会中普遍存在，其中在沿海发达地区的浙江农村尤其如此。然而，学者们对精英治村这一治理模式却褒贬不一。一些学者认为，精英治村是村庄

---

[1] 任轶：《政治精英在村庄治理中的角色：一种比较发展的视角》，《南京社会科学》2013年第9期。

[2] 莫艳清：《从保护人到企业家：乡村精英的角色演变及内在逻辑》，《温州大学学报》2016年第2期。

民主生长的基点，有利于为村庄提供公共服务和村庄的经济发展；而另一些学者则认为，精英治村虽然可能在短期内促进村庄的发展，但却排斥了村庄的其他阶层，造成了不平等性，并且它压缩了村庄基层民主生长的空间，从而不利于村庄的治理和发展。我们认为：精英治村这一治理模式在现实中已有许多成功的案例，如外桐坞村的张秀龙就是一个集政治精英、经济精英于一体的精英典型，在他的带领下，风情小镇和"画外·桐坞"创建工作如火如荼，村庄旧貌换新颜，赢得村民的信赖，凝聚力日增。但是，在许多个体化盛行的村庄，精英治村是否可以改变村庄目前的治理困境呢？精英是否有能力进行有效治理？当然，这是一个经验性的问题，而不是一个理论性问题，对问题的解答应当立足于具体的经验资料来进行，而不是纯粹地基于理论思辨。不过，在另一些村庄如老鼠嘴村，精英治村这一模式的治理效力是非常有限的，主要的原因在于村庄中的精英往往就是村民违法乱建行为的先行者。同时，如果精英治村真的成为了一个普遍的治理模式的话，那么由于其内在的固有缺陷，国家有必要在法律和道德规范等层面上来约束富人作为村干部的行为，只有如此，才能为精英治村这一治理模式提供法律上的合法性和道德上的道义性。

第二，充分认识个体化趋势下的村治难题。伴随着城市化进程，农村出现个体化现象，乡村治理困难加大。在传统的农村社会当中，原有的社会关系网络和文化习俗等非正式制度在乡村的治理过程中有着十分重要的作用。如温莹莹在对 T 村公共物品供给的研究时就曾指出："非正式制度对于人们日常生活的重要性不仅仅在于对正式制度的补充，更重要的是当社会中正式制度缺失或作用薄弱的时候，非正式制度极有可能直接替代正式制度，发挥其社会制约及整合的功能。"[1] 作为"头家轮流制"、特有习俗惯例的非正式制度，在促进修建水泥村道等公共物品的自我供给起了积极有效的作用。然而，随着农村个体化进程的不断深入，原有乡村的社会关系网络和文化习俗等非正式制度不断式微与解体，在乡村治理过程中的功能也逐渐衰落。在老鼠嘴村，由于村民们越来越考

---

[1] 温莹莹：《非正式制度与村庄公共物品供给——T 村个案研究》，《社会学研究》2013 年第 1 期。

虑自己及其家庭的利益，而缺乏对村庄公共利益的足够关注，由于修路会损害村民的私人利益，所以修路工程举步维艰；村里的环境整治、公共空间等公共物品的提供也同样无法实现；在农村纠纷的解决方面，关系网络等非正式制度的功能也逐渐萎缩。陆益龙和杨敏曾通过定量化的研究手段，探讨了后乡土中国的纠纷及其解决机制问题，其研究结果显示：虽然乡土社会有着重人情、重关系的传统，但关系网络和关系资源对乡村纠纷过程的影响却并不显著。"从乡村纠纷过程来看，纠纷解决机制已经具有了明显的后乡土性特征，乡村纠纷解决或秩序构成机制已经从乡土性向后乡土性转型，从礼俗化转向行政化和法制化。"[①] 由于当今村民人际关系呈现出理性化、自私化、陌生化等趋势，村民在盖楼房中出现大量的冲突纠纷且始终得不到有效解决。

人际关系的变化也导致乡村治理困境。在现代的农村社会中，村民们认为自己的利益才是最重要的事情，已经没有兴趣和动力来关注村庄公共利益和参与村庄公共事务，他们不需要为村庄的公共利益和社会义务负任何责任，这些都是村干部们要干的事情。正如帕特南所说的："在个体居民的眼里，公共事务是别人的事物——是高级人士的事务，'老板们的''政治家们的'——不是自己的事务。很少人有心去参加关于共同利益的思考，这样的机会提供给他们的这种机会也不多。政治参与的动机是个人化的依附或私人的贪欲，不是集体的目标。"[②] 而相比于村民们的"无心"，村干部在乡村治理中则显得"有心无力"。他们由于没有正式的身份和权威合法性，村干部们只能通过上门劝说等一些非正式的软策略来治理整个村庄，而这些策略在对村民阻止违法乱建和拆除违章建筑的过程中常常是失败和无效的。治理的失败最终将导致整个村庄秩序的混乱，从而影响了村庄的稳定和良好运行。加尔布雷思在《富裕社会》中说："全家开着内饰桃木、装有空调、使用动力转向和具有机动刹车功能的汽车出游，穿过路面不平、垃圾横飞、房屋破败、广告东拉西扯、

---

① 陆益龙、杨敏：《关系网络对乡村纠纷过程的影响——基于CGSS的法社会学研究》，《学海》2010年第3期。

② [美] 罗伯特·帕特南：《使民主运转起来：现代意大利的公民传统——现代意大利的公民传统》，王列、赖海蓉译，江西人民出版社2001年版，第133页。

电线横七竖八架在空中的城市,到达充斥商业艺术的乡村。(广告所推销的商品主导了我们的价值体系,作为乡村景观的审美考虑相应地退居次要位置。我们对此只能将就)他们拿出便携式冰箱里精美的食物在被污染的河边野餐,然后在不符合公共卫生和道德的停车场里过夜。他们置身于腐烂垃圾的恶臭中,躺在尼龙帐篷下的充气床上,睡前可能会反思自己的幸福有如此反差。他们真的是美国的精英吗?"[1] 虽然这一段话描述的是工业化给美国社会造成的影响,但它同样也适用于城市化进程中许多农村的实际情况。可以说,随着村民对个体利益的重视而忽视村庄的公共利益,不少农村正在陆续出现加尔布雷思所描绘的图景。

第三,激发精英治村的内在动力。"利益是一定的客观需要对象在满足主体需要时,在需要主体之间进行分配时所形成的一定性质的社会关系的形式。"[2] 古今中外的许多思想家都程度不同地认识到利益尤其是物质利益对于个人生存及发展的巨大作用和意义。我国的王充、陈亮、叶适、李贽等都把人的物质需求放在首位,法国的爱尔维修认为利益是社会发展的动力和社会矛盾根源,英国的亚当·斯密、边沁都肯定了利益的现实作用。马克思和恩格斯认为人们奋斗所争取的一切,都同他们的利益有关。利益是基于人的需要、人的本质属性的,为了生活,首先就需要吃喝住穿以及其他一些东西。[3] 邓小平肯定人们追求正当利益的合理性:"革命是在物质利益的基础上产生的,如果只讲牺牲精神,不讲物质利益,那就是唯心论。"[4] 因此,在任何时候、任何政策的制订,都要考虑到国家、集体和个人利益相兼顾的问题。村落精英的个人利益始终是与其行动实践捆绑在一起的,只有这样才能真正激发村落精英参与村落变迁和发展的内在潜力和动力。

第四,优化村落精英的生长环境。在城市化进程中,村落的变迁发展,村落精英群体的生长和引领显得无比重要。俗话说,火车跑得快,全靠车头带。在当下,村落精英必须具备企业家角色意识、行为和精神,

---

[1] [美]约翰·肯尼思·加尔布雷思:《富裕社会》,赵勇译,江苏人民出版社2009年版,第4—5页。
[2] 王伟光:《利益论》,人民出版社2001年版,第74页。
[3] 《马克思恩格斯选集》(第1卷),人民出版社1995年版,第79页。
[4] 《邓小平文选》(第2卷),人民出版社1994年版,第146页。

对村落发展有全局的构想和谋划，才能真正将创新行为落实到村落发展中去。在此，我们必须重点关注城市化进程中村落空心化造成的"精英断层"现象：一是由于知识更新快，原有的精英知识结构老化、能力不足而被淘汰，导致精英断层；二是城市化进程中，资源向城市集中，农村日益破败，农村青壮年劳动力和精英人才大量流向城市，农村"空心化"现象严重，没有充足的后备人才可供选择，无法产生能够领导集体行动的村落带头人；三是村落集体经济薄弱，政府的政策关照少，没有利益驱动，吃力不讨好，当村干部有如"鸡肋"，无人愿意接手或倾力投入工作。

村落精英不仅是村民自治主体不可或缺的组成部分，同时也作为一种重要的治理资源存在。唯有当作为治理资源的村落精英在数量、质量上都有保证时，村级组织才会有充足的后备人才，广大村民才能优中选优，挑选出德才兼备的村干部。政府要为农村精英成长创造良好的环境：一是国家出台更多的惠农政策和措施，发展农村经济，增强农民收入，满足新时期农民的生产、生活和文化需求；二是大力推进新农村建设，坚持高标准、高品位，全面构筑美丽乡村，使乡村更具活力、更具魅力、更有吸引力，不仅能留住村落精英，还能吸引有知识、有技能的优秀人才扎根农村创业；三是发挥对精英人才激励和社会认同的导向功能，通过各种新闻媒体宣传经营成功、诚实守信、无私奉献的村落精英，增强社会各界的认同度，提升村落精英的整体形象和自我实现的荣誉感；四是建立健全各种农民教育培训体系，搭建各种平台，为村落精英的素质提升服务。

第八章

平衡协调:村落变迁中的秩序建构规律

平衡,两端承受的重量相等、两物齐平、权衡国政使得其平之意;"协调是指和谐一致,配合得当,即正确处理组织内外关系,为组织正常运转创造良好的条件和环境,促进组织目标的实现"。[1]

社会秩序是指动态平衡、有序稳定的社会状态,是社会学范畴。中国古代思想家们常用"治"和"乱"来表示社会的有序和无序状态。尽管卢曼追随帕森斯,将社会秩序问题视为社会学的一个核心问题,但对"社会秩序如何可能"的看法则大相径庭。在帕森斯的系统理论中,文化系统之地位举足轻重,通过制度化和内化决定性地影响了社会系统和人格系统。社会秩序之所以可能,一套共享的文化价值的整合作用是重要原因。卢曼认为:在一个无中心的社会中,在一个彻底功能分化的社会中,没有哪个系统可以宣称是最基本的系统。现代社会作为功能分化社会只能是差异的共存,谁也不能取代谁,诸系统之间只以一种结构耦合的方式发生关联。卢曼用自我指涉系统取代了文化价值共识,来回应"社会秩序如何可能"的问题。[2]

政府是国家的一部分,是国家行政机关,是具有公共性的部门。如果说政府是一只"看得见的手"在操作,市场是一只"看不见的手"在运作,那么,市场与社会其实是社区成员共同演绎、互动的结果,是历

---

[1] 《协调》:http://baike.baidu.com/。
[2] 肖文明:《观察现代性——卢曼社会系统理论的新视野》,《社会学研究》2008年第5期。

时性的产物。正如涂尔干在对社会事实概括时所使用到的"突生性"的特征，社会的力量也拥有一种"突生性"的特质，但无法准确描述其性质和力量大小，必须从整体上去探掘，它是集体层面上的事情，而不是个人身上所有特质的一个简单累加。我们分析了社会性力量在村落里的体现，从正式的规章制度到非正式的文化礼仪，各种社会事实共同促成了非常良好的社会秩序。

我们将着重分析这三种力量之间是如何相互作用的，以及它们是如何对乡村治理和秩序建构产生影响的。

一 国家—市场—社会：在村落场域中的博弈

城市化进程中，国家、市场与社会三种力量在村落中相互作用，共同维护演绎当下中国乡村的社会秩序。那么，如何处理好国家和市场的关系？国家与市场会不会侵蚀到乡村社会自有价值？社会力量如何平衡国家和市场的力量？

（一）国家与社会：张力与平衡

国家是由空间、土地、人民、文化、资源等组成的疆域，是统治阶级进行阶级统治的政治权力机构，是一个经济政治文化统一体，是全体国民的利益共同体。国家也是一种凌驾于社会之上的强制性力量，这种政治组织形式旨在对社会进行统治和管理。国家的核心特征是强制力，通过强权和暴力推动社会秩序的建立和保持。现代国家承担着政治控制、经济发展、文化建设、社会管理和生态文明的职能，如为经济发展提供良好的政治环境和公平开放的市场环境，向国民提供公平的教育、卫生、文化娱乐、社会保障和安全环境等。

1. 国家对乡村社会的掌控。

我们在"国家—社会"的分析框架中，描述了四种国家—社会模式：强国家—强社会模式、弱国家—弱社会模式、强国家—弱社会模式和强社会—弱国家模式。这可以匹配出四种动态过程：国家与社会的相互促进、国家对社会的侵犯、社会对国家的反抗以及国家与社会的不合作。

长期以来，西方政界学界、我国部分政府官员和学者均认为中国是"强国家、弱社会"。中国的国家体制是一种全权主义或极权主义，是在单一政党领导下的政治经济和社会高度一体化，通过国家体制和制度运作把国家权力全方位地扩张、覆盖到社会的每个角落。这在"皇权不下县"的古代，民间社会显得相当自由。全权主义掌握了社会的生产和正常运作的所有资源，通过资源掌控来达到对所有领域的监控和监督。这种体制建立后，国家力量不断侵入城市社会和农村社会秩序，去除农村中不合规则的地方、由下而上的自发性。

自古以来，国家就是乡村治理的主要力量，代表着权力的维度。自治是中国自古以来对乡村治理的名义规则，不同年代、不同时期国家力量介入乡村的方式和程度也是不一样的。新中国成立后，国家希望对乡村进行绝对控制，通过户籍制度把农民限制在乡村，城乡之间很难流动。改革开放后，国家不再直接管辖和治理乡村，国家通过村民自治的方式实现对地方管控的"抽离"。这种监督式的管理模式，一方面是适应人口多、地区差异性大的中国国情，有利于实现有各区域特色的管理；另外一方面这种自治的模式有利于发挥农民的积极性，推动内生性力量的发展。不过，国家并不是完全的脱离，形式"抽离"并不影响国家对乡村的实际控制，国家通过政策手段、经济形式以及代理人的形式对乡村进行的控制，形式"抽离"并不影响国家对乡村的实际控制，国家与乡村的关系从管理演变到治理。国家通过政策手段、经济形式以及代理人的形式对乡村进行控制，国家的基本逻辑是"稳定和谐发展"。乡村是一个矛盾频发的区域，不同的群体有不同的利益诉求，当利益不可调和或存在抵触时，冲突就不可避免地发生了。国家既要实现乡村的大发展，又不愿意面对乡村失控的局面，国家的力量在乡村表现为开放与约束并存的共同体。

2. 国家对乡村的掌控方式。

国家对乡村的控制体现在行政组织和人的控制上。

一是行政组织上的控制。晚清和民国初政府在乡村社会采取"乡村自治"形式，究其实质仍是"官治"和"绅治"。改革开放后，国家推行村民自治，国家政权从乡村社会撤出，赢得农民对国家政策的服从，基层民主建设加强，社会力量开始生长。村落里的行政组织是自治性的组织，党组织是最直接的国家领导和控制社会的手段。农村基层党组织是党在农村全部工作和战斗力的基础。党员们按照党的政策和国家的规定起示范的作用，党员的示范作用其实就是一种控制的力量，确保村民的公共生活空间会遵循道德和国家要求的方向；在个人利益与国家利益、集体利益有冲突的时候，党员要服从大局，做到利益的兼顾和平衡。当发生社会冲突的时候，要充当秩序的调节者和冲突的化解者，在很大程度上他们是国家权力在乡村的代言人。

二是通过控制人来维系社会秩序。在传统的乡村社会，乡村社会职能大多由宗法组织完成，不需要由国家力量介入。费孝通在他的名著《乡土中国》中就提出了一个有名的论断——"无讼"，就是中国乡土社会很少有打官司的现象。"无讼"不等于没有冲突，只是解决冲突的机制不一样。国家法律充当的是最后的救济作用，而其他大部分冲突主要是依靠民间力量以调解的方式解决。调解是在礼治和人治的传统中生长出来的。充当调解人角色的往往都是一些乡村绅士或者宗族组织里面的"长老"，他们在乡村里面拥有一定的权威，他们发表的意见具有权威性。如果连刑案司法都可以在乡村内部的机制里去解决，其他诸如教育、婚姻、财产分配其实就更不需要国家力量介入了。

但到了现代社会，不管是在城市还是在农村，个人的教育、就业、婚姻一切都被国家管理着，国家制度和政策深入到最基层，有生育、教育、婚姻、就业、社会保障制度以及司法体制，等等。所有的国家及其所建立起来的规范体系也一样约束和管理着农村，传统的宗法组织解体了，乡村也不再拥有高权威的人物和组织可以来代替国家解决乡村纠纷。司法领域的礼治早已让位于法治，任何的民事纠纷和刑事案例也均会纳入到国家的司法框架中去解决。公共舆论领域在农村也基本为空白，没有非政府组织，也没有教会和其他团体组织等。

国家的政治理想就是在城市和乡村塑造和谐社会。"民主法治、公平正义、诚信友爱、充满活力、安定有序、人与自然和谐相处"是和谐社会的主要内容。和谐当然也包括政府与社会之间的良善关系，政府的施政可以促进社会的活力，而社会的活力反过来可以增进政府的绩效。但政府与社会之间的关系却变得富有张力，实际的状况是，政府对社会的约束并没有放松，社会的力量发展却在消解政府的影响力，所以，和谐理念中存在一种微妙的张力。但如果从力量的对比上来看，显然是国家的力量要完胜社会的力量，社会空间相当狭小。

（二）国家与市场：对抗与合作

近代以来，关于国家与市场关系的讨论甚嚣尘上。从发生学的意义上来说，国家与市场有着共同的起源，是社会分工发展的必然，虽然承担着不同的社会功能，但至少都是维系和保障着社会分工。国家维持着社会的基本政治秩序，而市场通过交易促进经济秩序。

城市化进程中，国家在乡村中的权威遭遇了市场的挑战。中国农村是自给自足的自然经济，基本上没有市场交换。近代中国半殖民地半封建的状况，连年的战争几乎摧毁中国农村经济基础；新中国成立后，中国农村在一穷二白的基础上开始发展；改革开放后的市场经济将中国农村发展从自给自足的小农意识演变到商品经济意识。随着城市化的快速发展，大量人口从农村向城市流动，城市文化向农村侵蚀，双向交流模糊了城市与农村的边界，市场经济的利益原则、竞争意识主导着农民思维。由于农村最大的资本——"土地"在中国没有流通，中国农村的市场发展并不快，但市场经济和相应的意识原则已经扎根。

相对于国家，市场的核心价值是自由交换。"作为商品经济的范畴。市场一般具有三层含义：一是指商品交换的场所；二是指商品交易各方为各自利益所形成的各种经济关系的总和；三是指一种调节社会经济运行的机制"。[1] 对于中国来说，由于城乡二元结构、计划经济、户籍制度等的存在，城与乡长期封闭隔绝，人口和物质资源流动曾经非常困难，农村交换市场的发展缓慢。改革开放政策让农村的生产力解放，农民有了剩余产品，商品经济在农村生根。劳动生产效率提高了，劳动力从土地上解放出来，大量农村剩余劳动力开始进城务工，促进城乡之间的交流和资源互通。进城农民把市场经济观念、现代生活方式、文化精神带到农村。城市化进程的推进，城市和农村交流密切，无孔不入的市场元素渗透到农村地区，促进了现代文化、市场精神在农村的传播，同时，也让市场经济的负面效应如利益至上、个人主义、拜金主义等在农村

---

[1] 张卓元主编：《政治经济学大辞典》，经济科学出版社1998年版，第116页。

滋生。

市场力量的渗透，使地方基层政权稳定与管理功能发挥面临着严峻挑战。市场经济是一种自由竞争经济、自为经济、自主经济，其发展使农民摆脱了过去对政府的完全依赖性。这种依赖体现在对生产资料、生活资料的依赖上。1993年，为了稳定土地承包关系，国务院《关于当前农业和农村经济发展的若干政策措施》中明确了土地承包关系30年不变，这一承诺有利于鼓励农民增加投入，提高土地的生产率，但客观上使留村务农的农民与基层政府的关系疏远。进城农民在城市里生活久了，现代性不断增强，自我认知、法律意识和个人权利保护意识增强，敢于对家乡基层政府的一些不合理的做法进行抗争，使一些基层政府失去了权威性与公信力。浙江是民营经济大省，集体经济脆弱，不少基层政府没有丰厚的和合理的财政收入来源，也削弱了基层政府的公共服务、社会福利的提供能力。

由此可见，国家与市场的互动体现在他们之间的相互制约、相互促进上。首先是在某种意义上形成了市场与基层政府之间的"对抗"，因为这代表着两种力量，背后有着不同的价值观、行为方式。其次是体现在国家与市场对社会的"合谋"上，它们共同演绎着对社会的侵蚀，比如全面改变着人们的思想观念，分化着传统伦理和价值实现，导致社会结构进一步原子化和人际关系的个体化，等等。我们发现，在中国"强国家、弱社会"的传统下，政府力量的强大，无形中抑制了社会的自主性。基于对稳定和谐考量，政府并不希望看到社会力量的强大，而市场因素的出现恰恰能够进一步分化社会的力量。因此，城市化、市场化进程中，国家与市场形成了一种既"对抗"又"合谋"的关系。

（三）市场与社会：互利与协调

市场与社会都是在国家的这棵参天大树下孕育生存的力量，国家与社会、国家与市场之间都存在一种张力，但国家同时也在建构市场和社会。同样，市场与社会之间既有张力，也有互利合作，达到一种动态的平衡协调状态。

1776年，亚当·斯密在《国富论》中揭示了"市场"这只"看不见的手"的作用，这是社会实现自发秩序的前提。他认为："个人在经济生活中只考虑自己利益,受'看不见的手'驱使,即通过分工和市场的作用,可以达到国家富裕的目的。后来,'看不见的手'便成为资本主义完全竞争模式的形象比喻。其特征是生产资料私有制,人人为自己,自由获得市场信息,参与自由竞争,无须政府干预。市场调节是一个非人为建构的很完备的市场,是自生自发演化而来的,其背后的哲学是自生自发的。所以政府就要退出去,不要干预,否则这个市场肯定毁掉。"① 这种观点后来遭遇到另外一位经济史学家的挑战。1944年,波兰思想巨匠卡尔·波兰尼发表《大转型》一书,"通过对经济史材料和人类学的分析发现,19世纪中叶的这么一个市场不是自生自发而来的,而是政府通过法规、政策和其他各种制度建构起来的。由于这样一个市场会导致社会不公,就会导致另外一种运动——社会。社会不是人为建构的,它是去抵制市场和干预市场"。② 在这里,市场与社会是对抗性的关系。社会为了更好地保护自己,会兴起一种社会保护运动,它需要依赖自己或政府来建构一种公平的机制。这是经济学史或社会学史非常具有代表性的关于市场与社会关系的两种观点。一种观点认为市场是万能的,它可以实现自发的社会秩序;另一种则相反,市场不仅不是万能的,反而是在破坏着社会的秩序,它们之间是一种对抗性的关系,需要依靠政府的帮助和社会自己的力量来达到平衡。

要深入探讨市场与社会的关系问题,首先要厘清市场与社会之间的界限。德国社会学家尼克拉斯·卢曼(Niklas Luhmann)的主要贡献是发展了社会系统论。卢曼认为:社会是由系统(更确切地说,沟通)而非个体所组成的,个体属于社会的环境;社会是由差异组成的一体而非基于共识的整合一体;社会不应以地理边界来区分和界定,社会不是一个由区域社会所构成的全球体系,而是一个由系统构成的世界社会,其内部边界是诸系统之运作所形成的边界,其外部边界则是社会与环境(如自然环境以及人)的边界,这些边界都是由沟通的不断运作来维持的。

---

① [英]亚当·斯密:《国富论》,孙善春、李春长译,中国华侨出版社2010年版,第10页。
② 转引自邓正来《市场、社会与政治》,中国农业大学人文与发展学院"农政与发展"系列讲座2012年秋季学期第十一讲。

对社会的分析应该考虑以下几个方面：子系统与更大之系统的关系（功能），子系统与其他子系统之间的关系（性能，performance），以及子系统与其自身之关系。卢曼社会系统理论为我们观察和理解现代性提供了一套全新的理论话语和视角。①

放任自由（Laissez-faire）的市场经济理论即是所谓"市场原教旨主义"，坚持认为市场可以达到自动的经济效率，不需要借助任何的政府干预，市场可以促进经济与社会的平衡，当社会失态的时候，市场可以自动进行矫正。这种在20世纪80年代里根时代达到高点的"市场的魔术"演绎的法则被认为是万能，很难划定其边界。但同时关于市场的弱点和有效性的讨论也甚嚣尘上，一个最根本的讨论集中在市场与公正的探讨。市场化的崇拜者们经常引用哈耶克的"自发秩序"理论反对强调公正与平等的意义，但从实践意义上，社会里贫富分化和不公正现象的突出却引起了学术界的关切。

市场经济是一种效率导向的经济形态。对于微观经济活动主体而言，在竞争性的制度环境下，生存状态与效率状态有关系，所以资源配置和竞争法则是市场经济社会的本来法则，是市场竞争的基本要求。市场经济的精髓是自由竞争和由此带来的高效率，但由于无法否定的人类差别（智力、机遇、性格、遭遇等），即使在同样公平的规则下开展自由竞争，人们也不可能获得完全平均的结果。因此，在价值规律作用下，完全的市场经济必然导致社会分化和贫富悬殊。另外，市场的原则都是自限性的，它只是保证经济竞争的，所以必然是最少的制度约束才能保证最大的活力和效率。这跟社会的规则恰恰相反，社会的存在恰恰是以各种正式规则和非正式规则为前提的，是被规则包裹起来的。在这点上社会和政府是一致的。当市场越强大的时候，社会和政府就越弱小。而当市场弱小的时候，就有可能是大政府或者是大社会。

当金钱可以买到一切，人们迈向一个一切都被拿来售卖的社会时，什么赚钱做什么的时候，恰恰就是需要对市场手段进行反思之时。2012年，美国著名哲学家迈克尔·J. 桑德尔（Michael J. Sandel）出了本《金

---

① 转引自肖文明《观察现代性——卢曼社会系统理论的新视野》，《社会学研究》2008年第5期。

钱不能买什么：金钱与公正的正面交锋》，反思市场行为追求社会效用最大化，是个人自由的终极扩张。桑德尔对市场做了区分，一种叫作"市场经济"（A Market Economy），另一种叫作"市场社会"（A Market Society）。市场经济是组织生产活动的有价值且高效的工具。市场原则和金钱至上会腐蚀社会。在现代经济学之父亚当·斯密那里，"看不见的手"和"看得见的手"要相互配合，不能过于放任市场发挥作用。市场，尽管是一种自然秩序的力量，最终要为人间的"善"，为人的发展服务，这是伦理的目标。民众也应该反思追求社会效用最大化的市场行为是如何对社会造成破坏的，反思如何在市场化的社会中坚持公共的"善"。[1]

市场和社会之间存在一个界限，这个界限的存在，既不能破坏市场的活力，能够让市场继续发挥其资源配置效率最大化，又要让社会的价值、伦理规则不至于被市场破坏殆尽。而去寻找这个界限，维持这个平衡，很大程度上需要依靠政府的力量去做，依靠政策约束市场的失灵。作为民众要在市场化社会中坚持社会责任和正义。

市场侵蚀社会，社会要去反抗，政府来平衡，但国家在平衡的同时可能又要同时侵蚀市场和社会。在这个时候，市场与社会又是需要去结盟共同面对国家的强力，所以它们之间又存在一种互利共生的关系。

二 村庄的治理方式与村干部定位

党的十八大明确提出要加强城乡社区治理，之后，又提出创新社会治理体制，提高社会治理水平的新要求。"治理是一门驾驭和引导社会和组织的艺术。社会治理是指一种导致公共理想的社会和经济效果的治理模式。"[2] 村庄的治理，其实是在寻找"国家—市场—社会"之间的活动空间，村干部的角色定位和治理行为，则是权衡三者力量的体现。

研究农民的盖房行为（行为层面）、农村社会关系变迁（关系层面）和制度或结构（制度层面）这三者的联系，能够回答如下三个问题：第

---

[1] 汾灵：《思考桑德尔之问：金钱不能买什么》，《中国文化报》2013年2月2日。
[2] 丁元竹：《从"社会管理"到"社会治理"的必然趋势》，《北京日报》2013年12月2日。

一，在现代化和城市化的大背景之下，在农村兴起的大规模农民盖房现象是如何导致社会关系变迁的；第二，农民的社会关系变迁是如何影响国家法律和政府政策（正式制度）与村干部在村中的角色（非正式制度）的；第三，正式制度和非正式制度的这种变化反过来又是如何刺激（制约和促进）了农民的盖房行为。

（一）村庄治理方式的演化

当下的村庄治理已经成为了农村社会学和政治社会学重点研究的课题之一。一个重要的原因就是中国农村治理已经成为一个难题，正在陷入一种困境。

近现代社会处在巨变当中，中国农村社会结构遭到了诸如战争、政治运动以及市场经济和现代化等强烈的冲击与侵蚀。在传统农村社会，村庄治理是一种诸如宗法控制或长老统治等的治理形式，也有可能呈现出如杜赞奇所说的"政权内卷化"现象：传统的乡绅会从"保护型经纪"蜕变为一种"赢利型经纪"，在中国基层农村社会中形成了一种"乡村权力的文化网络"，而政权建设又不可避免地建立在这一"权力的文化网络"之上，最终导致了这样一个后果，即国家的政权建设得到巩固，汲取能力不断地增强，税收也因此加重了，但与此同时，赢利型经纪人的队伍却不断扩大，在为国家征收各种税收的同时也为自己不断地赢利，从而导致了"政权内卷化"现象。①

然而，伴随着新中国政权建设在农村社会中开展的诸如土地改革、合作化、高级社和人民公社等一系列政治运动，传统中国社会中原有的"权力的文化网络"遭到了严重的破坏，国家在依赖于乡村原有的文化网络的同时，又对它产生了强制性的剥夺与破坏。虽然国家终结了乡村的"政权内卷化"趋势，但也形成了一种新的"赢利型经纪人"。② 虽然国家对原有的"权力的文化网络"产生了严重的破坏，但它却并没有完全

---

① ［美］杜赞奇：《文化、权力与国家——1900—1942年的华北农村》，王福明译，江苏人民出版社2003年版。
② ［美］费里曼、毕克伟、塞尔登：《中国乡村，社会主义国家》，陶鹤山译，社会科学文献出版社2002年版。

地消除中国农村社会中存在的"政权内卷化"现象。

同时，从土地改革、初级社、高级社至人民公社期间，国家权力不断向农村基层社会延伸以及革命话语的不断输入，革命表象渐渐替代了传统的村落文化，社会生活因不断举行的演示性仪式而成为剧场社会，剧场成为社会生活的本身，高尚的道德和对美好生活的憧憬成为了社会生活的基础。村民以泛革命的话语表述社会现实，政治运动成为乡村秩序再造和维系的主要手段。[1] 村民的社会生活逐渐变得正式化、仪式化和政治化，而国家或生产队成了村民生活的核心，成为乡村社会治理或者控制的唯一主体。在剧场社会中，村民一方面表现出极大的政治热情，另一方面却人人自危、个个恐惧，"对农户私有财产的剥夺曾在一个时间内达到极端"。[2] 在这样一个剧场社会里，村民之间都不敢说话，一说错话就很可能被批，并且会经过一系列如开大会、政治讨论、批斗等程序。集体化时期，国家全面控制了整个农村社会，村庄治理呈现出的是一种国家政治控制的形态或者是一种"总体性支配"模式："在改革之前我国的总体性社会结构中，国家几乎垄断着全部重要资源。这种资源不仅包括物质财富，也包括人们生存和发展的机会（其中最重要的是就业机会）及信息资源。以这种垄断为基础，国家对几乎全部的社会生活实行着严格而全面的控制。同时，对任何相对独立于国家之外的社会力量，要么予以抑制，要么使之成为国家机构的一部分。"[3]

改革开放以来，家庭联产承包责任制的实施，城乡人口流动加快，村庄边界不断开放，国家行政力量逐渐从农村基层社会中退出，其对农村的控制力弱化，不再是村庄治理的主体。进入 21 世纪后，国家实行了一些如税费改革、取消农业税等政策措施和制度变革，国家政治的控制力量大为减退，而原本作为农村社会和国家之间联系桥梁的基层政府也

---

[1] 朱敏：《农村社会个体化与乡镇治理——基于皖中 G 乡的经验研究》，博士学位论文，复旦大学，2012 年，第 6 页。

[2] 郭于华：《代际关系的公平逻辑及其变迁——对河北农村养老事件的分析》，《中国学术》2001 年第 4 期。

[3] 孙立平、王汉生等：《改革以来中国社会结构的变迁》，《中国社会科学》1994 年第 2 期；另参见渠敬东、周飞舟、应星《从总体支配到技术治理——基于中国 30 年改革经验的社会学分析》，《中国社会科学》2009 年第 6 期。

逐渐从"汲取型"政权向"悬浮型"政权转变:"乡镇财政在变得越来越'空壳化',乡镇政府的行为则以四处借贷、向上'跑钱'为主,不但没有转变为政府服务农村的行动主体,而且正在和农民脱离其旧有的联系,变成了表面上看上去无关紧要、可有可无的一级政府组织。"[1] 因此,在现代中国农村社会里,无论是国家政权还是基层政权,都将逐渐地"悬浮"于农村社会当中,国家政治和行政力量已经脱离原有的农村社会。这与集体化时期国家对农村社会的全面控制形成鲜明的对比与强烈的反差。

如此一来,问题出现了:在现代农村社会里,村庄的治理主体是什么?村庄应该如何进行治理?治理的机制和路径是怎样的?在传统的农村社会里,通过宗法控制或者长老统治等形式,并依靠中国传统的礼仪文化以及村庄内部本身形成的道德伦理规范,村庄得到了很好的治理并保持着稳定、有序地运行,尽管这一过程中存在"权力的文化网络"和"赢利型经纪"。当这一传统村庄治理形式被国家强制打破后,国家逐渐从农村社会中退出,却没有形成一种新的治理规范,面临的治理状况是:传统的道德伦理规范和集体化时期的集体主义秩序模式都趋于解体和消亡,而一种新的农村社会整合形式却尚未形成。

从法律政策和体制上来看,国家从农村社会中退出之后,在农村中设置了村民委员会这样一种组织来治理农村的日常事务和农民的日常生活。村民委员会是一种自治组织,国家的目的是让村民自己来治理村庄,即"村民自治"。"村民自治"的核心内容是"四个民主"。"村民自治"与传统的宗法控制或者长老统治有着很大的不同,也与在集体化时期形成的国家全面的政治控制有着天壤之别。其特征有二:一是恢复了传统社会中村落作为一个基本单位组织而自我运行和自我维持的功能,而尽量将外在的力量和因素排除在外,依靠村民得到有效治理;二是不可避免地带上了国家烙印和色彩,"村民自治"这一治理形式蕴含于国家政治社会体制当中,国家力量可以随时进行干预,如"指导"村委会选举等。从这个意义上来说,村民委员会、村干部具有双重特征

---

[1] 周飞舟:《从"汲取型"政权到"悬浮型"政权——税费改革对国家与农民关系之影响》,《社会学研究》2006年第3期。

和双重身份。

村民自治制度对中国农村社会秩序稳定和社会发展发挥了重要作用,但随着城市化进程的加速,城乡人口流动频繁,农村社会的时空限制被突破,农村空心化、原子化出现,社会关系也日益与"面对面的互动情势"相分离的结构性变迁,即乡村的实践性"社会结构巨变"。[①] 在这样一种"社会结构巨变"的情境之下,农村人际关系逐渐呈现出功利化、理性化和个体化的特征,原本的日常互助合作大大减少,原有的人情往来也不断地被货币化和金钱化,村民对整个村庄的认同感、归属感逐渐丧失。"今天,巨变中的乡村社会正呈现出结构混乱的状态。村庄社区中流动性的增加,异质性的凸显,理性化的加剧,社会关联的降低,村庄认同的下降,公共权威的衰退等导致了村庄共同体逐步趋于瓦解,乡村社会面临着社会解组的可能。一种恶性的力量——黑恶势力正在趁乱而起。"[②] 乡村社会的"结构混乱"通过法律而折射和表现出来,而并不一定完全是法律本身所致的。[③] 而在这一"结构混乱"的农村社会状态之下,如何能够有效地发挥村民自治的作用呢?又如何能够动员村民们为村庄做贡献呢?

总的来说,无论是传统社会还是集体化时期,抑或是现代社会,村庄的治理始终是一个难题:在传统农村社会中,宗法控制或者是长老统治是主要形式,但却形成了"权力的文化网络"和"政权内卷化"的现象;在集体化时期,国家的全面政治控制导致了村民的心理受到极大的压力,人人自危、个个恐惧,同时它也在很大程度上造成了农村生产效率的低下和经济发展的停滞;改革开放以后,国家政治权力逐渐从农村社会当中退出,但因此也造成了国家和基层政权的"悬浮"和无作为,同时伴随着现代化和个体化进程的不断深入,中国乡村遭遇到实践性的"社会结构巨变",整个农村社会正在陷入一种"结构混乱"的状态,因此,带有国家政治烙印的村民自治体制正在面临着严峻的挑战。

---

① 郑杭生、杨敏:《社会实践结构性巨变的若干趋势》,《社会科学》2006年第10期;朱敏:《农村社会个体化与乡镇治理——基于皖中G乡的经验研究》,博士学位论文,复旦大学,2012年,第9页。
② 董磊明:《宋村的调解——巨变时代的权威与秩序》,法律出版社2008年版,第202页。
③ 同上书,第203页。

因此，在现代农村社会中，伴随着原有传统的社会结构和道德规范的逐步解体，而一种新的社会结构和社会规范未能形成的情况之下，再加之农村个体化的逐渐加剧，现代的中国农村社会正在陷入一种"失范"的状态。苏力提出的解决办法是要"送法下乡"，将法律应用到农村的社会实践当中，[1]而董磊明强调的是基于村庄自身需要的"迎法下乡"[2]。但无论是"送法下乡"抑或是村庄的"迎法下乡"，就目前的情况来看，中国农村社会急需一种新的法律规范或公共规则来规制村民的社会行为和日常生活，以保证农村社会秩序不再紊乱而趋向稳定。

（二）村庄治理中的村干部

村干部在村庄治理中的定位问题，一直是社会学、政治学等学科的核心议题之一。黄宗智对19世纪冀东宝坻县衙门刑房档案进行细致的调查研究后发现："作为当地最基层的半官职人员，乡保虽然是国家权力和村庄共同体之间的重要交接点，以及也是地方领导和国家权力之间的缓冲人物，但他们并不是由县衙直接任命和指派的，而是由地方及村庄内在的领导人物提名的，所以在实行的工作中，乡保必须要与村庄内在的领导人物合作。这也就意味着，当地的乡保并不是作为国家的代理人，而是内化于村庄共同体之中。"[3] 同时，黄宗智也指出："只要村庄内生的权力结构继续存在，首事们多继续认同于自家村庄的利益，而不会甘愿作为外界国家政权的代理人。"[4] 有一些学者则提出不同看法，他们认为乡保、士绅的角色更多体现的则是国家政权的代理人，"他们是政府力量在基层社会的一个工具，它的主要权力来源是依附于政府权力的"。[5] 学者们争论的焦点在于村落精英是村庄共同体利益的保护者还是国家政权的代理人。

中国农村推行村民自治后，村民委员会在法律上讲是一个自治组织，但它又不可避免地带上国家的烙印，在国家政治社会体制下，村干部扮

---

[1] 苏力：《送法下乡：中国基层司法制度研究》，中国政法大学出版社2006年版。
[2] 董磊明：《宋村的调解——巨变时代的权威与秩序》，法律出版社2008年版，第203页。
[3] 黄宗智：《华北的小农经济与社会变迁》，中华书局2000年版，第234—241页。
[4] 同上书，第251—254页。
[5] 孙秀林：《村庄民主、村干部角色及其行为模式》，《社会》2009年第1期。

演着"政府代理人"和"村民当家人"的双重角色[①]：他们既是国家政府的代理人，是国家机器和政府体系的末梢，也是国家政府和村庄村民的连接点，严格贯彻国家的意志并执行政府的任务；他们也是农村社区利益的保护者，浸润在农村的文化传统和关系网络之中。

不过，一些学者希望能够跳出"国家的代理人"和"社区利益的保护者"这一简单的、静态的分析框架，而是从一种动态的角度去分析和研究村干部在村庄治理中的角色定位。孙秀林通过对六省数据的定量化分析，考察了村庄民主对于村干部行为模式与角色定位的影响，实证模式的结果显示："村庄民主的实行，可以促使村干部在日常治理过程中减少对于国家任务的关注，而增加了对于社区事务的关注，从而使其角色定位更倾向于村庄社区利益的代言人。"[②] 宿胜军通过对处于土改前、集体化时期和改革开放以后三个不同时期的乡村精英的角色研究，认为在三个不同时期，乡村精英的角色有着很大的不同，分别为村庄的"保护人"、国家政权的"代理人"以及追求自身利益的"承包人"三个角色。[③] 而吴毅则提出了一种"双重边缘化"的概念，他认为："当村干部欲当好国家代理人而不能，而欲当好村庄当家人又缺乏基础时，村干部的这种双重角色将会被消解，而是会主动适应环境，理性地选择辞职、充当'赢利型经纪'以及两面应付、得过且过这三种类型行为。"[④]

单纯运用"国家的代理人"和"社区利益的保护者"这一分析框架，极容易忽视现代农村社会中村干部的实际行为模式和角色定位。从动态的角度去分析村干部在村庄治理中的角色定位，有两个优势：一是能够发现村干部新的行为模式和特质，即作为一个独立行动者而可以按照自身的利益需求来理性地选择行动；二是不把村干部的角色作为一个常量来分析，而是认为随着环境体制的变化，村干部的角色也会发生相应的变动。随着市场经济对农村的渗透，取消农业税等一系列改革后，在大多数的村庄公共领域，村干部越来越倾向于往非正式制度（即关注村庄的公共事务以及

[①] 徐勇：《村干部的双重角色：代理人与当家人》，《二十一世纪》（香港）1997年第8期。
[②] 孙秀林：《村庄民主、村干部角色及其行为模式》，《社会》2009年第1期。
[③] 宿胜军：《从"保护人"到"承包人"》，载杨善华、王思斌编《社会转型：北京大学青年学者的探索》，社会科学文献出版社2002年版。
[④] 吴毅：《双重边缘化：村干部角色与行为的类型学分析》，《管理世界》2002年第11期。

自身的利益需求）的方向发展，而减少了对国家任务的关注。

>【案例】老鼠嘴村的"修路"事件
>
>近十年来，村里主要修了三条路，近年新修建的"纵3路"，是村民反对人数最多、最激烈的。2013年12月，经过两轮选举，新的村委会成立。这条道路是2014年4月中旬开始动工，是新的村干部上台之后决定修建的。他们打算把"纵3路"建成环村路，"新官上任三把火"，没想到会引起村民的激烈反对。大部分村民反对的原因是因为修建这一道路侵占和损害了他们的土地与利益，但又无法获得村委会足够的补偿；另一些村民反对则是因为这一条道路并未经过自己的家门口，但他们又必须交纳一定的"修路费"和"走路费"。"修路费"按户来算，从几百元到几千元不等，而"走路费"按人口算，每人700元。为解决这些冲突和矛盾，村委会决定派村副主任YMW上门一家一家地去游说。他是一个口碑不错的人，办事能力强，说话有条有理，经过他的劝说，大部分村民就不再反对了。村干部修路的决定遭到乡镇政府的指责和阻挠，原因是村干部擅作主张，事先没有向乡政府报告。乡干部到村里说："修路不是不给你们修，但之前应该让我们知道，修路是好事，我们可以支持，大家都有面子。"后来，经过协商，政府不再干涉村庄修路事宜，还提供了资金和权威上的支持。

"修路"作为村庄的公共事务和公共活动，是村干部获得合法性和村民支持的重要来源。村干部扮演着村庄社区利益的保护者（或当家人）以及具有追求自身利益的独立行动者这样一种非正式制度的角色，而不是政府的代理人和国家机器的末梢。从村民和政府两方面来看，村干部夹在中间，被"双重边缘化"[①]了，处境比较尴尬。村干部既要承担起政府的任务和保护村民的利益，同时又要不断地遭到来自政府和村民的指责和反对。不过，从政府的角度来看，只要村干部的行为并没有使他们"丢面子"，政府就不会去干涉村庄自身的公共活动和公共事务，政府对

[①] 吴毅：《双重边缘化：村干部角色与行为的类型学分析》，《管理世界》2002年第11期。

村庄和村干部的干涉程度已经弱化了。

村干部之所以越来越倾向于关注村庄内部的公共事务以及自身利益需求，而减少对国家和政府的关注，一个重要原因是农村基层政治发生了重大改变。村民自治的全面实施，为村委会和村干部提供了一个新的合法性基础和权威来源——村民自下而上的支持成了村干部权威合法性来源与动力。村干部不是依靠上级政府任命指派，而是由村民经过民主程序选举的，为了维护自身地位和权威的合法性，村干部会越来越倾向于考虑和保护本村村民的利益。① 对于大部分村民来讲，村干部的主要任务就是能够保护自己的利益和解决自己的问题。村庄选举也就成了村民与候选人、村民与村民之间利益博弈的场所。目前，城市社区选举中的居民普遍冷漠，而村委会选举村民却有着高度的热情，关键的原因在于城市居委会选举是以"维持性利益"为基础的，选出的是"守夜人"，而村委会选举则是以"分配性利益"为基础的，选出的是村庄的"当家人"。②

事实上，即便是在一些特殊的领域，村干部的角色也越来越倾向于非正式化。如在对村民违章建筑的治理中，虽然村干部要严格执行国家和上级政府交代的任务，但他们常常采用上门劝说等非正式的方式来对村民的违章建筑行为进行治理，甚至有时候会维护村民的利益而不惜与国家和政府对抗。因此，虽然村干部在村庄的治理过程中有着某种"次生型权威"，需要依靠国家的资源和力量作为他们坚实的后盾，③ 但是村干部的角色则越来越内化于村庄的社会网络和道德规范之中，更关注村庄的公共事务以及自身的利益需求。

三 村庄治理失效:以农村违章建筑治理为例

我们这里使用的"村庄治理"概念，不是一种广义的、抽象的总体

---

① 孙秀林:《村庄民主、村干部角色及其行为模式》，《社会》2009 年第 1 期；另参见周雪光《一叶知秋：从一个乡镇的村庄选举看中国社会的制度变迁》，《社会》2009 年第 3 期。
② 熊易寒:《社区选举：在政治冷漠与高投票率之间》，《社会》2008 年第 3 期。
③ 董磊明:《宋村的调解——巨变时代的权威与秩序》，法律出版社 2008 年版，第 141 页。

概念，而是针对我们调研的个案村的一种狭义的具体化的治理方式，主要指国家（政府）和村庄的政治精英（村干部）对村庄违章建筑和违规盖房、非法占用公共空间和耕地等的治理。我们之所以选取这个特定的场景行动，是想通过对当前城市化大潮下农村违章建筑治理的仔细观察，以小见大地折射出当前村庄的治理困境，以提示基层治理要注意制定更切合实际的政策、法律和寻找更有针对性的治理对策。

城市化背景下的村庄，出现了此起彼伏的盖房热潮，许多村民都热衷于在耕地上违规违章盖房，这明显违反国家政策、法律和规章制度，在我们调研的老鼠嘴村及其周边大部分地区，违章建筑和违规盖房现象十分普遍，在新闻媒体和网络报道中，我们可以经常看到农村违章建筑蔓延的现象，相信这也是我国许多农村地区的一个顽疾。在村落这个场域中，正式制度的软化，非正式制度的弱化，直接导致违章建筑的蔓延。

（一）正式制度的软化

城市化进程的加快，使中国社会结构转型加速，也让农村面临着更多挑战和困难。在中国农村，土地依然是宝贵的资源，是农民赖以生存的主要生活资料。国家十分重视农村耕地的保护，并制定了一系列的政策文件来加强对土地的管理。比如，《中华人民共和国土地管理法》第三十六条就规定："非农业建设必须节约使用土地，可以利用荒地的，不得占用耕地；可以利用劣地的，不得占用好地。禁止占用耕地建窑、建坟或者擅自在耕地上建房、挖砂、采石、采矿、取土等。禁止占用基本农田发展林果业和挖塘养鱼。"第三十七条规定："禁止任何单位和个人闲置、荒芜耕地。"《中华人民共和国基本农田保护条例》（1998年12月27日国务院令第257号发布）第十七条也规定："禁止任何单位和个人在基本农田保护区建窑、建房、建坟、挖砂、采石、采矿、取土、堆放固体废弃物或者进行其他破坏基本农田的活动。禁止任何单位和个人占用基本农田发展林果业和挖塘养鱼。"

纵然有如此多的禁令，各地的土地城市化热火朝天地推进，很难遏止耕地的锐减。"在1996年，全国的耕地面积为19.51亿亩，人均耕地为1.59亩，而在2005年，全国的耕地面积为18.27亿亩，人均耕地为1.4

亩,9 年间我国的耕地面积总共减少了 1.24 亿亩。"① 近年来,土地治理和调整取得了成效,但耕地面积依然面临着严峻挑战。《2013 年中国国土资源公报》显示:"全国因建设占用、灾毁、生态退耕等原因减少了耕地面积 40.20 万公顷,年内净减少耕地面积为 8.02 万公顷。"② 《2014 年中国国土资源公报》显示:"2013 年,全国因建设占用、灾毁、生态退耕、农业结构调整等原因减少耕地面积 35.47 万公顷。虽然通过土地整治、农业结构调整等增加耕地面积 35.96 万公顷,年内净增加耕地面积 0.49 万公顷。"③ 面对这一危急情势,2014 年中央一号文件指出:"在坚持和完善最严格的耕地保护制度前提下,赋予农民对承包地占有、使用、收益、流转及承包经营权抵押、担保权能,允许农民以承包经营权入股发展农业产业化经营。"④

耕地保护制度的目标是要切实保证耕地数量不减少、质量有提高。农村耕地面积的减少有着许多复杂的因素,而违章建筑占用耕地是其中一个重要因素。违章建筑是中国农村普遍存在的现象,明显违背了国家的相关土地的法律、法规和政策。在对老鼠嘴村及附近农村的调研中,我们发现,由于地处偏远山区,村民法律意识淡薄,违章建筑和违法占用耕地屡禁不止。村民们无视现有的土地法律和政策,在基本农田和耕地上私自建造别墅和楼房。该地区成为乐清市土地管理工作的难点。

政府对违章建筑的治理,较为常用的办法就是强拆。2011—2013 年,乐清市政府针对该地区开展了一场轰轰烈烈的强拆。2011 年,秉着"六先拆,违必拆"的精神,市国土局对该地区开展了违法用地专项调查,发现利条村、大台门村、下岙村、小坑村、寺前村等 9 个村总共 91 户村民违法建房 223 间,面积大约为 16.7 亩,基本都是占用了耕地和农田。2012 年 4 月,由市委常委牵头,组织国土、住建、公安、专业拆除公司

---

① 中华人民共和国国土资源部:《守住全国耕地,不少于 18 亿亩这条红线》,http://www.mlr.gov.cn/zt/17thtudiri/4.htm。

② 《2013 年中国土地资源利用现状调查报告》,http://free.chinabaogao.com/gonggongfuwu/201404/04251QB42014.html。

③ 《2014 年中国国土资源公报发布》(全文),http://politics.people.com.cn/n/2015/0422/c1001-26887069.html。

④ 《为什么要赋予农民对承包地占有、使用、收益、流转及承包经营权抵押、担保权能》,http://news.xinhuanet.com/politics/2013-12/28/c_118746394.htm。

等单位及本镇政府，总共出动了 1000 多人次，专门对该地区重点违章建筑进行拆除，可谓声势浩大。

在利条村，有三位村民在 2011 年 3 月分别动工兴建了别墅式楼房，违法占地面积总共达到了 500 平方米，是本次强拆的重点。在大台门村，一位村民在耕地上动工兴建了一幢 3 间的别墅式建筑，占地面积约 200 平方米，遭到政府强拆。

事实上，强拆是政府不愿意使用但却不得不用的手段。在动员强拆之前，政府部门会派人上门宣传教育，执法人员也多次去劝阻、制止村民的违法建筑行为，但这些违法户气焰嚣张，充耳不闻，宣传教育和劝阻制止的效果并不好，万不得已只好采用强拆这一强硬手段。强拆有着许多缺陷：一是容易引发群体性事件和暴力行为，影响基层社会秩序稳定；二是强拆成本非常高，需要动员和组织许多部门、人员，调动许多资源，而且强拆只能针对违章建筑的典型和重点户，而无法对所有违法户的违章建筑进行拆毁；三是强拆对违法户的震慑作用有限，并不能根治当地村民的违章建筑行为。在这次集中强拆后，村民们对违章建筑有所收敛，但过了这一段高压期后，村民的违章建筑行为又故态复萌了。村民一看政策风声紧，就不去违章造楼。风声不紧了，就觉得没事了，该造的还得造。

如在老鼠嘴村，没有发生政府强拆运动，村民们就对违章建筑行为抱一种侥幸心理。面对政府强拆以及耕地管理制度，村民们自有办法，总能找到一些非正式策略来应对和软化政府的相关政策制度。这些策略主要有以下几种。

第一，当村民们从非正式渠道听说政府要出台政策，或者打探到将要对违章建筑进行查处时，许多村民闻风而动，赶在政策出台或执法人员到来之前，抢先在耕地上盖造楼房，因为政策出台后，政府对违章建筑的管控查处将更加严厉，他们是两害相权取其轻，两利相权取其重，法不责众，竞相效仿。从这个意义上来说，政府出台政策或进村执法，非但没有有效遏制村民的违章建筑行为，反而推波助澜了，真正是事与愿违。

第二，村民将耕地暂时闲置起来，人为撂荒。每户村民闲置耕地的时间不同，少者六七个月，多则两三年。在老鼠嘴村，这种土地闲置和荒芜现象一直比较严重。之所以采取这样一种策略,一是可以观察政府执行土地政策的严格程度和对违章建筑的查处力度,二是希望给人留下土地闲置后杂草丛生已经不是耕地的错觉,盖楼也就不违反国家法律政策了,用村里人的话说就是"地荒着可惜,不如用来起屋"。

第三,村民事先在耕地上打好楼房的地基,或者先在耕地上砌一座小房屋(通常用来堆放柴火等一些杂物)。采用这一策略能够让村民承担的风险和成本降到最低。因为打地基和砌小房屋花费的成本很小,国家政策"紧起来"或者政府执法人员实施强拆的话,自己的损失能最小化。之后,村民们就可以从容权衡利弊,决定是否盖楼了。村民YDZ的做法就是如此。他先于2005年在耕地上修建了小房屋,2012年看政策风声不紧,很快地盖造了一幢四层高的新楼房。

总之,在老鼠嘴村,政府在对村民违章建筑行为的治理方面收效甚微。村民无视政府工作人员劝说和宣传教育等软策略,而当政府不得不采用强拆这一硬手段时,强拆对象和范围十分有限,成本很高,效果只能维持一段时间,且容易引发群体性事件和暴力抗法行为,影响农村基层社会秩序的稳定。面对国家和政府的制度政策以及强拆时,村民们也总能找到一些非正式的方式来"软化""规避"政府政策和强拆行为。在这个意义上说,国家正式制度的治理已经失效了。

(二)非正式制度的弱化

既然国家和政府无法有效地治理村民的违章建筑行为,那么,作为非正式制度角色的村干部是否可以进行有效治理呢?由于耕地管理是国家和政府工作的重要任务,村干部们对村庄的土地管理特别是违章建筑行为也不敢掉以轻心。既然政府治理无效,那么这一重任就落在政府和村庄连接点的村干部身上。

与国家和政府的正式制度策略不同,村干部通常采用的是一种非正式的策略方式。这是因为村干部没有政府工作人员的身份,不具有体制内的合法性和权威性,也就没有正式权力来对村民违章建筑行为进行治理;同时,村干部是内化于村庄社会网络和道德规范之中,其权威和合法性来源于自下而上的村民支持,其行为角色越来越倾向于向非正式制度发展，在治理违章建筑行为时，一般会采取非正式的策略，主要是采用政策宣传和上门苦口婆心地劝说。

第一，农田保护政策宣传。依照国家的制度政策进行宣传，这是上级政府交付的任务和职责，这也就意味着村干部在治理违章建筑行为中有国家和政府作为他们坚强的后盾，一定程度上能够增加村干部治理的合法性、正当性和权威。村干部会通过多种途径宣传，如老鼠嘴村的主要路口立有基本农田保护的"五不准"的牌子，内容是：

【案例】浙江省乐清市大荆镇基本农田保护区基本农田保护五不准

一、不准非农建设占用基本农田（法律规定的除外）；

二、不准以退耕还林为名违反土地利用总体规划减少基本农田面积；

三、不准占用基本农田进行植树造林，发展林果业；

四、不准在基本农田内挖塘养鱼和进行畜禽养殖，以及其他严重破坏耕作层的生产经营活动；

五、不准占用基本农田进行绿色通道和绿化隔离带建设。

责任单位：大荆镇人民政府　乐清市人民政府立
举报电话：××××××××
中华人民共和国国土资源部 监制

二〇一二年一月

但是，事实上这一宣传策略效果十分有限，至少在我们对村庄跟踪调研的3年多时间里是这样。"五不准"基本农田保护牌子立定时间为2012年1月，我们进村调研是当年7月，陆续接受访谈的25个村民，在2012年1月至2014年12月这3年间，至少有1/4人家盖造了新楼房，其中还未包括各家修小房屋、加盖楼层、违章修砌围墙以及将建筑垃圾乱倒在田地里等。YDZ说："那一块牌子立起来之后，很多人都担心国家要

（对违章建筑）开始认真查处了，我也很担心，但是从大队①听到消息，他们只是完成上面交给的任务，没有打算拆掉那些房子，后来看看上面没有动静，也就安心了。"换句话说，政策宣传只是国家和政府布置下来的任务，并非是真心要治理违法乱建行为。在村民看来，村委会和村干部是他们利益的"保护神"，宣传只是他们要应对国家和政府政策，面上要做的工作而已。

第二，村干部上门劝说。相比于政策宣传，上门劝说更有效些。农村是个熟人社会，一上门就有用。王汉生和王迪通过对河北省 G 镇纠纷调解的实地调查，认为政府正式司法干部"上门调解"是农村纠纷解决的一种重要方式，通过"上门"这一方式，政府正式司法干部可以强制性介入双方当事人的纠纷当中，使调解活动公开化，将纠纷双方置于原社会关系场域中，同时它也转换了调解的场所，在调解人与当事人之间建构了一种非正式的关系，营造出了一种非正式的气氛，从而可以缓解调解纠纷中出现的冲突。② 事实上，村干部上门劝说比政府司法干部上门调解要有效得多，因为村干部与村民的关系更为熟悉。

村干部上门劝说遵循的是一种情、理、法相结合的原则。"法"指的是用国家法律和政策来规劝村民；"理"就是"摆事实，讲道理"，用大家都认可和遵循的规范和道德去规劝村民，陈述违法乱建行为不利于整个村容村貌，导致村庄秩序混乱和环境破坏，损害其他村民利益，等等；"情"则指的是村干部将会凭借着自己与村民是熟人这一关系来规劝村民，村干部会向村民表明自己夹在村民和上级政府之间的尴尬处境，要村民们体谅自己的困难，同时会用人情这一重要资源来与村民进行谈判和交换。情、理、法是属于三个不同的秩序类别："情"是"一个与人际关系相联系的概念，指的是社会性的情感，是个体在特定的社会关系中产生的，包括人情世故和人际关系"；"理"是"道理，凡属于认知范畴，运用逻辑思维的是非对错和道理都在理的范围，它们是在特定的地域范围内，

---

① 在老鼠嘴的村民日常话语体系当中，"国家"的用法要比"政府"的用法更为频繁，"大队"的用法比"村委会"的用法更为频繁，其中，"国家"意指政府（包括中央政府和基层政府），"大队"意指村委会和村干部。

② 王汉生、王迪：《农村民间纠纷调解中的公平建构与公平逻辑》，《社会》2012 年第 2 期。

基于生产、生活经验而产生的以一定道德判断为基础的民间习惯，影响且规范着人们的行为，并为该地人们普遍认可和遵守（即使该习惯与现行法律不相符合），是维系乡村共同体和乡村社会秩序的重要价值和社会资源"；"法"指的是法律，包括正式的法律和各级政府的政策规定。①

"情""理""法"三个原则构成了村庄的社会规范和农民的日常认知状态，对于维系村庄秩序的稳定运行和村民的日常生活有着十分重要的作用。黄宗智和尤陈俊曾指出："调解原则和方法基本上仍然使用了情、理、法三结合的原则和方法，所不同之处在于旧调解是以'人情'，亦即妥协为主，法律和道理为辅的；而当代的调解则是以国法和政策为主，人情和道理为辅的。"②而在老鼠嘴村，上门劝说这一策略却显示出了相反的特征。老村主任这样说道："我到人家里劝他们不要私自盖楼，当你说这样建楼是违反国家法律的，政府不允许的，但他们不管这些。当你说道理吧，他们又不讲道理，我只有靠这人情和关系才有点管用。"在农村社会中，关系和人情依然是村干部能够调动的重要资源。当"法"和"理"对村民们行不通的时候，"情"也就成了村干部能够使用的唯一手段。

虽然村干部依靠人情和关系等资源进行上门劝说能够起到一些效果，也不能够非常有效地限制和治理村民违章乱建行为。但由于村干部的权威和合法性是来源于村民支持，这成了村民与村干部进行谈判的重要法宝和筹码。在村庄选举中，一些村民就以投选票为筹码来与村干部谈判，迫使村干部允许他们能够私自违规建楼，或者能够为他们提供便利。原村主任无奈感叹："我们用了好多的方法，跟村民好说歹说，可他们就是不听，都在建自己的，其中一部分人还好，我跟他们谈过之后就有点收着了，但一些人就十分嚣张，越劝越嚣张。最后弄得没有办法了，我只能跟他们妥协，我跟他们说我有一条底线，只要他们不要太过分，不越过这条底线，我就会对他们睁一只眼闭一只眼。"因此，在与村干部的谈判中，村民是得胜方，村干部其实是落败方，他们也只能采用妥协以维

---

① 王汉生、王迪：《农村民间纠纷调解中的公平建构与公平逻辑》，《社会》2012年第2期。

② 黄宗智、尤陈俊：《调解与中国法律的现代性》，《中国法律》2009年第3期。

护自身利益。由于村干部自身特征和双重身份，村委会的政策宣传和村干部上门劝说等非正式策略，被大大弱化了，村民违法乱建行为的治理收效甚微。

（三）利益—关系网络、观念产权与治理失效

从以上分析可以看出，作为正式制度的国家政策和作为非制度的村干部在治理村民违章建筑行为的过程中是失败的或者说是收效甚微的。当然，违章建筑行为背后还有诸多复杂因素。第一，农民对耕地的依赖逐渐减少。在传统农村，土地是农民的命根子，几乎是唯一的生活来源。改革开放以后，现代化、市场化和城市化的推进，城乡二元结构逐渐松动，工业、服务业和金融业等非农部门发展迅速，大量的农村人口向城市流动，形成规模庞大的农民工群体，越来越多的农民从土地中解放出来，实现了农业部门向非农部门的转移。农民从农耕种植上所获得的利益逐渐减少，对土地依赖相应减少，为村民盖房行为提供客观基础，在其耕地上违规修建和盖造楼房的现象就不足为奇了。村民们经常因为宅基地引发纠纷，因为土地利益发生冲突。第二，国家对土地的控制趋于弱化。改革开放初，中国大部分农村实行了家庭联产承包责任制，但国家仍严格控制着农村土地，这主要体现在当时党中央制定的一系列法律政策文件当中。[①] 进入20世纪90年代后，国家的土地政策调整，对农村土地的控制逐渐弱化，如允许农村土地流转。当然政策制订的初衷是提高农民的积极性和生产效率，但客观上造成国家对土地控制的弱化，这为农民的违章盖房行为提供了机会和政策空隙。第三，平均主义思想的根深蒂固。集体化时期遗留下来的平均主义思想在一定程度上助长了村民们的违规盖房行为。村民们在盖造楼房的过程中基本遵循着一种公平

[①] 比如，在1980年中共中央印发《关于进一步加强和完善农业生产责任制的几个问题的通知》中规定："重申不准买卖土地，不准雇工，不准放高利贷。"在1982年的全国农村工作会议纪要中，就规定："严禁在承包土地上盖房、葬坟、起土，社员承包的土地，不准买卖，不准出租，不准转让，不准荒废，否则，集体有权收回；社员无力经营或转营他业时应退还集体。"在1984年1月1号发出的中央1号文件即《关于一九八四年农村工作的通知》中，中共中央也明确地规定了对土地的如下限制："自留地、承包地不准买卖，不准出租，不准转作宅基地和其他非农业用地。"

原则和平均主义逻辑。比如，在某村，如果有一个或几个村民率先在村子中违规建房，却并未受到基层政府的强烈制止和严肃处理，也就打破了原来国家对土地设定的种种"禁忌"，其他村民立刻仿效。如果村干部违规盖房畅行无阻，而村民违规盖房中受到政府、村干部的阻挠和处理，他们就会觉得不公平，心理上有抵触，会引发强烈的暴力抗争。在采访中，我们经常听到"凭什么人家可以建房，我家就不能""要拆大家一起拆，你不能只拆我们几家""反正我们这个村就七成以上没有房产证的，我就不相信上面的人能把这些房子都拆了"等话语。

由于中国农村社会的复杂性和地区的差异性，上述这些因素也不足以完全概括和解释村民的违规盖房行为。在下面的讨论中，我们将指出，影响村民违规盖房行为的治理失效，还存在两个深层次原因：一是村民之间形成了一张"利益—关系网络"，另一个是村民"观念产权"的存在，二者对治理效果有着重要影响。

1. "利益—关系网络"的形成。

我们观察到，在村庄中存在着一张"利益—关系网络"。在盖造楼房的过程中，村民彼此之间有意或无意地结成了一张稳固坚实的"利益—关系网络"，它可以使国家正式制度政策软化，使双重身份的村干部角色弱化。我们通过一个案例来说明村民之间的"利益—关系网络"。

【案例】YXD为何不去告发邻居的违规违法行为？

YXD盖造楼房总共分为两个阶段：2012年3—7月，建造了两层楼房；2013年6月至2014年1月，加盖了三层，变成了五层的楼房。YXD的楼房处于村庄中最西面的，坐北朝南，阳光充足，四周环境好。YXD的楼房南边是村民Y家的一块田地，田地与楼房之间只隔着一条2米宽的小路。

在2013年6月之前，YXD与Y两家是相安无事的。7月左右，Y家在他的田地上挖了一个鱼塘，在其田地周围修砌了围墙，这样就破坏了YXD楼房周围的环境和景致，还挡住YXD家的光照，两家开始有了矛盾。2013年12月，由于Y是第一次养鱼，没有经验，在鱼塘里倒多了石灰，没过几天，鱼死光了，鱼腥味、臭味飘进YXD的家里，YXD一家忍无可忍，便上Y家去理论。可Y说修建鱼塘养鱼是他家自己的事情，跟 YXD 没有什么关系，鱼腥味随风飘到 YXD 家，不关他的事。YXD 找到了村委会，经过村主任的上门劝说和调解，Y 答应会尽快处理鱼塘的事情，会把死鱼处理干净。

然而，经过一个半月多，直到 2014 年 1 月 18 日我们到 YXD 家访谈时，Y 家仍没有处理鱼塘中的死鱼，YXD 全家非常愤怒，但也很无奈。我们就跟 YXD 说，Y 的行为是违反国家有关法律规定的，向他解读了《中华人民共和国土地管理法》第三十六条和《中华人民共和国基本农田保护条例》（1998 年 12 月 27 日国务院令第 257 号发布）第十七条的一些规定内容，并且也将写有基本农田保护"五不准"的那一块牌子的第四条内容解释给他听，说国家的法律是规定农民不可以在农田和耕地上建窑、建房、建坟的，也不可以在农田和耕地上种植林果和挖塘养鱼的。让他依据这些法律到有关部门去检举 Y 的行为，用法律来威慑迫使他尽快处理好鱼塘。YXD 却说："以前我只知道在田地上不能起屋，听你这一说，我才知道在田地上也不能挖鱼塘养鱼，但知道这些也没有多少用。我去告他，说他不能挖鱼塘养鱼，但他也会说我家的房子也是不可以起的，最后可能弄得我把房子都赔进去了，划不来啊。农村跟城市不一样，你跟他去讲什么法律，他要么就不听，要么同样跟你讲法律。现在村长都拿他没有办法，你有什么办法。再说，你去告他，那么两家的关系也就没了，这也不合适啊，因为毕竟人情还在吗，以后我家有事情的话有可能要找他帮忙呢。"

这个案例比较清楚地反映"利益—关系网络"的含义和特征，主要有三点。

第一，利益是"利益—关系网络"的核心。村民行为的首要原则就是要维护自己的利益，并且要保证其他村民的利益不遭到损害。在违法乱建的行为当中，村民彼此之间的利益是共生共荣、一损俱损的。利益的互生性和共同性，让村民彼此之间心照不宣，即使两家有矛盾，遵守的共同原则是相互之间不损害对方利益。YXD 不想用法律途径去解决，因为他的房子与 Y 一样都属于违法乱建的，一旦 Y 的利益遭到侵害，YXD 的利益也会相应受到损害。而且，即便是 YXD 与 Y 他们彼此之间也不会去损害对方的利益，双方根据利益原则结成了"利益—关系网络"，同时，"利益—关系网络"还可以维系传统农村社会的人情文化。

第二，从数量和阶层的角度来看，处于"利益—关系网络"中的成员数量比较庞大，且有一部分成员是村庄中的经济精英、社会精英或与村干部沾亲带故的。据我们调查，在老鼠嘴村，70%的农户是没有房产证的，也就是说，他们建造的房屋都是不符合法律规章的，未经严格审批程序的。正因为如此，一些村民对于违章建筑行为也都"肆无忌惮"了。受访者YDZ这样直白地说道："反正我们这个村七成以上的村民（指家庭的户主）没有房产证的，我就不相信政府上面的人能把这些房子都给拆了。"村庄中的大部分村民都是处于"利益—关系网络"之中，彼此之间有着利益共生性，是一个利益共同体。在接受访谈的25个家庭中，有不少受访者是村庄中的精英（包括一些新贵），他们在村庄中的权力和地位比较高，如YXX、YMJ、YMY、GC等人都是如此。由于他们有权有势、在村庄中有地位，所以村干部们也不敢轻易得罪这些人。因为村庄中的许多事务，还要依靠精英们才能办成，对他们的违章建筑行为只能是"睁一只眼闭一只眼"。因此，"利益—关系网络"中成员规模数量的庞大以及有"呼风唤雨"能耐的村落精英掺杂其中，村干部很难有效地治理违章乱建行为。

第三，公平是"利益—关系网络"中各个成员要遵循的一条重要原则。虽然"利益—关系网络"既包含了村庄当中的精英和新贵，但同时也容纳了村庄中其他不同阶层、不同身份地位的村民。无论是精英还是普遍村民，在"利益—关系网络"中，公平是大家心照不宣地要遵循的一条普适性原则，在违规建造楼房时，要的就是"你建我也建""要拆大家一起拆"的公平逻辑。

基于于建嵘提出的政治化取向的"以法抗争"[①]和应星提出的弱组织化和非政治化的"合法性困境"[②]等概念，吴毅通过对华中地区A镇一起石场纠纷案例的研究和分析，提出了"权力—利益的结构之网"这一

[①] 于建嵘：《当前农民维权活动的一个解释框架》，《社会学研究》2004年第2期。
[②] 应星：《草根动员与农民群体利益的表达机制——四个个案的比较研究》，《社会学研究》2007年第2期。

框架来分析农民群体性利益的表达困境。他认为,正因为乡村社会当中存在着的各种以官权力为轴心而编织成的既存"权力—利益的结构之网"的阻隔,农民的群体性利益表达才会陷入困境,难以健康和体制化地成长。由于处于"权力—利益的结构之网"中,农民不敢得罪于权力体系,从而使自己彻底地失去在乡村社会中生存的空间,因此农民只有选择"适可而止"这一策略作为维权的行为逻辑。[1] 在这里,我们可以发现,除了以权力为轴心而编织的"权力—利益的结构之网"外,在乡村社会中还存在着"利益—关系网络",这是村落共同体中的农民彼此基于利益而结成的"荣辱与共"而错综复杂的网,它既限制了农民通过法律途径来维护自己的权益,也在一定程度上导致国家政策和村干部对村民违章乱建行为治理的失效。

2. "观念产权"意识的影响。

"观念产权"指的是农民在观念上对土地产权的认知状态。这是国家政策和村干部对村民违章乱建行为的治理失效的第二个主要原因。对产权和产权制度的研究是经济学的核心议题之一,并形成了新制度经济学和产权经济学这一分支学科。科斯在其著名的两篇文章《企业的性质》和《社会成本问题》中,以交易成本作为一种理论框架,分析了产权的界定与交易成本之间的关系,其核心假设可以归之为:如果产权界定是清晰的,则交易成本为零。而另外一位诺贝尔经济学奖获得者诺斯则用交易成本这一理论框架来分析产权制度变迁与经济绩效之间的关系,并提出了包含产权、国家和意识形态在内的制度变迁理论。[2]

在中西经济学家重要理论贡献的基础上,中国的社会学家则从一些独特的视角研究了中国社会的产权制度,这些独特的视角可以称之为"产权的社会视角"[3] 或"产权的社会建构逻辑"[4]。从这一研究视角出

---

[1] 吴毅:《"权力—利益的结构之网"与农民群体性利益的表达困境——对一起石场纠纷案例的分析》,《社会学研究》2007 年第 5 期。

[2] [美] 道格拉斯·C. 诺思:《制度、制度变迁与经济绩效》,刘守英译,上海三联书店1994 年版。

[3] 中国社会科学院社会学研究所编:《中国社会学(第 5 卷)》,上海人民出版社 2006 年版。

[4] 曹正汉:《产权的社会建构逻辑——从博弈论的观点评中国社会学家的产权研究》,《社会学研究》2008 年第 1 期。在这个意义上来说,如果社会学家采用的是一种"建构主义"路径,那么经济学家则采取的是一条"结构主义"路径。

发,一些学者认为,在村庄共同体内部存在着一种隐性的、非正式制度的"社会性合约",它并不是依据法律而进行有意识地设计,而是各方行动者依据一些广泛认同和遵循的公平原则,在其与社会环境之间不断互动和博弈的过程中产生和建构出来的。① 在乡村社会当中,作为行动者的村民在互动过程中形成的公平原则多种多样,主要包括生存原则、"划地为界"原则、成员均等原则、谁投资谁受益原则等。② 这些学者的研究指出了农村社区内部在村民之间形成的"社会性合约"这一事实,但却并没有说明和分析农民对产权的具体认知状态。

另一些学者也指出,在改革开放以后,农民对农村的土地拥有一种"准所有权"③或"类所有权"④。众所周知,在中国农村中,集体是土地的所有权者,而农民只拥有对土地的使用权、收益权和经营权等。在法律的层面上来说,农村土地的产权界定是清晰的。但现实的情况是,在中国农村社会这样一个复杂的环境背景之下,土地的产权界定和使用规则往往是模糊与不确定的,土地的所有权、承包权、使用权、收益权等并不能完全加以区分,经常混杂在一起,拥有土地使用权的农民也是土地的"准所有者"和"类所有者"。张静曾指出:"由于目前中国政治和法律各自的活动领域及活动原则并未经区分(分化)的安排下,不存在包含确定性原则和限定性合法性声称的法律系统,所以,在农村中事实上存在着国家政策、村干部决定、集体意愿、当事人约定等多种土地的使用规则以备选择。这些规则彼此之间包含有不同的乃至对立的原则,各自有着合法性声称来源。"⑤ 而它们"并不是根据确定的法律规则辨认正当利益,而是根据利益的竞争对规则做出取舍,并允许利益政治进行

---

① 折晓叶、陈婴婴:《产权怎样界定——一份集体产权私化的社会文本》,《社会学研究》2005年第4期;申静、王汉生:《集体产权在中国乡村生活中的实践逻辑——社会学视角下的产权建构过程》,《社会学研究》2005年第1期。
② 曹正汉:《产权的社会建构逻辑——从博弈论的观点评中国社会学家的产权研究》,《社会学研究》2008年第1期。
③ [美]罗依·普罗斯特曼:《解决中国农村土地制度现存问题的途径探讨》,载缪建平主编《中外学者论农村》,华夏出版社1994年版。
④ 申静、王汉生:《集体产权在中国乡村生活中的实践逻辑——社会学视角下的产权建构过程》,《社会学研究》2005年第1期。
⑤ 张静:《土地使用规则的不确定:一个解释框架》,《中国社会科学》2003年第1期。

到法律过程",从而使法律事件政治化。正因为如此,无论是国家、村干部,还是集体和当事人,他们都具有以合法性声称的系统,都有权利和"正当"理由来使用土地和维护自己的利益,而这又会容易引发大量的土地纠纷。①

虽然"准所有权"或"类所有权"的概念在客观上指出了农民对土地的所有性质,但它们却仍然没有说明农民在主观上对土地的具体认知状态,而我们所提出的"观念产权"这一概念希望能够弥补这方面的空白。为具体地理解"观念产权"的含义,我们通过一则案例,来了解农民是如何认识农村土地产权的。

【案例】村民 LZB 对土地产权认知的变化

村民 LZB 是家里的老大,他和老二之间对父母遗留下来的宅基地的争夺纠纷不断,但在村干部要修建"纵3路"(环村路)的过程中,他们又表现出兄弟同心、一致对外的态度。父母老房子旁有一小块林地,村干部希望征用这块林地来修建道路,并给予他们一定的经济补偿。起初,LZB 和老二两家都不答应,一方面是村干部提出的补偿太低,另一方面是他们都想用这一块林地与父母宅基地一起来盖造楼房。LZB 说:"这块地是我们家的,上面的竹子也是我爸妈种的,现在他们死了,就留给我们了,我们本来是要造房子的,当然不想用来修路。"经过村干部们不断地劝说和诱导,并提高了经济补偿,LZB 和老二也就逐渐达成了一致,决定把这一块林地用来修建道路。在修建道路之前,村干部将这一块林地的尺寸和面积测量好了,按事先商定好的价格给予补偿,并通知 LZB 和老二他们去村委会拿钱。但老二又重新去量了这一块林地的面积,发现此前面积量少了 0.5 平方米,就与 LZB 商量一起去村委会讨说法,要求他们重新测量。为顾全大局,村干部只好重新测量,并按他们的要求增加了补偿。要求得到满足后,LZB 也站在村干部的立场上来说话行事了,积极参与修路并动员其他人参与。当看到一些村民不肯配合时,LZB 就又是劝说又是争吵。问他为什么要争吵?他显得很有

---

① 张静:《土地使用规则的不确定:一个解释框架》,《中国社会科学》2003 年第 1 期。

正义感地说:"土地是国家的,又不是他们自己的。国家要用地来修路,这对他们来说也是好事,他们凭什么不肯修路。"

在以上案例中,我们不难发现,村民对农村土地(包括耕地和林地等)集体产权的认知存在着矛盾:一方面,村民们坚持"土地是我的";另一方面,他们也认可土地是属于国家(或者是集体)的。其实,这种看似矛盾的现象有其内在的逻辑性和一致性,它与农民的利益和权利息息相关。当自己的私人利益受到损害的时候,村民们则会坚持"土地是我的",目的是为了维护自己的权利;而与自己的利益无涉时,村民们又会认同土地是属于国家(或者是集体)这一事实。所以,归根结底,农民这种"观念产权"的形成与其利益与权利的维护不可分割。

事实上,农民并不是不了解有关土地的国家法律,也不是不知道在耕地上盖造楼房是属于违法违章行为,只是在法律和利益面前,农民选择了利益而无视法律。正是因为要维护自己的"正当"利益与"合法"权利,所以当国家政策和村干部对村民违法乱建行为进行治理的时候,村民们会不断地声称和坚持"土地是我的",以此来与国家(政府)和村干部进行对抗,从而导致治理的无效和失败。农民"观念产权"的形成并不是一种偶然和暂时的现象,而是与新中国成立以来的独特历史进程特别是农村土地制度和政策的不断变化紧密相关。新中国成立以来,农民的认知和观感不断受到强大的国家权力和意识形态的影响。所以,在此"规划的社会变迁"这一独特的历史进程之中,农民形成了独有的对农村集体土地产权的认知。①基于上述分析,村庄治理是一个系统的社会工程,必须大处着眼,小处着手。

(四)村庄治理中的"善治"追求

1. 正式制度要切合实际、接地气。

一是赋予农民更加充分而有保障的土地权益。土地是农民的命根子,是生活的来源、生存的根本。土地制度改革是新型城镇化中最敏感最棘

---

① 张浩:《农民如何认识集体土地产权——华北河村征地案例研究》,《社会学研究》2013年第5期。

手的问题之一。土地财政让一些地方政府对土地情有独钟，想方设法从农民手中取得土地，因为城市建设资金大多依靠土地出让金收入。虽然"农村土地属于农民集体所有"是法律明文规定的，但事实上，农民在土地问题上并没有太多发言权、没有处置权。"土地问题主要有：一是城镇建设用地使用率下降；二是农村土地闲置状况比较严重，因为农村人口大量进城，加上农业收益很低，很多耕地存在荒废现象；三是农地质量下降，影响粮食安全，坚守18亿亩耕地红线的政策只是对耕地总量的控制，缺乏对耕地质量的保护；四是土地财政。"[1] 如果不能解决好土地产权问题，一些地方政府仍然会热衷于土地城镇化，搞轰轰烈烈地造城运动。"加强城镇化过程中土地资源集约利用，加快农村土地流转制度改革和土地资本化进程。"[2] 如果土地矛盾进一步激化，社会就会出现断裂。土地政策上要能支持人口、资源在城乡间自由流动，要实现全国及毗连区域的城乡统筹发展；既要提升人居生态质量，也要防止农村凋敝现象。

城市化进程中，农民的承包地、宅基地的流转困难，不能适应城乡要素流动的迫切需要，同时，占用耕地的违章建筑屡禁不止。只有改革完善现有制度，加强引导，完善村庄治理，才能保护农民利益，不会继续靠牺牲农民土地财产权利来降低社会发展成本。为了破解城乡二元结构，从根本上解决"三农"问题，党的十八届三中全会做出《中共中央关于全面深化改革若干重大问题的决定》提出了一系列深化农村土地制度改革的措施，指出："要建立统一的城乡建设用地市场。在符合规划和用途管制前提下，允许农村集体经营性建设用地出让、租赁、入股，实行与国有土地同等入市、同权同价。"[3] 这将打破城乡有别的土地管理制度框架，适当提高补偿，保障农民的长远生计。

在相当长的时期，农房不能抵押、担保和转让，农民正当的经济权益缺乏法律保障。《国家新型城镇化规划（2014—2020年）》指出："全面完成农村土地确权登记颁证工作，依法维护农民土地承包经营权。保

---

[1] 王日晨：《新型城镇化改革启示录：如何破解土地之殇？》，http://news.xinhuanet.com/house/sh/2013-08-21/c_116993692.htm。

[2] 辜胜阻：《均衡的新型城镇化：需城市化与农村城镇化并重》，《人民日报》2013年1月17日。

[3] 《中共中央关于全面深化改革若干重大问题的决定》，《新华每日电讯》2013年11月16日。

障农户宅基地用益物权,改革完善农村宅基地制度,在试点基础上慎重稳妥推进农民住房财产权抵押、担保、转让,严格执行宅基地使用标准,严格禁止一户多宅。"① "2015年,浙江省启动土地确权登记颁证工作,这是推进农村改革的基础工程。2016年4月19日,杭州临安市颁发了全省首本新版土地承包经营权证。一证在手,农民就此吃下了定心丸:不仅确认了自己的家底,土地还成了可以抵押贷款的活资本,更重要的是,带上这个小本进城也更安心。截至3月底,全省有77个县(市、区)、580个乡镇、12577个行政村已启动确权工作,其中6059个村已完成承包权属调查。"② 同时,探索建立农村产权交易市场并促进其规范运行。推进农村住房确权登记发证(房产证)工作,依法保障农民宅基地权益,改革农民住宅用地取得方式,探索农民住房保障的新机制是当务之急。有了这些,农村家庭财产纠纷、房屋土地纠纷等就会减少许多。

2. 重视非正式制度建设。

非正式制度在传统社会中是作为维系社会秩序的重要手段。著名社会学家马克斯·韦伯认为:权威可分为传统型、卡里马斯型和法理型这三种类型。传统型权威根据相沿成习的惯例而获取权力,社会成员们的社会行动基本原则是遵从传统习惯。当传统思想成为农村熟人社会的主导价值观后,就成为一种村落文化,开始深层次地影响和塑造人的理念。

乡村社会是一个典型的熟人社会,熟人社会里长期形成的信仰、风俗、习惯和价值观有其独特的价值。村落文化认同与村民相同的价值观,往往能在社区内部形成凝聚力,增强社区内部的社会团结,并赋予人们共同战胜困难的力量。英国社会学家吉登斯说:"人的生活需要一定的本体性安全感和信任感,而这种感受得到实现的基本机制是人们生活中习以为常的惯例。惯例形成于人们的意识,并能通过实践的重复在人们的意识中促发一种指导人们行为举止的'实践意识'。这种意识不需要言说,不需要意识形态话语的宣扬,就能够对行动起制约作用。因为个人受着实践意识的潜移默化,所以他们大凡能够'反思性地监管'自己的

---

① 《国家新型城镇化规划(2014—2020年)》,《农村工作通讯》2014年第6期。
② 翁杰:《浙江省全面推进土地确权登记颁证土地有证心中有底》,《浙江日报》2016年4月21日。

行为，久而久之使自己和他人达成一种默认的共识，使人在社会中定位及社会这棵大树在个人心目中生根成为可能。"①

也就是说，乡村的社会行动常由非正式制度所主导，乡规民约、风俗习惯、家族制度等有形无形地约束着村民的日常行动。换言之，惯例成就舆论导向，使之有可操作的前提，同时，舆论导向维系惯例，传承和延续着非正式制度。非正式制度提供的规范性约束，让乡村生活丰富多彩又秩序井然。

费孝通先生指出："维护乡土社会秩序靠的是传统的'礼'而不是现代的'法'。"②"人们彼此之间都是熟人，信用的确立不必依靠对契约的重视。然而，社会转型和市场经济造就农村人际关系的日趋理性化，村民日益原子化，进而降低村庄社会关联度。"③村民如果缺乏现代契约意识、信用意识，又丧失熟人社会的传统礼俗之约束，必然导致乡村社会的失范失序。当前农村社会存在相当程度的失序状态根本原因即源于此。因此，乡村社会治理，既要重视正式制度，也不能忽视非正式制度。基层政府要做好指导、监督工作，帮助村庄建设正式制度的同时，充分发挥非正式制度的正向功能、正能量，通过弘扬传统美德，培育民间组织，恢复和重建乡村信用体系和社会秩序，来增强村落文化认同，提升凝聚力。

"半个世纪以来对传统文化的粗暴扬弃，使得乡村社会固有的许多非正式制度，如观念、习俗、信仰、仪式等，被视为愚昧落后、陈旧过时的东西遭到批判和禁止，结果导致民间文化传统的大量消失。"④改革开放后，特别是市场经济的建立，过去"铁板一块"的意识形态控制开始放松，曾经一直被压制、打击、禁止的民间信仰、民间习俗等非正式制度，在乡村社会有了一定程度的恢复。城市化进程的加速，让农村逐渐

---

① 王铭铭：《安东尼·吉登斯现代社会论丛》译序，见吉登斯《社会的构成：结构化理论大纲》（中译本），李康等译，生活·读书·新知三联书店1998年版，第8页。
② 费孝通：《乡土中国　生育制度》，北京大学出版社2000年版，第27页。
③ 贺雪峰：《乡村治理与秩序——村治研究论集》，华中师范大学出版社2003年版，第239页。
④ 王铭铭：《社区的历程：溪村汉人家族的个案研究》，天津人民出版社1997年版，第103页。

告别传统的"熟人社会"而变成一个现代的"陌生人社会"。这个"陌生人社会",依赖的就是法律规则。

正式制度与非正式制度能否相互兼容,既考验社会管理者的智慧,也决定社会治理的成效。因为非正式制度能发挥监督和管理的作用,使人们遵守规范而付出的社会报酬的成本是较低的,正式制度与非正式制度的一致性将导致较低的交易成本或者社会管理成本。正式制度安排要能与各种非正式制度相对接、相融合,是接地气的制度,它有利于提高乡村社会治理水平和运行效率。

四 社会养护:村落秩序建构的一种愿景

养护是指保养调理、养育护持,通过预防修复以维持良好状态,通过有计划的管理以防止开发、毁坏,通过加固改善或增建以提高使用质量等。在国家、市场与社会这三种力量的博弈互动中,国家是最强势的力量,市场是新兴的力量,而社会是最传统但又最弱势的力量。因此,社会养护就是要珍爱保养、养育护持社会力量,使之生长并保持良好状态,以维护社会秩序的和谐有序。

国家利用其代理人及经济和政治的手段在村落保障政策的落实及意识形态的巩固。在传统中国,国家只需要约束社会的力量,即可保证对村庄秩序的完全控制。改革开放后,市场力量的出现让国家需要平衡与市场力量之间的关系,国家既鼓励市场力量的有序发展,保障市场发挥资源配置的核心地位,同时又要约束市场的边界。而市场在与国家的互动过程中,一方面蚀化政府的影响力,另一方面又在侵蚀社会的空间和自发性。而社会则是最弱小的力量,过去在与国家的对抗中就处于弱势的地位,现在又多了市场的分化,社会力量的活动空间更加狭小。社会在与国家和市场的对抗中,没有找到自身成长的逻辑,只是一步步地退缩,逐渐丧失作为一种集体力量的能力。这是一种最普遍的现象。

但是我们所调研的村落,如东安村、星光村、芙蓉村,都可观察到社会力量的存在,这些村落,正式制度明确、村规民约有约束力、非正式制度规则强大,尊师重教的文化、念经拜佛的礼俗有很强的文化认同,村落的社会秩序得到维系。但是,城市化进程中,劳动力过剩及大量外流,让原本稳定有序的社会秩序有瓦解的前兆。东安村有超过 1/3 的劳动力外出务工,芙蓉村有 60% 的青壮年常年在外务工、办厂、做生意。农民进城后,现代性增强,把城市观念、价值观和生活方式带进了乡村,传统的社会秩序遭遇了新挑战。尽管这些村有社会力量内生的因素,但终究不能完全逃脱城市化对乡村社会的侵蚀和社会发展大趋势。

在这些村,在国家、市场与社会的三维互动中,社会并没有被完全的压制,反而呈现出力量,在国家与市场的双重压制下,社会的因素有自己的生成空间和成长逻辑。但问题是多重迹象显示,这似乎并不是一种均衡的状态,也就是说社会并没有在这种三维的结构中找到足以对抗的支撑性力量。而寻找到这些支撑性的力量或者为结构寻找一种平衡协调的状态也是众多社会学研究者所期望的。

(一)"国家—市场—社会"的关系调整

城市化进程中,村落变迁中需要建构一种新的社会秩序:社会的力量有成长的动力和环境,国家和市场的力量得到有效控制,三者处在一种稳定的均衡状态。因为在这三种力量对比中,社会一直是处于弱势地位,要达到这种理想的均衡状态,就需要社会养护。

养护,简而言之就是对社会力量的保养护持,是对国家和市场力量过于强势的一种纠正,对三者之间力量不均衡的一种有意识的调校。

首先,"从系统论的观点来看,国家所代表的政治系统,市场所代表的经济系统,社会所代表的规范系统,等等,都是整体系统的一部分,一个稳健的系统需要各系统之间的均衡、有序组合,一个系统的不平衡会影响到整体系统。从目前的三个系统的互动来看,政治系统依然强盛,市场系统是后起之秀,都在侵蚀着传统社会的领域,影响着社会系统的健康发展,因此特别需要对社会系统进行扶助"。[①]

其次,从发展的观点来看,新型城镇化不是走过去传统城镇化的老路,不是土地城镇化,也不是农民身份的简单变换,而是"以人为核心"为价值统摄的,是从理念上、结构上和实质上的根本变革。所以,未来的村落变迁发展必然包含着生活水平提升、人际关系和谐、文化体系丰

---

① 张秀梅:《社会保育:一个乡村秩序建设的新思路》,《浙江社会科学》2016 年第 9 期。

富、社会秩序稳定的全面发展。因此，要更加注重社会建设，更加爱护社会力量的生长发育。

最后，从历时性的观点来看，中国农村的社会系统在过去的一段时间内，经历了一段衰退的历史。依靠传统的熟人社会所建构起来的乡村社会网络及依附于之上的价值体系逐渐衰败，市场伦理侵入农村社会结构，文化价值观与城市社会价值正在趋同，这些都导致社会系统的矮化，对此，社会养护是一种矫正手段。

养护的概念既有对当下状态的维护调养，也包含培育发展之义，是一个建设性的概念。农村城市化过程是打破城市和农村藩篱的过程，在城乡界限模糊时，多重力量角力，社会领域逐渐萎缩，让位于强势的国家力量和新侵入的市场力量。社会养护显然是指对村落发展过程自发性社会力量的保存和蕴育，希望现在的社会力量和社会秩序能够维持，同时，更希望通过一些机制和方法来蕴育社会力量，使之成长壮大，目的是要让国家、市场与社会三者之间力量大致均衡，形成良性的互动关系。①

长期以来，我国的乡村治理模式都是自上而下的，政府集中了大量权力，而作为利益相关者的农民常常缺乏沟通渠道而失去话语权。乡村治理模式必须由国家权力本位到公民权利本位转化，这是"善治"的要求，也是化解各类矛盾冲突的根本。

（二）国家力量：社会养护的主体责任

国家应当承担起社会养护的主体责任。乡村社会秩序是社会养护中的对象和客体，但作为一种社会工程，社会养护的概念隐含着一种主体的能动力量。因此，在探讨如何进行社会养护之前，我们首先要明确社会养护的主体。仔细分析国家、社会与市场这三种力量，我们可以发现，实际上市场和社会都是一种生成性的力量，也就是说它们都是一种被动性的力量，所有的社会成员通过一定的行为原则建构了这样一种力量，但本身这样两种力量都缺乏主体，没有哪一个主体可以单独来为这两种力量承担责任。而国家则是这三种力量中的唯一主体性力量，因为国家

---

① 张秀梅：《社会保育：一个乡村秩序建设的新思路》，《浙江社会科学》2016年第9期。

是通过其代理人即政府的政策措施来达成其目标的。国家并不是"无能的",而是通过强制的国家法律和社会政策调控来达到其统治的目的。从中央到地方,各级政府构成了国家的代理人,他们代表着国家行使国家行政的权力,同时也能通过政策和措施来调控市场和社会。计划经济时代,国家强力限制市场的力量;市场经济时代,国家大力鼓励市场的发展,并使其成为全社会的共同意志。既然国家能量巨大,它同样可以调控社会力量的生存空间。所以,在乡村社会秩序的维系形塑中,国家及其代理人必须成为社会养护的主体。社会养护是一项社会的系统工程,不是一种生成性的结构,它需要的是国家采用各种政策和调控手段来加以滋养维护,而不是让弱小的社会力量随波逐流、自生自灭。

当前的中国乡村社会秩序,普遍经历着从传统稳定向巨变演进的过渡。国家、市场、社会的力量博弈会左右社会秩序的稳定。无论哪种力量,都不能存在合法性危机,否则就是一个巨大的火药堆。而在中国农村当下的情境中,市场和社会并没有可能获得独大的机会,唯有国家力量才可能拥有这种强力和权威。同时,国家力量的正当性也非常重要。只有开明的国家力量而不是专制的国家力量,才有可能去培育市场力量,鼓励社会力量的生长,社会才有被"养护"的可能,从而形成三者力量相对均衡的稳定秩序。在这种民主模式下,国家力量在民主体制下被制度约束,不放任自己恣意生长,也不会去压制市场和社会的力量。社会养护就是指在这三者互动之中,因为一些民主制度、机制或社会政策的顶层设计,能够让社会的力量得到最大程度的维护和发展,从而让社会力量生长发育。如我们对东安村、星光村的观察,这些村在嬗变中稳定有序,一大原因就是社会养护有效,社会力量强大,三者力量相对均衡,没有出现其他村落的社会秩序瓦解和重建。

中国存在着强国家、弱社会的现象,才凸显社会养护的必要性和重要性。社会养护的主体是国家政府,它不是一种挑战,更多是一种依赖。中国农村人口众多,中国革命是农村包围城市,中国的经济改革从农村开始,领导人重视农业、农村与农民,注重引导乡村建设和发展,擅长运用农村资源为国家建设和发展服务。国家新型城镇化战略就是一场社会大变革,可以看作是新形势下强政府强力推动的社会养护运动。

传统城镇化中,国家调控缺位,市场力量主导,带来了一系列问题。

由于没有高超的顶层设计和精心规划，显得十分粗放：城市范围扩大了，城乡基础设施和公共服务的差距更大了，各种城市病也出现了；农民蜂拥进城了，农村却因空心化日益衰败了；城市美观了，但牺牲了农业和粮食、生态和环境；到处攻城掠地、征地拆迁，土地城镇化大干快上，但人的城镇化却跟不上……在社会领域，离不开国家的适时介入和政策引导。新型城镇化的推进，旨在纠正传统城镇化过程中的混乱无序，把城镇化真正纳入到国家治理能力现代化过程中，全面提高城镇化建设的质量和水平。因此，新型城镇化也是国家角色回归的城镇化，是国家的科学规划和有序引导的城镇化，本质上是立足保护和发展农村的，是对社会力量的一种有效保护、有机滋养、有力培育。这里还要强调的是，社会养护绝不是一方消灭另一方，单纯地消灭某种力量，社会平衡秩序一样会被破坏。如消灭市场就会"铁板一块"，没有发展活力，如果放任"市场"独大，就会带来大量的负外部性，可能坠入发展陷阱和深渊。只有基于"国家主导"的市场和社会平衡协调，让各种力量均衡契合、各得其所，才是最符合初级阶段国情的变迁发展。

（三）社会公众：社会养护的使命担当

社会养护是每个关注关心农村发展的社会成员特别是知识分子群体的神圣使命和优良传统，这是一种真挚质朴的情怀。20世纪有以梁漱溟、晏阳初为代表的民国乡村建设运动。当时的中国政局动荡，整个国力的衰微和羸弱，农村饱受战乱之苦，灾害频发，民生凋敝，生产力水平低下，解决不了温饱，更无基本教育和医疗，文盲众多。有良知的知识分子悲天悯人，铁肩担道义，出现形形色色的乡村建设团体。有的从扫盲开始，如晏阳初领导的中华平民教育促进会（平教会）；有的痛感于中国传统文化有形的根、乡村无形的根、人伦秩序在近代以来的重创，欲以乡村为基地重造新文化，如梁漱溟领导的邹平乡村建设运动；有的致力于推广工商职业教育，如黄炎培领导的中华职业教育社；有的以政府力量推动乡村自治，如江宁自治实验县；有的开展农民自卫、自治、自富，建设夜不闭户、路不拾遗、村村无讼、家家有余的理想社会，如彭禹廷领导的镇平自治运动；许多教育家试图通过提高农民素质，来改造农村社会，以社会调查和学术研究为发轫，如金陵大学、燕京大学积极投身乡村建设等。①

进入新世纪，以温铁军为代表的一大批学者兴起新乡村建设运动。温铁军认为："当代新乡村建设（Rural Reconstruction）是工业化加速时期为了缓解城乡对立和农村衰败、进而危及国家的可持续发展而进行的、以知识分子和青年学生为先导的、社会各个阶层自觉参与的、与基层农民及乡土文化结合的、实践性的改良试验；也包括在理论研究层面和国际交流等方面的相关工作。"② 这些新乡村建设在促进乡村生产力发展的同时，也有效调整了国家与市场的关系，催生养护了乡村社会力量的发展。

国家的主导和知识分子的启智，实际上都是外部的力量，很大程度还是需要依靠乡村的精英自治力量来实现。任何外在的力量只能是辅助，农村的社会养护本质上还是需要依靠乡村内生的力量来实现。内部的力量才是乡村发展的驱动力，也是乡村发展的主体，外部的观念和思维只有导入到内部的生态中，才会从深层次改变发展的节奏，否则单凭一种强制力，对于发展来说，依然是没有平衡动力的。有可能会陷入短暂的、间歇的发展，它不是可持续的。

对于农村来说，这种内部的力量可能来自于以下一些人群。一是乡村自治干部。这群人是通过村民自治的模式由村民自己选举出来的，实现乡村自我管理的政治精英。乡村干部是典型的乡村能人，他们是沟通乡村和外部社会的桥梁，熟悉乡村的生态和民情，同时对外部社会也比较熟络。所以他们也是最有可能接受外部先进思想的内部人，因此对乡村干部的启智对于社会养护来说至关重要。二是来自于城市的返乡者。这样的返乡者又可能包含两种人群，一类是返乡的打工者。他们在20世纪的进城潮中进入城市，通过务工获得了较高的收入，但是并没有建立对城市的认同感，很多人重新返回家乡，但基本上已经是获得了一定的经济资本；另一类人群是返乡的大学生，他们通过努力从农村进入城市就读，获得了大学文凭，但却选择了回乡创业或者类似于从事大学生村

---

① 徐秀丽：《民国时期的乡村建设运动》，《安徽史学》2006年第4期。
② 温铁军：《中国新乡村建设问答》，http：//www.snzg.com.cn/ReadNews.asp? NewsID = 745。

官这样的岗位,他们身上拥有的是文化资本。

综上所述,在村落场域中有国家—市场—社会三种力量的博弈:国家与社会之间有着张力与平衡、国家与市场之间有着对抗与合作、市场与社会之间则是互利与协调;村庄的治理,其实是在寻找"国家—市场—社会"之间的活动空间,三者力量均衡,是村庄治理有效、社会秩序维护的基础。在村庄治理中,单纯运用"国家的代理人"和"社区利益的保护者"来给村干部定位已经落伍,必须从动态的角度去分析村干部在村庄治理中的角色定位和困境难题。城市化进程中,许多村庄出现违章建筑的蔓延,但由于正式制度的软化、非正式制度的弱化、村民之间形成了一张"利益—关系网络"、村民"观念产权"的存在等因素,违章建筑成为农村地区难以治理的顽疾。村庄要有"善治"的价值追求,村落秩序建构呼唤"社会养护",即养育护持社会力量,使之生长并保持良好状态,以维护村落社会秩序的和谐有序。

第九章

结论与讨论

一 研究的结论

以上各章，我们已经对城市化进程中的村落变迁的条件、特征、趋势和规律进行了深入地探索思考。之所以要做这种中观研究，主要是因为村落是一种特殊而又复杂的客体，其变迁形式多样、主体多元、利益分化，需要层次化的研究内容设计和创新性研究。基于田野调查、实证研究和较细致的理论分析，我们得出如下研究结论。

1. 城市化是一个国家走向现代化的重要标志。村落是中国乡村社会结构中的基本单位和组织形式，是一个区域共同体。城市化不可避免地毁坏了农村传统村落的原生态，引起一系列社会变迁，导致农村社会的重大失衡，传统乡村面临着生存还是毁灭、衰败或是复兴、遗弃抑或重建等的严峻挑战。我国幅员辽阔，各地农村城市化路径各异，不能坐等"被城市化"，必须积极寻找独特的变迁发展之路。要以人为核心，推进人的城市化；要节约利用土地，推行土地规模经营；要转变发展方式，提高农业现代化水平，提高农民收入和生活水平；以工促农、以城带乡，化解"三农"问题；调整利益关系，实现城乡一体化。

2. 城市化中的村落变迁是一个自然历史过程，既体现在农村人口向城市迁移，也体现为价值观、生活态度和社会行为在内的农村生活方式向城市生活方式的转变。城市化进程中，村落仍有存在的价值和发展的理由；城市化既会让大量村落从最传统的行动情境撤离，在形态上趋于终结和消亡，也会给村落带来前所未有的变迁发展契机。

3. 城市化进程中的村落变迁需要一些特殊背景和条件环境，主要有自然环境因素、政治经济条件、社会人文条件等，诸如传统村落的旅游开发、环境污染、重大工程建设、非农产业或专业化的带动、政府规划下的新农村建设、新生代农民工返乡创业、农业技术的革新等。

4. 城市化进程中，随着盖房、分家、征地拆迁、安置小区建设等，村落空间结构发生演化，出现"邻里性"与"分散性"的居住模式、从"从父居"到"从子居"的居住变化；农村人际关系也发生了急剧变迁，呈现日益淡薄疏离的状态：人际关系日益理性、亲情关系出现淡化、邻里关系渐行渐远；盖房热潮中，大部分农村老人的居住条件并没有得到改善，表明农村的传统美德正在流失；而盖房引发的村民之间的纠纷日益增多，表明村落人际关系出现理性化、自私化趋势。

5. 转型变革是村落变迁的重要特征。既有村落生产方式的转型、也有农民身份观念的变化、更有农民生活方式的变迁。剥离裂变是村落市场力量扩张的特征，体现为人与生产的剥离、人与空间的剥离、人与价值的剥离；自生自发是村落社会力量生长的特征，体现为乡村基层治理的变化、村落权威的解构与重构；多元异质是不同类型村落变迁的个性特征，现代工业型村落、现代农业型村落、专业市场型村落、历史文化型村落以及其他类型村落各有各的变迁特征。

6. 村落变迁中存在着人口迁徙规律，但我国村落形态千差万别。推进城市化不能单靠几个城市圈和少数经济发达地区来完成，更需要合理引导人口流向、产业转移和配置资源，形成中小城市、中心镇、农村新型社区等协同发展"多中心"格局。"舒张型城市化"是在新型城市化大背景大趋势下，人口从饱和城市向农村流动扩散的自然迁移过程，它不是城市化的反动、反向运动，而是城乡自主均衡发展的新阶段。

7. 村落精英是村落变迁的内驱力。村落精英的成长、更替、缺位、复出等都给村落秩序建构和经济社会发展带来重要影响；精英转型是村落变迁中的特色凝练的重要基础。从保护人到企业家是村落精英角色演变的内在逻辑，从中可以寻找村落精英的角色演变历程、社会角色转换规律。

8. 村落变迁中必须重视治理与秩序建构。在村落场域中有国家—市场—社会三种力量的博弈：国家与社会之间有着张力与平衡、国家与市场之间有着对抗与合作、市场与社会之间则是互利与协调；当前不少农村存在着治理失效现象，尤其是对违章建筑的治理，正式制度的软化、非正式制度的弱化、利益—关系网络、观念产权等因素导致了治理失效；村庄"善治"是村落变迁的价值追求，村落秩序的平衡协调呼唤"社会养护"。

9. 城市化中村落变迁中蕴含着分化整合规律。社会分化不足抑或分化过度都有损城市化进程，如政绩冲动下的造城运动、政府包办下的单兵突进、急功近利下的简单粗暴、文脉断裂下的千人一面等；又如村落变迁有半城市化、村落的过疏化与空心化、村落的原子化与个体化等现象。为消解上述现象，必须做好顶层设计和总体规划、让多种力量共同参与建设、以综合改革促进城乡协调、传承文脉以彰显特色；要坚持以人为核心的价值统摄、推进制度的自然演进和理性建构、处理好多样性和统一性的关系、以五大发展理念引领村落变迁新常态。只有这样，城市化进程中的村落变迁才能达到顶层设计中的理想状态。

10. 村落传统文化能让人们"记得住乡愁"。我国古村落分布之广、数量之多、种类之全、历史文化价值之高，是其他任何国家都难以媲美的。但城市化进程中，承载着人文记忆和故土乡愁的古村落终结速度之快让人叹息。文脉不能断裂、不能听任自然衰败，它需要在现代社会得到精心呵护、延续、传承和创新。[①] 与其将传统建立于对村落的想象和期许之中，将村落视为传统遗存的最后"庇护所"，不如将村落曾负载的传统特质牢牢根植于每个人的内心，使其与现代性融合。例如在浙江"美丽乡村"建设中，"标准化"成为官方是否拨款支持的重要依据。在官方的统一规划建设下，村落呈现出现代性所追求的整体性、一致性；统一规划的乡村建筑又不同于城市的高楼大厦，轻灵精致的外表，与小桥流水的搭配，加之实用的内部设计，又在一定程度上保留了传统乡村的风骨，留得住青山，记得住乡愁。如果这一融合的过程并非野蛮粗暴的植入，随着村落生态的逐渐好转，旅游适度开发，农业集约化和特色化经营又有效益，那么，一个乐观的愿景仍然可以期待：乡村在现代性渗入下，不一定没落，也不会倒回，而是实现一种可以接受的重生。

[①] 任映红、梅长青：《城市化进程中村落传统文脉的承继和延续》，《浙江社会科学》2014年第12期。

二 研究的创新

研究城市化进程中始终处于动态变迁转型的形态各异的村落,是我国城市化健康有序推进的立意深远、内涵深刻、理论意义和现实意义都十分重大的课题。对于研究者来说,需要有很强的问题意识,有宏观掌控和整体性把握的研究能力;思路新颖独到,谋篇布局设计注重系统性、逻辑性。本项研究的学术创新之处主要体现为以下几个方面。

(一) 选题有重大理论和现实意义

该选题具有学术前沿性,有重大理论和现实意义。我国城市化进程不可避免地毁坏了农村传统村落的原生态,引起一系列社会变迁,导致农村社会的重大失衡。村落共同体在城市化进程中的生存、适应、演变、转型等问题是中国经济社会发展中不可回避的重大问题。本研究追踪了村落变迁和发展的历史脉络,认为村落变迁是一个自然的历史过程,有其内在逻辑、变迁方式。引发村落变迁的有自然环境、政治经济、人文社会等因素;重新评估了城市化进程中村落自身存在的价值:认为村落不是城市的拖累和附庸,既不能"千村一面"地改造村落,也不能做"一步登天"快速城市化的美梦,而是重在客观审视村落变迁的基础条件、外部环境,因地制宜、因势利导、顺势而为。

本研究基于对不同类型村落的观察,探析其变迁的环境条件、空间结构变迁、提炼总结规律;细致观察了村落中城市化因素积累、扩展。分析城市化、工业化、市场化、交互作用下村落变迁的历史、现状、问题和趋势,描绘村落变迁的理想图景和发展方向,寻找城市化进程中村落与更大社会系统的融合路径,为我国新型城镇化建设提供宏观把控、理论支撑、实践模型指引,对缩小或弥合城乡鸿沟提出诸多富有建设性的政策建议。

(二) 研究视角独特,有理论创新

一是重新审视城市化中村落存在的价值。不把村落当作是城市的"附庸""拖累",也不"千村一面"地改造,更不做村落"一步登天"

快速城市化的美梦;"城市化是村落变迁的外源性动力,既会让大量村落从最传统的行动情境撤离,在形态上趋于终结和消亡;也会给村落带来前所未有的变迁发展的契机"。[①] 通过对浙江 6 个不同类型村落变迁的案例分析,能帮助其他村落找到"普遍规则"的钥匙、内涵和边界。

二是强调城市化进程中村落变迁是一个自然历史过程。村落变迁是一个长期的自然历史过程,但会有一些特殊背景、条件和契机,变迁中会有不同特征;各种不同形态村落不能坐等"被城市化",而应因势而谋、因地制宜、顺势而为,主动寻找最适宜的村落变迁路径。每一个村落变迁发展的方式,表面上微不足道,本质上兹事体大,不仅关乎农民,还关乎整个中国社会的将来。

三是提出一系列新概念、新观点。如,提出"舒张型城市化"的新概念。认为"舒张型城市化"是在新型城市化大背景大趋势下,人口从饱和城市向农村流动扩散的自然迁移过程,它不是城市化的反动、反向运动,而是城乡自主均衡发展的新阶段;认为"舒张型城市化"加快了乡村社会的城市化、带动乡村农业的现代化、促进了新农人的形成。"舒张型城市化"的成因有制度安排、组织迁徙、空间诱因、需求动因、经济动因和制度动因等方面,并对其特点、阻滞因素和应有的政策取向作了分析。

如,用"熟悉的陌生人"来形容当下农村邻里关系的新形态。不少学者曾使用"淡化"一词来描述现代农村邻里关系的动态变化,但并没有指出现有农村邻里关系是以何种形态存在。随着城市化的推进,中国大部分村庄变得更为开放,流动性更强,但尚未使村庄共同体属性消失。伴随着村民大规模的盖房行为、围墙的设立,使得农家院子成为家庭私人空间,不再是邻居可以随意出入、闲谈聊天的场所空间;楼房客厅的设计让邻里交往逐渐变得正式化,拉开了空间距离也拉开了心理距离。伴随着传统的"邻里共同体"的不断解体和消亡,邻里交往和互动抹上了浓厚的功利化和理性算计色彩,农村邻里关系由"守望相助"变得"渐行渐远",出现了一种邻里关系新形态,即"熟悉的陌生人"。

---

① 任映红:《探寻城市化与村落(社区)变迁的内在逻辑》,《温州大学学报》2014 年第 1 期。

如，在村庄治理的秩序维护中有"利益—关系网络"的新发现。我们在调查访谈后发现：除了以权力为轴心而编织的"权力—利益的结构之网"之外，在乡村社会中还存在着"利益—关系网络"，这是村落共同体中的农民彼此基于利益而结成的"荣辱与共"而错综复杂的坚固之网，它既限制了农民通过法律途径来维护自己的权益，也在一定程度上导致国家政策和村干部对村民违章乱建行为治理的失效，因为它可以使正式制度政策软化，非正式制度弱化，双重身份的村干部只能采用妥协来处理争端。

如，提出村落场域中"国家—市场—社会"力量博弈需要"社会养护"的新论断。因为在这三种力量对比中，社会一直是处于弱势地位，要达到这种理想的均衡状态，就需要"社会养护"：社会的力量有成长的动力和环境，国家和市场的力量得到有效控制；国家力量要承担起社会养护的主体责任，社会公众要有社会养护的使命担当。这样，村落社会秩序才会处在一种稳定的均衡状态。

（三）经典与现代交融的方法创新

迪尔凯姆在《社会学方法的准则》一书中强调摆脱一切预断，要把社会事实当作物来考察。本项研究立足于"社会事实"开展田野调查研究，从最朴素的生活事实出发，运用历史唯物主义、城市化、分化整合等理论，运用"行动—关系—制度"的分析法，通过对城市化进程中村落变迁这一特殊场域中"国家—市场—社会"三种力量的生长和演变、出现影响和谐的变量因素分析，力图能从中寻找特征和演变规律，为其他地区的村落变迁提供新的视角、方法或范式。本研究力求做到理论与实践相结合、历史与逻辑相统一、主观与客观相一致，现象描述与理论阐释相结合，背景分析与理性综合有机统一，以求我们的客观描述和理论分析具有科学性和说服力，以达到"立足浙江、辐射全国"之目的，最终能够助推新型城镇化战略。

如，我们发现了"国家—社会"分析框架的局限性。它既忽视了"市场"的作用，又"目中无人"，忽视了有主观能动性的个体农民。因此，我们尝试着构建"国家—市场—社会"的分析框架，并把"个体"（农民行动者）纳入其中，这样就能为城市化进程中村落变迁中的治理难题和个体化现象寻找一个合理的解释。我们坚信，这一研究方法有其独特的价值。

如，我们形成了"行动—关系—制度"的分析法。研究村落变迁必须关注人的行动、人和社会的关系。结构功能主义的代表人物帕森斯认为行动系统包含了行为有机体、人格、社会和文化四个子系统在内；在吉登斯看来，结构是一种意外性的结果，社会系统在行动者的例行化的行动过程中被形塑了；哈耶克提出"自发社会秩序"的理论,[1] 康芒斯、诺斯等强调社会制度对个人行动的重要性。这些理论都对社会学研究有很大启发。张静倡导"结构—制度分析"，强调结构和制度在人们行动的作用；孙立平提倡"过程—事件分析"，前者偏向静态，后者是动态的，两种研究方法各有所长。我们取二者之长，形成了一个"行动—关系—制度"的分析法，以解释村落社会现象内部、社会现象之间以及与社会整体的相互关系。

如，我们将时空变化与社会关系网络有机联系在一起。时间和空间是物理学和地理学的重要概念，在社会科学研究中一直较缺乏时空概念。时间和空间常被看作一种外生变量，是一种自然的事物。事实上，时空不仅是外生变量，也是"纯内生变量"，"是我们理解社会结构和历史变迁的关键所在"。[2]

在社会发展过程中，发生着多种多样的时空重组和时空变换。时空问题不仅对于理解宏观社会过程和社会制度有重要的理论与方法论意义，而且也是个体和群体日常社会行为的重要分析工具。日常生活中的位置、场所、先后、次序等，就是很有趣味的空间和时间问题，其中往往包含着复杂的权利关系和社会文化意义。[3] 空间可分为地理空间和社会空间。社会空间指社会活动、社会事件的规模、范围以及社会影响的深广度等。关于空间和社会关系变迁研究，阎云翔对下岬村的研究[4]和赵爽对北方 F

---

[1] [英]弗里德里希·奥古斯特·哈耶克:《自由宪章》，杨玉生等译，中国社会科学出版社 2012 年版。
[2] [英]德雷克·格利高里、约翰·厄里编:《社会关系与空间结构》，谢礼圣、吕增奎等译，北京师范大学出版集团 2011 年版，总序，第 1 页。
[3] [英]芭芭拉·亚当:《时间与社会理论》，金梦兰译，北京师范大学出版社 2009 年版。
[4] [美]阎云翔:《中国社会的个体化》，陆洋译，上海译文出版社 2012 年版。

村的研究①已有采用。本研究则将时间和空间两种维度同时纳入到村落变迁中的社会关系分析,这是在前人探索的基础上的进一步发展。

同时,我们还采用文献研究→实地体验→区域研究→分类研究,采用"质的研究"(Qualitative Research)法、综合研究法(包括静态、动态、外部关系研究)等,注意"从局部的观察看到或接近看到事物的全貌",并充分利用了互联网、大数据时代多样化的信息技术和网络工具。

(四) 写作体例的创新性

课题组有较为开阔的学术视野与较强的理论分析能力,致力于分析问题的全面性、解决问题的独特性。通过现实分析、典型案例剖析与经验借鉴,层层递进式地对我国城市化进程中的村落变迁进行较全面、系统、客观的研究。思路清晰,结构合理,论证充分,逻辑严密,资料翔实,创新点鲜明;探讨村落变迁的特殊机理和内生逻辑,避免生吞活剥西方概念和理论所带来的片面和尴尬。克服单纯依靠常识观察重大社会问题的缺陷,使其理念上有创新、体制上有突破、政策上有推进,形成理论归纳和一般概括,为中国城市化进程中的村落发展提供一个学理性解释。从个别到一般,能提供一些城市化进程中不同类型村落变迁的规律性启示,能为中国村落研究提供一些新的视角,使社会学获得知识更新。

三 研究的不足

新型城镇化建设是国家战略,也是一项社会工程、民生工程,有着重大的理论意义和现实意义。从全国范围来说,城市化进程中村落变迁是个宏大的课题,涉及的领域广泛,蕴涵着许多本质的内在的规律值得深入挖掘。受研究者的学术视野、时间精力限制,本项研究存在着不足。

一是研究不够全面。中国幅员辽阔、人口众多,各个地区、不同的农村其自然环境、经济发展水平、文化习俗有着很大的差异。城市化进程中的村落研究,全国范围内百村、千村调查都嫌不够,而我们的研究

---

① 赵爽:《征地、撤村建居与农村人际关系变迁》,博士学位论文,复旦大学,2012年。

只选择了浙江省的6个村落进行个案研究。虽然调研比较细致深入，但很难描绘出城市化进程中村落变迁的全貌。而且，个案研究的经验、规律的普遍性、可借鉴性也是一个难题。

城市化进程中传统文化保护传承始终是一个难以突破的瓶颈问题，它不仅直接影响着我国城市化的质量，也关系到我国经济社会发展的速度和品质。面对传统村落的终结，从中央到社会各界都呼唤留住"乡愁"，这是在推进新型城镇化中对人们思恋家乡的缠绵情感、乡村传统历史文化遗存的尊重。本研究对传统古村落的保护和文化传承虽有一定篇幅的研究，但仍显着墨不足。另外，本研究虽然探讨了城市化进程中村落变迁的特征和规律，但是，千差万别的村落变迁，存在着诸多复杂的影响因素，除了工业化、信息化、市场化和城市化这些宏观因素以外，村庄的宗族组织、文化习俗等内在的文化制度其实也会深深影响村落变迁轨迹，但我们未能搜集更多的资料来加以验证和分析，也未能从中得出更多的规律性总结。

二是比较研究缺乏。比较研究法是根据一定的标准，对人与人、物与物之间的相似性或相异性进行考察、研判，以探求内在规律的方法。本研究致力于对浙江杭州、温州、台州、绍兴四地六村的实证研究，调研内容各有侧重，这样的研究虽然对每个村而言是有深度的，但缺乏4个不同区域之间城市化进程的比较分析，也缺乏按照不同的梯度推进、处于城市化不同发展阶段、村落发展面临不同问题的六个村之间的比较研究，而这种比较研究恰恰是能够探求和总结浙江城市化进程中村落变迁的"浙江经验"的。另外，本研究还缺乏将浙江各地区、浙江与其他省份以及中外城市化进程中村落变迁的比照性分析。

四 研究的拓展

城市化进程中的村落变迁，下一步可从以下几个方面作进一步的拓展研究。

1. 如何在工业化、市场化、城镇化、信息化交互作用下，用"四个全面"理念，全面把握城市化进程中村落变迁的经济、政治、社会、文化、生态的"五位一体"的发展？中国的城市化绝对不能照搬西方模式，如何融入地方性知识和地方性经验，用中国自己话语体系的建构村落变迁的理想模型，探索中国特色的新型城镇化之路？

2. 国家如何引导农村人口流向、合理配置资源、加快城乡社区之间衔接，从而避免在加快城市化与建设社会主义新农村这两大国家战略之间出现游离或断裂？各级政府如何缩小城乡鸿沟、促进城乡互动？

3. 如何处理好城市化发展与自然村落衰败之间的矛盾冲突，避免破坏自然生态环境，避免社会秩序的混乱、精神信仰的缺失以及人际关系的紧张？在快速城市化进程中，在村落改造、终结过程中，物质的文化遗产和非物质文化遗产如何保护、传承，使之成为人们的精神家园，让人们真正记住乡愁？

4. 新型城镇化战略的核心是人的城镇化，如何更多地关照城镇化建设主体——农民，从农民工就业、农民市民化、户籍制度改革、移民政策设计、社会保障制度完善等方面研究城市化进程中大量农民进入城市、向城市居民转变的流动趋向以及遇到的各种瓶颈问题，积极寻找其解决途径，进而促进政府社会政策的健全和完善？

5. 在研究中，我们发现，目前我国村落变迁的条件因素是复杂而多元的。从自然环境、政治经济和人文社会三个宏观层次的分析，虽总体上能概括村落变迁的条件因素，但还存在需要进一步讨论的问题。如信息化时代，网络技术已经深刻影响着人们的交往方式，传统村落的网络化再现，这些虚拟村落变迁的发生机理如何？伴随着现代科学技术的进步和发展，时空距离在不断缩小，国际交往日益频繁，地球就像是茫茫宇宙中的小村落，"地球村"的变迁机理如何？不同国家有着不同的自然环境、政治经济、社会文化背景，中外村落变迁发生条件异同如何比较？所有这些问题都为进一步研究村落变迁的条件提供了新的思路和空间。

6. 城市化进程中村落变迁中的乡镇管理体制、农村系列改革、制度创新、产业支撑、农业现代化推进、农村就地城镇化、特大镇与特色小镇建设、美丽乡村建设、古村落的抢救性保护、农村电子商务与村落信息化、农村剩余劳动力转移、外来人口的生存状态等，这些都值得进一步探索和研究。

总之，我们的研究取得一些成果，对城市化进程中的村落变迁问题有了一些新思考，提出了一些新概念、新观点，初步有了一些可贵的理论创新和方法创新，使整个研究在前人村落研究基础上有所推进，使社会学知识获得了更新，但也存在着不足和差距。

今后，我们会继续跟踪研究城市化进程中村落变迁的新态势、新问题，寻找研究的突破口，让我们的村落研究更加丰满、更加深入，更上一层楼！

我们的研究还存在着许多不足，恳请专家们给予批评和指导！

参考文献

【著作类】

(1)《马克思恩格斯选集》(第1—4卷),人民出版社1995年版。

(2)《邓小平文选》(第1—3卷),人民出版社1994年版。

(3)《高举中国特色社会主义伟大旗帜 为夺取全面建设小康社会新胜利而奋斗》,人民出版社2007年版。

(4) 费孝通:《乡土中国与生育制度》,北京大学出版社1998年版。

(5) 费孝通:《乡土中国·乡土重建》,上海世纪出版集团2007年版。

(6) 费孝通:《江村经济》,上海人民出版社2007年版。

(7) 费孝通:《乡土中国》(修订本),上海人民出版社2013年版。

(8) 陆学艺:《内发的村庄》,社会科学文献出版社2001年版。

(9) 郑杭生:《社会学概论新编》,中国人民大学出版社1987年版。

(10) 李培林:《村落的终结:羊城村的故事》,商务印书馆2010年版。

(11) 黄宗智:《华北的小农经济与社会变迁》,中华书局2004年版。

(12) 黄宗智:《长江三角洲小农家庭与乡村发展》,中华书局2000年版。

(13) 王沪宁:《当代西方政治学分析》,四川人民出版社1987版。

(14) 周晓虹:《西方社会学历史与体系》(第一卷),上海人民出版社2002年版。

(15) 张静:《基层政权:乡村制度诸问题》,上海人民出版社2007年版。

(16) 中国社会科学院社会学研究所编:《中国社会学》(第5卷),上海人民出版社2006年版。

(17) 贺雪峰:《新乡土中国》,广西师范大学出版社2003年版。

(18) 贺雪峰:《什么农村,什么问题》,法律出版社2008年版。

(19) 贺雪峰：《乡村社会关键词——进入 21 世纪的中国乡村素描》，山东人民出版社 2010 年版。
(20) 于建嵘：《岳村政治——转型期中国乡村政治结构的变迁》，湖南文艺出版社 2013 年版。
(21) 郑永年：《保卫社会》，浙江人民出版社 2011 年版。
(22) 苏力：《送法下乡：中国基层司法制度研究》，中国政法大学出版社 2006 年版。
(23) 张立文：《传统学引论》，中国人民大学出版社 1989 年版。
(24) 沈建国：《新世纪中国城市化道路的探索》，中国建筑工业出版社 2001 版。
(25) 倪鹏飞等：《中国新型城市化道路——城乡双赢：以成都为案例》，社会科学文献出版社 2007 年版。
(26) 瞿同祖：《清代地方政府》，法律出版社 2011 年版。
(27) 王福明：《乡与村的社会结构》，从翰香主编《近代冀鲁豫乡村》，中国社会科学出版社 1995 年版。
(28) 王伟光：《利益论》，人民出版社 2001 年版。
(29) 王铭铭：《社区的历程：溪村汉人家族的个案研究》，天津人民出版社 1997 年版。
(30) 陈光金：《中国农村现代化的回顾与前瞻》，湖南出版社 1996 年版。
(31) 范恒山、陶良虎主编：《中国城市化进程》，人民出版社 2009 年版。
(32) 陈一筠主编：《城市化与城市社会学》，光明日报出版社 1986 年版。
(33) 杨建华：《分化与整合：一项以浙江为个案的实证研究》，社会科学文献出版社 2009 年版。
(34) 李正华：《乡村集市与近代社会——20 世纪前半期华北乡村集市研究》，当代中国出版社 1998 年版。
(35) 邓正来：《国家与社会：中国市民社会研究》，北京大学出版社 2008 年版。
(36) 蔡禾：《城市社会学：理论与视野》，中山大学出版社 2003 年版。
(37) 陈甬军等：《中国城市化道路新论》，商务印书馆 2009 年版。
(38) 王锦贵：《中国文化史简编》，北京大学出版社 2004 年版。
(39) 王振海、王存慧：《新视角下的政治——关于社区发展的专题研究》,中国社会科学出版社1995年版。

(40)朱晓阳:《小村故事:地志与家园》,北京大学出版社2011年版。

(41)汉宝德:《中国建筑文化讲座》,生活·读书·新知三联书店2006年版。

(42)梁敬明:《走近郑宅——乡村社会变迁与农民生存状态(1949—1999)》,中国社会科学出版社2005年版。

(43)董磊明:《宋村的调解——巨变时代的权威与秩序》,法律出版社2008年版。

(44)张敦福:《现代社会学教程》,高等教育出版社2001年版。

(45)周一星:《城市地理学》,商务印书馆2007年版。

(46)盛广耀:《城市化模式及其转变研究》,中国社会科学出版社2008年版。

(47)车裕斌:《浙江山区村落经济社会变迁研究》,中国社会科学出版社2007年版。

(48)桂勇:《邻里空间:城市基层的行动、组织与互动》,上海世纪出版集团2008年版。

(49)张培刚:《农业与工业化:农业国工业化问题初探》(上卷),华中科技大学出版社2002年版。

(50)宿胜军:《从"保护人"到"承包人"》,载杨善华、王思斌编《社会转型:北京大学青年学者的探索》,社会科学文献出版社2002年版。

(51)贾春增:《外国社会学史》(修订本),中国人民大学出版社2000年版。

(52)杨善华、王思斌:《社会转型:北京大学青年学者的探索》,社会科学文献出版社2002年版。

(53)刘梦琴:《村落的终结:城中村及其改造研究》,中国农业出版社2010年版。

(54)郑玉敏、徐波主编:《托起的天平:东莞发展的法律思考》,广东高等教育出版社2008年版。

(55)刘随彦等:《中国农村发展报告》,科学出版社2011年版。

【译著·外文类】

（1）［古希腊］亚里士多德：《政治学》，吴寿彭译，商务印书馆 1996 年版。

（2）［英］亚当·斯密：《国富论》，孙善春、李春长译，中国华侨出版社 2010 年版。

（3）［英］约翰·洛克：《政府论》（下篇），商务印书馆 1986 年版。

（4）［美］丹尼尔·贝尔：《资本主义文化矛盾》，生活·读书·新知三联书店 1989 年版。

（5）［美］S. N. 艾森斯塔得：《帝国的政治体系》，阎步克译，贵州人民出版社 1992 年版。

（6）［法］孟德拉斯：《农民的终结》，社会科学文献出版社 2009 年版。

（7）［美］施坚雅：《中国农村的市场和社会结构》，史建云、徐秀丽译，中国社会科学出版社 1998 年版。

（8）［德］约翰·冯·杜能：《孤立国同农业和国民经济的关系》，吴衡康译，商务印书馆 1986 年版。

（9）［英］弗里德里希·奥古斯特·哈耶克：《自由宪章》，杨玉生等译，中国社会科学出版社 2012 年版。

（10）［美］尼尔·斯梅尔瑟：《经济社会学》，方明等译，华夏出版社 1989 年版。

（11）［德］沃尔夫冈·查普夫：《现代化与社会转型》，陆宏成、陈黎译，社会科学文献出版社 1998 年版。

（12）［日］富永健一：《社会结构与社会变迁》，董兴华译，云南人民出版社 1988 年版。

（13）［法］涂尔干：《社会分工论》，生活·读书·新知三联书店 2000 年版。

（14）［美］柯克·约翰逊：《电视与乡村社会变迁——对印度两村庄的民族志调查》，展明辉、张金玺译，中国人民大学出版社 2005 年版。

（15）［美］阎云翔：《私人生活的变革：一个中国村庄里的爱情、家庭与亲密关系（1949—1999）》，龚小夏译，上海书店出版社 2006

年版。

(16) ［美］阎云翔：《中国社会的个体化》，陆洋译，上海译文出版社 2012 年版。

(17) ［法］列斐伏尔：《空间：社会产物与使用价值》，载包亚明主编《现代性与空间的生产》，上海教育出版社 2003 年版。

(18) ［英］卡尔·波兰尼：《大转型：我们时代的政治与经济起源》，冯钢、刘阳译，浙江人民出版社 2007 年版。

(19) ［匈］卢卡奇：《历史与阶级意识》，杜章智等译，商务印书馆 1992 年版。

(20) ［英］鲍曼：《全球化：人类的后果》，郭国良、徐建华译，商务印书馆 2013 年版。

(21) ［法］米歇尔·福柯：《规训与惩罚》，刘北成、杨远婴译，生活·读书·新知三联书店 2007 年版。

(22) ［英］鲍曼：《工作、消费、新穷人》，仇子明、李兰译，吉林出版集团有限责任公司 2010 年版。

(23) ［德］斐迪南·滕尼斯：《共同体与社会》，林荣远译，商务印书馆 1999 年版。

(24) ［美］詹姆斯·C. 斯科特：《农民的道义经济学：东南亚的反叛与生存》，程立显、刘建译，译林出版社 2001 年版。

(25) ［法］托克维尔：《旧制度与大革命》，冯棠译，商务印书馆 2012 年版。

(26) ［德］赫伯特·西蒙：《管理决策新科学》，李柱流等译，中国社会科学出版社 1982 年版。

(27) ［英］霍布斯著：《利维坦》，黎思复、黎廷弼译，商务印书馆 1985 年版。

(28) ［法］弗朗索瓦·佩鲁：《新发展观》，张宁、丰子义译，华夏出版社 1987 年版。

(29) ［日］佐伯富：《清代的乡约与地保》，《东方学》1964 年第 28 期。

(30) ［美］罗伯特·帕特南：《使民主运转起来：现代意大利的公民传统——现代意大利的公民传统》，王列、赖海蓉译，江西人民出版社 2001 年版。

(31)［美］费里曼、毕克伟、塞尔登：《中国乡村，社会主义国家》，陶鹤山译，社会科学文献出版社 2002 年版。

(32)［美］张仲礼：《中国绅士：关于其在 19 世纪中国社会中作用的研究》，李荣昌译，上海社会科学院出版社 1991 年版。

(33)［美］罗依·普罗斯特曼：《解决中国农村土地制度现存问题的途径探讨》，载缪建平主编《中外学者论农村》，华夏出版社 1994 年版。

(34)［美］克利福德·吉尔兹：《地方性知识》，王海龙、张家瑄译，中央编译出版社 2000 年版。

(35)［美］梭罗：《瓦尔登湖》，王家湘译，北京十月文艺出版社 2009 年版。

(36)［美］阿列克斯·英克尔斯：《人的现代化》，殷陆君译，四川人民出版社 1985 年版。

(37)［美］罗尔斯：《正义论》，何怀宏等译，中国社会科学出版社 1988 年版，第 50—51 页。

(38)［英］哈耶克：《致命的自负：社会主义的谬误》，冯克利、胡晋华译，中国社会科学出版社 2000 年版。

(39)［英］卡尔·波普尔：《开放社会及其敌人》（第 1 卷），陆衡等译，中国社会科学出版社 1999 年版。

(40)［英］德雷克·格利高里、约翰·厄里编：《社会关系与空间结构》，谢礼圣、吕增奎等译，北京师范大学出版集团 2011 年版。

(41)［英］芭芭拉·亚当：《时间与社会理论》，金梦兰译，北京师范大学出版社 2009 年版。

(42)［法］皮埃尔·布迪厄、［美］华康德：《实践与反思：反思社会学导引》，中央编译出版社 2004 年版。

(43) Popkin, Samuel, *The Rational Peasant: The Political Economy of Rural Society in Vietnam*, Berkley: University of California Press, 1979.

(44) G. Hardin, "The Tragedy of the Commons", Scince, 1968.

(45) Scott, J. C., *Domination and the Arts of Resistance: Hidden Transcripts*. Yale University Press, 1990.

(46) Redfield, R., *Peasant Society and Culture. Chicago*, the University of

Chicago Press, 1956.
(47) Max WB, *The Theory of Social and Economic Organization* Free Press, 1997.
(48) Micheal P Todaro, *Labour Migration and City Unemployment Model in Less-Developed Country.* American Economic Review, 1969.
(49) Hsian, Kung-chuan, *Rural China: Imperial Control in the nineteenth Century*, Seattle University of Washington Press, 1967.
(50) Oi, Jean C., "The Fate of the Collective after the Commue", in *Chinese Society on the Eve Tiananmen: The Impact of Reform*, Edited by Debovah Davis and Ezra F. Vogel, Published by the Council on the East Asia Studies/Harvard University, 1990.
(51) G. Hardin, "The Tragedy of The Commons", Scince, 1968.
(52) Weber Adna Phelan, *The Growth of Cities in the Nineteenth Century*, Macmilan Publisher, 1899.

【期刊类】

（1）《国家新型城镇化规划（2014—2020年）》，《农村工作通讯》2014年第6期。
（2）中国金融40人论坛课题组：《加快推进新型城镇化：对若干重大体制改革问题的认识与政策建议》，《中国社会科学》2013年第7期。
（3）中办国办印发：《关于完善农村土地所有权承包权经营权分置办法的意见》，《农村工作通讯》2016年第21期。
（4）费孝通：《我所看到的中国农村工业化和城市化道路》，《浙江社会科学》1998年第4期。
（5）费孝通：《家庭结构变动中的老年赡养问题——再论中国家庭结构的变动》，《北京大学学报》（哲学社会科学版）1983年第3期。
（6）陆学艺、张厚义、张其仔：《转型时期农民的阶层分化》，《中国社会科学》1992年第4期。
（7）李培林：《巨变：村落的终结——都市里的村庄研究》，《中国社会科学》2002年第1期。
（8）李培林：《从"农民的终结"到"村落的终结"》，《传承》2012年第 15 期。

（9）黄宗智：《略论农村社会经济史研究方法：以长江三角洲和华北平原为例》，《中国经济史研究》1991 年第 3 期。

（10）李强、陈宇琳、刘精明：《中国城镇化"推进模式"研究》，《中国社会科学》2012 年第 7 期。

（11）孙立平等：《改革以来中国社会结构的变迁》，《中国社会科学》1994 年第 2 期。

（12）孙立平、王汉生等：《改革以来中国社会结构的变迁》，《中国社会科学》1994 年第 2 期。

（13）赵新平、周一星：《改革以来中国城市化道路及城市化理论研究述评》，《中国社会科学》2002 年第 2 期。

（14）郭于华：《代际关系的公平逻辑及其变迁——对河北农村养老事件的分析》，《中国学术》2001 年第 4 期。

（15）王春光：《农村流动人口的"半城市化"问题研究》，《社会学研究》2006 年第 5 期。

（16）辜胜阻等：《城镇化进程中农村留守儿童问题及对策》，《教育研究》2011 年第 9 期。

（17）刘少杰：《网络化时代的社会结构变迁》，《学术月刊》2012 年第 10 期。

（18）于建嵘：《当前农民维权活动的一个解释框架》，《社会学研究》2004 年第 2 期。

（19）应星：《草根动员与农民群体利益的表达机制——四个个案的比较研究》，《社会学研究》2007 年第 2 期。

（20）吴毅：《"权力—利益的结构之网"与农民群体性利益的表达困境——对一起石场纠纷案例的分析》，《社会学研究》2007 年第 5 期。

（21）吴毅：《双重边缘化：村干部角色与行为的类型学分析》，《管理世界》2002 年第 11 期。

（22）张静：《土地使用规则的不确定：一个解释框架》，《中国社会科学》2003 年第 1 期。

（23）张静：《政治社会学及其主要研究方向》，《社会学研究》1998 年第

3 期。

(24) 周飞舟、王绍琛：《农民上楼与资本下乡：城镇化的社会学研究》，《中国社会科学》2015 年第 1 期。

(25) 周飞舟：《从汲取型政权到"悬浮型"政权——税费改革对国家与农民关系之影响》，《社会学研究》2006 年第 3 期。

(26) 冯骥才：《传统村落的困境与出路——兼谈传统村落是另一类文化遗产》，《民间文化论坛》2013 年第 1 期。

(27) 仇保兴：《智慧地推进我国新型城镇化》，《城市发展研究》2013 年第 5 期。

(28) 肖文明：《观察现代性——卢曼社会系统理论的新视野》，《社会学研究》2008 年第 5 期。

(29) 苑鹏：《中国农村市场化进程中的农民合作组织研究》，《中国社会科学》2001 年第 6 期。

(30) 卢晖临：《集体化与农民平均主义心态的形成——关于房屋的故事》，《社会学研究》2006 年第 6 期。

(31) 陈映芳：《"违规"的空间》，《社会学研究》2013 年第 3 期。

(32) 孙秀林：《村庄民主及其影响因素：一项基于 400 个村庄的实证分析》，《社会学研究》2008 年第 6 期。

(33) 郭星华：《构建和谐的中国农村社会》，《探索与争鸣》2005 年第 2 期。

(34) 邓燕华、阮横俯：《农村银色力量何以可能？——以浙江老年协会为例》，《社会学研究》2008 年第 6 期。

(35) 翟学伟：《人情、面子与权力的再生产——情理社会中的社会交换方式》，《社会学研究》2004 年第 5 期。

(36) 折晓叶、陈婴婴：《产权怎样界定——一份集体产权私化的社会文本》，《社会学研究》2005 年第 4 期。

(37) 何艳玲、钟佩：《"熟悉的陌生人"：行动精英间关系如何影响业主共同行动》，《社会学研究》2013 年第 1 期。

(38) 田毅鹏、韩丹：《城市化与"村落终结"》，《吉林大学社会科学学报》2011 年第 2 期。

(39) 田毅鹏：《乡村"过疏化"背景下城乡一体化的两难》，《浙江学刊》2011 年第 5 期。

（40）吴霓：《农村留守儿童问题调研报告》，《教育研究》2004 年第 10 期。

（41）徐勇：《村干部的双重角色：代理人与当家人》，《二十一世纪》（香港）1997 年第 8 期。

（42）徐勇：《论乡村管理与村民自治的有机衔接》，《华中师范大学学报》1997 年第 1 期。

（43）贺雪峰、罗兴佐：《论农村公共物品供给中的均衡》，《经济学家》2006 年第 1 期。

（44）贺雪峰：《论熟人社会的人情》，《南京师范大学学报》（社会科学版）2011 年第 4 期。

（44）郑功成：《中国民生的两大主题：社会保障与促进就业》，《理论探讨》2004 年第 5 期。

（46）温莹莹：《非正式制度与村庄公共物品供给——T 村个案研究》，《社会学研究》2013 年第 1 期。

（47）王思斌：《村干部的边际地位与行为分析》，《社会学研究》1991 年第 4 期。

（48）曹正汉：《产权的社会建构逻辑——从博弈论的观点评中国社会学家的产权研究》，《社会学研究》2008 年第 1 期。

（49）张浩：《农民如何认识集体土地产权——华北河村征地案例研究》，《社会学研究》2013 年第 5 期。

（50）毛丹：《村落变迁中的单位化——尝试村落研究的一种范式》，《浙江社会科学》2000 年第 4 期。

（51）毛丹：《村庄的大转型》，《浙江社会科学》2008 年第 10 期。

（52）卢福营：《经济能人治村：中国乡村政治的新模式》，《学术月刊》2011 年第 10 期。

（53）卢福营：《中国特色的非农化与农村社会成员分化》，《天津社会科学》2007 年第 5 期。

（54）蓝宇蕴：《都市村社共同体——有关农民城市化组织方式与生活方式的个案研究》，《中国社会科学》2005 年第 2 期。

（55）张鸿雁：《西方城市化理论反思与中国本土化城市化理论模式建构

论》,《南京社会科学》2011年第9期。
(56) 胡潇:《社会变革的心理回应》,《社会学研究》1992年第3期。
(57) 陆益龙:《农民市场意识的形成及其影响因素——基于2006年中国综合社会调查的实证分析》,《中国人民大学学报》2012年第3期。
(58) 童星:《论新型城镇化的多样性和统一性》,《南京社会科学》2014年第12期。
(59) 申静、王汉生:《集体产权在中国乡村生活中的实践逻辑——社会学视角下的产权建构过程》,《社会学研究》2005年第1期。
(60) 朱信凯:《农民市民化的国际经验及对我国农民工问题的启示》,《中国软科学》2005年第1期。
(61) 杨建华:《共同体的重构:对城市社会终极实在的追寻——以杭州社会复合主体建设为例》,《浙江社会科学》2010年第10期。
(62) 吴理财:《个体化趋势带来多重挑战 乡村熟人社会的重构与整合——湖北秭归"幸福村落"社区治理建设模式调研》,《国家治理》2015年第11期。
(63) 卢福营:《村民自治背景下民众认同的村庄领袖》,《天津社会科学》2008年第5期。
(64) 李小建、罗庆、樊新生:《农区专业村的形成与演化机理研究》,《中国软科学》2009年第2期。
(65) 姜爱林:《21世纪初用城镇化推动工业化的战略选择》,《经济学动态》2001年第9期。
(66) 李东红、杨利美:《文化资源的价值评估、成本核算与经济补偿》,《思想战线》2004年第3期。
(67) 曹海林:《村落公共空间演变及其对村庄秩序重构的意义——兼论社会变迁中村庄秩序的生成逻辑》,《天津社会科学》2005年第6期。
(68) 蔡禾、贾文娟:《路桥建设业中包工头工资发放的"逆差序格局"——"关系"降低了谁的市场风险》,《社会》2009年第5期。
(69) 陈映芳:《征地农民的市民化——上海市的调查》,《华东师范大学学报》2003年第3期。
(70) 文军:《农民市民化:从农民到市民的角色转型》,《华东师范大学学报》2004 年第 3 期。

（71）浙江师范大学农村研究中心课题组：《浙江省现代工业型村落经济社会变迁》，《红旗文稿》2008 年第 7 期。

（72）孔铎、刘士林：《我国逆城市化发展研究述评》，《学术界》2011 年第 11 期。

（73）邱国盛：《当代中国逆城市化研究（1949—1978）》，《社会科学辑刊》2006 年第 3 期。

（74）陈伯君：《逆城市化趋势下中国村镇的发展机遇——兼论城市化的可持续发展》，《社会科学研究》2007 年第 3 期。

（75）周全德：《出生性别比失衡与小城镇生活方式的关联性思考》，《中州学刊》2008 年第 3 期。

（76）郎晓波：《论城市化进程中农村集体经济改制的社区整合意义——基于对浙江省 F 村股份经济合作社的社区整合意义》，《农业经济问题》2009 年第 5 期。

（77）任轶：《政治精英在村庄治理中的角色：一种比较发展的视角》，《南京社会科学》2013 年第 9 期。

（78）孙秀林：《村庄民主、村干部角色及其行为模式》，《社会》2009 年第 1 期。

（79）熊易寒：《社区选举：在政治冷漠与高投票率之间》，《社会》2008 年第 3 期。

（80）王汉生、王迪：《农村民间纠纷调解中的公平建构与公平逻辑》，《社会》2012 年第 2 期。

（81）任映红、梅长青：《城市化进程中村落传统文脉的承继和延续》，《浙江社会科学》2014 年第 12 期。

（82）任映红、王勇：《城市化进程中村落变迁的条件和作用机理》，《理论探讨》2015 年第 1 期。

【报纸类】

（1）《城镇化快速发展，农村空心化困局如何破解》，《人民日报》2013 年 2 月 4 日。

（2）《以实际行动关爱留守儿童》，《人民日报》2015 年 7 月 9 日。

(3)《人社部统计公报：2015年末全国7.7亿人就业》，《人民日报》2016年5月31日。

(4)《多地新城遭业主抛弃成为空城，房地产泡沫蔓延》，《人民日报》2013年9月3日。

(5)《中共中央关于全面深化改革若干重大问题的决定》，《新华每日电讯》2013年11月16日。

(6) 郭毅、吴齐强：《农村空心化：困局如何破解》，《人民日报》2013年2月3日。

(7) 辜胜阻：《均衡的新型城镇化：需城市化与农村城镇化并重》，《人民日报》2013年1月17日。

(8) 马宏伟：《城镇化：处理好政府和市场的关系》，《人民日报》2013年8月8日。

(9) 罗德胤：《破解"空心化"是关键》，《人民日报》2016年3月22日。

(10) 丁元竹：《从"社会管理"到"社会治理"的必然趋势》，《北京日报》2013年12月2日。

(11) 贺铿：《转变经济发展方式要"转"什么》，《人民日报》2010年8月19日。

(12) 方莉、胡彬彬：《传统村落急剧消失意味着什么?》《光明日报》2014年1月10日。

(13) 卫兴华：《共享发展：追求发展与共享的统一》，《人民日报》2016年8月17日。

(14) 张杰：《传统村落保护需有法可依》，《中国社会科学报》2015年3月13日。

(15) 毛丹：《浙江村庄的转型与前景：三个关系维度》，《中华读书报》2008年11月12日。

(16) 徐永光：《让农民工子女有更多机会进城读书》，《人民日报》2009年2月25日。

(17) 马跃峰：《海南省累计投入50多亿元，创建13029个生态文明村，生态文明，农村受益》，《人民日报》2013年1月26日。

(18) 胡鞍钢：《政治因素是中国最重要的成功经验》，《北京日报》2008年4月7日。

(19)《港媒发布内地"鬼城"地图,东北"鬼城"密集》,香港《南华早报》2015年3月19日。

(20)王梦奎:《全面建设小康社会的中国:起点、目标和前景》,《中国经济时报》2003年3月24日。

(21)夏锋、曾瑶:《赋予农民长期而有保障的土地财产权》,《经济参考报》2016年10月10日。

(22)汾灵:《思考桑德尔之问:金钱不能买什么》,《中国文化报》2013年2月2日。

(23)仇保兴:《新型城镇化:从概念到行动》,《河北日报》2013年5月7日。

(24)李慧:《农村集体产权制度如何改革》,《光明日报》2014年10月19日。

(25)彭瑶:《艺术村庄的雕刻师》,《农民日报》2012年12月6日。

(26)李永杰:《乡风礼俗:不该失去的乡村文明》,《中国社会科学报》2014年5月14日。

(27)金三林:《农业转移人口市民化的目标路径及政策重点》,《中国经济时报》2013年10月18日。

(28)本报评论员:《坚持农村基本经营制度不是空口号》,《农民日报》2014年1月26日。

(29)任映红:《引领村落共同体发展新常态》,《中国社会科学报》2016年7月6日。

(30)张秀梅:《非农化背景下村落秩序的多维互动》,《中国社会科学报》2014年8月11日。

(31)张国:《推进城镇化建设应注重古村落保护》,《中国青年报》2013年3月19日。

(32)朱迅垚:《"逆城市化"藏着资源分配的巨大空间》,《南方日报》2013年9月25日。

(33)李博:《"逆城市化"在中国初露端倪?》,《中国经济导报》2016年8月31日。

(34)李梦龙:《那些被贪婪毁掉的美如画的古村落》,《中国青年报》2015年2月08日。

【网络类】

（1）国务院印发《关于进一步做好为农民工服务工作的意见》，http：//news. xinhuanet. com/ttgg/2014 - 09/30/c_ 1112690426. htm。

（2）《温家宝同冯骥才对话古村落保护，称存在强拆问题》，http：//china. cnr. cn/gdgg/201109/t20110906_ 508466159. shtml。

（3）习近平：《农村绝不能成为荒芜的农村》，http：//news. xinhuanet. com/politics/2013 - 07/22/c_ 116642856. htm。

（4）李克强：《要掀起一个大众创业、草根创业的新浪潮》，http：//news. xinhuanet. com/fortune/2014 - 09/10/c_ 126972327. htm。

（5）《李克强在瑞士〈新苏黎世报〉发表署名文章》，http：//news. xinhuanet. com/world/2013 - 05/23/c_ 115886549. htm。

（6）《"逆城市化"现象值得反思》，http：//news. xinhuanet. com/politics/2013 - 09/25/c_ 125437176. htm。

（7）《国家统计局：2015 年中国城镇化率为56. 1%》，http：//finance. sina. com. cn/roll/2016 - 01 - 19/doc - ifxnqrkc6642982. shtml。

（8）《莫让传统村落消失殆尽》，http：//news. xinhuanet. com/local/2013 - 10/17/c_ 117765187. htm。

（9）《国务院关于进一步推进户籍制度改革的意见》（国发〔2014〕25号），http：//www. gov. cn/zhengce/content/2014 - 07/30/content_ 8944. htm。

（10）国土资源部发出《关于强化管控落实最严格耕地保护制度的通知》（国土资发〔2014〕18号），http：//www. mlr. gov. cn/zwgk/zytz/201402/t20140220_ 1304242. htm。

（11）《国务院决定建立全国统一的城乡居民基本养老保险制度》，http：//news. xinhuanet. com/photo/2014 - 02/10/c_ 126100221. htm。

（12）《促进工业化、信息化、城镇化、农业现代化同步发展》，http：//theory. people. com. cn/n/2012/1211/c352852 - 19861928. html。

（13）国家统计局：《十年来中国人口总量低速平稳增长》，http：//www. chinanews. com/gn/2012/08 - 17/4116071. shtml。

（14）《中国农业部发布美丽乡村建设十大模式》，http：//www. chinanews. com/cj/2014/02 - 24/5874338. shtml。

(15) 温铁军:《中国新乡村建设问答》,http://www. snzg. com. cn/ReadNews. asp? NewsID = 745。

(16) 《十三五规划纲要》(全文),http://www. sh. xinhuanet. com/2016 - 03/18/c_ 135200400_ 2. htm。

(17) 冯骥才:《传统村落"空心化"问题严重》,http://news. xinhuanet. com/politics/2014 - 03/09/c_ 133172247. htm。

(18) 《专家纵论新型城镇化:关键保证人们安居乐业》,http://www. ce. cn/cysc/newmain/yc/jsxw/201303/26/t20130326_ 21454019. shtml。

(19) 罗崑皞、冯骥才:《中国每天消失近百个村落速度令人咂舌》,http://www. chinanews. com/cul/2012/10 - 21/4263582. shtml。

(20) 陈修颖:《浙江专业市场型村落经济社会变迁研究》(成果要报)(未刊稿)。

(21) 《一位中国"新生代"农民工的返乡创业梦》,http://news. xinhuanet. com/politics/2010 - 02/03/content_ 12926203. htm。

(22) 孙月飞:《触目惊心:中国癌症村的地理分布研究》,http://baike. baidu. com/view/10155803. htm? fr = aladdin。

(23) 王日晨:《新型城镇化改革启示录:如何破解土地之殇?》,http://news. xinhuanet. com/house/sh/2013 - 08 - 21/c_ 116993692. htm。

(24) 刘铮:《我国新生代农民工三分之一有高中及以上文化》,http://news. xinhuanet. com/fortune/2014 - 05/12/c_ 1110650719. htm。

后　　记

　　光阴荏苒。从2012年立项、设计写作框架、讨论写作提纲、确定调研区域、寻找个案村落，到正式进村入户开展田野调查，再到书稿写作、专家咨询和修改，竟然已经有五个年头了。当初立项时的狂喜早已烟消云散，如影随形的是沉甸甸的责任和压力。这五年，是我人生中在职攻博、学科建设、教学科研、行政工作等多重压力叠加的五年，经历着人生的磨砺，但我没有被各种有形无形的压力压垮，很好地完成了自己的十二五人生规划。静静地坐在电脑前，敲出这段话时，脑海里浮现出冰心先生的小诗："成功的花，人们只惊羡她现时的明艳！然而当初她的芽儿，浸透了奋斗的泪泉，洒遍了牺牲的血雨。"

　　饮水思源，感谢国家社会科学规划办的信任，把这个有着重大理论和现实意义的重点课题交付给我这样一个柔弱女子来承担。感谢省社会科学规划办和学校对本项目的全力扶持、奖掖，使得这项研究能顺利完成。

　　感谢多位专家给我的客观中肯的批评和高水准的指导。还记得2015年年底，课题组终于分头完成了五本研究报告。面对心血之作，我们怎么也不舍得删减，就这么厚重地、原汁原味地把100多万字的成果呈送给了专家。专家认真研读之后，细致地帮我们梳理原书稿中的问题，建议将其整合浓缩，并提出很多精辟的见解和有针对性的修改意见。我们对照专家意见修改后，发现新书稿有如浴火重生，研究质量有了极大提升！

　　感谢已故的社会学家郑杭生先生，先生设基金、办论坛、提建议，对年青学者的鼓励和扶持不遗余力。我的第一个国家课题成果出版时，先生曾亲自撰写书评并在社会学网站上推荐，对本项目研究也有诸多指导，此恩永远铭刻在心。我唯有加倍努力，以丰厚的学术研究成果来告慰先生。

感谢李培林先生、谷迎春先生、童星先生、杨建华先生、毛丹先生、冯钢先生、王春光先生、陈立旭先生、王宏波先生、陆卫明先生、卢福营先生，以及其他许多指导帮助过我的专家们、老师们和朋友们。我的学术楷模们总能站在一个学术高度，视角独特、高屋建瓴地提出很好的意见和建议，让我茅塞顿开。

感谢课题组全体成员特别是莫艳清、张秀梅、严米平、李传喜的实地调研和子课题研究！感谢我的研究生们的资料整理和数据采集工作！感谢所有给予我支持、鼓励和帮助的亲朋好友们！

我心怀感恩，谨在此表示最诚挚的谢意和祝福！

因研究能力有限，本项研究仍然存在诸多不足，恳请同行专家和读者批评指正！

任映红

于 2017 年 5 月